A. Engler
1998

Theologische Studien

Offenes Christentum

Ein Lesebuch

Herausgegeben von
Hans-Hinrich Jenssen

Im Auftrag des
Bundes für Freies Christentum

Shaker Verlag
Aachen 1998

Die Deutsche Bibliothek - CIP-Einheitsaufnahme

Offenes Christentum: Ein Lesebuch / Hans-Hinrich Jenssen (Hg.)
- Als Ms. gedr. -
Aachen: Shaker, 1998
(Theologische Studien)
ISBN 3-8265-3643-6

Als Manuskript gedruckt. Printed in Germany.

ISBN 3-8265-3643-6
ISSN 1433-4534

Shaker Verlag GmbH • Postfach 1290 • 52013 Aachen
Telefon: 02407 / 95 96 - 0 • Telefax: 02407 / 95 96 - 9
Internet: www.shaker.de • eMail: info@shaker.de

Inhalt

Seite

Einleitung
Hans-Hinrich Jenssen
Zur Geschichte des freien Christentums 12

1. KAPITEL:
Christliche Freiheit - Freies Christentum

Einführung *(Andreas Rössler)* 37

Albert Schweitzer
Auszüge aus Briefen an Mitglieder des
Bundes für Freies Christentum 38

Hanauer Sätze zur religiösen und kirchlichen Erneuerung
"Freies Christentum" Nr. 3, 1969 39

Glaubensbekenntnisse freier Christen 43

Wolfram Zoller
Der Bund für Freies Christentum
(Aussagen beim Deutschen Evangelischen Kirchentag 1995 in Hamburg)
"Freies Christentum" Nr. 5, 1995 45

Walter Bülck
Zur Aufgabe des freien Protestantismus
"Freies Christentum" Nr. 9, 1949 46

Gustav Mensching
Freies Christentum einst und heute
"Beihefte Freies Christentum" Nr. 3, 1952 47

Günther Keil
Selbstkritischer Glaube
"Freies Christentum" Nr. 6, 1966 52

Kurt Horalek
Rechtgläubigkeit
in "Halt und Haltung - Gedanken in Versen"
"Beihefte Freies Christentum", Nr. 66, 1967 56

Jon Hoffmann
Templer und Freies Christentum
"Die Warte des Tempels" Nr. 5, 1970 57

Ulrich von Hasselbach
Auf dem Wege zu einer neuen Gestalt des Christentums
"Freies Christentum" Nr. 11, 1972 58

Willy Hirzel
Was ist freies Christentum?
"Freies Christentum" Nr. 7/8, 1978 60

Hans-Hinrich Jenssen
Freisinniges Christentum
in "Theologisches Lexikon", Berlin 1981 64

Ulrich Mann
Blind glauben ist nicht genug -
Eine Theologie freien Christentums
(Erster Teil der Abschiedsansprache zum Ende seiner Amtszeit als Präsident des Bundes für Freies Christentum)
"Freies Christentum" Nr. 1, 1987 65

Peter Gerlitz
Der Geist der Freiheit
(Abschiedspredigt in der Bürgermeister-Smidt-Gedächtniskirche, Bremerhaven, Epiphanias 1991)
"Freies Christentum" Nr. 2, 1991 68

Werner Martin
Über den religiösen Fundamentalismus
"Freies Christentum" Nr. 6, 1991 71

2. KAPITEL:
Bibelverständnis - Bibelkritik

Einführung *(Andreas Rössler)* 74

Fritz Tschirch
Unsere heutige Bibelnot
"Beihefte Freies Christentum" Nr. 17, 1955 75

Kurt Horalek
Offenbarung
in "Halt und Haltung - Gedanken in Versen"
"Beihefte Freies Christentum" Nr. 66, 1967 77

Brigitte Hoffmann
Biblische Geschichten
"Die Warte des Tempels", Dezember 1984 78

Andreas Rössler
Das Verständnis der Heiligen Schrift
im protestantischen Christentum
"Freies Christentum" Nr. 6, 1987 79

Fritz Maass
Die Suche nach dem historischen Jesus
in "Der historische Jesus", 1996 81

3. KAPITEL:
Gottesfrage - Gottesbild

Einführung *(Andreas Rössler)* 85

Friedrich Manz
Gottesbegriff und Gotteserlebnis
"Freies Christentum" Nr. 5, 1949 86

Oskar Weitbrecht
Der verborgene und der offenbare Gott
"Freies Christentum" Nr. 11, 1966 89

Kurt Horalek
Der persönliche Gott
in "Halt und Haltung - Gedanken in Versen"
"Beihefte Freies Christentum" Nr. 66, 1967 90

Fritz Maass
Die Frage nach dem persönlichen Gott
"Freies Christentum" Nr. 6, 1981 90

Hellmut Haug
Die Seele als Thema der Theologie
"Freies Christentum" Nr. 10, 1985 93

Andreas Rössler
Freie Christen und das Bekenntnis zur Dreieinigkeit Gottes
"Freies Christentum" Nr. 3, 1988 96

Ulrich von Hasselbach
Weder eng noch finster - Gedanken zum Gottesbild
"Freies Christentum" Nr. 5, 1989 99

Werner Martin
Das Christentum der inneren Erfahrung
"Freies Christentum" Nr. 6, 1994 102

Wolfram Zoller
Die Sonne Gottes und die Grausamkeiten des Lebens
(Beitrag zu einem Gottesdienst von Amnesty International)
"Freies Christentum" Nr. 4, 1997 104

4. KAPITEL:
Jesus, der Mensch - Christus, der Herr

Einführung *(Andreas Rössler)* 106

Ulrich Neuenschwander
Christus, die Hoffnung für die Welt
"Freies Christentum" Nr. 10, 1954 108

Oskar Weitbrecht
Unser Osterglaube und das leere Grab
"Freies Christentum" Nr. 4, 1955 110

Ulrich von Hasselbach
Schuld und Erlösung in der Sicht eines freien Christen
"Beihefte Freies Christentum" Nr. 28, 1957 112

Kurt Leese
Religion Christi und christliche Religion
"Freies Christentum" Nr. 8, 1958 114

Ernst Walter Schmidt
Christus bringt das verborgene Wesen Gottes ans Licht
"Freies Christentum" Nr. 8, 1961 119

Ulrich von Hasselbach
Die Menschwerdung Gottes
"Freies Christentum" Nr. 12, 1962 123

Hermann Marhold
Bemerkungen zur Wunder- und Christusfrage
"Freies Christentum" Nr. 2, 1963 126

Oskar Weitbrecht
Versöhnung
"Freies Christentum" Nr. 4, 1963 128

Gustav Mensching
Das Schicksal der Propheten
"Freies Christentum" Nr. 3, 1967 129

Hermann Marhold
Entwurf einer Jesu-Logie
"Freies Christentum" Nr. 6, 1968 134

Rudolf Daur
Ostern
(Predigt in der Evangelischen Kirche Stuttgart-Sonnenberg)
"Freies Christentum" Nr. 4, 1972 136

5. KAPITEL:
Kirche - Lehre und Praxis

Einführung *(Andreas Rössler)* 142

Erich Meyer
Ende des Protestantismus?
"Beihefte Freies Christentum" Nr. 2, 1952 144

Ulrich von Hasselbach
Umdeuten oder Konsequenzen ziehen?
"Freies Christentum" Nr. 5, 1953 145

Renate Albrecht
Die protestantische Auffassung vom
Sakrament der Taufe
"Freies Christentum" Nr. 6, 1956 150

Theodor Daur
Das Bekenntnis der Kirche und der persönliche Glaube
"Beihefte Freies Christentum" Nr. 26, 1958 154

Adolf Müller
Zum Problem des evangelischen Religionsunterrichts
"Freies Christentum" Nr. 2, 1966 158

Erik Schmidt
Irrwege "moderner" Theologie
"Freies Christentum" Nr. 7, 1967 160

Erik Schmidt
Die Lähmung des Wahrheitsbewußtseins
"Freies Christentum" Nr. 3, 1968 163

Hellmut Haug
Die Gnade der Freiheit
"Freies Christentum" Nr. 7/8, 1982 167

Ulrich von Hasselbach
Die wichtigsten Unterschiede zwischen traditionellem und offenem Christentum
"Freies Christentum" Nr. 3, 1993 171

Helmut Langel
Einige liberal-radikale Thesen zur Reform der Kirche
"Freies Christentum" Nr. 1, 1994 176

Jörg-Dieter Reuß
Reformation - eine gefährliche Erinnerung
"Freies Christentum" Nr. 6, 1994 178

6. KAPITEL:
Leben aus Gott - Christliche Ethik

Einführung *(Andreas Rössler)* 181

Hans Pribnow
Der Mensch und das Schicksal
"Beihefte Freies Christentum" Nr. 7/8, 1953 182

Paul Tillich
Der Wahrheit dienen
(Ansprache zum Semesterbeginn des Union Theological Seminary, New York)
"Freies Christentum" Nr. 5, 1954 183

Julius Richter
Der Mensch - das unbekannte Wesen
"Beihefte Freies Christentum" Nr. 19, 1955 188

Ernst Walter Schmidt
Wir und die Natur
"Freies Christentum" Nr. 5, 1957 192

Oskar Weitbrecht
Der Sinn des Krieges - einst und jetzt
"Freies Christentum" Nr. 6, 1965 193

Ernst Walter Schmidt
Heiligung des Eros
in "Eros, Ehe und Frau - Ihre religiöse Beurteilung
in Geschichte und Gegenwart"
"Beihefte Freies Christentum" Nr. 60/61, 1966 195

Peter Lange
Zu treuen Händen: die Tiere
"Freies Christentum" Nr. 4, 1982 197

Manfred Haustein
Vom Sinn der biblischen Gerichtsbotschaft
(Predigt in der St. Nikolai-Kirche zu Leipzig)
"Freies Christentum" Nr. 6, 1988 199

KAPITEL 7:
Toleranz und Absolutheitsfrage

Einführung *(Andreas Rössler)* 204

Gustav Mensching
Toleranz und Intoleranz in der Religionswelt
"Freies Christentum" Nr. 1, 1952 206

Georg Wünsch
Die theologische Begründung der
evangelischen Freiheit
"Beihefte Freies Christentum" Nr. 11/12, 1954 214

Rudolf Daur
Geistiger Kampf und ungeistliches Streiten
(Gottesdienst des 5. Kongresses des Deutschen Bundes
für Freies Christentum im Dom zu Bremen)
"Beihefte Freies Christentum" Nr. 21, 1957 217

Hansjörg Jungheinrich
Was ist Wahrheit?
Das Christentum und die Weltreligionen
"Beihefte Freies Christentum" Nr. 24/25, 1957 220

Friedrich Heiler
Anbetung Gottes im Geist und in der Wahrheit
(Predigt in der Kirche St. Remberti, Bremen, anläßlich
der Tagung des "Weltbundes der Religionen" 1957)
"Freies Christentum", Nr. 5, 1958 223

Ulrich Mann
Das Christentum und die Religionen -
Zu Nr. 13 der "Hanauer Sätze"
"Freies Christentum", Nr. 5, 1970 227

Ulrich Mann
Erneuerung des christlichen Selbstverständnisses
aus dem Geist der Toleranz
"Freies Christentum" Nr. 2, 1974 230

Paul Schwarzenau
Bemerkungen zum Dialog der Religionen
"Freies Christentum" Nr. 6, 1979 234

Peter Gerlitz
Dialog der Religionen -
Entgegnung zu Paul Schwarzenaus Bemerkungen
"Freies Christentum" Nr. 6, 1979 239

Paul Schwarzenau
Grenzüberschreitungen - Eine Antwort an Peter Gerlitz
"Freies Christentum" Nr. 9, 1979 242

Udo Tworuschka
Allein Gott in der Höh sei Ehr -
Gedanken zum Dialog mit dem Islam
"Freies Christentum" Nr. 5, 1988 245

Theodor Jaeckel
Vom gemeinsamen Gott der Juden und Christen
und wo wir voneinander lernen können
"Freies Christentum" Nr. 4, 1994 250

KAPITEL 8:
Naturwissenschaft und Gottesglaube

Einführung *(Andreas Rössler)* 253

Ernst Walter Schmidt
Gott der Ganz-Andere
"Freies Christentum" Nr. 5, 1959 255

Hansjörg Jungheinrich
Gedanken zum Beginn des planetarischen Zeitalters
"Freies Christentum" Nr. 12, 1959 256

Georg Wünsch
Die Konsequenzen für das Urteil über den Atheismus in "Der moderne Atheismus im Urteil des christlichen Glaubens"
"Beihefte Freies Christentum" Nr. 43, 1960 258

Hans-Hinrich Jenssen
Ist Agnostizismus ein Verbündeter des Gottesglaubens?
"Freies Christentum" Nr. 2, 1962 262

Helmut Hölder
Naturwissenschaft und Gottesglaube - Anmerkungen zu einem alten Thema
"Freies Christentum" Nr. 5, 1995 264

Hans-Hinrich Jenssen
Erfahrung als gemeinsamer Nenner von Naturwissenschaft und Glaube - Ergänzungen zum Aufsatz von Helmut Hölder
"Freies Christentum" Nr. 6, 1995 269

Verfasser-Angaben 273

Vorbemerkung

Die Auswahl der in diesem Lesebuch enthaltenen Beiträge aus der Vielzahl der in den Jahren 1949 bis 1997 veröffentlichten freichristlichen Texte ist von einem Redaktionskreis durchgeführt worden: Martin Bauschke, Peter Gerlitz, Peter Lange, Jörg-Dieter Reuß, Wolfram Zoller. Die Enddurchsicht wurde von Andreas Rössler vorgenommen.

Jeder Bearbeiter hatte einen Publikationszeitraum von etwa 10 Jahren durchzusehen. Damit hat der Herausgeber die Möglichkeit in Kauf genommen, daß unterschiedliche Beurteilungskriterien angewendet worden sind. Trotzdem (und trotz Fehlens etlicher freichristlicher Theologen) dürfte das Ziel dieses Buches gewahrt geblieben sein, dem Leser einen Querschnitt freichristlichen Denkens aus den letzten 50 Jahren vor Augen zu führen.

Mehrere der hier vorliegenden Texte sind nicht in der vollen ursprünglichen Länge wiedergegeben. Um der besseren Lesbarkeit willen wurde auf eine Kennzeichnung von Auslassungen oder Kürzungen verzichtet. Wo es die Verständlichkeit der Texte erforderte, wurden geringfügige Änderungen vorgenommen.

Hans-Hinrich Jenssen

Zur Geschichte des freien Christentums

Dieses Lesebuch enthält - mit wenigen Ausnahmen - Äußerungen zu liberaler Theologie und liberaler Frömmigkeit, die in der Zeitschrift "Freies Christentum" des im September 1948 gegründeten "Deutschen Bundes für freies Christentum" erschienen sind. Diese Beschränkung ist uns nicht leicht gefallen. Denn die Geschichte des freien Christentums, das sich u.a. Impulsen der Aufklärung verdankt, ist wesentlich älter. Am Beginn des 19. Jahrhunderts sind Theologen wie *Johann Gottfried Herder* (1744-1803), *Friedrich Schleiermacher* (1768-1834) und *Wilhelm Leberecht de Wette* (1780-1849) mit gewissen Einschränkungen durchaus als "liberale Theologen" anzusprechen. Schon vor ihnen gehört *Gotthold Ephraim Lessing* (1729-1781) als ein wichtiger Impulsgeber in diese Ahnenreihe.

Das 19. Jahrhundert und auch das erste Drittel unseres nun zu Ende gehenden Jahrhunderts bringen dann zahlreiche Theologen hervor, die in der Theologiegeschichte einen hervorragenden Platz einnehmen und sich einem freien Christentum verpflichtet wußten. Einen Höhepunkt der Geschichte des freien Christentums bildet unzweifelhaft der 5. Weltkongreß für freies Christentum und religiöse Freiheit, der 1910 in Berlin unter beachtlicher internationaler Beteiligung mit mehr als zweitausend Teilnehmern stattfand. *Friedrich Michael Schiele* (1867-1913) und *Max Fischer* (1847-1915) gaben 1911 ein 813 Seiten starkes Protokoll heraus. Es lohnt sich, einmal die Listen derjenigen anzusehen, die als Angehörige unterschiedlichster Berufe ihren Namen unter die Einladung setzten, darunter 46 Universitätstheologen und 147 Pfarrer. Viele dieser Unterzeichner sind Verfasser von Büchern, die trotz ihrer naturgemäßen Zeitgebundenheit bis heute als "Klassiker", als "Standardwerke" gelten, oder sind Persönlichkeiten, die wegen ihrer historischen Bedeutung immer noch in den entsprechenden Geschichtsdarstellungen genannt werden.

Ursprünglich sollten in diesem Lesebuch auch ihre Aussagen zur Geltung kommen. Aber sehr bald stellte sich heraus, daß dies alle Grenzen eines einigermaßen preiswerten Lesebuchs gesprengt hätte. So betrüblich das auf der einen Seite ist, so erfreulich ist es auf der anderen Seite. Denn es unterstreicht ja, daß der freie Protestantismus über ein unglaublich reiches Erbe verfügt, das bis heute hin zitierbar ist, weil es verständlich und aktuell ist, besonders wenn es mit knappen Erläuterungen in den jeweiligen Zeithorizont hineingestellt wird.

Um jedoch dem Eindruck entgegenzuwirken, freier Protestantismus und liberale Theologie und Frömmigkeit seien eine Sache der Vergangenheit und "überholt", sie gehörten - wie ein bekannter Theologe spöttisch formulierte - in den "Mülleimer" der Geschichte des 19. Jahrhunderts, haben wir uns für das oben genannte Auswahlkriterium entschieden. Denn selbst wohlwollende Darstellungen liberaler Theologie und des Kulturprotestantismus in dem Nachschlagwerk "Theologische Realenzyklopädie" (TRE) durch Manfred Jacobs bzw. Friedrich Wilhelm Graf kommen zu dem Urteil, die liberale Theologie sei "erschöpft", der Deutsche Bund für freies Christentum sei "ebenso einflußlos" wie seine Zeitschrift "Freies Christentum". Nun sind diese Urteile ja leider rein historisch-phänomenologisch betrachtet weithin zutreffend. Aber damit ist nach meiner Überzeugung über die gegenwärtige und noch mehr über die zukünftige Bedeutung des freien Christentums für das Schicksal von Christentum und Kirche in der modernen Gesellschaft noch nichts entschieden, ganz im Gegenteil. Auch ich sehe es so, wie es Friedrich Wilhelm Graf in seinem Artikel "Kulturprotestantismus" schreibt, daß nämlich "die institutionelle Schwäche" der Tradition "des liberalen Kulturprotestantismus" "nur die Kehrseite einer erfolgreichen Durchsetzung" wesentlicher seiner Anliegen "in den politischen bzw. volkskirchlichen Institutionen" ist. Er nennt als innerkirchliche modifizierte Transformationen ursprünglich kulturprotestantischer Anliegen die "äußerst wichtigen 'Evangelischen Akademien'", die Sonderpfarrämter und die "Kammern" zur Wahrnehmung gesellschaftspolitischer Verantwortung der EKD. Es wäre auch auf die Existenz zahlreicher, oft recht gut ausgestatteter, Evangelisch-Theologischer Fakultäten zu verweisen, deren Professoren zumeist durchaus historisch-kritisch arbeiten und auch in ihrem Glaubensverständnis nicht eng sind.

Graf schreibt nun aber auch vollkommen richtig: "Für diese neue kirchliche Institutionalisierung kulturprotestantischer Intentionen ist die finanzielle Leistungskraft der Volkskirche eine entscheidende Voraussetzung". Diese geht aber, wie wir alle wissen, rapide zurück. Pietistische und fundamentalistische, sowie charismatisch orientierte Kreise, die häufig - was man zu ihrer Ehre sagen muß - sehr opferwillig sind, machen bereits unter Ausnutzung dieser Situation ihre Ansprüche geltend. Damit droht aber langfristig eine neue geistige und theologische Enge der Kirche, die sich zunehmend von einer weite Kreise umfassenden Volkskirche zu einer Bekenntnis- oder Gesinnungskirche umwandelt, in der antiliberale Gruppen und Bewegungen immer einflußreicher werden. In solcher Situation gewinnt dann aber ein erneuerter kirchlicher Liberalismus wieder zunehmend an Bedeutung. Von daher ist es wichtig, durch unser liberales Lesebuch auf seine Existenz und auf seine Potenzen in der jüngeren Vergangenheit und Gegenwart aufmerksam zu machen.

Aber wenigstens diese Einleitung soll den Versuch machen, auch etwas von der glanzvollen Geschichte des freien Christentums in Erinnerung zu bringen.

Freier Protestantismus, das ist zunächst einmal eine theologiegeschichtliche und auch frömmigkeitsgeschichtliche Bewegung, die neben Pfarrern und Universitätstheologen auch Kreise der Lehrerschaft und nicht geringe Teile des sogenannten Bildungsbürgertums ergriff. Sie schlägt sich historisch greifbar nieder in theologischen Werken und in Zeitschriften für Theologen und für Laien, in gedruckten Predigten und Andachtsbüchern und Vorlagen für den Gottesdienst (Agenden) sowie in Büchern für und über den Religionsunterricht. Es gab auch liberale Gesangbücher und speziell aufbereitete Bibelausgaben. Um die Wirksamkeit zu erhöhen, kommt es aber auch zu organisatorischen Zusammenschlüssen, zur Gründung von Bünden, Vereinen und Freundeskreisen, die sich dann teilweise wieder in Dachorganisationen zusammenfanden, sowie zur Abhaltung mehr oder weniger regelmäßiger Tagungen und Kongresse. Es würde viel zu weit führen, dies alles zu schildern, zumal es gute zusammenfassende Darstellungen gibt, die entweder ganz oder teilweise die Bewegung des freien Protestantismus, seine Repräsentanten und seine Wesensart schildern (siehe Literaturliste Seite 35).

Hier seien nur zwei Hauptzweige des organisierten theologisch-kirchlichen Liberalismus erwähnt, die bis gegen das Ende des Zweiten Weltkriegs Bestand hatten.

Protestantenverein

1863 bzw. 1865 wird - zusammen mit Vertretern anderer Berufsgruppen - von den Theologieprofessoren *Daniel Schenkel* (1813-1885), *Richard Rothe* (1799-1867), *Heinrich Julius Holtzmann* (1832-1910), der später zu den theologischen Lehrern Albert Schweitzers gehörte, und *Adolf Hausrath* (1837-1909), sowie dem Gothaer Generalsuperintendenten *Karl Schwarz* (1812-1885), der sich später als Zeichen des Widerstandes gegen die kirchliche Ablehnung der Feuerbestattung verbrennen ließ, der Deutsche Protestantenverein gegründet. Seinerzeit bekannte Juristen waren seine ersten Präsidenten.

In den Statuten hieß es:

"Auf dem Grunde des evangelischen Christentums bildet sich unter denjenigen deutschen Protestanten, welche eine Erneuerung der protestantischen Kirche im Geiste evangelischer Freiheit und im Einklang mit der gesamten Kulturentwicklung unserer Zeit anstreben, ein Verein, der den Namen *Deutscher Protestantenverein* führt.

Der Verein verfolgt folgende Zwecke:

1. den Ausbau der deutschen evangelischen Kirchen auf der Grundlage des Gemeindeprinzips ..., sowie die Anbahnung einer organischen Verbindung der Landeskirchen;

2. die Bekämpfung alles unprotestantischen hierarchischen Wesens in-

nerhalb der einzelnen Landeskirchen und die Wahrung der Rechte, der Ehre und der Freiheit des deutschen Protestantismus;

3. die Erhaltung und Förderung christlicher Duldung und Achtung zwischen den verschiedenen Konfessionen und ihren Mitgliedern;

4. die Anregung und Förderung des christlichen Lebens, sowie aller der christlichen Unternehmungen und Werke, welche die sittliche Kraft und Wohlfahrt des Volkes bedingen" (in der stilistischen Fassung von 1901).

Der Verein verstand sich von Beginn an als eine kirchenpolitische Organisation. Obwohl es keine "Theologie" des Vereins gab, neigte er doch stark zu einer philosophisch-theologischen Orientierung, wobei das Erbe des deutschen Idealismus hochgehalten wurde. Er bildete damit einen Gegensatz zu dem von *Albrecht Ritschl* (1822-1889) inspirierten Kreis. Dieser war zwar bewußt kulturprotestantisch eingestellt, hegte aber von Ritschl her eine Abneigung gegen alle "Metaphysik". Man orientierte sich eben einseitig an *Immanuel Kant* (1724-1804) als dem "Philosophen des Protestantismus". Denn Kant habe dem (metaphysischen) Wissen Grenzen gesetzt und damit dem an - stark aus der Geschichte entlehnten - "Werturteilen" ausgerichteten Glauben die Bahn gebrochen. Um die Jahrhundertwende war der auch kirchenpolitisch stark engagierte Berliner Theologe *Otto Pfleiderer* (1839-1908) einer der maßgeblichen theologischen Wortführer des Protestantenvereins. Pfleiderer hatte allerdings im angelsächsischen Raum, nicht zuletzt den USA, mehr Einfluß als in Deutschland und wurde dadurch zum Wegbereiter des Weltkongresses von 1910, den er freilich nicht mehr erlebte. Seine konkrete Vorbereitung erfolgte durch den damaligen Präsidenten des Protestantenvereins, den Eisenbahndirektor und Reichstagsabgeordneten *Karl Schrader* (1834-1913). Ihm zur Seite standen der Generalsekretär des Kongresses, der Berliner Pfarrer *Dr. Fobbe,* sowie der ebenfalls Berliner Pfarrer *Max Fischer*.

Sieht man auf die Gesamtgeschichte des Protestantenvereins und ihm nahestehender Kreise, zu denen dann auch der "Freundeskreis der Christlichen Welt" gehört, auf den wir noch zu sprechen kommen, so kann man die theologischen Anliegen und kirchlichen Aktivitäten dieser Bewegung m.E. in sieben Punkten zusammenfassen:

1. Das Eintreten für ein Glaubens- und Theologieverständnis, das auf eine durchaus kritische, aber doch im Grundsatz positive *Aneignung der Kulturerrungenschaften* und der Erkenntnisse der neuzeitlichen Wissenschaften zielte. Man wollte vermeiden, daß es zu einer verhängnisvollen Spaltung zwischen dem gedanklichen Glaubensausdruck sowie der praktischen Frömmigkeit einerseits und dem Alltag der Christen andererseits komme, die ja als Techniker, Wissenschaftler, Lehrer, Kaufleute, Beamte, Arbeiter usw. eng in diese moderne Kultur eingebunden sind. Man hielt es nicht für möglich, auf die Dauer nach der Maxime *Friedrich Heinrich Jacobis*

(1743-1819) zu leben, der meinte, er sei mit dem Verstande ein Heide und mit dem Gemüt ein Christ.

Friedrich Schleiermacher schrieb an seinen Göttinger Freund *Friedrich Lücke* (1791-1855) in seinem vielzitierten sogenannten zweiten "Sendschreiben" von 1829: "Soll der Knoten der Geschichte so auseinandergehen; das Christentum mit der Barbarei, und die Wissenschaft mit dem Unglauben? Viele freilich werden es so machen; die Anstalten dazu werden schon stark getroffen ...".

Gewiß besteht hier immer die Gefahr, daß der christliche Glaube sich intellektuell und ethisch der modernen Kultur ausliefert. Aber ein Leben ohne Gefahren gibt es nicht; auf der anderen Seite droht eben die freiwillige Ghettoisierung des Glaubens und damit der Verlust jeder spürbaren Einwirkung auf das kulturelle, politische und wirtschaftliche Leben. Es ging auch dem freien Christentum grundsätzlich gesehen niemals um opportunistische Angleichung, sondern immer nur um kritische Anpassung. Formeln wie: man solle wohl *der* Zeit, aber nicht *die* Zeit predigen, brachten deutlich zum Ausdruck, daß es um einen nicht immer leichten Balanceakt geht.

Der Berliner Pfarrer *Wilhelm Schubring* (1875-1945), seit 1921 Generalsekretär des Protestantenvereins, sagte in seiner Schrift "Vom wahren Wesen und religiösen Wert des Kulturprotestantismus", 1926, S. 23: "Gewiß hat es vor den Schrecken des Krieges eine Kulturschwärmerei gegeben, die man Kulturanbetung nennen könnte; aber mit diesem Götzendienst hat der freie Protestantismus und der Deutsche Protestantenverein nichts gemein, die nicht eine Unterdrückung der Religion durch die Kultur, sondern eine Vertiefung beider erstrebten; man verwechsle also nicht immer wieder in leichtfertigem oder böswilligem Sprachgebrauch den Kulturprotestantismus mit der Kulturvergötterung!" *Kurt Leese* (1887-1965) unterschied in diesem Sinne in seinem Buch "Die Religion des protestantischen Menschen", 1938, zwischen einem wahllosen Synkretismus und einer auf leitenden, kritischen Auswahlprinzipien beruhenden Synthese: "Die Frömmigkeit des protestantischen Menschen trägt nicht 'vermengenden' (synkretistischen) Charakter in schlechtem Sinne des Wortes, sondern 'verknüpfenden' (synthetischen). In dieser Synthese gibt es ein führendes, alle Grundelemente organisch miteinander verknüpfendes Prinzip, eben das protestantische" (S.308). Auf Seite 141 formuliert Leese zehn "Thesen des Protestantismus", die seine eigene Darstellung leiten. Der schweizerische Theologe *Ulrich Neuenschwander* (1922-1977), der zu den m.E. wichtigsten Vertretern eines freien Christentums in der zweiten Hälfte unseres Jahrhunderts gehörte, formulierte in seiner Berner Antrittsvorlesung 1950 "Die Unwandelbarkeit des Glaubens und seine geschichtlichen Wandlungen in ihrem dialektischen Verhältnis zueinander": "Es handelt sich ... um legitime

Wandlungen, die in ihrer geschichtlichen Notwendigkeit anerkannt werden müssen als Anpassung des theologischen Denkens nicht an die Zeit, sondern an die besser erkannte Wahrheit, indem dem sachlichen Denken das mythologische Weltbild als unwiderbringlich überwunden und widerlegt gelten muß." (In: U.N., Zwischen Gott und dem Nichts, 1981, S.43).

Um von einer vorrangigen Betonung überkommener Glaubenssätze (Dogmen) und inakzeptabler gedanklicher Ausdrucksformen des Glaubens wegzukommen, betont der freie Protestantismus in Anlehnung an Entwicklungen in Pietismus und Aufklärung das "praktische Christentum". Gelebte Frömmigkeit ist wichtiger als bestimmte intellektuelle Glaubensgehalte, wobei natürlich nicht beides gänzlich voneinander getrennt werden kann. Neuenschwander formuliert in seinem m.E. wegweisenden Werk "Glaube. Eine Besinnung über Wesen und Begriff des Glaubens", 1957: "Glaube ist die Seinsweise der von Gott ergriffenen, zu ihm hin geöffneten, auf ihn hin ausgerichteten Existenz" (S. 15 und mehrfach). In dieser Formulierung kommt ja eine starke Betonung der existentiellen und sittlichen Seite des Glaubens vor seiner rein intellektuellen deutlich zum Ausdruck, obwohl Neuenschwander die gedankliche Seite des Glaubens keineswegs bagatellisiert oder gar ignoriert. Zu der von Jacobi beschriebenen Spaltung darf es eben gerade nicht kommen.

Inhaltlich ist im freien Christentum die existentielle, sittliche Haltung charakterisiert durch eine bewußte Abwendung von christlich-traditioneller Weltflucht und Weltverachtung sowie einer Jenseitsfrömmigkeit, die auch bei den Reformatoren noch trotz aller Betonung einer christlichen Weltverantwortung vorhanden sind. In dieser Hinsicht kommt es, trotz aller Ansätze in Humanismus und Reformation und teilweise sogar bereits im mittelalterlichen Christentum, erst seit der Aufklärung zu einem prinzipiellen Wandel, zu dem sich der theologische Liberalismus ausdrücklich bekennt. Daher wird er auch zu Recht als "Kulturprotestantismus" bezeichnet. Neuenschwander schrieb einmal: "Der Name Kulturprotestantismus gilt uns als Ehrenname." Der Umschwung, der sich in der Aufklärung vollzog, ist trotz aller Kulturschelte und alles Kulturpessimismus, an dem es ja nie fehlt, weil die moderne Kultur in der Tat unverkennbare Schattenseiten hat und in mancherlei Hinsicht durchaus zwiespältig ist, dennoch unumkehrbar. In einem Vortrag von 1967 über "Strukturwandel in der Kirche" sagte Neuenschwander:

"Es bedarf eines großen Umdenkens, diese Welt gerade nicht als eine gefallene und verlorene, sondern als eine zwar zweideutige und zwiespältige, dunkle und unheimliche, aber als eine von Gott geliebte und bejahte, angenommene und nicht zum apokalyptischen Untergang hin verworfene zu beurteilen und sie also zu bejahen. Es bedarf des großen Umdenkens, die Welt als Gottes Welt und gerade nicht als des Teufels Welt und also die

Weltlichkeit nicht von vorneherein als Sünde, sondern als das zunächst einmal dem Willen Gottes entsprechende Verhalten zu verstehen." "Es gilt, das umfassende Ja Gottes zu dieser Welt zum Ausdruck zu bringen, das Ja zu dieser Welt, aber das Ja Gottes."

Nach der Abspaltung der konservativen und pietistischen Kreise um Adolf Stöcker im Jahre 1896 war daher der 1890 gegründete Evangelisch-Soziale Kongreß eine Domäne gerade liberaler Theologen und Laien. *Adolf von Harnack* (1851-1930) war von 1903 bis 1911 Präsident dieser bedeutenden Bewegung. Ihm folgte von 1912 bis 1921 der nicht weniger liberale *Otto Baumgarten* (1858-1934), und auch die folgenden Präsidenten *Arthur Titius* (1864-1936), der Jurist *Walter Simons* (1861-1937) und *Johannes Herz* (1877-1960) waren "Liberale". Bekannte liberale Theologen beteiligten sich vor dem Ersten Weltkrieg an Bemühungen um die Erhaltung des Friedens und insbesondere um eine Aussöhnung zwischen England und Deutschland.

Es ist für diesen "kulturprotestantischen" Charakter des freien Protestantismus durchaus bezeichnend, daß in engstem Zusammenhang mit dem Kongreß von 1910, aber bewußt außerhalb des offiziellen Programms, vier Sonderveranstaltungen stattfanden, die sich den folgenden vier Themenkreisen widmeten: "Die Religion und der Sozialismus", "Die Religion und die Enthaltsamkeit", "Die Religion und die Frau", "Die Religion und der Friede".

Außerhalb des offiziellen Programms liefen diese Veranstaltungen, weil ihre Themen ja enge Beziehungen zu Politik und Parteipolitik aufwiesen und man verständlicherweise den Kongreß von politischen Festlegungen und Parteinahmen freihalten wollte.

2. Der Protestantenverein bekannte sich nachdrücklich zur *Volkskirche.* Dabei verstand man den Begriff nicht nur im juristischen Sinne als eine Kirche, in die man im Unterschied zur Freikirche durch die Kindertaufe und nicht durch eine bewußte Entscheidung hineinkommt, sondern auch als Gegensatz zur Pastoren- und Theologenkirche, in der der dominierende Einfluß Pastoren und vielleicht noch kirchlichen Behörden zukommt. Man wollte die Zugehörigkeit zur Kirche bewußt weit offen halten, sie an möglichst wenig bekenntnismäßige Voraussetzungen binden. Richard Rothe, den man den geistigen Vater des Protestantenvereins genannt hat, formulierte einmal das Kriterium des Christseins sehr weitherzig: "Der muß doch wohl ein Christ sein, der das Vaterunser beten kann und betet".

Und Wilhelm Schubring meinte in einer Schrift zur Kirchenwahl 1928: "Die Volkskirche soll brüderlich alle umfassen, die zu ihr gehören wollen". Je mehr man sie an der Verantwortung für die Kirche beteilige und ihnen Gelegenheit zur Mitarbeit in der Kirche gebe, desto mehr wachse auch ihr Verständnis für die Kirche. Es sei besonders wichtig, "daß die Kirche sich nicht in die parteipolitischen Gegensätze hineinziehen läßt". "Wir fordern die politische Neutralität der Kirche, weil wir keine Parteikirche, sondern eine Volkskirche fordern, die sich frei hält vom Einflußstaatspolitischer Parteien oder wirtschaftlicher Gruppen. So allein wird die Kirche das Vertrauen weiter Volkskreise wiedergewinnen."

Das schließt natürlich in keiner Weise das parteipolitische Engagement der einzelnen Christen und gegebenenfalls auch der Pastoren aus, sondern ist Ausdruck der Verantwortung des Christen für die Gestaltung der politischen, sozialen, wirtschaftlichen und kulturellen Verhältnisse. Schubring selbst war denn auch von 1925 bis 1933 Mitglied der linksbürgerlichen Demokratischen Partei, wie überhaupt einige bekannte liberale Theologen sich in der Weimarer Republik der Demokratischen Partei anschlossen, so etwa *Ernst Troeltsch* (1865-1923), *Martin Rade* (1857-1940), Otto Baumgarten und *Hermann Mulert* (1879-1950). Andere engagierten sich in der Stresemannschen "Deutschen Volkspartei" oder auch als Parteilose für die Weimarer Republik, ganz im Gegensatz zu der in der evangelischen Kirche damals leider weitverbreiteten Abneigung oder sogar offenen Feindschaft gegen sie.

Schubring ist auch Herausgeber eines interessanten Bandes politischer Predigten: "Politische Predigten unter dem Gesichtspunkt der Überparteilichkeit gesammelt", 1930. Es gab aber auch liberale Theologen, die sich zur Deutsch-Nationalen Volkspartei hielten, z.B. der Frankfurter Pfarrer *Johannes Kübel* (1873-1953).

Soviel ich sehe, tendieren heute Mitglieder des Bundes für Freies Christentum zu allen im Deutschen Bundestag vertretenen demokratischen Parteien, vielleicht mit Ausnahme der PDS.

3. Mit der bewußten Bejahung der Volkskirche, die man sich besonders in den Anfängen des Protestantenvereins als Nationalkirche vorstellte, hängt nun auch - wie schon unter Punkt 2 kurz erwähnt - das Bestreben zusammen, *Rolle und Bedeutung der christlichen Gemeinden* zu stärken. Nicht der Pastor, sondern die Laien sollen das Sagen haben. Pfarrer *Emil Sulze* (1832-1914), der eine wirksame Gemeinde-Bewegung ins Leben rief, war Protestantenvereinler.

Es war dann allerdings eine große Enttäuschung, als man feststellen mußte, daß sich die Synodalverfassung weithin als Stärkung der Konservativen auswirkte, zumal das sogenannte "Siebsystem" oder "Filtriersystem" aus einem leichten Übergewicht in den Gemeinden weiter oben eine starke Mehrheit machte. Denn für übergeordnete Kreis-Provinzialsynoden usw. gab es - zumindest in Preußen und etlichen weiteren Landeskirchen - keine Direktwahlen, sondern jeweils eine Wahl durch die untergeordnete Vertretung.

4. Es wurde bereits angedeutet, daß sich vielfach gerade auch Lehrer und Religionslehrer vom freien Protestantismus angezogen fühlten, denn

sie litten verständlicherweise ganz besonders unter einem Zwiespalt von Glaube und Wissen, Glaube und Kultur. Deshalb trat der freie Protestantismus bewußt für eine Verständigung und *Zusammenarbeit der Kirche mit der Lehrerschaft* ein. Schon seit 1865 spielt das in den Verhandlungen des Protestantentages eine Rolle. In der bereits genannten Wahlschrift von 1928 schrieb Schubring: "Weil die Lehrer, die evangelischen Religionsunterricht erteilen, auch zum Kirchenvolk gehören, darf in der Volkskirche die Neuordnung der Fragen 'Kirche und Schule' nur in gemeinsamer Zusammenarbeit von Kirche und Lehrerschaft erfolgen. Statt dessen haben sich die kirchlichen Kreise vielfach mit politischen Gruppen zusammengetan im Kampfe gegen die Würde der Lehrerschaft."

Richard Kabisch (1868-1914), *Hermann Schuster* (1874-1965) und *Hans Schlemmer* (1885-1958) waren bekannte Schulmänner, die sich für die Sache des freien Christentums einsetzten.

5. Kirchenpolitisch trat der Protestantenverein auch immer dann in Erscheinung, wenn Gemeinden und vor allem die Kirchenbehörden gegen Pfarrer einschritten, weil sie sich kritisch zu bestimmten Glaubensfragen äußerten, z.B. zur Form der Verbindlichkeit der Bibel hinsichtlich bestimmter Glaubensinhalte; ist also z.B. Kritik an der Vorstellung von der Jungfrauengeburt, der Höllen- und Himmelfahrt Christi, seiner fleischlichen Auferstehung usw. zulässig, ist es statthaft, bei Taufe oder Konfirmation auf eine Verwendung bzw. wenigstens auf eine Verpflichtung auf das sogenannte "Apostolikum" zu verzichten usw.? In diesen sogenannten "Fällen" kam es ja bisweilen zu einer Amtsenthebung, so z.B. 1892 bei dem württembergischen Pfarrer *Christoph Schrempf* (1860-1944) oder 1911 bei dem in seiner Kölner Gemeinde sehr angesehenen *Carl Jatho* (1851-1913). Aber auch wenn es "nur" zu offiziellen Rügen kam oder zur Nichtbestätigung einer durch die Gemeinde erfolgten Wahl seitens der Kirchenbehörden, wie z.B. in Berlin im Falle des Pfarrers *Immanuel Heyn* (1859-1919), war der Schaden, den diese "Fälle", die die Öffentlichkeit erregten, anrichteten, sehr hoch. Denn es hieß dann sehr schnell, die Pfarrer predigen und unterrichten ja gar nicht, was sie selber glauben, sondern was sie predigen müssen, wenn sie nicht ihr Amt verlieren und brotlos werden wollen.

Deshalb meinte ein so bedeutender Theologe wie Ernst Troeltsch, es sei besser, solche Pfarrer ruhig gewähren zu lassen als sie zu disziplinieren, selbst wenn sie eine so extreme Auffassung verträten wie der Bremer Pfarrer *Albert Kalthoff* (1850-1906), der sich zum Monismus und zur ökonomischen Geschichtsauffassung bekannte und von daher an der historischen Existenz Jesu uninteressiert war, die er eher für unwahrscheinlich hielt. Schlimm sei es dagegen, wenn durch einzelne Disziplinierungen die Glaubwürdigkeit des ganzen Pfarrerstandes dauerhaft Schaden leide. In seiner postum herausgegebenen "Glaubenslehre", 1925, heißt es: "Jatho hat eine große, persönliche Wirksamkeit gehabt - also in Gottes Namen! Seine Wirkung konnte niemals so verderblich werden wie seine gewaltsame Entfernung. Denn das schlimmste von allem, was geschehen kann, ist doch dieses, daß die Menschen schließlich glauben, die Pfarrer sagten nicht, was sie dächten, sondern was sie müßten. Dieses wäre die eigentlich schwere Krankheit der Kirche. Daneben ist jede andere Gefahr verhältnismäßig gering. Man erinnere sich an Bremen, das kirchliche Paradies Deutschlands, wo jede denkbare Meinung möglich war und ist: die Gemeinde eines Kalthoff, der die Historizität Jesu bestritt, hat sich verlaufen. Alles Sensationelle wird schließlich langweilig. Die Freiheit ist nicht so gefährlich, wie viele glauben, aber der Streit ist es" (S. 18).

Friedrich Niebergall (1866-1932), ein bekannter Kulturprotestant, der als Praktischer Theologe in Heidelberg und seit 1922 in Marburg wirkte, hat trotzdem einen m.E. brauchbaren Vorschlag gemacht, zu definieren, was auf evangelischen Kanzeln nicht mehr tolerabel sei: "Zwei Arten von Verkündigung" sind danach "aus der christlichen Kirche auszuschließen: einmal die Christus-lose Gottespredigt und dann die Gott-lose Christuspredigt. Die erste Art findet man überall da, wo Gott mehr in der Natur oder in anderen Personen als Jesus gesucht wird; freilich gehört dazu nicht die Predigtweise, die die Verbindung mit seinem Geist aufrecht hält, wenn sie auch seinen Namen nicht in den Vordergrund stellt. Die zweite Art besteht darin, daß hinter Jesus Gott verschwindet. Das kann der Fall sein, sowohl da, wo der himmlische, als auch da, wo der irdische Jesus alles beherrscht" (Praktische Auslegung des Neuen Testaments, ²1914, S. 57/58). Niebergall hat übrigens am Anfang unseres Jahrhunderts eine dreibändige Predigtlehre mit dem bezeichnenden Titel "Wie predigen wir dem modernen Menschen" veröffentlicht.

6. Natürlich trat der freie Protestantismus nicht nur dafür ein, daß die Pfarrer und Religionslehrer mit innerer Wahrhaftigkeit und an ihr Gewissen gebunden ihren Dienst tun konnten, sondern auch dafür, daß historisch-kritisch orientierten Theologen nicht der Weg in die Theologischen Fakultäten versperrt wurde. Denn dort empfangen die angehenden Pfarrer/innen und Religionslehrer/innen ja eine wesentliche Prägung.

Naturgemäß waren es vorwiegend Universitätstheologen, die einer sich von traditionellen kirchlichen Sichtweisen emanzipierenden *historisch-kritischen Erforschung von Bibel und Christentumsgeschichte* die Bahn gebrochen haben. Allerdings hat es auch, vor allem in den vielleicht doch etwas ruhigeren Jahrzehnten vor dem Ersten Weltkrieg, nicht wenige evangelische Pfarrer gegeben, aus deren Feder bedeutende Beiträge zu einer historisch-kritischen Theologe geflossen sind. Das deutsche evangelische Pfarrhaus war einst ein ausgesprochener Kulturträger, obwohl es dort materiell meist recht bescheiden zuging, zumal man ausgesprochen kinderfreudig war. *Paul Drews* (1858-1912) hat mit seinem Buch "Der evangelische Geistliche in der Vergangenheit", 1905, dem deutschen Pfarrhaus ein Denkmal gesetzt. Ein gleiches tat übrigens Ina Seidel mit ihrem Roman "Lennacker", 1938.

Für die Durchsetzung der freien Forschung sind mannigfache große und auch kleinere Opfer gebracht worden, mußten und müssen bisweilen noch immer Zurücksetzungen bei Berufungen, Diffamierung und Verkennung ertragen werden. Einige der bedeutendsten liberalen Theologen ließen sich, um ungestörter forschen zu können, in die philosophische Fakultät abdrängen. Zu ihnen gehörten der Alttestamentler *Julius Wellhausen* (1844-1918) und der Systematiker und Historiker Ernst Troeltsch. Andere wie Otto Pfleiderer widersetzten sich dem auf sie ausgeübten Druck und harrten in der Theologischen Fakultät aus.

Über diesen ganzen Komplex orientieren instruktiv die von Fr.W. Graf herausgegebenen drei Taschenbücher "Profile des neuzeitlichen Protestantismus", Gütersloh 1990-1993, insbesondere die beiden Teilbände von Band 2: "Kaiserreich". Neben einer ausführlichen Darstellung "Protestantische Theologie in der Gesellschaft des Kaiserreiches" werden u.a. auch die liberalen Theologen J. Wellhausen, E. Troeltsch, W. Herrmann, W. Bousset und M. Rade in Porträtskizzen gewürdigt, außerdem der Ahnherr des Kulturprotestantismus, soweit er sich nicht aus den sog. Altliberalen des Protestantenvereins speist, Albrecht Ritschl.

Es ist - so denke und hoffe ich jedenfalls - wohl keine parteiliche Voreingenommenheit, wenn ich die Behauptung wage, daß es überwiegend die Namen und Werke liberaler Theologen sind, die bis heute in den entsprechenden fachtheologischen Darstellungen genannt und in ihrer Bedeutung für die Entwicklung der einzelnen theologischen Disziplinen gewürdigt werden. Ihnen verdanken wir es, wenn heute die historisch-kritische Forschung weitgehend auch von jenen Theologen praktiziert wird, die sich nicht als "liberal" verstehen, obwohl sie es in dieser Hinsicht jedenfalls sind.

Mir ist aus meinem Studium unvergeßlich, daß ich 1949/1950 an der Kirchlichen Hochschule in Westberlin bei Günther Harder, einer als Kirchenkämpfer durchaus profilierten Persönlichkeit, eine neutestamentliche Lehrveranstaltung belegt hatte. Wir fragten ihn, welche neutestamentliche Theologie er uns besonders empfehlen könne. Er zählte alle damals gängigen neutestamentlichen Theologen auf, bei dem existentialistischen Rudolf Bultmann angefangen bis hin zu dem mild konservativen Paul Feine. Er nannte ihre Vorzüge, aber auch ihre Schwächen und meinte dann: So aus vollem Herzen könne er uns eigentlich keine von ihnen *empfehlen*, um dann zu sagen: "Wissen Sie, wenn es Sie auch wundern wird, *empfehlen* möchte ich Ihnen eigentlich nur *eine* neutestamentliche Theologie, die von dem alten Heinrich Julius Holtzmann. Das war zwar ein ausgesprochen

Liberaler, und natürlich hat sich die neutestamentliche Wissenschaft inzwischen in vielen Fragen weiterentwickelt, aber bei ihm können Sie *Gesichtspunkte* lernen. Das war die Größe dieser Generation, die sie für uns bleibend wertvoll macht."

In der Tat, so ist es. Was Harder hier im Hinblick auf Holtzmann sagte, das gilt ähnlich für zahlreiche weitere Theologen, von denen ich hier nur einige nenne, die bisher von mir noch nicht erwähnt wurden: die Alttestamentler *Hugo Greßmann* (1877-1927), *Hermann Gunkel* (1862-1932) und *Ludwig Köhler* (1880-1956), die Neutestamentler *William Wrede* (1859-1906), *Johannes Weiß* (1863-1914), *Wilhelm Bousset* (1865-1920), *Adolf Jülicher* (1857-1938), *Rudolf Knopf* (1874-1920), *Walter Bauer* (1877-1960) und *Albert Schweitzer* (1875-1965); die Kirchenhistoriker *Ferdinand Christian Baur* (1792-1860), *Karl von Hase* (1800-1890), *Paul Wernle* (1872-1939), *Hans Lietzmann* (1875-1942), *Karl Heussi* (1877-1961), *Hans von Soden* (1881-1945) und *Emanuel Hirsch* (1888-1972); die Systematiker *Richard Adalbert Lipsius* (1830-1892), *August Dorner* (1846-1920), *Wilhelm Herrmann* (1846-1922), *Hans Hinrich Wendt* (1853-1928), *Rudolf Otto* (1869-1937), *Johannes Wendland* (geb. 1871), *Hermann Mulert* (1879-1950), *Martin Werner* (1887-1964), *Georg Wünsch* (1887-1964), *Paul Tillich* (1886-1965) und *Ulrich Mann* (1915-1989); die Praktischen Theologen *Martin Schian* (1869-1944) und *Walter Bülck* (1891-1952); die Religionswissenschaftler *Nathan Söderblom* (1866-1931), *Julius Richter* (1873-1965), den allerdings schwer einzuordnenden *Friedrich Heiler* (1892-1968) und *Gustav Mensching* (1900-1978).

7. Es soll und darf nicht vergessen werden, daß es natürlich Strömungen gab und gibt, die moderne Kultur und Wissenschaft für unvereinbar mit jeder Form von Christentum hielten und halten. Kritische Theologen wie *David Friedrich Strauß* (1806-1874) oder *Franz Overbeck* (1837-1905) entwikkelten sich zu *Gegnern des christlichen Glaubens*, Strauß offen und ehrlich, der Nietzschefreund Overbeck geheim und hinterhältig. *Ernst Haeckels* (1834-1919) "Welträtsel" von 1899 erlebten eine riesige Verbreitung im In- und Ausland; und Monistenbund und Sozialdemokratie initiierten vor dem Ersten Weltkrieg gemeinsam eine Kirchenaustrittsbewegung.

Liberale Theologen sowie Philosophen und Naturwissenschaftler, die Kulturprotestanten waren, haben wichtige Beiträge zur effektiven *Auseinandersetzung mit diesen Strömungen* geleistet, war ja doch die positive Versöhnung von Wissenschaft und Kultur mit einem sich in Freiheit gestaltenden christlichen Glauben das Grundanliegen des freien Protestantismus.

Was die atheistische Agitation der Sozialdemokratie betraf, von der manche orthodoxe Theologen kurzschlüssig behaupteten, sie entnähme ihre Waffen der historisch-kritischen Forschung des theologischen Liberalismus, so unterschieden führende Kulturprotestanten, wie z.B. Wilhelm Herrmann, sehr sorgfältig zwischen der Bekämpfung dieser atheistischen

Propaganda und den politischen und wirtschaftlichen Anliegen der Sozialdemokratie, die man natürlich ablehnen könne, die man aber nicht im Namen von Christentum und Kirche bekämpfen dürfe. Die bereits zitierte Forderung von Schubring nach parteipolitischer Neutralität der Kirche zielt nicht zuletzt in diese Richtung.

Freundeskreis der "Christlichen Welt"

Die zweite große Hauptströmung freien Christentums neben dem Protestantenverein bilden Anhänger des bereits genannten Göttinger Theologen Albrecht Ritschl, die sog. Ritschlianer. Von ihnen nahm dann später die wichtige "religionsgeschichtliche Schule" ihren Ausgang, die man eventuell auch als eine dritte selbständige Gruppierung des freien Protestantismus einstufen könnte. Wie so häufig ihm Leben läßt sich die spontane Entwicklung bestimmter Strömungen nicht in ein fein säuberliches Schubkastendenken pressen. So war z.B. gerade Otto Pfleiderer, der Ritschl und die Ritschlianer energisch bekämpfte, zugleich ein anerkannter Vorläufer und Vorkämpfer der religionsgeschichtlichen Schule.

Organisatorisch sind die Ritschlianer vor allem an *Martin Rade* (1857-1940) und der von ihm seit 1886 bzw. 1887 herausgegebenen Zeitschrift "Die Christliche Welt" festzumachen. Dieser Name, der anfangs häufiger kritisiert wurde, ist ja für die kulturprotestantische Haltung, zu der sich das Unternehmen im Laufe der Zeit immer stärker entwickelte, geradezu symbolisch. Die Zeitschrift, die ursprünglich im Untertitel als "Evangelisch-Lutherisches Gemeindeblatt" firmierte, wandte sich bewußt an "die Gebildeten in unseren evangelischen Gemeinden", also nicht primär an Theologen. Das Unternehmen entwickelte sich so gut, daß Ende 1890 die eigentliche Zeitschrift ergänzt wurde durch ein Nachrichtenblatt, die "Chronik der Christlichen Welt" (1891-1917). Diese Chronik wurde so umsichtig und z.T. glänzend redigiert, daß sie bis heute als eine wichtige kirchengeschichtliche Quelle zu Rate gezogen wird.

Im Zusammenhang mit dem berühmten "Apostolikumsstreit" von 1892 kommt es zur Herausbildung eines Kreises von "Freunden der Christlichen Welt", dessen Zusammenkünfte dem Gedankenaustausch derer dienen, die sich um Rade und sein Blatt scharten, das in den besten Zeiten eine Auflage von rund 5000 erreichte. 1903 kommt es zur förmlichen Konstituierung einer "Vereinigung der Freunde der Christlichen Welt" mit Eintragung in das Vereinsregister. Sie muß 1934 auf Anordnung der Gestapo aufgelöst werden. Sie erreichte 1913 ihren Höchststand mit 1581 Mitgliedern, 1934 waren es noch 746.

Zum Vergleich sei erwähnt, daß E. Petersen im Artikel "Protestantenverein" in Band IV der 1. Auflage von "Religion in Geschichte und Gegenwart", 1913, angibt, der Verein zähle 20-30 000 Mitglieder in etwa 20 Zweigvereinen, davon ungefähr die Hälfte in den Pfälzer Vereinen. Weitere Schwerpunkte seien Hamburg, Bremen und Berlin (6-7000 Mitglieder).

Ebenfalls noch 1892 entstehen die "Hefte zur Christlichen Welt" und nach dem Ersten Weltkrieg dann die "Bücherei der Christlichen Welt".

Obwohl bei Gründung der "Christlichen Welt" die Absicht bestand, sich aus der kirchenpolitischen Parteibildung und Parteinahme herauszuhalten, sahen sich Rade und viele seiner Freunde zunächst im Apostolikumsstreit und dann bei weiteren Disziplinierungsfällen immer stärker genötigt, Position zu beziehen. Es kommt dadurch allmählich zu einer gewissen Annäherung an den Protestantenverein. Trotz anfänglich starker Bedenken folgte man der Einladung, den 5. Weltkongreß für Freies Christentum 1910 in Berlin gemeinsam auszurichten. Nur durch das Zusammenwirken beider Richtungen konnte er die Bedeutung und Beachtung erringen, die ihn auszeichnete.

Martin Rade schrieb damals: "Der wirkliche Verlauf übertraf alles, was man hoffen durfte... Dabei konnte an der Aufmerksamkeit und Aufnahme deutlich wahrgenommen werden, wie es die religiöse Note war, die man wollte und (die) widerklang. Nicht Aufklärung, nicht Negation, nicht Freiheit, um herauszukommen aus der Religion, sondern Freiheit, um in die Religion erst recht hineinzukommen... Es wird unseren Gegnern schwer fallen, einen Gegenkongreß von gleicher Bedeutung ins Feld zu stellen" (bei Rathje, S. 167).

In Vorbereitung des Kongresses war es 1909 zu dem Dachverband des "Protestantenbundes" gekommen, der sich 1921 in den "Verband des freien Protestantismus" umwandelte, dem zahlreiche Vereinigungen des liberalen Protestantismus angehörten.

Eine Hauptgestalt im Kreise der Ritschlianer der "Christlichen Welt" war *Adolf von Harnack* (1851-1930). Er ist nicht nur als Kirchenhistoriker überaus bedeutend, aus dessen Feder zahlreiche bis heute wichtige Monographien stammen, auch nicht nur wegen seiner berühmt gewordenen Vorlesung im Wintersemester 1899/1900 über "Das Wesen des Christentums". (Dieses Buch erlebte schon in den ersten drei Jahren eine Auflage von 60 000, was im damaligen Verlagswesen überaus beachtlich ist. 1954 veranstaltete Rudolf Bultmann, ergänzt durch ein Geleitwort von ihm, eine Neuausgabe. Es wurde seinerzeit in 14 Sprachen übersetzt und rief zahlreiche Gegenpublikationen hervor.) Vielmehr verkörperte Harnack auch deswegen geradezu symbolhaft den Kulturprotestantismus, weil er auf Grund des hohen Ansehens, das er auch bei Profanwissenschaftlern genoß, 1900 gewürdigt wurde, anläßlich des 200-jährigen Bestehens der Berliner Akademie der Wissenschaften ihre Geschichte in drei Bänden zu schreiben und dann 1905 zum Generaldirektor der Preußischen Staatsbibliothek ernannt wurde, ein Amt, das ihm 1914 den erblichen Adel einbrachte. Er übte es bis 1921 aus.

Aber nicht nur das. Am Beginn seines Theologiestudiums hatte ihm ein Verbindungsbruder, der spätere Baseler Physiologe von Bunge, geraten, zunächst einmal einige Semester Naturwissenschaft zu treiben. Harnack folgte diesem Rat und legte wohl auch damit den Grund dafür, daß auf seine Anregung hin 1910 die vorwiegend naturwissenschaftlich orientierte Kaiser-Wilhelm-Gesellschaft, die spätere Max-Planck-Gesellschaft gegründet wurde. Sie wählte Harnack zu ihrem ersten Präsidenten, und er starb 1930 in Heidelberg, wo er ihre Jahresversammlung leiten wollte.

Neben Harnack ist gleichrangig Ernst Troeltsch, der als Systematiker der Religionsgeschichtlichen Schule gilt, die unvoreingenommen die Einwirkung zahlreicher religiöser und philosophischer Strömungen auf die Herausbildung des Christentums erforscht. Der Alttestamentler Hermann Gunkel, der u.a. einen wichtigen Kommentar zum 1. Mosebuch verfaßte und dem die religionsgeschichtliche Schule wichtige Anregungen und Erkenntnisse verdankt, schrieb einmal: "Das Christentum, das bestimmt war, vielen Völkern gepredigt zu werden, war selber nicht in Einem Volk gezeugt worden, sondern war aus einer großen und vielverschlungenen Geschichte vieler Völker erwachsen."

Ernst Troeltsch hat herausgearbeitet, daß das Christentum, obwohl es sich einer weitgreifenden Synthese verdankt - Gunkel nannte es sogar eine "synkretistische Religion" -, dennoch nicht in einem allgemeinen Relativismus versinken muß. Zwar kann es keine dogmatische "Absolutheit" beanspruchen, trotzdem können wir begründet überzeugt sein, in ihm die bisher höchste und wertvollste Religion zu besitzen.

Aber nicht nur als Systematiker und Religionsphilosoph hat Troeltsch Bedeutung, sondern auch als Historiker und Deuter der geistigen Situation und ihrer Ursprünge und Strömungen. Eine "Troeltsch-Gesellschaft" widmet sich heute der wissenschaftlichen Aufarbeitung und Aktualisierung seines geistigen Erbes.

Johannes Rathje hat in einer großen, 1952 erschienenen Monographie von über 500 Seiten diesem Zweig des freien Protestantismus ein schönes, wenn auch etwas resignatives, Denkmal gesetzt.

Publizistische Offensiven

Im Zusammenhang mit Rades "Christliche Welt" wurden bereits einige literarische Unternehmungen des liberalen Protestantismus genannt. Eine erschöpfende Darstellung würde den Rahmen dieser Einleitung bei weitem übersteigen. Aber wenigstens einige der bemerkenswertesten publizistischen Initiativen sollen doch noch erwähnt werden.

Seit 1904 gab Friedrich Michael Schiele, einer Anregung Boussets folgend, die "Religionsgeschichtlichen Volksbücher" heraus. Sie waren bewußt vor allem für Laien geschrieben und machten weite Kreise mit den Ergebnissen der historisch-kritischen Erforschung des Alten und des Neuen Testamentes, der Religions- und der Kirchengeschichte bekannt und behandelten in ihrer Reihe V auch Fragen der "Weltanschauung und Religionsphilosophie". Ebenfalls seit 1904 gab der Jenaer Neutestamentler und spätere Systematische Theologe *Heinrich Weinel* (1874-1936) die "Lebensfragen" heraus, deren Themenkreis weiter gespannt war. Neben im engeren Sinne theologischen Themen, wie "Paulus", "Jesus im neunzehnten Jahrhundert", "Die Auferstehung Christi", wurden auch solche Fragen wie "Die Reform des Strafrechtes und die Ethik des Christentums", "Die Frauenbewegung, ihre Ziele und ihre Bedeutung", "Carlyle und Goethe" behandelt. Während die Volksbücher pro Heft 50 Pfennig kosteten, waren die Lebensfragen im Umfang recht unterschiedlich und kosteten zwischen 50 Pfennig und einigen Mark. Es gelang beiden Herausgebern, als Verfasser zumeist erstklassige Autoren zu gewinnen, die häufig die eigenen Forschungsergebnisse allgemeinverständlich darlegten.

Weinel gab nach dem Ersten Weltkrieg auch recht brauchbare "Quellenhefte" für Schule und Volkshochschule heraus. Die Wirkung dieser Reihen veranlaßte konservative Theologen, zu versuchen, ihnen durch ähnliche Unternehmungen den Wind aus den Segeln zu nehmen. So stellte man den Volksbüchern die "Biblischen Zeit- und Streitfragen" entgegen, Weinels "Lebensfragen", Königs "Ewigkeitsfragen", den "Heften zur Christlichen Welt" die "Hefte zum Alten Glauben". Da man genötigt war, ebenfalls die wesentlichen und klar auf der Hand liegenden Methoden historisch-kritischer Forschung zu bejahen, wenn man dabei auch bedacht war, angesichts allzu anstößiger Fragen einige Abstriche zu machen, trug man dadurch letztendlich doch zur allgemeinen Akzeptanz der historischen Kritik innerhalb der Theologie bei. Die "Christliche Welt" belegte diese Gegenunternehmungen spöttisch mit dem Begriff der "Mimikry".

Ein großer Erfolg wurde auch die von dem Neutestamentler Johannes Weiß herausgegebene allgemein-verständliche Auslegung "Die Schriften des Neuen Testaments neu übersetzt und für die Gemeinde erklärt", Göttingen 1905-1907, an der ebenfalls erstklassige Wissenschaftler mitarbeiteten. Die erste Auflage von 6000 Exemplaren war noch vor Erscheinen des ganzen Werkes ausverkauft. Ab 1913 erschien eine zweite Auflage. Dieses sogenannte "Göttinger Bibelwerk" wurde wegen seiner starken Verbreitung bei Lehrern auch die "Lehrerbibel" genannt. Auch hier versuchte man mit einem von Gottlob Mayer herausgegebenen Bibelwerk "Das Neue Testament in religiösen Betrachtungen für das moderne Bedürfnis" ein allerdings wenig überzeugendes Gegengewicht zu schaffen.

Dem neutestamentlichen Göttinger Bibelwerk folgten nach dem Ersten Weltkrieg in gleicher Aufmachung "Die Schriften des Alten Testamentes in

Auswahl neu übersetzt und für die Gegenwart erklärt", die ebenfalls bald eine zweite Auflage benötigten und an der ebenfalls anerkannte Alttestamentler wie Gunkel, Staerk, Volz, Greßmann, Hans Schmidt und M. Haller mitarbeiteten.

Ein glänzendes Standardwerk liberaler Theologie wurde dann das von Fr.M. Schiele herausgegebene fünfbändige großformatige und 5700 Seiten starke Nachschlagewerk "Die Religion in Geschichte und Gegenwart. Handwörterbuch in gemeinverständlicher Darstellung", 1909-1913. Die zweite (1927-1932) und dritte (1957-1965) Auflage haben sich diesen ausgeprägt freisinnigen Standpunkt leider nicht mehr so eindeutig bewahrt und markieren damit den theologischen Wandel nach dem Ersten und Zweiten Weltkrieg.

Friedrich Naumann (1860-1910) schrieb von 1895-1902 für die Zeitschrift "Die Hilfe" Sonntagsbetrachtungen, die dann als "Gotteshilfe" zusammengefaßt in 7 Bändchen von 1895-1901 und dann in einem Bande 1902 erschienen, der zahlreiche Auflagen erlebte. Adolf von Harnack sagte von diesem Andachtsbuch, es werde einer späteren Zeit als Spiegel der Frömmigkeit der zweiten Hälfte des 19. Jahrhunderts gelten. Aber wohl die meisten dieser Andachten kann man bis heute mit Gewinn lesen, insofern sind sie weit mehr als bloß ein Zeitdokument.

Bleibende Bedeutung

Unabhängig von der Frage der Zukunftsbedeutung des freien Christentums gebührt zunächst einmal diesen Generationen liberaler Theologen in den Jahrzehnten vor und nach dem Ersten Weltkrieg ein betonter Dank für ihren Beitrag zum Erhalt einer auch das Bildungsbürgertum und andere Führungsschichten, aber auch die bildungsbeflissene Arbeiterschaft umfassenden Volkskirche.

In seinem Vortrag auf dem Protestantentag 1938 in Bremen sagte Wilhelm Schubring im Zusammenhang des 75-jährigen Jubiläums des Protestantenvereins: "Und da wir bei der Frage nach dem Erfolg des Protestantenvereins stehen, so lassen Sie mich ganz deutlich sagen: man soll nicht vergessen, daß der freie Protestantismus ... es war, zu dem das Bürgertum in weitem Umfang sich hielt, und daß nur seine Existenz und sein Wirken Ungezählte in der Kirche festgehalten hat, während sie in einer Kirche, die nur die orthodox-pietistische Art kannte, in hellen Haufen entlaufen wären. Man soll diese verhütende, bewahrende Arbeitsleistung nicht übersehen; der Protestantenverein hat nicht umsonst gearbeitet!"

Ich möchte dieses Urteil durch eine erschütternde Szene unterstreichen, die ich bei *Friedrich Rittelmeyer* (1872-1928) fand. Rittelmeyer und *Christian Geyer* (1862-1929) waren zwei vor dem Ersten Weltkrieg sehr bekannte liberale Prediger in Nürnberg, die gemeinsam zwei viel gelesene Predigtbände zum Druck gaben: "Gott und die Seele", 1906, [11]1922, und "Leben aus Gott", 1911, [6]1912. 1910 gründeten sie das Monatsblatt "Christentum und Gegenwart", das bis 1923 erschien.

Sie hatten nun damals ein Treffen mit dem angesehenen und einflußreichen *Hermann Bezzel* (1861-1917), der 1909, also immerhin 50 Jahre nach dem Erscheinen von Charles Darwins "Entstehung der Arten durch natürliche Zuchtwahl", Präsident des Oberkonsistoriums in München geworden war. Sie sagten ihm u.a., sie könnten die beiden Schöpfungserzählungen nicht wörtlich und als historischen Bericht verstehen, worauf Bezzel sich der Tränen nicht erwehren konnte. Dem entspricht es, daß in einem damals in der bayrischen Kirche verbreiteten Religionsbuch die Schöpfung noch auf das Jahr 4000 v.Chr. angesetzt wurde.

Es ist ja nicht auszudenken, was aus der Kirche geworden wäre, wenn es Männer wie diese beiden Prediger und andere liberale Theologen, die in Wort und Schrift einer freieren Auffassung christlichen Glaubens Bahn brachen, nicht gegeben hätte. Zum Glück gab es auch bereits vor dem Ersten Weltkrieg mindestens drei damals weitverbreitete Werke für den Religionsunterricht, die sich bei der Behandlung der Schöpfungserzählungen von jeder wörtlichen Auslegung weit entfernten und das auch offen aussprachen, wenn sie auch ein konsequentes Eingehen auf die Frage der Abstammung des Menschen vermissen lassen. Ernst Troeltsch hat die Situation von 1911/1912 in seiner postum erschienenen "Glaubenslehre" so charakterisiert: "Man hört bei den meisten Theologen zwar nichts mehr von Adam und Eva, aber auch nichts von den neuen Erkenntnissen, die sturmhaft durch die Welt brausen. Und doch ist eine der wichtigsten Aufgaben der Glaubenslehre, den Menschen auf diese Dinge hin die religiöse Einstellung finden zu helfen."

Eine Kirche, in der Theologen wie Bezzel allein tonangebend gewesen wären, hätte die schwierigen Jahre nach der Revolution von 1918 wohl kaum so relativ unbeschadet überstanden. Man denke etwa an das Wirken eines *Adolf Hoffmann* (1858-1930), der als Reichstags- und preußischer Landtagsabgeordneter und vorübergehend eine Art preußischer Kulturminister nach dem Ersten Weltkrieg eine intensive antikirchliche Propaganda entfaltete, die ja durchaus Wirkungen zeigte. Nach seiner Schrift "Die zehn Gebote und die besitzenden Klassen", die 1922 im 190. Tausend erschien, wurde er der "Zehn-Gebote-Hoffmann" genannt. Der 1919 von Ernst Rolffs und Friedrich Thimme herausgegebene Sammelband "Revolution und Kirche" mit Beiträgen prominenter Theologen läßt etwas von den damaligen Sorgen und Stimmungen spüren.

Aber nachdem der erste Sturm überstanden war und die dialektische Theologie und eine Lutherrenaissance in der Kirche um sich griffen, war der Elan zu einer durchgreifenden und spürbaren Erneuerung der Kirche unter dem Vorzeichen von Wahrhaftigkeit und Freiheit erloschen. Die erstarkende Freidenkerbewegung ließ es leider vielen geraten erscheinen, den Gemeinden nicht zu viele Kenntnisse über historische Kritik und das veraltete, zeitgeschichtliche Gewand der ewigen Gehalte christlichen Glaubens zuzumuten.

Der Marburger Theologe Rudolf Otto, von dem am Ausgang des Ersten Weltkrieges 1917 das berühmte Werk "Das Heilige" erschien, das ungezählte Auflagen erlebte und in viele Sprachen übersetzt wurde, schrieb 1925 eine aufrüttelnde kleine Schrift "Zur Erneuerung und Ausgestaltung des Gottesdienstes", aber ihre Mahnung wurde wenig beachtet. Es ist wohl bezeichnend, daß der Artikel über Rudolf Otto in der TRE diese Schrift nicht einmal bei den Literaturangaben nennt. Dabei enthält sie nicht nur, wie der Titel vermuten läßt, Vorschläge zur Neugestaltung des Gottesdienstes, über die sich teilweise durchaus streiten läßt, sondern sie beginnt sehr bewußt mit einem ersten Teil, der sich mit den Gründen der modernen Religionslosigkeit und Vorschlägen zu ihrer Überwindung auseinandersetzt: "Die Missionspflicht gegenüber einer stark religionslos gewordenen Gesellschaft ist heute die erste und größe Pflicht einer religiösen Gemeinschaft". Er warnt vor einer "Überschätzung 'kultischer Interessen'" und betont: "Werbearbeit ist wichtiger als liturgische Bestrebung". Für wichtig hält Otto es dabei, daß die Kirche selber, von sich aus, die Gemeinde an "die Begriffe von Sage und Legende und ihre Unterschiede von Geschichte einführt" und "auf Wahrhaftigkeit und auf Rechtfertigung vor gereifter Welt- und Geschichtserkenntnis" dringt. "Dieser Ausgleich mit moderner Erkenntnis und damit dieser Abstrich unmöglicher naiver Traditionsgehalte ist jedenfalls die unumgängliche Vorbedingung, Christentum als Bildungsreligion und als Religion für Schichten, die der Naivität entwachsen sind, festzuhalten."

Ich werde den Gedanken nicht los, daß die nun schon seit den siebziger Jahren erheblichen Kirchenaustritte längst nicht so stark wären, wenn wir wenigstens nach 1945 diese Mahnungen Ottos ernst genommen und eine entsprechende geistige Aufbauarbeit geleistet hätten. Man kann auch sagen, wenn der Bund für Freies Christentum und seine Zeitschrift mehr Unterstützung und Beachtung gefunden hätten. Statt dessen hielten sich viele Theologen und Pastoren vornehm zurück, die im Grunde eine historisch-kritische Bibelauffassung und ein modernes Glaubensverständnis vertraten, ohne aber ihren Studenten bzw. Gemeinden durchaus liebevoll und weiterhelfend, aber mit der notwendigen Offenheit gepaart, reinen Wein einzuschenken. Ich erlebe jedenfalls immer wieder, daß Christen mit sonst hoher Allgemeinbildung eine erschreckende Unkenntnis über diese Dinge zeigen und ganz erstaunt sind, wenn man sie darüber aufklärt.

Ohne Wahrhaftigkeit auf Kanzeln und Kathedern im Hinblick auf wesentliche Ergebnisse kritischer Forschung über die Entstehung von

Christentum und Bibel und ohne ein Glaubensverständnis, das dem neuzeitlichen Lebensgefühl und dem modernen Weltbild in angemessener Weise Rechnung trägt, ist dem weiteren Schwund von Kirche und Christentum in unserer Gesellschaft schwer zu begegnen. Wie muß es auf viele Menschen unserer Zeit wirken, wenn in unseren Gottesdiensten ohne jede erläuternde, den Buchstaben relativierende Vorbemerkung das sogenannte Apostolische Glaubensbekenntnis von der Gemeinde gesprochen wird und z.T. massivste Wundergeschichten und schwer verständliche Briefstellen unkommentiert als Altarlesungen verwendet werden? Von dem Grundsatz, diese Bibelinhalte seien "nicht zu eliminieren, sondern zu interpretieren", wird leider weithin nur die erste Hälfte beherzigt; ganz abgesehen davon, daß manches vielleicht doch besser keine gottesdienstliche Verwendung finden sollte.

Hier Klarheit und Wahrheit zu schaffen - da hat Rudolf Otto vollkommen recht -, ist eine unerläßliche Vorbedingung, wenn nicht, wie schon Schleiermacher fürchtete, das Christentum mit der Barbarei und Wissenschaft und Kultur mit dem Unglauben zusammengehen sollen.

Freier Protestantismus, der das Christentum immer wesentlich als Religion der Liebe aufgefaßt hat, hat viel Verständnis dafür, daß es "Schwache" in den Gemeinden gibt, die durch historische Kritik und durch bestimmte weltbildliche Erkenntnisse von weltanschaulicher Bedeutung verunsichert sind und deshalb zur Flucht in fundamentalistische - vermeintliche - Sicherheit neigen. Verständnisvolle, liebevolle Rücksicht im Sinne von Römer 14 und 1. Korinther 8 sind ihm daher durchaus wichtig. Aber die Rücksicht auf die Schwachen darf nicht unversehens zu einer "Diktatur der Schwachen" führen. Damit ist niemandem gedient. Denn wir vermögen nichts gegen die Wahrheit (2. Kor. 13,8).

Auch *Adolf Schlatter* (1852-1938), wahrhaft kein Liberaler, sondern einst als theologisches Gegengewicht gegen Adolf Harnack nach Berlin berufen, aber ein Mann, der sich gerade auch im Hinblick auf biblische Sachverhalte mit größter Gelehrsamkeit um Offenheit und gewissenhafte Wahrhaftigkeit mühte, schrieb einmal an einen Mediziner-Kollegen: "Für mich ist es ein Kernsatz der Religiosität und darum auch der Theologie, daß die Bejahung Gottes auch die Bejahung jeder Wirklichkeit in sich schließt, da mit jener der eine Wirker alles Wirklichen bejaht wird. Der Versuch, irgendeine mir sichtbar gemachte Tatsächlichkeit auszulöschen, hat für mich das Merkmal des unfrommen Verhaltens."

Und der Theologe, Kulturphilosoph, Bachinterpret und "Urwalddoktor" *Albert Schweitzer* (1875-1965), der für das freie Christentum unseres Jahrhunderts eine ganz wesentliche Leitgestalt ist, schrieb im "Epilog" seiner Autobiographie "Aus meinem Leben und Denken": "Das Christentum kann das Denken nicht ersetzen, sondern muß es voraussetzen. Von sich aus ist es nicht imstande, der Gedankenlosigkeit und des Skeptizismus Herr zu werden. Empfänglich für das Unvergängliche seiner Gedanken ist nur eine Zeit, in der aus dem Denken kommende elementare Frömmigkeit vorhanden ist. Wie der Strom vor dem Versickern dadurch bewahrt ist, daß er von einer Grundwasserströmung getragen wird, also bedarf das Christentum der Grundwasserströmung elementarer Denkfrömmigkeit. Zu wirklich geistiger Macht gelangt es nur, wenn den Menschen der Weg vom Denken zur Religion nicht versperrt ist. Von mir selber weiß ich, daß ich durch Denken religiös und christlich blieb.

Der denkende Mensch steht der überlieferten religiösen Wahrheit freier gegenüber als der nichtdenkende; aber das Tiefe und Unvergängliche, das in ihr enthalten ist, erfaßt er lebendiger als dieser.

Das Wesentliche des Christentums, wie es von Jesus verkündet ist und wie es im Denken begriffen wird, ist dies, daß wir durch die Liebe allein in Gemeinschaft mit Gott gelangen können."

Grundoffenbarung Gottes

Zur Erweckung dieser Grundwasserströmung elementarer Denkfrömmigkeit kann m.E. gerade der freie Protestantismus Wesentliches beitragen. Denn ihm ist weitgehend eine Einengung des Verständnisses von Gottes Offenbarung auf Jesus Christus und die Bibel fremd, er ist vielmehr offen für jene "fortdauernde Offenbarung", von der Erzbischof *Nathan Söderblom* (1866-1931), der auch ein bedeutender Religionswissenschaftler war, in seinen nur wenige Wochen vor seinem Tode in England gehaltenen Vorlesungen "Der lebendige Gott im Zeugnis der Religionsgeschichte", dt. 1942, so überaus eindrücklich gesprochen hat.

Eine seit den Epochen der Menschwerdung immer wieder Menschen aller Zeiten, aller Erdteile und aller Sprachen anrührende Selbstkundgabe Gottes ist die durch die Werke seiner gewaltigen, furchterregenden, aber auch immer wieder faszinierend-anziehenden Schöpfung.

Sie ist in bestimmter Hinsicht die für Denken und Fühlen grundlegende Offenbarung Gottes. Und man wird Goethe recht geben müssen, wenn er meinte: "Wer die Natur als göttliches Organ leugnen will, der leugne nur gleich alle Offenbarung." "Die Überzeugung, daß ein großes, hervorbringendes, ordnendes und leitendes Wesen sich gleichsam hinter der Natur verberge, um sich uns faßlich zu machen, eine solche Überzeugung drängt sich einem jeden auf."

Die immer zunehmende Erkenntnis der in der Natur geltenden Gesetzmäßigkeit braucht uns ihren Schöpfer nicht zu verhüllen, sondern verweist vielmehr gerade auf ihn, was Friedrich Schiller, unser zweiter großer Klassiker, in seinem "Don Carlos" treffend formulierte:

"Ihn, den Künstler, wird man nicht gewahr.
Bescheiden verhüllt Er sich in ewige Gesetze.
Die sieht der Freigeist, doch nicht Ihn.
'Wozu ein Gott?' sagt er, 'die Welt ist sich genug!'
Und keines Christen Andacht hat Ihn mehr
denn dieses Freigeist's Lästerung gepriesen!"

Das Verstehen dieser Selbstkundgabe Gottes durch die Werke seiner Schöpfung unterliegt selbstverständlich einem geschichtlichen Wandel, der aufs engste mit der geistigen und sittlichen Entwicklung des Menschen verbunden ist. Denn wenn auch alle Offenbarung von ihrem Ursprung in Gott her vollkommen ist, so ist der Prozeß ihres Ankommens beim Menschen notwendig gebrochen und unvollkommen, eben abhängig vom Fassungsvermögen und der Aufnahmebereitschaft des Menschen. Es ist im Rahmen der "Erziehung des Menschengeschlechts" - um mit Lessing, aber auch Herder zu sprechen - ein weiter Weg von primitiven Naturreligionen bis zum sittlich-religiösen Schöpfungs- und Schöpferglauben von Judentum und Christentum.

Nicht nur der Wandel des Weltbildes beeinflußt unsere Gottesvorstellung, sondern nicht minder unsere sich im Laufe der Geschichte herausbildende sittliche Erkenntnis des Guten und des Bösen. Wobei sittliche Erkenntnis und Weltbild einerseits sich wechselseitig bedingen mit unserem Gottesverständnis andererseits. Denn schließlich repräsentiert, worauf u.a. Friedrich Niebergall in seiner "Praktischen Theologie" eindrücklich hingewiesen hat, Gott für uns Christen jedenfalls die Einheit der sittlichen Werte mit der Macht über alles:

"Er ist Gott, weil er nicht nur das Sollen, sondern auch das Geschehen und Sein umspannt. Ein Gott, dem bloß jenes gehorchte, wäre nur ein Genius in der ihm sonst fremden und selbständigen Welt... So liegt der Nerv aller heilsamen und anspornenden Gotteserkenntnis in der Verbindung von Wert und Wirklichkeit. Der Wert ist der Sinn der Wirklichkeit, die Wirklichkeit der Boden der Werte, der sie trägt und fördert, beides steht unter den Augen und gehorcht dem Arm Gottes, das ist das erste und letzte Wort unseres christlichen Glaubens."

Inwieweit wir davon überzeugt sind, daß die Wirklichkeit dem Wert tatsächlich einen fruchtbaren Acker bietet, hängt wesentlich auch davon ab, inwieweit wir wirksam sittlich handeln, wie uns umgekehrt die Begegnung mit Menschen, die in besonderer Weise Werte schaffen und Liebe verwirklichen, Gottes gewisser macht. Nathan Söderblom nannte solche Menschen darum "evangelische Heilige". Albert Schweitzer konnte in diesem Sinne - als eine doch wohl zugleich seine eigene Überzeugung aussprechende Goethe-Interpretation - sagen: "Obwohl wir in der Natur nichts von Liebe sehen, ist die Liebe in der Natur. Sie ist in der geistigen Evolution der Menschheit in Erscheinung getreten." Zuhöchst, so können wir hinzufügen, im Menschen Jesus von Nazareth, der uns deshalb zum Transparent Gottes wird.

Von daher wird Gott auch zu Recht als "Person" verstanden, wenn diesem Begriff auch Beschränkungen anhaften, die wir auf Gott nicht übertragen dürfen. In Auseinandersetzung mit Albert Einstein hat Paul Tillich, der ein wichtiger Vertreter freien Christentums ist, geschrieben: "Die 'Tiefe des Seins' kann nicht durch Symbole ausgedrückt werden, die einem Bereich entnommen sind, der unter dem Persönlichen steht, aus dem Bereich der Dinge oder unterpersönlichen Lebewesen. Das 'Über-Persönliche' ist kein 'Es', oder genauer, es ist ebenso ein 'Er' wie ein 'Es'; und es steht gleichzeitig über beiden. Wenn aber das 'Er'-Element weggelassen wird, dann verwandelt das 'Es'-Element das angenommene Über-Persönliche in ein Unter-Persönliches, wie es gewöhnlich im Monismus und Pantheismus geschieht. Und solch ein neutrales 'Unter-Persönliches' kann uns nicht in der Mitte unseres Personseins treffen."

Auf der anderen Seite ist ja dem ehemaligen Berner Kirchengeschichtler *Kurt Guggisberg* (1907-1972) kaum zu widersprechen, wenn er in seiner ansprechenden Darstellung "Der Freie Protestantismus. Eine Einführung", 1942, schreibt: "Der religiöse Mensch hat das unmittelbare Bewußtsein, daß sein Geist einer geistigen Kraft inne wird, die über ihm steht. Gott ist der Ursprung meines Personseins und gibt sich mir so innerlich selber als Person kund... Persönlichkeitsreligion betet zu Gott als zu einem bewußten Geist, einem lebendigen, gewaltigen, schaffenden und bewegenden persönlichen Wesen, das sich in Christus als barmherzige Liebe offenbart hat. Mit der Personhaftigkeit Gottes wird weder seine Absolutheit noch seine Unendlichkeit angetastet."

Soweit zum Abschluß einige sehr persönliche, notgedrungen mehr nur andeutende Gedanken zum möglichen Profil einer elementaren Denkfrömmigkeit als tragende Grundwasserströmung einer speziellen Christusfrömmigkeit.

Das letzte Wort möge Ernst Troeltsch mit jenen Sätzen behalten, die er 1910 auf dem Weltkongreß für Freies Christentum sprach: "Was auch aus unserem Suchen eines freien Christentums werden mag, Gott sitzt im Regiment und seine Wahrheit wird siegen. Es kommt nicht auf unsere Rettung des Christentums an, sondern auf unser Vertrauen auf den Sieg Gottes. Was wir als unser Gewissen verpflichtende Wahrheit empfinden, kann nicht völlig falsch sein und muß in der Richtung der Zukunft liegen. Und so mögen wir in Ernst und Treue uns an die Aufgaben halten, die wir begreifen, und das übrige Gott überlassen. Denn die Gegenwart ist so wenig ohne Gott als irgendeine andere Zeit es gewesen ist."

Literatur

zu Geschichte und Wesen des Freien Christentums

Adolf Hausrath: Richard Rothe und seine Freunde, I 1902, II 1906.

Walter Schubring: 75 Jahre Deutscher Protestantenverein, in: Protestantenblatt 1938: 686-690, 703-707; vgl. auch: 473-476, 601-604, 633-639, 649-662, 667-669, 702/703, 719/720.

Die Artikel "Protestantenverein" mit den entsprechenden Querverweisen in Realencyklopädie für protestantische Theologie und Kirche, 16. Band, [3]1905, 127-135 und in den drei Auflagen von "Religion in Geschichte und Gegenwart", sowie in der Theologischen Realenzyklopädie.

Heinrich Weinel: Das freie Christentum in der Welt, 1909.

Max Fischer u. Friedrich Michael Schiele, Hg.: Fünfter Kongreß für Freies Christentum und Religiösen Fortschritt, Berlin 5.-10. August 1910. Protokoll der Verhandlungen, Berlin 1911.

Ernst Troeltsch: Glaubenslehre, (post um) 1925

Walter Nigg: Geschichte des religiösen Liberalismus, 1937 (leider etwas resignativ).

Johannes Rathje: Die Welt des freien Protestantismus. Ein Beitrag zur deutsch-evangelischen Geistesgeschichte, dargestellt an Leben und Werk Martin Rades, 1952.

Karl Schwarz: Zur Geschichte der neueren Theologie, 1856, [4]1869.

Otto Pfleiderer: Die Entwicklung der protestantischen Theologie in Deutschland seit Kant und in Großbritannien seit 1825, 1891.

Willy Bremy: Der Weg des protestantischen Menschen von Luther bis Albert Schweitzer, 1953 (ganz besonders zu empfehlen).

Martin Werner: Der protestantische Weg des Glaubens I: Der Protestantismus als geschichtliches Problem, 1955.

Kurt Leese: Der Protestantismus im Wandel der neueren Zeit. Texte und Charakteristiken zur deutschen Geistes- und Frömmigkeitsgeschichte seit dem 18. Jahrhundert bis zur Gegenwart, 1941.

Jan Rohls: Protestantische Theologie der Neuzeit. I: Die Voraussetzungen und das 19. Jahrhundert; II: Das 20. Jahrhundert, 1997.

Albert Schweitzer: Geschichte der Leben-Jesu-Forschung, [2]1913, [10]1993.

Heinrich Weinel: Jesus im neunzehnten Jahrhundert, 1905.

Johannes Leipoldt: Jesus im Urteil der Jahrhunderte. Die bedeutendsten Auffassungen Jesu in Theologie, Philosophie, Literatur und Kunst bis zur Gegenwart, 1939.

Gustav Pfannmüller: Vom Jesusbild der Gegenwart, [2]1925.

Karl Weidel: Jesu Persönlichkeit. Eine Charakterstudie, [3]1921 (von Albert Schweitzer ganz besonders empfohlen).

Friedrich-Wilhelm Kantzenbach: Kirchlich-theologischer Liberalismus und Kirchenkampf, in: Zeitschrift für Kirchengeschichte 1976, 298-320.

Friedrich Wilhelm Graf: Profile des neuzeitlichen Protestantismus, 3 Bände, 1992-1993, GTB 1430-1432.

Friedrich Wilhelm Graf: 'Wir konnten dem Rad nicht in die Speichen fallen'. Liberaler Protestantismus und 'Judenfrage' nach 1933, in: Der Holocaust und die Protestanten. Analyse einer Verstrickung, Hg. von *Jochen-Christoph Kaiser* und *Martin Greschat*, 1988, 151-185.

Hans Martin Müller, Hg.: Kulturprotestantismus, 1992.

Gangolf Hübinger: Kulturprotestantismus und Politik, 1994.

Claudia Lepp: Protestantisch-liberaler Aufbruch in die Moderne. Der deutsche Protestantenverein in der Zeit der Reichsgründung und des Kulturkampfes, 1996.

Paul Wernle: Evangelisches Christentum in der Gegenwart, 1914.

Kurt Guggisberg: Der Freie Protestantismus. Eine Einführung, 1942.

Ulrich Neuenschwander: Zwischen Gott und dem Nichts. Beiträge zum christlichen Existenzverständnis in unserer Zeit, 1981.

Zum "Evangelisch-Sozialen Kongreß" vgl. die zusammenfassenden Darstellungen von *Hans Eger* (1931), *Johannes Herz* (1940) und *Gottfried Kretschmar* (1972).

Andreas Rössler hat im "Freien Christentum", Heft 5, 1988 (und in einem Sonderdruck "40 Jahre Bund für Freies Christentum") die Geschichte des Bundes für Freies Christentum kenntnisreich und informativ dargestellt und ergänzt durch die Wiedergabe wichtiger Dokumente und Aussagen.

Christliche Freiheit - Freies Christentum

Einführung

"Freies Christentum" ist keine eigene Glaubensgemeinschaft oder gar Konfession. Es bezeichnet ein Christsein, das für die Probleme der Zeit und der Gesellschaft, für Natur und Kultur, für die wissenschaftlichen Einsichten und die gesellschaftlichen Entwicklungen aufgeschlossen ist *(Hans-Hinrich Jenssen 1981)*; ein Christsein, das gegenüber anderen Religionen offen ist *(Gustav Mensching 1952)*; ein Christsein, in dem kritisches Denken und die Erfahrung *(Ulrich Mann 1987)* zum gelebten Glauben gehören. Eine solche Haltung kommt grundsätzlich in allen Konfessionen vor.

Das organisierte freie Christentum *(Ulrich von Hasselbach 1972)*, das nur einen kleinen Teil "freier", "freisinniger", "theologisch liberal" gesonnener Christen erreicht, findet sich im Protestantismus, meist im Rahmen der evangelischen Landeskirchen oder Freikirchen, nicht nur in Deutschland, sondern zum Beispiel auch in der Schweiz *(Willy Hirzel 1978)*, in den Niederlanden, in Frankreich und in Großbritannien. Einzelne kleinere protestantische Denominationen und Gemeinden sind als ganze freichristlich, so die christlichen Unitarier in Siebenbürgen und Ungarn, der christliche Flügel der Unitarier in Großbritannien und den USA, die Remonstranten in den Niederlanden und die "Tempelgesellschaft" *(Jon Hoffmann 1970)* in Deutschland und Australien.

Das freie Christentum ist durch den Gedanken der "Freiheit" charakterisiert. Gemeint ist keine willkürliche, sondern eine an Gott und damit an die Wahrheit gebundene Freiheit *(Günther Keil 1966)*. Da sich nach christlicher Überzeugung Gott zentral in Jesus von Nazareth offenbart hat, ist die Freiheit an Jesus Christus gebunden *(Peter Gerlitz 1991)*.

Das freie Christentum steht im Gegensatz zum Autoritätsglauben einer Orthodoxie *(Walter Bülck 1949)*, die Bibel und Bekenntnis nicht zu hinterfragen oder wenigstens zu befragen wagt, und erst recht zum Fundamentalismus *(Werner Martin 1991)*, der die christlichen Glaubensquellen wortwörtlich nimmt, statt nach dem tieferen Sinn zu fragen.

Im 20. Jahrhundert hat *Albert Schweitzer* alle diese Grundlinien eines freien Christentums in sich verkörpert. Er wird deshalb im freien Christentum hoch geschätzt.

Andreas Rössler

Albert Schweitzer

Auszüge aus Briefen

an Mitglieder des Bundes für Freies Christentum
(dessen erster Ehrenpräsident er gewesen ist)

"Ich bin hier im Urwald doch ziemlich auf dem Laufenden, was die religiösen und kirchlichen Angelegenheiten in Europa betrifft, und weiß daher zu ermessen, was es bedeutet, daß das freie Christentum wieder auf den Plan tritt. Für das freie Christentum einzutreten ist eine Pflicht dem Evangelium gegenüber. Wie oft denke ich an das Wort: 'So bestehet nun in der Freiheit, damit uns Christus befreit hat.' St. Paulus ist unser Schutzpatron."

Brief an Pfarrer Erich Meyer zum ersten "Deutschen Kongreß für Freies Christentum" am 21.-23. September 1948 in Frankfurt am Main; "Freies Christentum" Nr. 2, 1949, Seite 5

"In der Ferne verfolge ich alle Bemühungen des freisinnigen Protestantismus und darf Ihnen sagen, daß ich an seine Zukunft mit ebensolchem Vertrauen glaube wie an seine Notwendigkeit. Die Geltung des Wortes, daß man nichts gegen die Wahrheit, sondern nur für sie etwas vermag, wird sich erweisen. Möge uns allen, die wir für das freie Christentum eintreten, verliehen sein, es in rechter Frömmigkeit und mit rechter Freudigkeit zu tun, daß man erkenne, daß auch wir kirchlich sind in der Art, die vor Gott gilt."

Brief an die Teilnehmer des dritten "Deutschen Kongresses für freies Christentum" in Mühlheim an der Ruhr am 6.-9. Oktober 1952; "Freies Christentum" Nr. 10, 1952, Seite 122

"Ja, das undogmatische Christentum hat sein Recht in unseren Tagen. Die christlichen Hauptdogmen sind in der Vorstellungswelt der griechischen Metaphysik entstanden, wobei der Grundgedanke des ursprünglichen Christentums, das Kommen des Reiches Gottes, verloren ging, obwohl er die Verkündigung Jesu beherrscht. Schon als Student habe ich mich daran gestoßen, daß im sogenannten Apostolikum das Wort Reich Gottes nicht vorkommt. Wir in unserer Zeit müssen auf alle Welterkenntnis verzichten und dennoch Jesus treu bleiben. Mehr als die Früheren müssen wir uns darauf besinnen, daß Religion Wandeln im Geiste ist und in der Frömmigkeit, nicht in der Art der Glaubensvorstellungen, besteht. Wir erkennen, daß das, was nottut, ist: den Geist Christi haben und bewahren.

Tausend Dank dafür, daß Sie mitarbeiten, dies in unserer Zeit zu verkünden, und sie davor zu bewahren, in Irreligiosität zu verfallen, weil uns die Dogmen nicht mehr bieten können, was wir brauchen, weil sie einer anderen Welterkenntnis entstammen als die unserer Zeit, und weil sie Vorstellungen über die Natur Jesu formulieren, wobei sie seinen Geist nicht zu Wort kommen lassen. Die Dogmen sind uns ehrwürdig, weil so viele Christen ihre Frömmigkeit in sie hineinlegen. Sie waren die Rüstung, in der das Christentum sich durch Jahrhunderte in der Welt behauptete. Nun muß es sich in einer neuen Welt in uns durch die Macht des Geistes Jesu und der Religiosität, die aus in die Tiefe gehendem Denken kommt, behaupten."

Brief an Dekan Heinz Lonicer vom 8.3.1957; "Freies Christentum" Nr. 5, 1988

Hanauer Sätze zur religiösen und kirchlichen Erneuerung

"Freies Christentum" Nr. 3, 1969

Vorbemerkung

Der Bund für Freies Christentum - der Name drückt, wie wir selbst empfinden, nur in unzulänglicher, wohl auch mißverständlicher Weise aus, was wir sind und wollen - hat in der Absicht, das, was uns, seine Mitglieder, bei aller Mannigfaltigkeit der Art doch fest zusammenschließt, in klare Sätze zu fassen, einen kleinen Ausschuß beauftragt, solche zu erarbeiten. Sie sollen nicht eine Bekenntnisformel, ein Grundgesetz für alle Zeiten sein, sondern eine Grundlage für die gegenseitige Klärung und Verständigung, auch für das Gespräch mit verwandten Gruppen. Sind wir doch der Meinung, eine engere Fühlungnahme der Menschen und Kreise, denen an der Erneuerung von Kirche und Volk, von religiösem und politisch-sozialem Leben gelegen ist, sei heute dringend erforderlich. In dieser Absicht legen wir die folgenden Sätze der Öffentlichkeit vor. Wir bitten um Prüfung, Äußerung und Weitergabe an solche, die für unsere Haltung Verständnis haben.

Rudolf Daur (Präsident des Bundes für Freies Christentum 1960-1970)

Im Bewußtsein unserer Mitverantwortung für Bestand und Zukunft des evangelischen Christentums treten wir für eine Erneuerung der Kirche in allen Bereichen ihres Wirkens ein. Wir meinen, daß nur ein gelebtes

Christentum ohne Enge und Gesetzlichkeit in der Welt von morgen bestehen kann. In den letzten Jahren ist manche Forderung nach Reformen lautgeworden. Es erfüllt uns jedoch mit Sorge, daß sich kirchliche Kreise, auch Kirchenleitungen, gegen unbequeme Erkenntnisse und Erfordernisse der Gegenwart immer wieder abzuschirmen versuchen. Sie hindern damit die Wirksamkeit des Evangeliums und versperren vielen den Zugang zu ihm.

1. Wir meinen, daß von *Gott* nicht anders als in ehrfürchtiger Zurückhaltung gesprochen werden darf. Die letzte Wirklichkeit, aus der wir leben, läßt sich nicht in allgemein gültige Begriffe fassen. Worte, Bilder und Symbole, in denen wir von ihr reden, können nur Hinweise sein auf das, was unser Leben trägt und bestimmt.

2. Wir meinen, daß die Bedeutung der *Gestalt Jesu* in heute verständlichen Begriffen zum Ausdruck gebracht werden muß. Viele Bekundungen aus Vergangenheit und Gegenwart erweisen, daß in der Begegnung mit ihm die liebende Zuwendung und der fordernde Anruf Gottes erfahren werden. Lösende und heilende Kräfte gehen von ihm aus, er weckt Hoffnung und Zuversicht, er ruft zu vorbehaltloser Menschlichkeit. Das Geheimnis seines Wesens und Wirkens, seines Leidens und seiner Todesüberwindung wird niemand ergründen. Die Versuche, das Besondere in seiner Erscheinung symbolhaft auszudrücken, haben immer wieder Sinn und Recht. Die Ergebnisse solcher Versuche dürfen nicht als "ewige Wahrheit" mißverstanden und zum Glaubensgesetz gemacht werden.

3. Wir meinen, daß die *Bibel* bei aller gebotenen Ehrfurcht in ihrer Geschichtlichkeit gesehen werden muß. Die noch immer weit verbreitete Meinung, die Bibel sei ein einheitliches Buch, das "immer recht hat", ist verhängnisvoll. Die Kirche weiß, daß die Bibel eine Sammlung sehr verschiedenartiger und verschiedenwertiger Überlieferungsstücke aus anderthalb Jahrtausenden ist und daß viele ihrer Aussagen - auch in den Evangelien - wesentlich voneinander abweichen. Was die Kirche aber weiß, soll sie auch sagen. Nur dann ist sie glaubwürdig.

Dies gilt auch für die Bezeichnung der Bibel als "Gottes Wort". Sie enthält menschliche Bezeugungen dessen, was Menschen als an sie ergangenes "Wort Gottes" erfahren haben, und was anderen zu einem an sie ergehenden "Wort Gottes" zu werden vermag. Aber sie ist nicht als solche "Gottes Wort", zumal Gottes "Reden" zu Menschen auch anders als durch die Bibel geschehen kann.

4. Wir meinen, daß die Kirche zu dem stehen soll, was als *Ergebnis theologischer Forschung* vorliegt. Sie soll den Mut haben, daraus Konsequenzen zu ziehen. Wenn ein Pfarrer seine Gemeinde wider besseres Wissen in der Meinung hält, "Schrift und Bekenntnis" könnten noch in der gleichen Weise wie etwa vor 400 Jahren verstanden und verbindlich gemacht werden, so ist dies ein unwahres und unwürdiges Verhalten.

5. Da die überlieferten *kirchlichen Bekenntnisse* ein überholtes Weltbild und Weltverständnis voraussetzen und nur noch mit Hilfe verwickelter Gedankengänge gedeutet werden können, erscheint es uns untragbar, Christen auf deren Wortlaut zu verpflichten. Dies gilt ebenso für die altkirchlichen wie für die reformatorischen Bekenntnisse, vor allem aber für das sogenannte "Apostolische Glaubensbekenntnis", dessen Wortlaut seit Generationen ungezählte Christen an der inneren Zustimmung zu ihrer Kirche und an der Teilnahme an deren Gottesdiensten gehindert hat. Die Kirchen sind der Apostolikumsfrage immer wieder ausgewichen; sie haben die Beibehaltung des Apostolikums durch Verfügungen reglementiert.

Die geforderte Verpflichtung auf dieses Bekenntnis, auch schon das Verlangen, daß es von der gottesdienstlichen Gemeinde, von Eltern und Paten bei der Taufe oder von den Konfirmanden gesprochen werden soll, muß alle, die es nicht bejahen können, entweder innerlich belasten oder aber zu Unaufrichtigkeit und Gleichgültigkeit verleiten.

Es sind manche Versuche unternommen worden, in neuen Sätzen in der Sprache unserer Zeit zu sagen, was für uns lebendiger evangelischer Glaube ist. Kirchenleitungen, Synoden und Gemeindevertretungen sollten solche Versuche ermutigen und unterstützen.

6. Wir halten eine gründliche *Umgestaltung der kirchlichen "Agenden"* und anderer für die sonntäglichen Gottesdienste, für Taufen, Trauungen und Bestattungsfeiern vorgeschlagener Gebete und liturgischer Formeln für dringend erforderlich. Die in ihnen gebräuchliche Ausdrucksweise ist für viele heutigen Christen schlechthin unerträglich. Auch vom Inhalt her ist vieles fragwürdig geworden.

7. Wir meinen, daß in ein für unsere Zeit bestimmtes evangelisches *Gesangbuch* solche Lieder - und Liedstrophen - aufgenommen werden sollten, denen der Singende innerlich zustimmen und die er als Ausdruck seines Glaubens empfinden kann. Darum erscheint uns eine durchgreifende Sichtung und Überarbeitung der überkommenen Texte unbedingt geboten. Wir begrüßen alle Bemühungen, wertvolle Texte und Melodien aus unserer Zeit der Gemeinde vertraut zu machen.

8. *Taufe und Abendmahl* können in ihrem Symbolgehalt den Menschen in seiner Tiefe erfassen. Sie sind Hilfe und Bereicherung, nicht aber Bedingung und Voraussetzung christlichen Glaubens und Lebens. Der Zugang zum symbolhaften Geschehen darf nicht lehrhaft verbaut werden.

9. Eine Neuordnung von *Konfirmation und Konfirmandenunterricht* wird heute weithin vorgeschlagen und diskutiert. Sie sollte überall als Aufgabe von unaufschiebbarer Dringlichkeit begriffen werden. So wie der Konfirmandenunterricht heute noch immer üblicherweise erteilt wird, ist er offensichtlich eher geeignet, junge Menschen dem Christentum zu entfremden als sie in ihrer Kirche und Gemeinde zu verwurzeln.

Wir meinen, daß die wesentliche Aufgabe des Konfirmandenunterrichts nicht in der Vermittlung von christlichem Wissensstoff, sondern in der Hinführung zu einem mit innerer Überzeugung gelebten Christsein und in der Vermittlung echter Lebenshilfen zu suchen ist. Ein gründliches Eingehen auf die Situation der Jugendlichen, auf ihre wirklichen Fragen, auf die ihnen heute gestellten Probleme ist erforderlich.

10. Auch der *Religionsunterricht in den Schulen* bedarf einer neuen Planung und Gestaltung. Schon in der Grundschule sollte die Vermittlung eines vermenschlichten Gottesbildes und eines buchstäblichen Bibelverständnisses vermieden, in den oberen Klassen der Unterricht auf religionswissenschaftlicher Grundlage erteilt und der junge Mensch durch umfassende Information zu eigener Meinungsbildung und persönlicher Entscheidung befähigt werden.

11. Die *Gemeinden* sollten weniger von oben herab regiert als von unten her aufgebaut werden. Verantwortliche und entscheidungsfreudige Mitarbeit der Gemeindeglieder muß durch die "kirchlichen Ordnungen" mehr als bisher gefördert und eine lebendige Mannigfaltigkeit ermöglicht werden.

12. Den Angehörigen *anderer christlicher Gemeinschaften* sollte im Bewußtsein des Verbindenden in brüderlicher Weise begegnet werden. Entsprechend sollte eine kirchliche Trauung auch mit solchen Christen möglich sein, die weder der evangelischen noch der katholischen Kirche angehören.

13. Wir erstreben ein neues Verhältnis auch zu den *nichtchristlichen Religionen.* Wenn diese vielfach als bloßer menschlicher Wahn oder Irrtum abgetan werden, so erscheint uns dies als eine Anmaßung, die dem Geist Jesu widerspricht. Wir wollen nicht der Unverbindlichkeit Vorschub leisten; aber wie wir Christen den Anderen Helfendes und Wegweisendes zu vermitteln haben, so können auch wir von ihnen lernen.

14. Wir meinen, daß es zu den Aufgaben der Kirche gehört, *soziale und politische Verantwortung* zu wecken. Die Kraft des Evangeliums muß sich in der Gestaltung menschlichen Zusammenlebens erweisen und bewähren. Die wachsende Not in allen Ländern der Erde geht alle Christen an. Nicht zuletzt ist es Sache der Kirche, die Gewissen wachzurufen. Dabei darf sie die Aufgabe der eigenen inneren Erneuerung, des Umdenkens und Umgestaltens nicht zurückstellen. Wenn die Kirche verstanden werden und in die Welt hinein wirken will, muß sie vordringlich ihre eigene Reform in Angriff nehmen.

Hanau, im November 1968

Glaubensbekenntnisse freier Christen

Ich glaube, daß uns Gott das Leben und die Seele und alles gegeben hat, und daß wir darum Gott zu eigen und Gott verantwortlich sind.

Ich glaube, daß uns Jesus Christus, unser Heiland, nach Gottes Willen aus jeder Gottesferne heimruft zum Vater, und daß uns keine Macht der Welt, auch nicht der Tod, von der Liebe Gottes trennen kann.

Ich glaube, daß durch den Geist Jesu Christi neue Menschen werden, und daß sie Zeugen und Träger des Reiches Gottes auf Erden sind.

Ich glaube, daß Gottes Reich ewiges Reich ist und alle Macht der Finsternis überwindet. Unser christlicher Glaube fordert von uns: Ehrfurcht vor dem, der über allem und in allem ist, Heiligung unseres persönlichen Lebens, selbstlosen Dienst in der Gemeinschaft der Familie, des Berufes und des Volkes, Mitverantwortung am Aufbau der menschlichen Gesellschaft in Frieden, unerbittlichen Kampf gegen die Macht des Bösen in uns und in der Welt.

Friedrich Manz in "Freies Christentum" Nr. 2, 1957

Ich glaube, daß in Ihm, dem ewigen Gott, alles, was lebt, seinen Ursprung hat und besonders wir Menschenkinder Seines Geschlechtes sind.

Ich glaube, daß Gott uns in Jesus Christus heimruft und heimholt aus jeder Ferne und Fremde, daß in ihm das große Zeichen der Hoffnung aufgerichtet ist für unsere gesamte Welt.

Ich glaube, daß Gottes und Jesu Geist neue Menschen schafft, neue menschliche Gemeinschaft werden läßt, und daß all unser Leben und Streben sich einst vollenden wird in der endgültigen und ewigen Vereinigung mit Ihm.

Das ist gewißlich wahr.

Hansjörg Jungheinrich in "Freies Christentum" Nr. 6, 1969

Wir glauben an Gott, die geheimnisvolle Macht, die uns begrenzt und über uns verfügt, und die doch der bergende Grund und das gute Ziel des Lebens ist.

Wir glauben an Jesus Christus, den Weg zum Leben, unseren Erlöser. Er hat betend darum gerungen, die Durchkreuzung seines Willens als gottgewollt anzunehmen, und blieb auch denen zugewandt, die ihn enttäuschten. Der Blick auf ihn gibt uns - trotz getäuschter Erwartungen - Mut und Geduld zu der Bereitschaft, Verantwortung für andere zu übernehmen.

Wir glauben an sein Wirken unter uns. Er befreit uns von der Furcht, die uns lähmt und voneinander trennt. Er ermöglicht eine Zusammenarbeit, in der wir den Gegner als Bruder entdecken; unser Einsatz dient dem Frieden und erhält bleibenden Wert. Das erfüllt uns mit Dank.

Theodor Jaeckel in "Freies Christentum" Nr. 9, 1976

Wir glauben an Gott, in dem unser aller Sein gegründet ist. Er hat uns werden lassen, und er hat uns die Erde anvertraut.

Wir bekennen uns zu Jesus, der als ein Licht und als eine verwandelnde Kraft in die Welt gekommen ist. Wir hoffen auf ihn, der am Kreuz gestorben ist und dennoch lebt und wirkt.

Wir wollen das mutmachende Wort der Vergebung, das uns in ihm begegnet, dankbar annehmen.

Wir wollen seinem Geist in uns Raum geben und wollen es wagen, in gläubigem Zutrauen und liebender Menschlichkeit seinen Weg zu gehen.

Wir wissen uns in Leben und Sterben ihm verbunden und wie er geborgen in der niemals endenden Gegenwart Gottes.

Ulrich von Hasselbach in "Freies Christentum" Nr. 9, 1976

Ich glaube an die schöpferische Macht in allem, was ist, auch wenn mein Begreifen davor versagt.

Ich glaube, daß alles, was geschieht, seinen sinnvollen Platz hat, auch wenn ich daran oft irre werde.

Ich glaube, daß mein Weg nicht ins Leere verläuft, auch wenn ich nicht sehe, wohin er führt.

Ich glaube: Diese schöpferische Macht will sich verwirklichen an mir und allen Menschen aus der Tiefe unseres Wesens heraus.

Sie überwindet meinen Widerstand und macht mich heil.

Dieser Macht darf ich mich anvertrauen.

Sie läßt mich immer neu gewiß werden: Ja ist stärker als Nein, Dasein ist stärker als Nichtsein, Liebe ist stärker als Angst.

Diese Macht schließt mich zusammen mit allen Menschen und Wesen in Ehrfurcht, Dankbarkeit, Zuwendung und Dienst.

Ich glaube: In Jesus von Nazareth hat sich die schöpferische Macht voll verwirklicht.

Darum ist seine Gestalt von unzerstörbarer Lebendigkeit.

In ihm erfahre ich die Gewißheit, daß mich nichts von jener Macht trennen kann, die er uns Vater nennen ließ.

Wer seinen Weg geht, wird erfahren, wer wir sind und wer die Macht ist, der wir uns verdanken und durch die wir sagen können im Leben und Sterben: Es ist gut.

Wolfram Zoller in "Freies Christentum" Nr. 10, 1976

Wolfram Zoller

Der Bund für Freies Christentum

Aussagen beim Deutschen Evangelischen Kirchentag 1995 in Hamburg
"Freies Christentum" Nr. 5, 1995

Der Bund für Freies Christentum ist eine Vereinigung von Menschen, die sich unterwegs sehen zu einem freiheitlich engagierten Christsein:

- frei von der Fesselung durch Glaubensformen (Dogmen) vergangener Zeiten
- frei von Glaubenszwängen aller Art
- frei von autoritären religiösen Herrschaftsstrukturen
- frei von bibelvergötzendem Buchstabenglauben
- frei von geistlosem und sektiererischem Fanatismus
- frei von der Gängelung durch das bloß Gewohnte
- frei von Berührungsängsten vor dem Fremden in anderen Menschen und Kulturen
- frei von intoleranten Absolutheitsansprüchen
- frei von missionarischer Vereinnahmung der Anderen
- frei von der Furcht vor neuen Entwicklungen
- frei von dem Irrtum, der Mensch sei das Maß aller Dinge
- frei von der aggressiv, depressiv oder gleichgültig machenden, immer aber zerstörerischen Kapitulation vor dem sinnlosen Nichts

- in Ausrichtung auf den Gott, den wir bei Jesus als befreiende Liebe erfahren
- im Ernstnehmen echter - eigener wie fremder - religiöser Erfahrung
- in Förderung menschlicher wie religiöser Selbständigkeit und Mündigkeit
- im engagierten Hören auf die zentrale Botschaft der Bibel vom anbrechenden Gottesreich
- in intellektueller Redlichkeit und ohne Schablonendenken
- im Suchen nach neuen Möglichkeiten, den Glauben zu erfahren, auszudrücken und zu leben
- in Liebe zu allen Menschen als solchen, in denen Gottes Geist lebendig sein will
- in dialogischer Offenheit für Menschen anderen Glaubens
- im Bemühen, voneinander zu lernen und den Reichtum des Glaubens gegenseitig auszutauschen
- im Sich-Ausstrecken nach neuen Stufen der menschlichen Evolution
- in tätiger Ehrfurcht vor der ganzen Schöpfung
- im freimachenden und aktivierenden Vertrauen auf die Macht Gottes, in dem alles seinen Sinn hat und in dem wir unbedingt bejaht sind.

Walter Bülck

Zur Aufgabe des freien Protestantismus

"Freies Christentum" Nr. 9, 1949

Die innerkirchlichen Gegensätze beruhen auf einem verschiedenen Verständnis des Wesens des Protestantismus. Unter Protestantismus kann man eine historische Erscheinung verstehen, nämlich das Reformationskirchentum und die Festlegung des christlichen Glaubensverständnisses in den Bekenntnisschriften. Die Anschauung, daß die damals geschehene Ausprägung des reformatorischen Glaubensverständnisses in den Denkformen des 16. Jahrhunderts bleibend statutarisch festgehalten werden muß, ist kennzeichnend für diese Auffassung des Protestantismus. Im Grunde ist dann der Protestantismus nichts wesentlich vom Katholizismus unterschiedenes, sondern wie dieser Autoritätsglaube, und es ist nur der Umfang der Glaubensvorstellung gegenüber dem Katholizismus reduziert, das Prinzip aber diesem ähnlich: ein einmal festgelegter Glaubensinhalt verlangt von allen folgenden Geschlechtern Anerkennung als unveränderlicher Ausdruck der Wahrheit, ganz gleich wie die Erkenntnisse fortgeschritten sind und die Denkformen sich wandeln.

Unter Protestantismus kann man aber auch etwas ganz anderes verstehen, nämlich eine christliche Lebensauffassung bestimmter Art und nicht eine unabänderliche historische Größe. Dann ist der Protestantismus etwas ganz anderes als der Katholizismus, weil er sich gründet auf das Prinzip der persönlichen Verantwortung vor Gott. Die Bibel ist dann nicht ein Gesetzbuch des Glaubens, sondern ein Dokument, in dem das Evangelium enthalten ist, und evangelisches Christentum ist dann nicht Gehorsamsunterwerfung unter die Autorität einer Kirchenlehre oder einer kirchlichen Institution, sondern freie persönliche Aneignung des Evangeliums und dessen Verwirklichung im persönlichen Leben.

Darum gehört zum Protestantismus notwendigerweise die Freiheit einer sachgebundenen theologischen Forschung, die Achtung der verschiedenen Glaubensauffassungen, die auf dem Boden des Evangeliums erwachsen, die Anerkennung des Rechtes auf eigene gewissensmäßige Überzeugungsbildung, die man für sich selbst in Anspruch nimmt, auch für andere. Der Protestantismus findet die Einheit gerade in der Mannigfaltigkeit, wie schon das Neue Testament das Evangelium in mancherlei verschiedener Ausprägung zur Darstellung bringt, und wie sich im Gesangbuch ein sehr mannigfaltiger Chor zur Einheit in der Anbetung zusammenfindet. Der Unterschied zwischen katholischer und protestantischer Auffassung ist also nicht der einer Quantität, sondern einer Qualität des Glaubens.

Nun hat sich aber im historischen Protestantismus schon sehr früh das Schwergewicht von der fides qua creditur verschoben auf die fides quae creditur ("der Glaube, mit dem geglaubt wird" und "der Glaube, welcher geglaubt wird"), d.h. vom Glauben als dem persönlichen Vertrauen auf Gott zum Glauben an den Glauben, besser gesagt, an die Glaubensvorstellungen einer bestimmten für absolut gesetzten Entwicklungsstufe. Das ist ein Rückschritt in eine katholisierende Auffassung.

Bei dem heute innerhalb der evangelischen Kirche bestehenden Gegensatz geht es im Grunde zentral um dies: Autoritätsglaube oder persönliche Verantwortung vor Gott. Es spielt gar keine Rolle, ob einer diese oder jene überlieferte Glaubensvorstellung oder Lehrform sich gewissensmäßig aneignen kann oder nicht, sondern es kommt darauf an, ob man das protestantische Prinzip sich zu eigen macht und den Protestantismus als etwas Dynamisches hat oder als etwas Statisches und Stereotypisches auffaßt. Dann begibt man sich, auch wenn man auf den Buchstaben der Reformatoren und ihre Epigonen schwört, in katholische Bahnen.

Autoritätsgebundener Protestantismus ist ein Widerspruch in sich selbst. Ich habe immer den Ausdruck "Freier Protestantismus" als ungeschickt empfunden. Denn man ist entweder Protestant und damit frei von äußeren Autoritäten, oder man ist nicht Protestant. Wenn wir den Ausdruck "Freier Protestantismus" gebrauchen, so tun wir das also nur im Unterschied von der Auffassung des Protestantismus als einer unveränderlichen historischen Größe. Der Ausdruck bedeutet also nichts Negatives, sondern etwas Positives, nämlich das Bekenntnis zu dem Protestantismus als einem Lebensprinzip.

Gustav Mensching

Freies Christentum einst und heute

"Beihefte Freies Christentum" Nr. 3, 1952

Freies Christentum einst

Wenn wir, ohne langwierige historische Betrachtungen anzustellen, nach den Ursprüngen dessen fragen, was man um die Jahrhundertwende "liberale Theologie" nannte, muß festgestellt werden, daß diese Ursprünge in die Zeit der Aufklärung zurückreichen. Der geistesgeschichtliche Prozeß, um den es sich in der Aufklärung handelt, läßt sich am kürzesten verstehen und beschreiben als die Verselbständigung des zu sich selbst gekommenen Subjektes. Gegenüber der organisch festen Bindung des Subjektes im Anschauungs- und Erlebnisbereich der mittelalterlichen und auch noch der nachmittelalterlichen Kirche beginnt in der Aufklärung die Verselbständigung des Subjektes, das sich in wachsendem Maße seiner Vernunft bewußt wird und so die Verkunft zum Maßstab der Bewertung und des Verstehens aller menschlichen Verhältnisse einschließlich der Religion macht. In diesem Sinne definiert Kant in seiner Schrift "Was ist Aufklärung?" (1784) das Wesen der Aufklärung: "Aufklärung ist der Ausgang des Menschen aus seiner selbstverschuldeten Unmündigkeit. Unmündigkeit ist das Unvermögen, sich seines Verstandes ohne Leitung eines anderen zu bedienen. Selbstverschuldet ist diese Unmündigkeit, wenn die Ursache derselben nicht am Mangel des Verstandes, sondern der Entschließung und des Mutes liegt, sich seiner ohne Leitung eines anderen zu bedienen. Sapere aude! Habe Mut, dich deines eigenen Verstandes zu bedienen! ist also der Wahlspruch der Aufklärung."

Diese geistige Haltung führte nun, auf die Religion bzw. auf das Christentum angewandt, dazu, einerseits die charakteristische Eigenart der positiven Religionen einschließlich des Christentums als Verdunkelungen der einen allgemeinen Vernunftreligion anzusehen, die man in allen Religionen glaubte wiederfinden zu können, und andererseits zu einer Beanstandung aller übernatürlichen Züge im Erscheinungsbild des Christentums. Es blieb nur übrig, was vor dem Forum der Vernunft sich rechtfertigen konnte: ein allgemeiner Gottesglaube und eine rational faßbare Ethik. Um einen Namen nur zu nennen, bei dem sich bereits alle Züge der später sich entwickelnden stark rationalistisch gearteten "liberalen Theologie" finden, sei an Reimarus (1699-1768), einen Hamburger Gelehrten, erinnert. Bei ihm ist von einem "vernünftigen Christentum" die Rede, dessen Gründzüge "Gottesfurcht, Pflicht und Tugend" sind. Die Vernunft darf nicht dem Glauben bzw. der Kirchenlehre untergeordnet werden. Sie ist eine Gottesgabe und dem Menschen zu selbständigem Gebrauch verliehen. Wunder werden wegen ihres Gegensatzes zur Naturordnung abgelehnt. Vor allem aber wird hier bereits der Grund gelegt zu einer kritischen Untersuchung der Bibel. Was hier also erstmalig geschieht und was seither zum unaufgebbaren Grundsatz aller freien Forschung und damit auch alles freien Christentums gehört, ist die Unterwerfung aller heiligen Schriften einschließlich der des Christentums unter die gleichen Forschungsmethoden, mit denen die Profanliteratur auf ihre Echtheit und ihren Wert hin untersucht wird.

So entsteht also einerseits aus den angedeuteten geistesgeschichtlichen Bewegungen eine kritische Behandlung der Bibel, die nun im Laufe der Zeit, ohne daß das hier geschildert werden könnte, zu immer freier ausgearbeiteten Methoden der Erforschen dessen kam, was im Neuen Testament (und natürlich auch im Alten Testament) als echt und was als spätere Zutat anzusehen ist. Dies ist die eine Linie, die in die Aufklärungszeit zurückführt: die Beseitigung des sakralen Tabus, das die christlichen heiligen Schriften bisher umgab und sie einer objektiv wissenschaftlichen Untersuchung ihres Quellenwertes entzog; positiv ausgedrückt: die historisch-kritische Erforschung des Werdens der biblischen Schriften, die, wie man jetzt entdeckte, eine Geschichte haben, und in denen verschiedenste religiöse Anschauungen ihren Niederschlag gefunden haben. Eine Unsumme gelehrter Arbeit und wissenschaftlicher Erkenntnis ist auf diesem Gebiete neutestamentlicher Forschung in den vergangenen 100 bis 150 Jahren geleistet worden.

Aber noch eine zweite Linie führt in die Aufklärungszeit zurück: in jener Zeit traten zum ersten Male die fremden Religionen, z.B. die Chinas, in das Blickfeld des Abendlandes. Missionare und Kaufleute brachten Kunde aus dem Orient und lenkten das Zeitinteresse auf die außerchristlichen Religionen, deren vielfache Ähnlichkeit mit den höchsten Ideen des Christentums den Absolutheitsanspruch des Christentums erschütterten. Hier entstand nun, ohne daß wir das geschichtliche Werden dieses religionsgeschichtlichen Zweiges der Forschung hier verfolgen können, eine neue Betrachtungsweise des Christentums im Vergleich mit den immer genauer und tiefer erkannten außerchristlichen Religionen. Die fremden religiösen heiligen Schriften wurden in wachsendem Maße erschlossen und offenbarten ungeahnte Tiefen, aber auch verblüffende Parallelen zum Christentum und seiner Vorstellungs- und Kultwelt. Aus dieser gelehrten Forschungsarbeit entstand um die Jahrhundertwende innerhalb der evangelischen Theologie eine Forschungsrichtung, die man "religionsgeschichtliche Schule" nannte, und deren Bemühen darauf gerichtet war, mit Ernst Troeltsch zu reden, eine "religionsgeschichtliche Theologie" zu schaffen, d.h. das Christentum darzustellen in seinen Abhängigkeiten von den außerchristlichen Religionen seiner Umwelt.

Diese religionsgeschichtliche Forschung hat im Laufe ihrer Geschichte bis hin zu Rudolf Bultmann, der jüngst ein wertvolles Buch über "Das Urchristentum im Rahmen der antiken Religionen" veröffentlichte, unwiderlegbare Erkenntnisse gewonnen von vielfältiger Abhängigkeit der neutestamentlichen Schriftsteller in ihren Anschauungen und Ausdrucksweisen von den Religionen im Umkreis des entstehenden Christentums, z.B. von der Gnosis, vom Hellenismus, von iranischen, im Spätjudentum fortlebenden Ideen usw. Wenn wir hier Rudolf Bultmann schon nannten, so sind wir damit schon dem Gang unserer Betrachtung vorausgeeilt; denn Bultmann setzt zwar die in der alten "religionsgeschichtlichen Schule" begonnene Arbeit fort und zeigt, welche Elemente der Erscheinungsformen des Urchristentums aus fremden religiösen Bereichen stammen, aber er tut das in einer charakteristisch von der religionsgeschichtlichen Schule unterschiedenen Weise, in der bereits ein Wesensmoment dessen liegt, was ich "freies Christentum heute" nenne.

Freies Christentum heute

1. Freies Christentum ist protestantisches Christentum, protestantisches Christentum aber ist seinem Wesen und inneren Anspruch nach nicht - wozu es geschichtlich zwar geworden ist - das Christentum einer Sonderkirche, sondern "protestantisch" und "Christentum" ist eigentlich dasselbe; denn nach unserer Auffassung ist Christentum seinem Ursprung und seiner Lebensmitte nach Protestantismus. Wir behaupten also: der Protest gehört zum innersten Wesen des Christentums von allem Anfang an. Und damit stehen wir bereits bei dem, was innere Grundhaltung freien Christentums ist und zunächst dargestellt werden soll.

Freies Christentum ist seiner Grundhaltung nach also zunächst Protest gegen Religion als "Gehäuse" aus jener anderen Haltung freier persönlicher Erfahrung heraus. Das bedeutet nun inhaltlich im einzelnen: Protest gegen eine autoritativ und ohne eigene persönliche Entscheidungsmöglichkeit auftretende verbindliche Dogmatik. Luthers reformatorische Verkündigung war in ihren Anfängen kein "Gehäuse", das man zu übernehmen und in dessen Räumen man zu leben hatte, ohne über die Fundamente dieses Gehäuses nachdenken zu dürfen. Luther protestierte gegen das sorgfältig ausgebaute Gehäuse der katholischen Kirche und wurde konsequenterweise von den Hütern dieses sakralen Gehäuses weniger wegen beabsichtiger Änderungen in der Inneneinrichtung des Gebäudes ausgeschlossen und verdammt als vielmehr deshalb, weil seine Grundhaltung den Gehäusecharakter des katholischen Christentums selbst in Frage stellte mit ihrem Postulat: "Ein Christenmensch ist ein freier Herr aller Dinge und niemand untertan". Er stellte die heilige Schrift, also das primäre und ursprüngliche Zeugnis urchristlichen Glaubenslebens in den Mittelpunkt und nahm zu ihr eine ganz persönlich-kritische Haltung ein. Diese Haltung aber schlug in der sich bildenden Orthodoxie ins Gegenteil um, denn sie gab im eigentlichen Sinne das Schriftprinzip insofern wieder auf, als die Bibel nur in einer durch Bekenntnisse festgelegten Auslegung als Autorität anerkannt wurde und wird. Bei Karl Barth, dem Repräsentanten der Neuorthodoxie, ist Glaube Anerkennung der altkirchlichen Dogmen in der Auslegung der reformierten Theologie. Damit haben wir wieder das Gehäuse, das den Einzelnen hindert, in eigener Erfahrung Gott zu begegnen.

Freies Christentum also, so stellen wir auf Grund dieser Erwägungen fest, ist lebendiger und beständiger Protest gegen die Gefahr, daß Kirche und Christentum zum autoritativen Gehäuse werden, weil das dem ursprünglichen Sinn des Christentums selbst widerspricht.

2. Wenn wir uns nun der inhaltlichen Seite der christlichen Glaubenswelt, wie sie im Neuen Testament Gestalt gewann, zuwenden und hier

nach der grundsätzlichen Stellungnahme eines freien Christentums fragen, so stoßen wir auf das heute viel erörterte Problem der "Entmythologisierung", das durch Rudolf Bultmann zur Diskussion gestellt wurde. Es fehlt uns hier die Zeit, um das um diese Fragen entstandene Gespräch in seinem Für und Wider zu erörtern. Wir beschränken uns vielmehr darauf, kurz zu sagen, um was es sich handelt, und was dazu von den hier vertretenen Anschauungen aus und im Zusammenhang der Darstellung der Grundzüge freien Christentums zu bemerken ist.

Die quellenkritische und religionsvergleichende Forschung hat in Bezug auf die Vorstellungswelt des Neuen Testaments es zur unbezweifelbaren Gewißheit erhoben, daß hinter der Darstellung der Lebensvorgänge Jesu (Präexistenz Christi, übernatürliche Empfängnis, Geburtsverkündigung, Auferstehung, Himmelfahrt) wie auch hinter der Verkündigung Jesu und der Apostel ein bestimmtes Weltbild steht, das nicht mehr das unsrige ist. Unser Weltbild, also unsere Vorstellung von dem, was auf Grund unseres kritisch-rationalen, d.h. wissenschaftlichen Denkens und Erkennens in dieser Welt *ist* und faktisch *geschieht*, mag zwar bei verschiedenen Menschen unserer Zeit sehr verschieden aussehen, es unterscheidet sich gleichwohl grundsätzlich, d.h. der Struktur nach, von dem Weltbild des Neuen Testaments; denn dieses spiegelt eine prinzipiell andere Stellung der Welt wider, die frühzeitlich gefühlsbetonte, die ihre Erfahrungen in Bildern und Vorgängen zum Ausdruck brachte, für deren Gestaltung kein Naturgesetz der Phantasie Grenzen setzt. Grundsätzlich ist also wie im Märchen und im Traum alles möglich. Natürlich gibt es gewohntes Geschehen, aber es gibt ebenso natürlich auch ungewohntes, außergewöhnliches Geschehen, das die bevorzugte Weise göttlicher Offenbarungen ist. Für diese Ausdruckswelt verwendet man den Begriff "Mythos". Der Mythos ist die religiöse Ursprache der noch nicht zur Rationalität, zum Logos, vorgedrungenen Menschheit.

Wenn wir nun zum Schluß die Frage stellen, welches die Lebensmitte freien Christentums ist, so fällt diese Frage sinngemäß mit der nach der Lebensmitte des Christentums überhaupt zusammen; denn, wie dargelegt wurde, ist nach unserer Auffassung "freies" Christentum kein besonderes und neues Christentum, sondern das eigentliche lebendige Christentum selbst, das nur deshalb mit dem auszeichnenden Prädikat "freies" Christentum gekennzeichnet wird, weil man heute nach einer fast zweitausendjährigen Geschichte christlicher Kirchen- und Dogmenbildung sich von dem autoritativen Zwang bindender Bekenntnisverpflichtungen frei machen muß, um zum eigentlichen Christentum wieder Zugang zu finden. Die Freiheit des "freien Christentums" besteht also nicht darin, daß es jedem freistehen soll, sich aus dem geschichtlichen Christentum nach Belieben das herauszusuchen, was ihm gemäß ist. Wer sich mit gutem Gewissen heute zum Christentum bekennen will, der soll wissen, daß die ihm unverständlichen und unannehmbaren mythischen Aussagen des Neuen Testamentes kein Hindernis zu sein brauchen, daß er alle diese Dinge aber auch nicht einfach unbesehen und unverstanden hinzunehmen hat, sondern daß hinter den Mythen zeitlose Wahrheit steht. Freies Christentum ist daher nach unserer Überzeugung kein verkürztes, modernisiertes und rationalisiertes Christentum, sondern Christentum im Vollsinne.

Günther Keil

Selbstkritischer Glaube

"Freies Christentum" Nr. 6, 1966

Manche Christen meinen, ein Glaubender müsse den Problemen der Welt in unerschütterlicher Gewißheit gegenüberstehen. Die göttliche Offenbarung, auf die er sich gründet, mache ihn von allem Zweifel frei. So scheint denn ein Glaube, der sich selbst kritisch in Zweifel zieht, kein gesunder Glaube mehr zu sein.

Andererseits sind aber die negativen Seiten solch selbstsicherer Glaubensheroen bekannt. Wir begegnen ihnen nicht nur in der Kirche. In den Sekten sprechen sie rechthaberisch allen Andersgläubigen das Heil ab. Als weltanschauliche Funktionäre dulden sie keine Kritik am eigenen System und bauen eventuell Konzentrationslager für alle, die ihnen widersprechen. Wir pflegen sie "Pharisäer" zu nennen. Solche Menschen schreien denn auch selbstgewiß und unfähig zur Kritik am eigenen religiösen Gesetz gegen den Christus: "Wir haben ein Gesetz, und nach dem Gesetz muß er sterben!"

Die evangelische Theologie ist dagegen weithin zu einer kritischen Wissenschaft geworden. Sie kritisiert die biblischen Texte. Sie erweist diese oder jene Geschichte darin als Legende. Sie stellt das übliche Verständnis eines Schriftwortes in Zweifel und sucht es neu aus seinen zeitgeschichtlichen Parallelen zu verstehen. Sie übernimmt nicht einfach die Dogmatik der Vergangenheit, sondern durchdenkt ihre Fragen immer wieder neu.

Sie ist deshalb oft angegriffen worden. Es ist immer wieder gefragt worden, ob ihre kritische Arbeit nicht den Glauben zerstöre. Hierbei ist es die Stärke der kritischen Theologie, sich möglichst unvoreingenommen und selbstkritisch solchen Einwänden stellen zu können.

Darf sich also der Glaube selbst kritisieren? *Muß* er sich gar selbst kritisieren, wenn er nicht zu dem selbstsicheren Glaubensfunktionär führen soll, vor dem uns graut? Aber ist er dann noch gesunder Glaube? Wenn diesen Fragen sachgerecht nachgegangen werden soll, wird sowohl über das Wesen der Kritik als auch über das des Glaubens neu und grundsätzlich nachgedacht werden müssen.

Kritik unterwirft dem Zwiefel, was ihr gesagt wird. Sie beläßt ihre Gegenstände nicht in heiliger Unantastbarkeit, sondern prüft sie. Solche prüfende Kritik läßt damit das, was sie untersucht, als profan, als mit Irrtum untermischt und fragwürdig erscheinen. Verdeutlichen wir uns das an einem bewußt außerchristlichen Beispiel: Sagen wir, ein moderner gebildeter Mohammedaner habe sowohl seinen Koran als auch heilige Schriften anderer Religionen gelesen. Wie verarbeitet er nun geistig die Widersprüche zwischen ihnen? Anfänglich gibt er wahrscheinlich dem Koran recht, nur weil dieser die heilige Schrift der eigenen Religion ist. Denn der Koran gilt ihm noch als übermenschlich und heilig, er darf von menschlicher Kritik deshalb nicht angetastet werden. Später aber beginnt jener Mann zu prüfen, ob und worin der Koran die anderen heiligen Schriften übertreffe. Schon damit aber hat für ihn der Koran aufgehört, heilig, unantastbar zu sein. Die Kritik hat ihn kritisierbar und damit irrtumsfähig und menschlich gemacht. So entgöttert Kritik das heilig Unantastbare und relativiert das Absolute.

Was bedeutet nun dieses Entgöttern und Relativieren der Kritik für den Glauben? Solange die Kritik nur die falschen Götter betrifft, liegt ihr guter Dienst für den Glauben auf der Hand: Der Glaube pflegt vor Abgöttern zu warnen, die fälschlich Gott genannt werden, aber doch nicht Gott sind. Sie sind etwas Menschliches, Relatives, aber werden doch an die Stelle Gottes gesetzt. Das politische System, das sich selbst für die einzig unantastbare Wahrheit hält und deshalb alle Andersdenkenden verfolgt, macht sich damit zum Abgott. Oder die Glaubensgemeinschaft, die ihre Lehre über Gott für Gott selbst hält und deshalb allen Andersgläubigen das Heil abspricht, dient damit ihrem eigenen Abgott. Vor solchen Menschengedanken, die absolut gesetzt und damit zu Abgöttern gemacht werden, warnt der Glaube. Das Geschöpf zu verehren, als ob es der Schöpfer sei, das ist schon für den Apostel Paulus im Römerbrief der Inbegriff der Sünde.

Wie kann sich nun der Mensch von den Abgöttern wegwenden, um an den rechten Gott zu glauben? Er wird kritisch dem gegenüberstehen müssen, was ihm im ersten Augenblick als Gott erscheinen will. Sonst fällt er gedankenlos der Suggestivkraft eines Sektenhauptes oder der glänzenden Rednergabe eines Diktators in die Hände. Er wird auch sogenannte biblische Beweise prüfen müssen. Denn der Zeuge Jehovas bezieht sich ebenso unkritisch auf den Bibelbuchstaben wie der Adventist, und doch lesen beide ganz verschiedene Anschauungen aus ihm heraus. Der Glaube wird also selbst kritisch sein müssen.

Kritik ist somit nichts anderes als eine Funktion des Glaubens selbst:

Indem sie das, was sie prüft, nicht in seiner angemaßten Heiligkeit beläßt, entthront sie die Abgötter. Denn Kritik betrachtet, wie wir sahen, das Relative als relativ. Sie erweist Menschengedanken als Menschengedanken und entreißt sie so ihrer scheinbaren heiligen Unantastbarkeit. Sie folgt nicht blind dem Diktator, sie läßt sich nicht gedankenlos von irgendwelchen fragwürdigen Mächten in Dienst nehmen. Sie verwandelt das scheinbar Heilige in Menschliches, Relatives zurück. *So ist echter Glaube selbst kritisch, weil es ihm um Gott und nicht um Abgötter zu tun ist.*

Freilich kritisiert konsequente Kritik nicht nur die Abgötter, sondern auch Gott selbst. Damit scheint sie nun doch unausweichlich mit dem Glauben zusammenzustoßen. Wir müssen deshalb unsere Fragen nach dem Wesen der Kritik und dem des Glaubens noch weiter vorantreiben.

Kritik dient der Wahrheit. Gewiß gibt es auch eine von der Wahrheit entfernende, zersetzende Kritik, die nur aus Lust am Kritisieren kritisiert. Sie kann nichts Großes groß sein lassen. Sie arbeitet solange, bis sie es in das Mittelmäßige, wenn nicht gar Gemeine eingeebnet hat. Solcher Art ist die Kritik, mit der der Neid den soeben beförderten Berufskollegen herabzusetzen versucht. Oder sie ist die Kritik, die im Wahlkampf nur um des Wahlsieges willen auf den politischen Gegner abgeschossen wird. Aber das ist keine echte Kritik. Sie hat die Lauterkeit ihres kritischen Wollens verloren.

Echte Kritik dient der Wahrheit. Mit solcher Kritik haben wir es hier allein zu tun. Sie prüft die Dinge aus keinem anderen Grunde, als daß sie das, was wahr ist, ans Licht bringen will. Eben deshalb wägt sie ihre Gegenstände immer wieder, weil sie nicht vom Irrtum hintergangen werden will. So prüft ein Gelehrter eine neutestamentliche Schrift mit allen ihm zu Gebote stehenden literarischen Methoden. Er prüft sie nicht, um sie von vornherein abzuwerten. Er prüft sie vielmehr, um herauszufinden, wie es sich mit ihr in Wahrheit verhält, und was sie in Wahrheit aussagt. *Echte Kritik nimmt also auf nichts anderes Rücksicht als auf die Wahrheit selbst.* Damit berührt sie sich aber mit einem Glauben, der bekennt, daß Gott die Wahrheit und die Wahrheit Gott ist.

Wie es echter Kritik nur um die Wahrheit, die dem Glauben Gott ist, zu tun ist, so auch echtem Glauben nur um Gott und um nichts anderes. Zwar gibt es genug pervertierten (verkehrten, verdorbenen) Glauben, wie es pervertierte Kritik gibt. So können die Interessen der eigenen Glaubensgemeinschaft oder der eigenen Person im Vordergrund stehen, nicht Gott: Man stimmt dann nur deshalb einer neuen Auslegung einer Bibelstelle nicht zu, weil damit die Dogmatik der eigenen Glaubensgemeinschaft gefährdet werden könnte. Oder man weist moderne Welterkenntnisse nur deshalb ab, weil sie der eigenen Person nicht ebenso leicht und sicher das Heil garantieren wie die alten. *Echtem Glauben dagegen geht es um nichts anderes als um Gott, wie es echter Kritik um nichts anderes geht als um die Wahrheit.*

Sofern also geglaubt wird, daß Gott die Wahrheit ist, und daß es keine andere Wahrheit gibt außer Gott, laufen Glaube und Kritik parallel: Indem sich der Glaube Gott allein hingibt, gibt er sich auch allein der Wahrheit hin, auf die hin die Kritik arbeitet. Und indem sich die Kritik ganz allein der Wahrheit hingibt, gibt sie sich auch allein Gott hin, an den der Glaube glaubt. *Echter Glaube und echte Kritik gehören also aufs engste zusammen, weil sie beide ausschließlich ein und demselben dienen: dem Gott, der die Wahrheit ist.*

Aber diese Parallelität zwischen Glauben und Kritik führt noch weiter, sobald wir fragen: Wieweit kann Kritik die Wahrheit wirklich erreichen? Wieweit kann auf der anderen Seite der Glaube Gott wirklich "zu Ende denken"?

Was *einmal* kritisch erarbeitet worden ist, ist es nicht für alle Zeiten. Es wird vielmehr jederzeit neu überprüft werden müssen. Auch dafür ein bekanntes Beispiel: Die astronomischen Untersuchungen vor Kopernikus hatten ergeben, daß die Erde eine Scheibe sei. Hätte nun dieses Ergebnis dem Kopernikus als unantastbare Wahrheit gegolten, so hätte er kritiklos an der alten Vorstellung von der Welt festgehalten. Kopernikus aber kritisierte auch scheinbar sichere Ergebnisse erneut. Nur so konnte er die Erde als Kugel erweisen. *Konsequente Kritik darf also nie behaupten, die absolute Wahrheit endgültig gefunden zu haben.* Sie muß ihre Ergebnisse vielmehr immer neu auf ihre Gültigkeit hin überprüfen.

Somit ist die Wahrheit für die Kritik eine unendliche Aufgabe, mit der sie nie zu Ende kommen kann. Kein Ergebnis kann für sie als abschließende, absolute Wahrheit gelten. Jedes ist selbst wieder kritikwürdig, endlich, relativ. *Die Wahrheit ist immer größer als alle kritischen Ergebnisse.* Sie ist mit nichts zu verwechseln, was Menschen je begreifen können.

Solange nun Gott für den Menschen begreifbar ist, wird Kritik mit dem Glauben unausweichlich zusammenstoßen. Wer seinen Gott beschreiben kann, wird die Kritik immer zum Feinde haben. Denn konsequente Kritik kritisiert auch diesen begreifbaren Gott selbst. Ein solcher Glaube mag sich für seine Beschreibung Gottes auf die Bibel, auf die kirchliche Tradition oder auf noch so Heiliges stützen, immer stößt er auf das zweifelnde Fragen der Kritik. Sie duldet kein abschließendes Ergebnis, weder eine abschließende Bibelauslegung noch eine unrevidierbare kirchliche Überlieferung.

Hierin kämpft aber die Kritik in Wirklichkeit gemeinsam mit dem echten Glauben, für den Gott unbegreifbar ist und jenseits von allem thront, was Menschen je haben und denken können. Denn *echter Glaube kann wie echte Kritik zur Wahrheit Gottes hin immer nur unterwegs sein, weil wir Men-*

schen nur Menschen sind und nur menschliche Begriffe haben. Schon Luther hat gewußt, daß der Glaube immer nur im Werden, nie im Gewordensein leben kann. So wie die Kritik immer neu nach der Wahrheit fragen muß, weil die Wahrheit immer noch über allen menschlichen Ergebnissen steht, so steht der Gott echten Glaubens immer noch über allem menschlich Aussagbaren. Mit einem solchen Glauben ist sich Kritik einig.

Glaube und Kritik wollen also gemeinsam von allen Abgöttern uns befreien und einer Wahrheit, einem Gott dienen, die immer noch über allen menschlichen Gedanken stehen. Es ist daher pervertierter Glaube, Glaube an einen Abgott, etwas Menschlich-Begreifbares heiligzusprechen und dann jede Kritik daran zu verbieten. Wer dogmatische Sätze, eine bestimmte biblische Auslegung oder ein bestimmtes Weltverständnis für sakrosankt hält und der Kritik entzieht, macht ein für Menschen Begreifbares zu seinem Abgott. Der selbstsichere Glaubensheros ist so der Held eines pervertierten Glaubens, für den Gott nicht mehr die Wahrheit ist, die über allem menschlich Feststellbaren steht.

So gehören Glaube und Kritik aufs engste zusammen. Darum darf sich evangelischer Glaube nie einer ständigen Selbstkritik bis in seine Wurzeln hinein entziehen. *Kritik ist der Ausdruck des Glaubens selbst: Gott ist die Wahrheit, die alles Menschlich-Begreifbare übersteigt.*

Kurt Horalek

Rechtgläubigkeit

in "Halt und Haltung - Gedanken in Versen"

"Beihefte Freies Christentum", Nr. 66, 1967

Beneidenswert sind jene wohl zu nennen,
Die zu dem "rechten Glauben" sich bekennen.
Sie wissen viel von Gott und seinem Handeln,
Mit Geistesschätzen sie durchs Leben wandeln.

Sie wissen viel, wovon ich armer Wicht
Nur sagen kann: Ich weiß es leider nicht!
Und doch wird Gott auch meiner sich erbarmen,
Denn selig, heißt es, sind die geistlich Armen.

Jon Hoffmann

Templer und Freies Christentum

"Die Warte des Tempels" Nr. 5, 1970

Die Bezeichnung "freie Christen" ist nicht ganz unmißverständlich. Denn das Wesen des Protestantismus ist nicht (bindungslose) Freiheit, sondern die Bindung an Jesus, den Christus, dessen auf Grund freier Gewissensüberzeugung an- und zusammengeschlossene Anhänger und ernste Nachfolger im "Tempel", einem Bau aus geistigen Steinen, sich gegenseitig zu stützen und zu fördern suchen.

Wir sind - oder wollen wenigstens sein - Christen, d.h. Anhänger und Ausführungshelfer der Botschaft des Christus vom Gottesreich der Liebe und allseitigen Vervollkommnung als Ziel und Aufgabe der Menschheit und jedes einzelnen, und hierin wissen wir uns bei aller Verschiedenheit unserer sonstigen Bestrebungen, Vorstellungen und Empfindungen aufs engste *ge*bunden und *ver*bunden.

Und wir sind frei insofern, als wir innerhalb dieses sehr weiten Rahmens durch keinerlei Bindung an andere "Götter", an andere Ideale oder Höchstwerte, beschränkt sind, so daß wir in Kunst, Wissenschaft, Politik usw. Vertreter der verschiedensten Richtungen in unseren Kreis aufnehmen und darin vereinigen können, sofern sie nur eben die Erlösung, d.h. das Reich Gottes auf Erden, als Höchstziel, d.h. als obersten Richtpunkt, erkannt haben und anstreben.

Dabei sind wir uns durchaus im klaren, daß dieses Höchstziel durch keine klar erkennbare Abgrenzungslinie umrissen wird und daher inhaltlich im Lauf der Zeit eine Entwicklung umschließt (so hat es z.B. Jahrhunderte gebraucht, bis sich in der Christenheit die Überzeugung durchgesetzt hatte, daß Institutionen wie etwa die Sklaverei mit dem neuen Geist nicht vereinbar seien, vgl. den hochinteressanten Philemonbrief, mit dem Paulus den entlaufenen Sklaven Onesimus seinem Herrn zurückschickt).

Christentum ist für uns nicht eine Frage des "Bekenntnisses", sondern der Gesinnung (Lessing von Nathan: Ihr seid ein Christ, ein bess'rer Christ war nie).

Freies Christentum ist für uns nicht ein Christentum mit "Freiheit", d.h. Unverbindlichkeit in so und sovielen Stücken, sondern ein (möglichst hundertprozentiges) Christentum, das eben darum eine hundertprozentige Freiheit gegenüber allen Götzen der Tradition und der Vorurteile in sich schließt ("Ihr aber, liebe Brüder, seid zur Freiheit berufen. Allein, sehet zu, daß ihr durch die Freiheit nicht dem Fleisch Raum gebt, sondern durch Liebe diene einer dem andern. Denn alle Gesetze werden in dem einen Wort erfüllt, in dem: Liebe deinen Nächsten als dich selbst". Gal. 5,1ff).

Ulrich von Hasselbach

Auf dem Wege zu einer neuen Gestalt des Christentums

"Freies Christentum" Nr. 11, 1972
(leicht überarbeitete und ergänzte Fassung)

Als im Jahre 1910 der "Weltbund für freies Christentum und religiöse Freiheit" - so hieß er damals noch - seinen Kongreß in Berlin hielt, verkörperte er eine wesentliche, weithin beachtete und einflußreiche geistig-religiöse Bewegung. Bedeutende Gelehrte, zahlreiche Pfarrer und Laien vertraten eine Art von Christentum, die sich von allem Hergebrachten durch bestimmte unverwechselbare Merkmale deutlich unterschied. Bei allem individuellen Geprägtsein der einzelnen Denker zeichneten sich deutlich die geistigen Konturen eines alle verbindenden Neuen ab, das sich im Rückblick am treffendsten als "freies Christentum" charakterisieren läßt.

Dieses "freie" - oder auch "liberale" - Christentum hatte schon eine lange Geschichte; es durfte sich auf eine geistige Ahnenreihe berufen, die bis ins 18. Jahrhundert und zum Teil noch weiter zurückging. Nun schien ein erster Höhepunkt erreicht. Man war von großer Zuversicht erfüllt. Der Weg zur "Religion der Zukunft" schien aufgetan.

Inzwischen sind die großen Hoffnungen von damals enttäuscht worden. Das geistige Erbe von 1910 ist zwar nicht in Vergessenheit geraten, aber die Gruppen derjenigen, die es bewußt vertreten, sind klein geworden. Vor allem finden sich nur wenige junge Menschen in ihren Reihen. So kann der Eindruck entstehen, als ob das "freie Christentum" nur *noch* existiere, als ob es zum Aussterben verurteilt sei. Eine Welle scheint abgeebbt, der Versuch des Weges zu einer neuen Gestalt des Christentums gescheitert.

In Deutschland läßt sich der fast zum Zusammenbruch gewordene Rückgang des freien Christentums (oder "freien Protestantismus") auf besondere geschichtliche Ereignisse zurückführen. Das Schicksal des Ersten Weltkrieges und seiner Folgen hatte die allgemeinen Hoffnungen auf eine humanere und gerechtere Zukunft tief erschüttert. Die herbe Strenge der Barthschen Theologie schien der Wirklichkeit des Menschen, wie sie sich so erschreckend entlarvt hatte, wesentlich angemessener als alle irgendwie zukunftsgläubigen Gedanken. Sie setzte sich dominierend durch. Immerhin gab es auch in den zwanziger Jahren noch eine nicht zu übersehende Vertretung des freien Protestantismus von hohem geistigem Format - etwa bei den "Freunden der Christlichen Welt" oder auf vielen Lehrstühlen deutscher theologischer Fakultäten.

Aber dann kam der Kirchenkampf der nationalsozialistischen Zeit mit seinen verhängnisvollen Frontverschiebungen und Frontverfälschungen, dem das freie Christentum nahezu völlig zum Opfer fiel. Wer damals innerhalb der Kirche gegen Hitler war, wandte sich in der Regel der sogenannten "Bekennenden Kirche" zu - oft unter Zurückstellung, ja unter Preisgabe der theologischen Gesinnung. Die "Bekennende Kirche" mit ihrer vorbehaltlosen Bindung an "Schrift und Bekenntnis" stand der Denkweise eines freien Christentums eindeutig entgegen. Mancher überzeugte Liberale nahm aber alle ihm abverlangte Orthodoxie in Kauf, um sich dem christlichen Widerstand gegen Hitler anzuschließen.

Auf der anderen Seite gerieten einige freier denkende Christen in den Sog der sogenannten "Deutschen Christen" - oft ohne mit dem nationalsozialistischen Denken übereinzustimmen. Sie nahmen lieber manches ihnen gefährlich Scheinende und Unsympathische in Kauf, sie versuchten lieber bei den "Deutschen Christen" zum Guten zu wirken, d.h. Maß und Einsicht zu befürworten, als daß sie bereit gewesen wären, die Zukunft der Kirche einer engen, buchstabengebundenen Neuorthodoxie zu überlassen, wie sie bei einer "Machtergreifung" der "Bekennenden Kirche" zu erwarten war.

In diesem Zusammenhang sollte allerdings auch erwähnt werden, daß das Schrifttum der "Deutschen Christen" vielfach eine heftige Polemik gegen den theologischen Liberalismus enthielt. So eigenartig es scheinen mag, aber in der negativen Charakterisierung der liberalen, freisinnigen Theologie eiferten die feindlichen Brüder der DC und der BK miteinander um die Wette.

Nach dem Kriege waren es dann die Besatzungsmächte, die diese "Machtergreifung" - und zwar eine totale Machtergreifung - der "Bekennenden Kirche" in den evangelischen Landeskirchen ermöglichten. Für sie zählte nur, in welchem Maße einer gegen Hitler gewesen war, - theologische Argumentationen waren für sie ohne Belang. "Gegen Hitler" schienen aber nur die Angehörigen der "Bekennenden Kirche" gewesen zu sein, und so gelangte alle kirchliche Macht in ihre Hände. In den darauffolgenden Jahren wurden die wenigen, die unbeirrt ihrem "liberalen" Denken treu geblieben waren, als "hoffnungslos von vorgestern" belächelt, vielfach aber auch schwer benachteiligt, ja geradezu verfolgt.

Unter diesen Umständen war es ein mutiger Entschluß, im Jahre 1948 in Frankfurt den "Bund für Freies Christentum" zu gründen und so der in arge Bedrängnis geratenen Sache eine neue sie vertretende Organisation zu schaffen. Was die beiden Frankfurter Pfarrer Friedrich Manz und Erich Meyer damals getan haben, kann gar nicht hoch genug bewertet werden.

Willy Hirzel

Was ist freies Christentum?

"Freies Christentum" Nr. 7/8, 1978

Freies Christentum ist eine eigenständige Bewegung innerhalb der Kirche und von seinen Wurzeln her so alt wie das Christentum selbst. Freies Christentum ist eine Möglichkeit des Christseins ohne Festlegung auf überlieferte kirchliche Lehren. Diese Möglichkeit ist überaus zeitgemäß. Nur wissen es längst nicht alle, daß es diese Möglichkeit gibt. Der heutige Mensch sieht sich oft nur mit dem Christentum in seiner herkömmlichen Ausprägung konfrontiert und fühlt sich weithin außerstande, sich damit zu identifizieren. Viele sind ratlos, und mancher gibt es achselzuckend auf, sich weiter damit auseinanderzusetzen. Unsicherheit und Verflachung sind die direkten und verhängnisvollen Folgen.

Wenn wir von der Möglichkeit eines freien Christentums wissen, müssen wir uns die Frage stellen: Warum wissen es andere nicht? Haben wir es uns zu leicht gemacht? Jedenfalls dürfen wir uns nicht damit begnügen, daß wir für unsere Person oder für einen bestimmten Kreis von Gleichgesinnten einen Weg gefunden haben, mit dem christlichen Glauben zu leben, ohne uns dabei dem Vorwurf der Unredlichkeit oder der Gleichgültigkeit in Sachen des Glaubens aussetzen zu müssen. Den andern ist dadurch in keiner Weise geholfen. "Christentum morgen" wird nicht anders als in der Weise eines freien Christentums zu tiefgreifender und nachhaltiger Wirkung kommen. Nur so wird es Mensch und Welt den befreienden und erneuernden Dienst erweisen können, um dessentwillen Jesus gelebt und gelitten hat.

Wir dürfen es andern freudig bezeugen, daß wir auch ohne das Fürwahrhalten alter Glaubenssätze und der diesen zugrunde liegenden Vorstellungen Christen sein können. Wir teilen Jesu Verständnis von Glauben, der etwas gänzlich anderes ist als ein bloßes Führwahrhalten. Wir geben - wie er - dem Geist den Vorrang vor dem Buchstaben und teilen seinen Protest gegen Selbstgerechtigkeit und Enge. Wir wissen, daß wir zu achten haben, was andern heilig ist. Es geht uns nicht bloß um das weithin verflachte "Liebe deinen Nächsten wie dich selbst". Wir stellen ganz bewußt das Wort Jesu dazu: "Fürchte dich nicht - glaube nur!"

Freies Christentum versteht sich als gültige und sinngemäße Weiterführung des protestantischen Ansatzes der Reformation. Wie auch unsere Reformatoren nicht in allen Punkten sich deckende Anschauungen vertraten, anerkennen wir für unsere Kirchen das sogenannte pluralistische Prinzip. Darunter verstehen wir das gleichberechtigte Nebeneinander verschiedener Auffassungen und Ausprägungen evangelischen Christentums innerhalb der gleichen Kirche. Freies Christentum vermag in der Mannigfaltigkeit der Glaubenserfahrungen keinesfalls eine Zerfallserscheinung zu sehen.

Die freie, persönliche Überzeugung kann nie zum Hemmschuh des Glaubens werden; vielmehr ist sie die Quelle neuen Lebens. Daß unsere Reformatoren an diesem Punkt beim Alten stehen blieben, wird oft übersehen: Wer von den Lehrmeinungen der Reformatoren abwich, wurde verurteilt, verbannt oder leider auch getötet. Für die evangelische Kirche kann darum auch die Reformation kein abgeschlossenes Geschehen darstellen. Die Reformation dauert fort. Dazu bekennt sich freies Christentum.

Ein freier Christ wird sich die Frage gefallen lassen müssen, ob er an die ganze Bibel glaube. Dahinter versteckt sich die Frage nach der Autorität der Bibel. Die Bibel ist nicht die von Gott verfaßte Urkunde seiner Offenbarung. Sie ist die von Menschen aufgezeichnete und weitergegebene Urkunde ihres Glaubens an die göttliche Offenbarung. Der sich erneut ausbreitende Fundamentalismus, der die Bibel wortwörtlich verstehen will, muß als sehr gefährliche und dem Glauben schädliche Unwahrheit mit aller Entschiedenheit zurückgewiesen werden.

Für uns bedeutet die Autorität der Bibel den Vollzug einer Begegnung, in deren Verlauf beim Hörenden eine eigene Überzeugung entsteht. Wir knüpfen an die Bibel an; aber wir behaupten nicht: Die Bibel ist das Buch der göttlichen Wahrheit - und das mußt du glauben. Wir versuchen, die Texte der Bibel so auszulegen, daß der andere erkennt und versteht: Das geht mich an, das kommt in meinem Leben vor, das ist bei mir genau so! Stimmt einer dann dem zu, was die Bibel sagt, dann wird er für sich sagen können: Die Bibel ist das Buch göttlicher Wahrheit. Der Weg zur Anerkennung der Autorität der Bibel führt allein über die freie Zustimmung.

Glauben ohne Denken ist ein Ausweichmanöver, das an der Wirklichkeit des Lebens vorbeigeht. Darum nehmen wir die Bibel kritisch, nicht als Besserwisser, aber als solche, die um den verschlungenen Weg der biblischen Überlieferung wissen und die Wandlungen berücksichtigen, die innerhalb der Bibel deutlich werden. Wer heute glauben will, muß gelehrt werden, den Weg des Denkens zu gehen. Denn auch in der Überlieferung des Glaubens sind wir ganz entscheidend auf das Denken angewiesen, sonst wird der offene Graben zwischen Theologie und Gemeindefrömmigkeit noch klaffender. Bibelkritik ist eine Pflicht der Wahrhaftigkeit, um ein zuverlässiges Urteil über den Inhalt und die Geltung der biblischen Aussagen zu gewinnen. Nicht alle biblischen Texte sind gleich wertvoll. Darum müssen wir lernen, genau hinzuhören auf das, was die Bibel uns sagen will.

Freies Christentum sucht Gottes Wirken aber nicht nur in der Bibel, sondern erlebt denkend die göttliche Offenbarung im unendlichen Bereich der gesamten Wirklichkeit. Jeder Augenblick des Lebens kann für uns Schöpfung und damit Offenbarung sein. Darum bejahen wir die Möglichkeit, in Natur und Geschichte Gottes Wirken zu erkennen, wenn auch nicht vollkommen, sondern nur teilweise, weil "unser Erkennen Stückwerk" ist.

Für uns freie Christen - und das ist wohl der Kern liberaler Glaubenshaltung - ist *Jesus Christus ein Mensch,* der ganz von Gottes Geist durchdrungen und von Gott dazu ersehen ist, uns Menschen den Heilswillen, also die helfende Liebe Gottes nahe zu bringen. Dabei sind wir auf Grund des biblischen Zeugnisses der Auffassung, daß Jesus sich selber so verstanden hat. Er hat sich nie Gott gleichgesetzt, sondern sich ihm je und je untergeordnet. Als einer ihn fragte: "Guter Meister, was muß ich tun, damit ich das ewige Leben ererbe?", hat Jesus ihm geantwortet: "Was nennst du mich gut? Niemand ist gut außer Gott allein." Im Gebet in Gethsemane finden wir den wohl ergreifendsten Ausdruck für die demütige Unterordnung Jesu unter Gott: "Vater, alles ist dir möglich; laß diesen Kelch an mir vorübergehen! Doch nicht was *ich* will, sondern was *du* willst."

Wir suchen die Nähe Jesu, damit er an uns seinen göttlichen Auftrag erfüllen kann, auch uns zu Menschen zu machen, die von Gott ergriffen und von seiner Liebe erfüllt werden. Albert Schweitzer hat unser Verhältnis zu Jesus Christus am Ende seines Buches "Die Geschichte der Leben-Jesu-Forschung" eindrücklich umschrieben: "Das wahre Verhältnis zu ihm ist das Ergriffensein von ihm. ... Wir finden keine Bezeichnung, die sein Wesen für uns ausdrückte. Als ein Unbekannter und Namenloser kommt er zu uns, wie er am Gestade des Sees an jene Männer herantrat, die nicht wußten, wer er war. Er sagt dasselbe Wort: 'Du aber folge mir nach!' und stellt uns vor die Aufgabe, die er in unserer Zeit lösen muß. Er gebietet. Und denjenigen, welche ihm gehorchen, Weisen und Unweisen, wird er sich offenbaren in dem, was sie in seiner Gemeinschaft an Frieden, Wirken, Kämpfen und Leiden erleben dürfen, und als ein unaussprechliches Geheimnis werden sie erfahren, wer er ist. ..."

Die Auferstehung Jesu bedeutet für uns die Bestätigung Jesu. Die Jünger Jesu haben in den "Erscheinungen" des Auferstandenen keine neue, zusätzliche Botschaft Jesu erkannt, sondern nur die göttliche Bekräftigung, daß das, was Jesus ihnen von Gott gesagt hatte, sein Recht behalten hat.

Freies Christentum erkennt die Auferstehung Jesu in seiner Gegenwart und Wirkung in dieser Zeit. Jesus von Nazareth ist auch heute überall dort gegenwärtig, wo sein Wort von der Liebe gehört und wahr gemacht wird.

Wie steht es aber mit dem Glauben an Jesus? Steng genommen kann sich christlicher Glaube nur auf Gott richten. Freies Christentum glaubt nicht "an Jesus", aber es glaubt Jesus, daß er der Christus ist. Das heißt: Wir glauben Jesus das, was er über Gott sagt. "Wir glauben ihm seinen Gott." Wir glauben an Gott durch Jesus - an die Macht seiner Liebe, die sich uns in Jesus zeigt. Jesus hat die Menschen angewiesen, zu Gott zu beten. So hat er sie das "Unser Vater" gelehrt. Aber wir kennen keine Anweisung von ihm, die uns hieße, *zu ihm* zu beten.

Ein freier Christ ist gleich weit entfernt von Fanatismus und Gleichgültigkeit wie von Angst und Zweifel. Er wird sich rückhaltlos der Einübung in die Wahrhaftigkeit unterziehen, und das könnte etwa so aussehen:

1. Von Blumhardt stammt das Wort, daß zur Bekehrung zu Christus die Bekehrung zur Welt gehört. In diesem Sinne hat freies Christentum die Welt nie als Gegensatz, sondern immer als Gegenstand des Glaubens gesehen. Die Kirche ist nicht eine zweite Wirklichkeit neben einer ersten, sondern sie ist verwirklicht in den Menschen, die als Christen ihren Platz mitten in den vielfältigen Möglichkeiten des modernen Lebens einnehmen. Luther hat gesagt, der Christ sei ein Mensch ohne Namen. Damit wollte er bedeuten, daß ein Christ keine absondernde Unterscheidung von andern sucht. *Christ sein heißt Menschsein.*

2. Die christliche Gemeinde ist weithin nicht mehr in der Mitte, sondern am Rande der Gesellschaft angesiedelt. Sie lebt außerhalb des Bereichs, in dem die Entscheidungen des Alltags fallen. Freies Christentum versucht, den Glauben als Grundlegung für die Gestaltung des Lebens zu interpretieren, weil die Frage nach dem Sinn des Daseins die menschliche Grundfrage ist und bleibt. Der Mensch ist angewiesen auf eine gültige, bleibende Instanz, oder wie es Paul Tillich sagt: auf "etwas, das ihn unbedingt angeht".

3. Freies Christentum bekennt sich zur theologischen Forschung. Es bejaht eine Theologie, die Bezug nimmt auf die tatsächliche Existenz des Menschen und die Entwicklung dieser Welt. Der jüdische Philosoph Martin Buber betont zu Recht, daß "die Situationen ein Wort mitzureden haben."

Theologie muß in unserer Welt verankert sein. Oder mit Heinz Zahrnt zu reden: "Eine Theologie, die korrekt, aber nicht konkret ist, nützt ebenso wenig wie eine Theologie, die intakt, aber ohne Kontakt ist."

4. Freies Christentum versteht Frömmigkeit nicht als Pflege des eigenen Innern, sondern als Weltverantwortung im Sinne von Sachlichkeit und Mitmenschlichkeit. Nicht, was im Glaubensbekenntnis steht, sondern wie ein Christ mit seinem Leben fertig wird, daraufhin wird er zuerst von seinen Mitmenschen kritisch und genau geprüft. Darum vollzieht sich die ständige Kommunikation von Christ und Nichtchrist. Der "Christ ohne Name", der sich nicht hervorhebt, sondern absichtslos seinen Alltag mit seinen Mitmenschen teilt, wird zum Träger der frohen Botschaft. Er

ist kein Amtsträger. Aber er lebt mitten unter allen anderen als einer, wie Dietrich Bonhoeffer einmal sagt, dem Gott zu wissen gibt, daß er leben muß, indem er mit dem Leben ohne Gott fertig wird.

Unter diesen vier Gesichtspunkten versucht freies Christentum, den Glauben zu einer Wirksamkeit von heute werden zu lassen.

Hans-Hinrich Jenssen

Freisinniges Christentum

in "Theologisches Lexikon", Berlin 1981

"Freisinniges Christentum" - auch unter den Stichworten "theologischer" bzw. "religiöser Liberalismus", "Neuprotestantismus", "Kulturprotestantismus", "freies Christentum" bekannt, ist eine Weiterführung von Impulsen der Aufklärung ensprechend den modifizierten Bedingungen des 19. und 20. Jahrhunderts im Raume von Theologie und Frömmigkeit. Den organisatorischen Rückhalt des Freisinnigen Christentums boten in Deutschland lange Zeit vor allem der 1863 als Antwort auf kirchliche und politische Reaktion gegründete Protestantenverein und die Freunde der "Christlichen Welt", einer jahrzehntelang von Martin Rade herausgegebenen christlichen Zeitschrift, die vorwiegend vom sogenannten Bildungsbürgertum gelesen wurde. Nach 1945 bildete sich in der Bundesrepublik Deutschland der Bund für Freies Christentum.

Seit 1900 existiert der "Weltkongreß" bzw. "Weltbund für freies Christentum und religiösen Fortschritt" bzw. "religiöse Freiheit", mit starkem Rückhalt vor allem in den USA (Unitarier), den Niederlanden und der Schweiz, aber auch in Ungarn, CSSR und Polen. Ein Höhepunkt des Freisinnigen Christentums in der deutschen Geschichte war unzweifelhaft der 1910 in Berlin unter starker internationaler und deutscher Beteiligung abgehaltene "5. Weltkongreß für freies Christentum und religiösen Fortschritt" (Max Fischer und Fr.M. Schiele gaben 1911 ein über 800 Seiten starkes Protokoll heraus). Zu den theologischen Einladern gehörten u.a. W. Bousset, E. Fuchs, H. Gunkel, A. v. Harnack, W. Herrmann, H.J. Holtzmann, A. Jülicher, H. Mulert, Fr. Niebergall, R. Otto, A. Schweitzer, H. v. Soden, A. Titius, H. Weinel, H.H. Wendt und P. Wernle, also Spitzenvertreter damaliger Theologie, deren Namen bis heute in Fachkreisen höchstes Ansehen genießen.

Das Freisinnige Christentum ist inhaltlich charakterisiert durch seine Wendung gegen Klerikalismus und Konfessionalismus und sein Eintreten für historisch-kritische Erforschung der Bibel und Kirchengeschichte, für die Aussöhnung von Glaube und Wissenschaft bzw. Kultur, für die Wahrnehmung christlicher Weltverantwortung (Aufgeschlossenheit gegenüber der sogenannten sozialen Frage, der Friedens- und ökumenischen Bewegung) und für das Gemeindeprinzip. Da viele dieser seinerzeit hart umstrittenen Anliegen heute mehr oder weniger allgemein in Theologie und Kirche anerkannt sind, ist der zahlenmäßige Schwund der Organisationen des Freisinnigen Christentums verständlich.

Man kann innerhalb des Freisinnigen Christentums bis zum Zweiten Weltkrieg vier Hauptströme unterscheiden: 1. die ältere kritisch-spekulative Richtung, die sich stärker auf die Philosophie einließ; 2. die Ritschlsche Schule, die positivistisch den Glauben von Metaphysik und Naturerkenntnis zu lösen versuchte; 3. die religionsgeschichtliche Schule, die um ein Verstehen christlichen Glaubens in seinem Verhältnis zu den vor- und nichtchristlichen Religionen bemüht war, und 4. die religiösen Sozialisten, die sich allerdings auch aus anderen theologischen Strömungen speisten. In der Zeit der Weimarer Republik hat sich eine Reihe bedeutender Theologen des Freisinnigen Christentums - ganz im Gegensatz zur republikfeindlichen Haltung der offiziellen evangelischen Kirchen - bewußt zu ihr bekannt und sie mehr oder weniger konsequent gegen ihre Gegner aus dem deutschnationalen und nationalsozialistischen Lager verteidigt, so u.a. O. Baumgarten, E. Fuchs, A. v. Harnack, H. Mulert, R. Otto und P. Tillich.

Ulrich Mann

Blind glauben ist nicht genug - Eine Theologie freien Christentums

Erster Teil der Abschiedsansprache zum Ende seiner Amtszeit als Präsident des Bundes für Freies Christentum

"Freies Christentum" Nr. 1, 1987

Freies Christentum - mit diesem Begriff ist, wie ich meine, auf eine sachgemäße und optimale Weise umschrieben, was wir wollen und was uns verbindet. Freiheit muß zunächst unser erstes Prädikat sein. Wir müssen Raum haben für viele Differenzierungen, für viele Alternativen. Aber das wiederum in einer bestimmten Form, und die ist gegeben durch das Wort "Christentum". Das sind die beiden Grenzmarken, die ich sehe, für uns, für unser Denken, für unser Wollen, solange wir im Rahmen eines Bundes für Freies Christentum stehen.

Oft wird das Prädikat "frei" so verstanden, daß wir uns abgrenzen gegen... Auch das hat seine Berechtigung. Wogegen richtet sich das, was wir mit dem Begriff Freies Christentum umschreiben? Ich sehe das Entscheidende darin, daß wir im Rahmen Freien Christentums *für* Erfahrung *gegen* ein theologisches Dogma angehen, welches von Luther über Kierkegaard bis zu Karl Barth als grundlegend angesehen wurde, nämlich das Dogma: "Glaube gegen allen Augenschein." Also Glaube im Sinne der berühmten Definition von Hebräer 11,1: "Glauben heißt, sich unerschütterlich gründen auf Dinge, die man nicht sieht."

Nun liegt natürlich auch darin ein Wahrheitskern. In der letzten Anfechtung gilt es zu glauben gegen allen Augenschein, in der Todesstunde etwa, da gilt: "Wenn ich auch gar nichts fühle, von deiner Macht, du bringst mich doch zum Ziele, auch durch die Nacht." Das kann man also nicht preisgeben; daraufhin lebt jeder, der auf Christentum hin leben möchte, und wir können nur beten, daß uns in der letzten Anfechtung - oder in den letzten Anfechtungen, deren es ja im Leben viele gibt - diese Gnade geschenkt werde.

Aber es kann dies nicht ein Generalprinzip sein, es kann nicht ein Prinzip sein, das einem schon bei der Kirchentür um die Ohren geschlagen wird. Es ist ein Letztes, ein Allerletztes. Und das ist ein ganz wesentlicher Unterschied. Um zu diesem Letzten, Allerletzten hinzufinden, bedarf es zahlloser Winke, Hinweise und Stützen. Denken Sie an einen großen gotischen Kirchenbau. Wenn man ihn betritt, sieht man zunächst einmal die Weltschöpfung dargestellt. "Ich glaube an Gott den Schöpfer", das ist das Natürlichste, das Selbstverständlichste, das sozusagen vor Augen liegt - wie wir es im einzelnen auch denken: daß Gott die Welt in der Hand hat, daß Gott um das ganze Universum herum immer noch ist und mitten in ihm darin zugleich auch da ist. Und dann gehen wir hinein ins Innere und sehen da rechts und links an den Pfeilern die Apostel und Propheten, die uns verschiedenes zurufen, bis man endlich vorn am Altar das eigentliche Wunder der Gegenwart Gottes erleben soll. Das ist die Grundidee der gotischen Baumeister. Die gotische Kathedrale ist eine Prozessionskirche, und Prozession ist ein Bild für das Schreiten durchs Leben zum letzten Heilsziel hin.

Es gibt also zahllose Begleiter, es gibt, wie der Hebräerbrief sagt (12,1), eine "Wolke von Zeugen". Das fängt schon draußen an bei jedem Baumblatt. Daß die ganze Welt ein Zeugnis Gottes ist, von den flimmernden Sternen des Nachthimmels bis hin zum Wunder der Blumen - sein *kann*, nicht sein *muß*, ein Zeugnis, kein Beweis -, daß die Natur trotz Schrecken und Tod, trotz Fressen und Gefressenwerden dennoch ein Zeugnis sein kann für das Erste und Letzte: daran wollen wir nicht zweifeln, das ist, glaube ich, für ein Freies Christentum unaufgebbar.

Fülle der Offenbarung, das ist nun aber nicht nur in der Natur zu finden, sondern als "weltweite Offenbarung" (wie es Hansjörg Jungheinrich in seinem schönen Buch dieses Titels formuliert hat) insbesondere in Mythos und Religion im weitesten Sinne. Man betet nicht nur bei uns Christen Gott an, man tut es sogar im Buddhismus, der an sich eine "atheistische" Religion ist. Solches Erfahrungszeugnis dringt von allen Seiten auf uns ein, wir leben mitten unter Moslems, Buddhisten, Hindus - Juden weniger, das ist ein dunkles Kapitel. Der Mythos aller Zeiten und Zonen ist für uns erfahrbar, kann uns anregen und anrühren.

Wenn wir von Mythos sprechen, müssen wir allerdings einen Unterschied machen. Der Italiener Raffaele Pettazoni hat vor Jahrzehnten bei sogenannten Primitivstämmen beobachtet, daß die Leute sehr wohl zu unterscheiden wissen, was sinnbildliche, gehaltvolle, tiefgründige *Erzählungen* sind und was ein echter *Mythos* ist. Echter Mythos ist nach Walter F. Otto dadurch gekennzeichnet, daß er erstens von unserem Ursprung und unserem tiefsten Seinsgrund berichtet, unserem eigentlichen letzten Woher, also von Gott. In dieser Hinsicht setzt sich Mythos ab vom Logos, der das vor der Hand Liegende, das praktisch Nächstliegende bedenkt und zur Entscheidung bringt: Wenn ich um 11 Uhr an der Bahn sein will, muß ich rechtzeitig ein Taxi bestellen ... Das ist Sache des Logos. Der Mythos dagegen spricht von meinem Sein, meinem Geheimnis, meinem Urgrund.

Das andere Merkmal: Lebendiger Mythos ist nur da, wo ihm ein Kult entspricht, und das ist eben bei tiefgründigen Erzählungen, z.B. Märchen, nicht der Fall. Das Märchen zeigt in einer Bildersprache das Geheimnis des Menschseins auf, aber es zwingt uns nicht in eine kultische Haltung hinein, die z.B. auch noch beim nüchternsten Protestanten dazu führt, daß er irgendeine rituelle Handlung vornimmt, und sei es nur das Händefalten. Der Mythos versammelt uns zu einer Ganzheit der seelischen, sich bis ins Körperliche hinein auswirkenden Reaktion. Der lebendige Mythos ist zu Hause in der lebendigen Religion.

Lebendige Religion - die ist nicht zu finden in einem Synkretismus, der sich aus jeder konkreten historischen Religion das ihm Zusagende aussucht und sich daraus eine Wunschreligion zusammensetzt. Das würde dem tiefen Ernst jeder Religion so wenig gerecht wie ein Indifferentismus, der mit der eigenen religiösen Vergangenheit alle Religion über Bord wirft. Letzten Endes - und das weist zugleich auf eine Bedingung und Grenze jeder wissenschaftlichen Erfassung von Religion - läßt sich Religion eben immer nur aus dem lebendigen Drinnenstehen in einer ganz bestimmten Religion fassen und begreifen. In diesem Sinne möchte ich das bekannte Schillersche Distichon abwandeln und sagen:

Welche Religion ich bekenne?
Meine (Schiller: Keine) von allen, die du mir nennst. -
Und warum *deine*? - Aus Religion.

"Dogma" hat, wenn man vom Wortsinn dieses ursprünglich griechischen Begriffs ausgeht, noch eine andere Bedeutung als die der "heilsnotwendigen Wahrheit". Dogma ist bei den Griechen auch im ganz allgemeinen Sinne "Ansicht, Lehrauffassung", über die man durchaus reden kann. Und nur in diesem Sinne ist protestantische Lehrauffassung - ich rede jetzt nicht nur vom Freien Christentum! - eben "Dogma". Halten wir uns einmal an dieses, dem Protestantismus angemessene Verständnis! Ich habe meinen Studenten, bei denen die Dogmatik das gefürchtetste Fach war, gerne gesagt: Ihr müßt Dogmatik treiben so, wie es im Märchen vom Froschkönig erzählt wird. Die Prinzessin muß das glitschige und widerliche Tier in die Hand nehmen, wirklich in die Hand nehmen und an die Wand schmeißen - dann kommt der Königssohn heraus! Man muß Dogmatik einmal betrieben haben, man muß sich einmal Gedanken gemacht haben: Wie ist denn das herkömmlich gesagt worden, und wie könnte ich es denn heute sagen? Plötzlich, wird man sehen, kommt ein Königssohn heraus.

Ein Beispiel dafür möchte ich Ihnen geben, indem ich jetzt zu dem für jede (zumindest westliche) Religion Entscheidenden komme: *Gott*. Mit ihm fängt die christliche Dogmatik ja an. Das Entscheidende ist, das wird jeder Religiöse mir bestätigen, jeder Anhänger des Christentums, daß wir in dieser Welt *Transzendenz* nicht nur annehmen, sondern an sie glauben, und nun nicht bloß in einem Glauben "wider allen Augenschein", sondern daß wir einen *Erfahrungsglauben* an Transzendenz entwickeln.

Peter Gerlitz

Der Geist der Freiheit

Abschiedspredigt in der Bürgermeister-Smidt-Gedächtniskirche, Bremerhaven, Epiphanias 1991

"Freies Christentum" Nr. 2, 1991

"*Der Herr ist der Geist. Wo aber der Geist des Herrn ist, dort ist Freiheit.*" (2. Kor. 3,17). Liebe Gemeinde, dieses berühmte Wort ist als Motto unserer Gemeinde und ihres Gründers am Altar eingemeißelt. ... Und jetzt leuchtet die Botschaft des Textes vor uns auf und trifft uns! Wer immer diese Worte liest, der ist gemeint. *Der Text geht uns an*. Und uns, ausgerechnet uns, mit unseren Vorbehalten und Vorurteilen gegenüber Gott, die wir es verlernt haben, mit dem Herzen zu sehen, fordert der Apostel auf, in die Freiheit des Geistes einzutreten.

Aber es ist nicht irgendeine Freiheit, die er uns verheißt, sondern es ist die Freiheit Gottes. "Und Gott ist Geist", wie uns Jesus versichert (Joh. 4,24). Er garantiert die Freiheit. Zu dieser Freiheit sind wir berufen, bestimmt, als Menschen unseres Jahrhunderts.

Und der Apostel verheißt uns im nächsten Satz: Hier, im Lichte dieser Freiheit werdet ihr die Herrlichkeit Gottes schauen; ja, hier werdet ihr sogar in sein Bild verwandelt werden und von Stufe zu Stufe fortschreiten und schließlich Gott selbst erkennen. Wagt sich Paulus hier nicht zu weit vor? Haben wir das nicht alles schon erlebt? Haben nicht so oder ähnlich Leute gesprochen, die uns ungeahnte Freiheiten und unbegrenzte Möglichkeiten verkündigten? Die von der Selbstverwirklichung redeten und der Emanzipation? Und die - wie die Marxisten - sogar ein "Reich" ankündigten, in dem die "Freiheit" grenzenlos sein würde? Endeten solche Versprechungen nicht fast alle in einem Vakuum? Wurde eine solche Freiheit nicht häufig genug als Zügellosigkeit ausgelegt? Wagt sich Paulus damit nicht zu weit vor?

Paulus wendet sich gegen eine so falsch verstandene Freiheit. Zwar gilt auch für ihn, daß "der Mensch frei geschaffen ist - frei, und würd' er in Ketten geboren", wie Schiller einst sagte; aber das ist nicht irgendeine Freiheit: Denn wo immer wir in der Bibel von der Freiheit hören, da ist sie Gottes Freiheit, den Menschen von Gott geschenkte, zur Verantwortung übertragene Freiheit. Das heißt, christliche Freiheit ist nie losgelöst von Christus, ist immer an Christus gebunden. Und nur in diesem Sinne kann sie zugleich Verantwortung sein. Das ist es, was Luther meinte, als er 1520 schrieb: "Ein Christenmensch ist ein dienstbarer Knecht aller Dinge und jedermann untertan."

Unser Spruch läßt sich darum auch nicht einfach umkehren, so daß man sagen könnte: Der Geist des Herrn ist jeweils dort, wo Freiheit herrscht. Das ist keinesfalls so. Wer unseren Text so liest, der versteht Paulus nicht, und der öffnet der Willkür Tür und Tor. Denn es laufen eine Menge falscher Propheten herum, die uns in die Irre führen wollen und den Text umkehren wollen.

Die Bindung an die Autorität Jesu Christi verhindert das. Vor einem Jahr haben wir ein solches Beispiel christlicher Verantwortung in Freiheit erlebt: Die Revolution im Osten Deutschlands konnte nur deshalb friedlich verlaufen, weil viele ihrer Träger aus dieser Verantwortung lebten und sehr bewußt jede Gewalt ablehnten: *Der Geist des Herrn, der die Freiheit der Menschen g e bietet, v e r bietet die Gewalt.*

Die christlichen Kirchen sind in der jüngsten Vergangenheit zu ihrem eigentlichen Auftrag zurückgekehrt, nämlich das Gewissen der Menschen in unserem Volk zu repräsentieren und zu artikulieren. Die Bedeutung der Christen in unserer Gesellschaft scheint immer geringer zu werden, aber ihr Auftrag ist groß. Und dieser Auftrag wird von ihnen in Zukunft mehr und mehr gefordert sein: Wenn es um die Diskussion um den Paragraphen 218 geht und darum, ob ein gerade gezeugtes Leben schon menschliches Leben genannt werden darf (und Sie wissen, daß ich mich sehr entschieden gegen die Abtreibung ausgesprochen habe); wenn es um die Fragen der Bewahrung der Schöpfung geht, deren Zerstörung wir täglich vor Augen haben; wenn es um die Frage des Friedens geht, der gegenwärtig bedroht ist - immer wieder sind die Christen aufgerufen, Gewissen der Welt zu sein und aus ihrer Freiheit heraus Verantwortung zu tragen. Und immer geht es dabei um die Bewahrung des Lebens. *Christliche Freiheit besteht darin, daß wir das Leben bewahren, weil Gott der Schöpfer des Lebens ist und Christus sich "das Leben" nennt.*

Aber Verantwortung zu tragen ist schwer. Und christliche Verantwortung in einer säkularen Welt zu tragen, ist doppelt schwer, weil wir als Christen ständig Anfechtungen und Enttäuschungen ausgesetzt sind. Und weil unser Glaube dauernd mit dem Zweifel in Widerspruch gerät; denn es gibt keinen perfekten, heilen Glauben, auch für die Christen nicht. Wir können immer nur ein gebrochenes Bild von Gott in unserem Herzen haben, weil wir das tatsächliche Bild nicht aushalten würden, weil unser Glaube immer der Vergänglichkeit und dem Wandel unterworfen ist. Das Bild von der Decke, die auf unserem Herzen liegt und unsere Begegnung mit Gott so empfindlich stört, ist leider wahr. Und auch ich gehörte häufig zu den Zweiflern: Warum antwortet Gott nicht auf das Unrecht der Welt? Warum schweigt er zu den Zeichen der Zeit? Solche Fragen bestimmten meine Predigten oft. Für jeden von uns gibt es Zeiten, in denen wir die Existenz Gottes anzweifeln und Nietzsche Recht geben möchten, der erklärte, daß "Gott tot" sei und uns jetzt nur noch "der leere Raum" anhaucht. Solche Zeiten gibt es für jeden von uns, auch für den christlichen Pfarrer einer christlichen Gemeinde. Und man möchte dann mit den Jüngern Jesu im vom Sturm gepeitschten Boot rufen: "Hilf, Herr, wir verderben!" Aber dann erfährt man und auch die Gemeinde, wie der Herr den Sturm und das Meer bedroht und sie zum Schweigen bringt. Gegenwärtig erleben wir eine solche Krise der Welt, in der wir alle rufen möchten: "Herr, hilf, wir verderben!" und dabei darauf warten, daß er die Gefahren um uns herum bannt. Auch das zu erfahren und auszuhalten, gehört zu der Freiheit, die der Geist des Herrn unter uns begründet hat.

Und dennoch: Diese Freiheit ist nicht rückwärts gewandt und klammert sich nicht an die Vergangenheit. *Wo der Geist des Herrn ist, da ist auch die Zukunft.* Und unsere Zukunft ist "offen", "nach vorn offen", weil der Geist Gottes nie abgeschlossen ist, weil es offenbar eine "Evolution" des Geistes gibt und die Offenbarung weitergeht, vielleicht - nein, sicher - auch in anderen Religionen und Kulturen. Denn der Geist weht, wo er will.

Deshalb dürfen Christen auch hoffen und vertrauen, daß die Zukunft der Welt in Gottes Händen bleibt. Und sie dürfen die Utopie von einer Welt des Friedens nicht aufgeben, ja, sie dürfen sogar glauben, daß dieser Friede tatsächlich kommt.

Die Offenbarung Gottes geht weiter, sie kennt keine Grenzen - aber unsere Grenzen sind überall. Und das betrifft auch unsere Freiheit, die Gott verpflichtet ist: *Es gibt Grenzen der Freiheit,* in der Forschung ebenso wie in der Moral. Wo diese Grenzen nicht mehr gesehen werden, das heißt, wo die Autorität des Geistes Gottes und die Weisungen Jesu außer Kraft gesetzt werden, da verliert der Mensch seine Orientierung, und es kommt zur Perversion der menschlichen Freiheit. "Wo kein Gott mehr ist, da walten die Gespenster", hat der Dichter Novalis gesagt. Darum habe auch ich versucht, in dieser Gemeinde und in dieser Stadt Mahner und Botschafter einer Freiheit zu sein, die Maßstäbe setzt und Orientierung gibt.

Wer hier lebt, der muß mit den Gefahren leben und den Herausforderungen, die so unmittelbar die Stadt und die Menschen betreffen. Aber wer hier lebt, der darf auch die Freiheit erleben, die daraus entsteht, eine Freiheit, der man auf Schritt und Tritt anmerkt, daß sie sich als verantwortliche Freiheit dem Geist Gottes verdankt. Selten gibt es einen Ort, an dem Bedrohung und Freiheit so nahe beieinander sind und zu solchen Herausforderungen werden. Den Ruf: "Hilf, Herr, wir verderben!" haben wir in dieser Stadt oft gehört; aber auch die Worte Jesu: "Schweig und verstumme!"

Es ist wie ein Symptom für unsere Zeit und unsere gefährdete Welt: Bedrohung und Freiheit - diese Gegensätze sind nicht voneinander zu trennen. Und doch ist die Freiheit stärker, weil sie den "Geist des Herrn" in sich trägt. Und das ist auch die Botschaft, die ich meiner Gemeinde zum Abschied sagen will. Diese Freiheit erbitte ich von Gott für unsere Kirche, für unsere Stadt, für unsere Welt.

Werner Martin

Über den religiösen Fundamentalismus

"Freies Christentum" Nr. 6, 1991

Fundamentalismus christlicher Prägung beruht auf fünf Grundannahmen: 1. den biblischen Literalismus, 2. die Jungfrauengeburt Jesu, 3. den Tod Jesu als stellvertretendes Sühneopfer, 4. seine leibliche Wiederauferstehung, 5. die erwartete leibliche Wiederkehr Jesu.

Wichtigste Annahme ist dabei die Irrtumslosigkeit der Bibel, die als verbalinspiriertes Wort Gottes gilt. Der einzelne sündige Mensch kann nur gerettet werden, wenn er sich entschließt, Jesus Christus als seinen Herrn und Heiland anzunehmen. Außerhalb dieses Bekenntnisses gibt es kein Heil, alle anderen Menschen sind der ewigen Höllenqual verfallen.

Zur Einschätzung des christlichen Fundamentalismus aus der Sichtweise eines freien Christentums halte ich eine Besinnung auf die Funktion und Bedeutung religiöser Rede für hilfreich.

Religiöse Auffassungen dürfen wissenschaftlichen Erkenntnissen nicht widersprechen

Der Objektbereich der Wissenschaften ist das Erforschbare. Religiöse Aussagen sind keine Realitätsaussagen, da Realität bezogen bleibt auf Erkenntnisse in Zeit und Raum. Der "letzte Grund" der Realität liegt nicht im Bereich des Erforschbaren. Hierauf kann die Antwort keine objektive, sondern "nur" eine existentielle sein.

Anhand von Beispielen versuche ich deutlich zu machen, daß dieser Grundsatz im Fundamentalismus verletzt wird. *Erstes Beispiel:* Im Fundamentalismus wird der Schöpfungsmythos nicht als Mythos, sondern als geschichtliche Tatsache aufgefaßt. Er gerät dadurch unweigerlich in den Konflikt mit wissenschaftlichen Theorien über die Entwicklung der Erde (Evolution). *Zweites Beispiel:* Wird die Jungfrauengeburt im biologischen Sinne verstanden, steht die Auffassung im Widerspruch zum Kenntnisstand heutiger Biologie. Parthenogesen sind zwar in der Insektenkunde bekannt, aber im Bereich des Menschen ist eine Geburt ohne männliche Besamung nicht möglich. Daß der Begriff "Jungfrauengeburt" in der Antike dazu diente, die Besonderheit von Personen herauszustellen, nicht aber im biologischen Sinne zu verstehen ist, läßt sich daraus ersehen, daß viele antike Persönlichkeiten als Jungfrauengeburten bezeichnet wurden. Die historische Wahrscheinlichkeit legt also nahe, auch den neutestamentlichen Begriff "Jungfrau" in diesem Sinne aufzufassen.

Das Kernproblem im Fundamentalismus besteht zweifellos im biblischen Literalismus. Die nicht zu widerlegenden Einwände, die gegen eine Verbalinspiration der Bibel sprechen (widersprüchliche Angaben u.a.), sind hinlänglich bekannt. Quellenschriften sind immer schon vom Verständnishorizont ihres Lesers mitbestimmt, d.h. auch die biblischen Worte sprechen nicht für sich, sondern sind auslegungsbedürftig. Man begibt sich in einen gewaltigen Irrtum, wenn man diesen hermeneutischen Grundgedanken nicht berücksichtigt. Wir kommen gar nicht umhin, biblische Worte und Texte auszulegen.

Religiöse Auffassungen dürfen nicht im Widerspruch zu fundamentalen ethischen Einsichten stehen

Zur Grundlegung einer rationalen Ethik greife ich hierbei auf Immanuel Kant zurück. Kant geht bei der Begründung der Ethik von dem guten Willen aus und stellt sich die Frage nach seiner Struktur, d.h. wie ein guter Wille beschaffen sein muß. Er definiert den guten Willen durch den Kategorischen Imperativ, d.h. die Maxime meines Willens muß jederzeit universalisierbar sein. Der moralisch Urteilende und Handelnde soll sich experimentierend in eine Handlungswelt hineindenken, die prinzipiell von jedem Menschen gewollt werden kann. (In meiner 1990 im Kentaur Verlag erschienenen Dissertation "Bestimmung und Abgrenzung von Ethik und Religion" habe ich diese Gedanken weiter ausgeführt.) Ein "moralisches" Handeln aber, das aus Furcht vor einem göttlichen Strafgericht oder in Erwartung einer Belohnung im Jenseits vollzogen wird, stellt sich selbst bloß. Oft ist dieser vermeintliche "Moralismus" die Grundlage eines religiösen Fanatismus.

Im Fundamentalismus, um einen weiteren Gedanken einzubringen, wird dem Menschen sein "sündhaftes Leben" vorgeworfen. Erst wenn er einsieht, daß er "nichts" ist, kann er auf "Gottes Gnade" hoffen. Ein freies Christentum kann sich damit nicht einverstanden erklären, daß der Mensch sich zuerst erniedrigen soll, um "Gottes Gnade" teilhaftig zu werden. Der Begriff der Sünde ist gar nicht im moralischen, sondern im existentiellen Sinne aufzufassen. Er spiegelt die Grundsituation des Menschen wider: Der Mensch ist endlich, aber auf Unendlichkeit bezogen. Der Mensch ist unvollkommen, aber auf Vollkommenheit bezogen. Aus psychologischer (und zugleich ethischer) Sicht ist es wichtig, daß der einzelne Mensch sich selbst annehmen kann. Denn nur dann ist er auch in der Lage, andere Menschen anzunehmen. Eine Selbsterniedrigung steht dem entgegen!

Religiöse Auffassungen im eigentlichen Sinne sind existentielle Aussagen, d.h. Glaubensakt und Glaubensinhalt sind aufeinander bezogen

Der Fundamentalismus neigt dazu, Glaubensinhalte vom Glaubensakt zu lösen. Glaubensinhalte erscheinen dann wie Wissensinhalte und Realitätsaussagen. Gott existiert auf dieser Ebene wie ein supranaturalistisches Wesen neben anderen Dingen dieser Welt.

Bibelverständnis - Bibelkritik

Einführung

Der protestantische Grundsatz, "allein die Heilige Schrift" sei die maßgebliche christliche Glaubensquelle, gilt auch im freien Christentum. Allerdings wird hier um der Wahrheit willen die historisch-kritische Auslegung der Bibel als eine einzigartige Wahrhaftigkeitstat des Protestantismus *(Andreas Rössler 1987)* nachdrücklich bejaht.

Gegen ein Beharren auf dem Buchstaben der Bibel und der biblischen Gebote und gegen die Meinung, alle Aussagen in der Bibel seien wortwörtlich vom Geist Gottes eingegeben, ist nach freichristlicher Auffassung zwischen Buchstabe und Geist, zwischen Zeitbedingtem und Überzeitlichem zu unterscheiden.

Um durch die unentbehrliche wissenschaftliche Auslegung hindurch den tieferen Wahrheitsgehalt der Bibel zu erfassen, bedarf es einer Hermeneutik, eines Übersetzungsprozesses, bei dem über die Gräben der geschichtlichen und sozialen Bindungen, der jeweiligen Vorstellungen und Denkweisen hinweg nach dem bleibenden Gehalt gefragt wird. Es geht in der Bibel um die Sinnfrage *(Fritz Tschirch 1955)*, um das Verhältnis des Menschen zu Gott und zu den anderen Menschen *(Brigitte Hoffmann 1984)*. Dabei bildet das Wort und das Verhalten Jesu von Nazareth den Maßstab *(Fritz Maass 1996)*.

Andreas Rössler

Fritz Tschirch

Unsere heutige Bibelnot

"Beihefte Freies Christentum" Nr. 17, 1955

Der Mensch zur Zeit Jesu und der heutige Mensch - sie verhalten sich zum Leben verschieden; damals und heute stehen sie sehr verschiedenen Ausschnitten aus dem Gesamtbereich dessen, was wir Leben nennen, innerlich aufmerksam und erregt oder ausgesprochen gleichgültig gegenüber. Was zu Jesu Zeiten und im Grunde unverändert das ganze Mittelalter hindurch, was noch zur Zeit der Reformation und im Zeitalter des Dreißigjährigen Krieges im hellen Lichtkegel gespanntester Aufmerksamkeit lag, für jeden damaligen Menschen eine Lebensfrage bedeutete, das ist, da der Lichtkegel inzwischen um einige Grade weitergerückt ist, ins Dunkel der Unbeachtetheit zurückgetreten. Dadurch aber ist nun ein Teil der Fragen und Gegebenheiten des Lebens, der damals im Schatten gelegen und deshalb von dem geblendeten Auge nicht hatte wahrgenommen werden können, auf einmal in die scharfe Klarheit seines Strahlenbündels geraten, zum Gegenstand der allgemeinen Aufmerksamkeit geworden und fordert selbstherrlich dieselbe liebevolle Beschäftigung, dieselbe hingegebene Versenkung in diesen nicht minder begrenzten Ausschnitt.

Solche Beobachtungen geben uns erst den Schlüssel dafür in die Hand, warum wir heute das biblische Wort so schwer nur zu verstehen vermögen. Diese Schwierigkeit beruht im tiefsten Grunde auf der völligen Verwandlung der Weltsicht des abendländischen Menschen, seinem völlig veränderten Weltbild als Folge wie Wirkung zugleich der völlig veränderten alltäglichen Lebensformen seines Daseins. Die Überzeugung Jesu, daß es gälte, am ersten nach dem Reich Gottes und nach seiner Gerechtigkeit zu trachten, hatte den palästinensischen wie den mittelalterlichen Fischer, Hirten, Handwerker, Bürger und Bauern in die Herzmitte seines Wesens, seines Lebensgefühls getroffen. Daß dem Arbeiter, dem Monteur, dem Bergmann, dem Traktoristen, dem Studenten von heute diese Überzeugung nicht nur fraglich, sondern tatsächlich gleichgültig, so unwichtig geworden ist, daß er nicht einmal ein Achselzucken an sie verschwendet, daß die brennende Gewissensfrage "Wie kriege ich einen gnädigen Gott?", die Luther ruhelos umgetrieben hat und ihm keinen Schlaf in die Augen kommen ließ, den heutigen Menschen aus seiner Gemütsruhe keinen Augenblick aufzustören vermag, das ist der entscheidende Grund dafür, warum ihm das Verständnis des Bibelwortes so schwer fällt.

Töricht wäre es, vor dieser Tatsache die Augen zu verschließen und sich ängstlich oder feig um sie herumzudrücken in der unklaren Hoffnung, damit könne man ihr entgehen oder damit gar wäre sie aus der

Welt geschafft. Die Altertümlichkeit der Luthersprache nämlich ließe sich durch eine moderne Eindeutschung beheben; die Fremdheit der Vorstellungen und gleichnishaften Erläuterungen, in die Jesus seine Verkündigung als Kind seiner Zeit und seines Volkes eingekleidet hat, einkleiden mußte, ließe sich schließlich durch eine zeitnahe Um- und Neugestaltung der frohen Botschaft in Auslegung und Darbietung von den Lebensformen und Sachinhalten her überwinden, die das Leben der modernen Menschheit im Zeitalter der Technik prägen und bestimmen. Die Antwort darauf aber, wie dieser letzten, tiefsten Schwierigkeit für eine lebendige Gegenwartswirkung des biblischen Wortes begegnet werden könnte - ich weiß sie nicht.

Mit diesem Eingeständnis müßte ich eigentlich abbrechen - und sollte vielleicht wirklich, so unbefriedigend ein solcher Schluß ist. Aber seltsam: hier tritt zum dritten Mal ein Paradoxon heraus, tiefer und merkwürdiger als die beiden ersten. Wo der Verstand nicht mehr weiter weiß, wo die Überlegung und die Einsicht verzagen möchten, da reicht ihnen auf einmal ein letzter Blick auf Tatsachen der geschichtlichen Wirklichkeit eine überraschende Hilfe zu. Die Welt und die Sprache, in der die Epen Homers und die Dramen der griechischen Tragiker, in der Wolframs tiefsinniger "Parzival" und die Lieder und Sprüche Walthers von der Vogelweide, in der die Werke Dantes und Shakespeares entstanden und geformt sind - uns völlig fremd sind sie geworden. Die Welt und ihre wirtschaftlichen Voraussetzungen, aus denen die ägyptischen Pyramiden und die griechischen Tempel, die deutschen Dome und Burgen des Mittelalters gefügt worden sind - längst versunken sind sie, Vergangenheit geworden, die uns nichts mehr angeht.

Und doch sprechen diese Werke noch nach vielen Jahrhunderten, nach mehreren Jahrtausenden zu jedem Menschen mit unverkümmert natürlichem Sinn eine lebendige Sprache, so daß er sich dem Eindruck ihrer Größe nicht entziehen kann. Es leidet keinen Zweifel, daß diese Werke in vielem, vielleicht in allem anders auf uns wirken, als sie damals auf die Menschen wirkten, da sie zum ersten Mal in ihr Volk und ihre Zeit traten; wesentlich bleibt, daß die Kraft ihrer Wirkung auch heute noch unabgeblaßt stark ist, daß sie uns auch heute noch berühren. Weil sie ein jede zeitliche und räumliche Ferne überwindendes, jede seelische Verwandlung austilgendes, schlechthin gültiges Wort für ein Anliegen sagen, das mit dem Echtesten, Tiefsten im Wesen der Gattung Mensch gegeben ist und erst mit ihm sterben kann, darum ist ihre Wirkungsmacht auf die Menschen weiterhin unauslöschlich, unverlierbar.

Damit aber erschließt sich uns das Tor für das Geheimnis der unvergänglichen Wirkungsmacht des biblischen Wortes. Weil es eine Antwort gibt auf ein unvergängliches Anliegen des menschlichen Herzens, eine

Antwort auf die wenn auch oft verdeckte und versteckte, aber gerade darum eben heute umso quälendere Frage nach dem Sinn des Lebens, nach dem Wesen des Seins, nach der Bestimmung all unseres Tuns, nach der Sittlichkeit unseres Verhaltens, trifft es trotz aller Verwandlung des sprachlichen Ausdrucks wie der wirtschaftlichen Daseinsformen und der Veränderung der Weltsicht genau hinein in die Herzmitte des im letzten Grunde doch geängsteten, verstörten, merkwürdig rastlos gehetzten und unruhigen Gegenwartsmenschen.

Diese beglückende Einsicht aber darf uns ja nicht leichtfertig oder gar gleichgültig machen gegenüber den großen Gefahren, die solcher lebendigen Wirkung des biblischen Wortes in unsere Zeit und in die Zukunft hinein entgegenstehen. Vielmehr müssen wir mit ganzem Ernst und gesammelter Kraft Hand an die Aufgabe legen, die Schwierigkeiten, die dem sprachlichen Verständnis des biblischen Wortes durch das unaufhaltsame Altern der Luthersprache, die dem Inhaltsverständnis aus der grundlegenden Verwandlung der wirtschaftlichen Lebensformen von einem Bauern- zu einem hochtechnisierten städtischen Industrievolk und die dem Lebens- und Weltverständnis durch die Eingebundenheit der biblischen Wahrheit in die Weltsicht der mittelmeerischen Antike entstanden sind, durch neue Übersetzungen in die zuchtvoll beherrschte Alltagsrede unserer Zeit und durch entschlossene Vergegenwärtigung vor allem der Gleichnisreden Jesu in der Verkündigung unserer Kirche aus dem Wege zu räumen.

Kurt Horalek

Offenbarung

in "Halt und Haltung - Gedanken in Versen"

"Beihefte Freies Christentum" Nr. 66, 1967

Mitgeteilte Offenbarung
Ist zunächst nur ein Bericht.
Erst die innere Erfahrung
Macht sie uns zum Himmelslicht.

Brigitte Hoffmann

Biblische Geschichten

"Die Warte des Tempels", Dezember 1984

Die Bibel ist für uns nicht mehr, wie für unsere Urgroßeltern, Gottes Wort - zumindest nicht im wörtlichen Sinn, wir können von keiner Geschichte im Neuen Testament mit Sicherheit wissen, ob Jesus sie wirklich so erlebt oder so erzählt hat. Ist es dann sinnvoll, die *Geschichten des Neuen Testaments* im Gottesdienst oder in Gemeinde-Seminaren immer wieder auszuleuchten und zu hinterfragen?

Eines der wesentlichen Elemente dieser Geschichten ist ihre *Vielschichtigkeit.* Sie erzählen Begebenheiten und setzen vielleicht einige wenige Worte hinzu. Was sie bedeuten, was sie uns zu sagen haben, bleibt offen. Insofern sind sie "lebendig", sind sie *ein Stück Leben.* Auch im Leben wird die Deutung nicht mitgeliefert: das gleiche Erlebnis kann für den einen einen ganz anderen Sinn haben als für den anderen. Ein gerade noch vermiedener Unfall ist für den einen ein Beispiel für blindwaltenden Zufall, für den anderen ein Aufruf zu mehr Wachsamkeit, für den dritten ein Beispiel göttlicher Bewahrung. Es liegt an uns, wie wir mit unseren Erlebnissen - und mit unseren Geschichten - umgehen. So ist also jede gute Geschichte eine *Herausforderung.*

Für Geschichten, die in einer religiösen Tradition stehen, gilt dies in besonderem Maß. Auch wenn wir sie nicht mehr Wort für Wort als göttliche Offenbarung ansehen, haben sie dadurch, daß viele Generationen sich mit ihnen auseinandersetzten, eine *Autorität* und ein *Gewicht* erhalten, die bestehen bleiben, auch wenn der Wortglaube geschwunden ist.

Wichtig ist unsere *Bereitschaft,* sie zwar nicht Wort für Wort zu glauben, aber *Wort für Wort ernstzunehmen.* Meine Erfahrung ist, daß man auf lange Sicht oft *mehr* von den *wenigen* Dingen hat, mit denen man sich *immer wieder neu* auseinandersetzt, als von den *vielen,* mit denen man sich *nur flüchtig* befaßt. Viele der 2000 Jahre alten biblischen Geschichten enthalten so viel Erkenntnis, daß es sich lohnt, sie immer wieder zu lesen, zu interpretieren, zu hinterfragen.

Fast alle handeln sie vom *Verhältnis des Menschen zu Gott.* Aber gleichzeitig beschreiben sie immer auch das *Verhältnis des Menschen zum Menschen.* Für mich ist das ein zwingenderer "Wahrheitsbeweis" als der angebliche Nachweis, daß eine Urkunde auf göttliche Eingebung zurückgeht. Was dieser Jesus von Nazareth in den Geschichten des Neuen Testaments vorlebt und sagt, was von ihm berichtet wird und was er erzählt, ist eben nicht irgendeine Lehre, die man glaubt oder nicht - es sind Dinge, die wir in unserem täglichen Leben "verifizieren", also an uns selbst erfahren können.

Andreas Rössler

Das Verständnis der Heiligen Schrift im protestantischen Christentum

"Freies Christentum" Nr. 6, 1987

1. Die meisten Religionsgemeinschaften kennen "Heilige Schriften". Das sind Texte, in denen sie ihren Ursprung festgehalten und ihre Glaubensüberzeugung verbindlich formuliert finden. Diese Texte werden im Gottesdienst rezitiert und teilweise interpretiert. Sie dienen häufig auch zur persönlichen Wegweisung und Stärkung.

"Heilig" heißen diese Texte, weil sie ursprüngliche religiöse Erfahrung ausdrücken und zugleich neue religiöse Erfahrung entzünden. Unbedingtes, den Sinn des Daseins Offenbarendes leuchtet in ihnen auf. Sie sind "heilig", weil sie als inspiriert gelten, als vom göttlichen Geist eingegeben und am göttlichen Geist teilhabend. Auch Glaubensgemeinschaften, in denen die Jenseitigkeit Gottes betont wird (etwa Judentum, Islam, calvinistischer Protestantismus) halten mit ihren Heiligen Schriften etwas Göttliches mitten im Weltlichen fest.

2. Wieso brauchen wir eine Heilige Schrift? Die christliche Antwort im Blick auf die Bibel lautet: Gottes Gebot und Verheißung begegnet uns als etwas Neues, Überraschendes, Unerwartetes. Es ist mehr als ein bloßer Ausdruck dessen, was immer schon in unserer eigenen Seele schlummert und was wir aus uns heraus entwickeln könnten. Ohne eine Heilige Schrift kommt eine Glaubensgemeinschaft besonders dann nicht aus, wenn sich nach ihrer Überzeugung Gott maßgebend in der Geschichte geoffenbart hat. Texte sind nötig, die diese Offenbarung ursprünglich bezeugen. Für die Christen ist Jesus Christus das *Wort Gottes* in Person, das Fleisch und Blut gewordene Wort Gottes. Sofern die Bibel Jesus Christus bezeugt, wird sie selbst zur Anrede Gottes an uns und damit zum "Wort Gottes".

3. Im Protestantismus gilt der Grundsatz "Allein die Heilige Schrift" (sola scriptura). Die Bibel vermittelt danach die entscheidende Gotteserkenntnis. Sie ist als Maßstab anzulegen an alles, was sonst noch Offenbarungsqualität beansprucht. Der liberale Protestantismus erkennt auch außerhalb des Christentums wichtige Gotteserkenntnis an. Der konservative Protestantismus dagegen entwickelt den Grundsatz "Allein die Heilige Schrift" nicht selten zum Biblizismus hin und gesteht dann nicht zu, daß der in der Bibel wirksame göttliche Geist auch anderswo wirken kann, etwa in den Heiligen Schriften anderer Religionen.

4. Die *historisch-kritische Bibelauslegung* ist eine in der Religionsgeschichte einzigartige, auch für andere Religionen nachahmenswerte Leistung des Protestantismus.

Die historisch-kritische Interpretation erforscht die Bibel nach denselben wissenschaftlichen Methoden, mit deren Hilfe auch sonstige Texte untersucht werden: Was steht im Text? Wieso steht es so da? Wie ist es gemeint? Was ist der Fall gewesen? Zu den philologischen, historischen und religionsgeschichtlichen Fragen treten neuerdings Fragen nach sozialgeschichtlichem Hintergrund, politischem Interesse und tiefenpsychologischen Motiven. Daran schließt sich die hermeneutische Frage, bei der es um die "Übersetzung" des historisch Erforschten in die jeweilige Gegenwart geht (von griech. *hermeneuein* = übersetzen, auslegen): Was sagt dieser Text einer früheren Zeit, fremden Kultur und fernen Situation in unserer Zeit, Kultur und Situation? Auf welche Grundfragen des Daseins wird welche Antwort gegeben? Wie läßt sich diese Arbeit in unsere Sprache und Denkweise übersetzen, in unser Weltverständnis, das von Wissenschaft und Technik beeinflußt ist? Man muß nicht Christ sein, um den Anspruch der biblischen Texte zu verstehen. Man muß dazu nur ein fragender und existentiell betroffener Mensch sein.

Die Besonderheit der in diesem weiteren Sinn verstandenen historisch-kritischen Bibelauslegung ist darin zu sehen, daß hier ein "heiliger" Text nach allen Regeln profaner Wissenschaft erforscht wird und dabei die Achtung vor dem religiösen Gehalt der Bibel nicht verloren geht, sondern im Gegenteil eher noch gekräftigt wird.

5. Die historisch-kritische Interpretation als solche läßt die Frage nach der religiösen Wahrheit noch offen. Eine Glaubensgemeinschaft braucht zum Verständnis und zur Aneignung ihrer "Heiligen Schrift" deshalb auch eine geistliche oder *theologische Interpretation*. So wird gefragt nach dem religiösen Wahrheitsgehalt biblischer Aussagen, nach dem Wort Gottes im menschlichen Wort. Die historisch-kritische Interpretation kann den Grad historischer Zuverlässigkeit biblischer Berichte ermitteln oder archetypische Einsichten in der Bibel aufspüren. In der theologischen Interpretation wird gefragt, was die Bibel über Gott und sein Verhältnis zu Mensch und Welt zu sagen hat: Was ist für uns unbedingt verpflichtend und gültig?

Die theologische Interpretation versucht, in der Vielstimmigkeit und gelegentlichen Widersprüchlichkeit der im Laufe eines Jahrtausends entstandenen biblischen Texte ein Grundverständnis Gottes und der menschlichen Situation vor Gott zu gewinnen. Dazu ist ein ernsthaftes Suchen nach Gott und eine ethische Lebensführung nötig, ferner ein meditativer Umgang mit der Bibel. So hat Martin Luther das Gebet (oratio), das Nachdenken (meditatio) und die Anfechtung (tentatio) als die drei Säulen der theologischen Bibelauslegung verstanden.

Die Bibel hat es mit Gott als der Seinsmacht zu tun, die alle Wirklichkeit bestimmt und umgreift. Jeder einzelne Gläubige kann Gott nur von seinem eigenen begrenzten Standort aus erfahren. Zum tieferen Verständnis der Bibel als des Buches der Kirche ist also ein Zusammenhang möglichst vieler Glaubenserfahrungen nötig.

6. Für einen freien und zugleich verantwortlichen Umgang mit der Bibel plädiert der liberale Protestantismus im Anschluß an Haupttendenzen der Reformation und der protestantischen Theologie. Das heißt dreierlei:

Am Grundverständnis der biblischen Sicht von Gott, wie es in der historisch-kritischen und in der theologischen Interpretation gewonnen wurde, sind jene biblischen Einzelaussagen sachkritisch zu messen, die diesem Grundverständnis offensichtlich widersprechen oder dahinter zurückbleiben. So ist Zeitbedingtes von bleibend Gültigem zu trennen.

Der freie und verantwortliche Umgang mit der Bibel widerspricht einem "literalistischen", also wörtlichen Verständnis der Aussagen von Gott. Vielmehr ist von Gott nie anders als gleichnishaft oder symbolisch zu reden, denn Gott ist immer größer als unser Begreifen und Verstehen.

Der Fundamentalismus ist abzulehnen, der alle Aussagen der Bibel als wörtlich inspiriert und wörtlich richtig ansieht. Der Fundamentalismus, der sich auch in anderen Religionen in verhängnisvoller Weise breitmacht, führt zur Knechtung der Vernunft und zu einer aufgezwungenen, nicht innerlich bejahten Moral, weil er nicht zwischen Zeitbedingtem und bleibend Gültigem in den Heiligen Schriften zu unterscheiden bereit ist.

Fritz Maass

Die Suche nach dem historischen Jesus

in "Der historische Jesus", 1996

In der Theologie ist der Versuch, zum historischen Jesus vorzudringen, oft als vergeblich abgelehnt worden. Das wurde nicht nur mit der Subjektivität jedes Forschers begründet, sondern auch mit theologischen Argumenten. Es hieß etwa: das historische Geschehen zu rekonstruieren, sei für den christlichen Glauben ohne Belang und könne über die "Wahrheit" kein Urteil fällen; die Grundlage des christlichen Glaubens sei und bleibe das biblische Christuszeugnis (entschieden begründet von Martin Kähler: "Der sogenannte historische Jesus und der geschichtliche biblische Christus", 1892, neu herausgegeben von Ernst Wolf 1953). Der von Kähler und vielen anderen erhobene Vorwurf betrifft jedoch nicht eine historische Forschung, die gar nicht über den Glauben befinden und urteilen will, sondern nur dem historischen Geschehen so objektiv wie möglich nahezukommen versucht.

Auch in Rudolf Bultmanns "existentialer Interpretation" wird die Frage nach dem "historischen Jesus" zurückgewiesen und nur nach dem "Selbstverständnis" der Texte gefragt. Bultmann schreibt: "Denn freilich bin ich der Meinung, daß wir vom Leben und der Persönlichkeit Jesu so gut wie nichts mehr wissen können, da die christlichen Quellen sich dafür nicht interessiert haben, außerdem sehr fragmentarisch und von der Legende überwuchert sind, und andere Quellen über Jesus nicht existieren" ("Jesus" 1926, S. 12). Was (abgesehen von kritischen Untersuchungen) seit anderthalb Jahrhunderten über das Leben Jesu geschrieben ist, nennt Bultmann "phantastisch und romanhaft" (S. 12). Noch heute wird von manchen Bultmann-Schülern erklärt, daß der historische Jesus sie nicht interessiere. Doch scheint die Jesus-Forschung jetzt darüber hinausgegangen zu sein. Der historische Jesus wird wieder als Glaubensgrundlage angesehen und sein Wort über die spätere Tradition gestellt. "Wir brauchen die extreme Skepsis der Bultmann-Schule im Blick auf das Leben Jesu nicht zu teilen" (Roman Heiligenthal: "Der Lebensweg Jesu" 1994, S. 12).

Die Ablehnung der Suche nach dem historischen Jesus war eine denkwürdige Verirrung der modernen Theologie. Das Schaudern vor der fälligen Erneuerung des Christentums hat dabei mitgesprochen. Wird der historische Jesus dem späteren Bekenntnis (dem "Kerygma") gegenübergestellt, droht der Zusammenbruch einer fast zweitausendjährigen Überlieferung. Was im Bekenntnis der Kirchen aufrechtzuerhalten versucht wird, stimmt nicht mit der Botschaft Jesu überein. Die Behauptung, daß die spätere Überlieferung der noch erreichbaren Verkündigung Jesu vorzuziehen sei, ist unhaltbar. Maßgeblich ist das Wort Jesu, nicht das Wort der Epigonen.

Die Quellen

Bei der Frage, was heute nach wissenschaftlichem Ermessen über den historischen Jesus gesagt werden kann, sind wir fast ausschließlich auf biblische Texte angewiesen. Außer den vier Evangelien des Neuen Testaments gibt es Evangelien, die nicht in den biblischen Kanon aufgenommen wurden, das Nazaräer-, Ebioniten-, Ägypter-, Petrusevangelium und 30 bis 40 andere (vgl. Luk. 1,1). Es sind Konfessionen verschiedener frühchristlicher Gruppen aus nachbiblischer Zeit. Über den historischen Jesus kann diesen Schriften nichts Sicheres entnommen werden.

Kirchenväter wissen von Gerichtsakten des Pilatus, in denen der Prozeß Jesu protokolliert sein soll. Diese Berichte, besonders von Tertullian und Justin, müssen als fiktiv angesehen werden.

Josephus erwähnt (um 93/94) glaubwürdig, daß der Jesusbruder Jakobus hingerichtet wurde (Alt. 20,200f). An einer anderen Josephus-Stelle wird von den Wundern, der Kreuzigung und Auferstehung Jesu berichtet (Alt. 18,63f); dabei hat sich offenbar ein christliches Glaubensbekenntnis des Josephus-Textes bemächtigt.

Tacitus schreibt (etwa 112) von der Christenverfolgung unter Nero

(Annalen 15,44). Talmudstellen erwähnen den Tod Jesu (Sanhedrin 43a).

Paulus kennt Christus als den zu Gott Erhöhten und den Erlöser. Danach scheint der Apostel am irdischen Jesus wenig Interesse gehabt zu haben. Es heißt: "Haben wir Christus nach dem Fleisch gekannt, kennen wir (ihn) jetzt nicht mehr (so)" (2. Kor. 5,16). Paulus wehrt sich damit wahrscheinlich gegen Vorwürfe der Jünger, die noch mit Jesus zusammenwaren, während er die Christus-Anhänger verfolgte. Er will betonen, daß es nicht auf den irdischen, sondern den himmlischen Christus ankommt. Doch ist aus dieser Bemerkung eher zu schließen, daß er Jesus gesehen und gehört hat. Da Paulus in Jerusalem war, ist das sehr wahrscheinlich (vgl. Luk. 24,18). Als Beleg dafür, daß der historische Jesus Paulus nicht gleichgültig war, darf auch seine Berufung auf Wort und Gebot Jesu angesehen werden (1. Kor. 7,10.25; 1. Thess. 4.15; vgl. Apg. 20,35).

Die vier neutestamentlichen Evangelien sind Bekenntnisschriften, doch sind in ihnen auch Spuren des historischen Jesus zu entdecken. Das älteste ist jedenfalls das Markusevangelium, das in den 60er Jahren verfaßt sein wird. Die Evangelien des Matthäus und Lukas entstanden einige Jahre später, das Johannesevangelium wohl erst um 100. Alle sind also Jahrzehnte nach dem Auftreten Jesu geschrieben. In diesen Jahrzehnten ist es zu der kaum befriedigend erklärbaren Entwicklung gekommen, durch die der irdische Jesus im Glauben seiner Anhänger zu einem Himmelswesen erhoben wurde. Daß und wie auch seine Familienangehörigen, die ihn von Kind auf erlebt haben, seine Mutter und seine Brüder, die ihn zunächst für überspannt hielten, zu diesem Glauben gekommen sind, bleibt unerklärlich.

Die vier neutestamentlichen Evangelien sind keine ganz einheitlichen Schriften. Eine Urgestalt des Markusevangeliums und eine Sammlung von Reden Jesu, die aus dem Matthäus- und Lukasevangelium rekonstruiert werden kann, haben als die ältesten Quellen zu gelten. Matthäus und Lukas haben jedoch auch das Markusevangelium gekannt und vieles von ihm übernommen. Außerdem haben alle Evangelien ihr "Sondergut". Ob einer der Verfasser (Matthäus, Johannes?) noch Jünger und Begleiter Jesu gewesen war, kann nicht mit Sicherheit entschieden werden. Doch müssen die Verfasser der Evangelien mit Augen- und Ohrenzeugen Jesu - ob direkt oder indirekt - in Verbindung gewesen sein. Auch diese Verbindung bleibt jedoch im unklaren, z.B. die von Markus zu Petrus. Zutreffende Erinnerungen an den historischen Jesus sind in diesen Schriften jedenfalls zu erwarten.

Die Evangelien sind - wie das ganze Neue Testament - griechisch geschrieben. Jesus hat aramäisch und hebräisch gesprochen, einige semitische Worte sind im griechischen Text enthalten (talita kumi, die Anrede Rabbi oder Rabbuni). Ob einem der Evangelisten ein hebräischer oder aramäischer Text mit Worten Jesu vorgelegen hat oder bekannt war, wissen wir nicht.

Kriterien

Über den historischen Jesus ist mehr zu sagen, als Skeptiker zugeben wollen. Eine befriedigende Rekonstruktion des Jesus-Geschehens ist zwar nicht möglich, aber die historische Forschung ist deswegen nicht *ver*boten, sondern *ge*boten. Es gibt einwandfreie Kriterien zur Unterscheidung dessen, was auf den historischen Jesus selbst zurückgeht, und dem, was späteres Gemeindebekenntnis ist.

Gottesfrage - Gottesbild

Einführung

In der Theologie und der Frömmigkeit eines freien Christentums steht für gewöhnlich Gott, seine Jenseitigkeit und seine Güte, im Mittelpunkt. Das freie Christentum ist eher "theozentrisch" (Gott im Zentrum) als "christozentrisch" oder "jesuzentrisch" geprägt, wobei Ausnahmen die Regel bestätigen. So spielt Gott der Schöpfer eine besondere Rolle.

Dabei wird versucht, angesichts des modernen Atheismus und der verbreiteten religiösen Gleichgültigkeit in redlicher und plausibler Weise von Gott zu denken und zu reden, obwohl Gottes Geheimnis alles Vorstellbare und Sagbare sprengt. Gott ist zugleich verborgen und offenbar, fern und nah, unendlich und persönlich. Das Person-Sein Gottes bezeichnet seine Beziehung zu seiner Schöpfung, insbesondere zu den Menschen *(Fritz Maass 1981)*.

Als Urgrund von allem umgreift Gott seine ganze Schöpfung, und zugleich ist er in den Menschen wirksam und erfahrbar. Er erscheint in der Seele des Menschen *(Hellmut Haug 1985)*. Gedanklich läßt sich das weder "dualistisch" noch "pantheistisch", wohl aber in dem Denkmodell des "Panentheismus" (alles ist in Gott, und Gott ist in allem) ausdrücken *(Werner Martin 1994)*. Dieses spannungsreiche Verhältnis des Menschen zu Gott ist in erster Linie eine Sache des Lebensvollzugs *(Oskar Weitbrecht 1966)*, und erst in zweiter Linie läßt sich im Denken darüber Rechenschaft ablegen.

Die Spannung verschärft sich, wenn man die Übel und das Böse in der Welt betrachtet: Hat dies Gott der Schöpfer gewollt? Wie kommt es zum Bösen, wenn Gott doch gut ist? Das freie Christentum stellt sich der "Theodizeefrage", wagt auch Teilantworten auf diese Frage *(Ulrich v. Hasselbach 1989; Wolfram Zoller 1997)*, ohne damit Gottes Verborgenheit anzutasten.

Gott ist Schöpfer, zugleich Erlöser und Vollender. In allen drei altkirchlichen Glaubensartikeln wird er bezeugt, nicht nur im ersten. Zur Lehre von der Dreieinigkeit Gottes findet das freie Christentum einen Zugang, wenn sie, wie alles Reden vom Unbedingten, symbolisch-gleichnishaft verstanden wird *(Andreas Rössler 1988)*. Dabei sind die verbindlichen christlichen Glaubensaussagen immer nur "Schutzwehr" und nicht fraglos hinzunehmende Lehraussagen. Ihr Wahrheitsgehalt muß sich in der persönlichen Glaubenserfahrung erweisen *(Friedrich Manz 1949)*.

Andreas Rössler

Friedrich Manz

Gottesbegriff und Gotteserlebnis

"Freies Christentum" Nr. 5, 1949

Das Kind, überhaupt der Mensch auf früher Lebensstufe, erlebt Gott persönlich, obwohl der Mensch auf der Frühstufe noch gar nicht weiß, was Persönlichkeit ist. Ich sage darum "erlebt" und sage nicht "erkennt". Diese Aussage über Gotterleben auf der Kinderstufe bedeutet keine Abwertung. Gerade weil das Kindererleben unreflektiert, unmittelbar ist, ist es der Wahrheit, der Wirklichkeit Gottes näher als höchste philosophische Spekulation. Diese sucht mit Begriffen einen babylonischen Turm zu bauen, der bis zum Himmel reicht. Aber dieser Begriffsgötze, den man gar nicht anbeten kann, und von dem keine strömende Kraft ausgeht, bricht in sich zusammen, und da beginnt auf religiösem Gebiet die babylonische Sprachverwirrung. Sie wird von den Klügeren gelöst und überwunden durch Schweigen von Gott, durch das Bekenntnis: Wir wissen nicht und werden nicht wissen.

Aber damit wird der seelische Hunger nicht gestillt. Es ist in uns als etwas Urgegebenes das Bewußtsein der göttlichen Macht, ein tiefes Gefühl für das *Du* uns gegenüber, ja des *Ich bin*, von dem wir angeredet, von dem wir gefordert werden. Darum gerade der Versuch des Menschen, dem "Ich bin" zu entrinnen, ihn zu vernebeln, ihn ins Nichts zu verbannen. In dem Drama "Des Teufels General" von Carl Zuckmayer sagt der General auf die Frage "Glauben Sie an Gott?": "Ich weiß es nicht. Er ist mir nicht begegnet. Aber das lag an mir. Ich wollte ihm nicht begegnen. Er hätte mich vor Entscheidungen gestellt, denen ich ausweichen wollte."

Aber Trotz gegen Gott, der durch die Jahrtausende der Menschheitsgeschichte hindurchgeht und in immer neuen Sündenfällen sich enthüllt, ist der stärkste Beweis, daß der Mensch Gott nicht los wird. Er erlebt ihn bald als furchtbares Alpdrücken, als gewappneten Mann, der nächtlich an seine Lagerstatt tritt, bald als leisen wohligen Ton, der im Grund der Seele schwingt, als Hand, die durch Finsternisse helfend hindurchgreift. Sowohl der Mensch, der in hohen Begriffen oder in Worten, wie "Gottheit", "das Göttliche", die erdrückende Unmittelbarkeit abreagiert, als auch der vor Gott fliehende, sich mit einem Nein vor ihm Sichernde erlebt die Stunden, wo es wie ein Stoß aus der Tiefe kommt: "Du, mein Gott!" Der unendliche, unfaßbare, unpersönliche Gott wird mit einem Male im Menschen und für den Menschen persönlich.

Wollen wir also Aussagen über Gott machen, so müssen wir beides sagen: Gott ist unpersönlich und Gott ist persönlich. Alle Aussagen über Gott müssen paradox sein, müssen in polarer Spannung stehen. Wenn wir von Gott als Person reden, müssen wir wissen, daß Gott tausendmal größer ist, als was wir mit dem Wort persönlich ausdrücken. Wiederum: das Wissen um den unendlichen, unfaßbaren Gott verdeckt die gerade für uns entscheidende Seite der Wahrheit. Für uns ist der erfaßbare, richtiger: der uns erfassende Gott der persönliche Gott.

Ich mache mir das klar an Bildern. Die Erde bis in ihre letzten Tiefen und bis in die letzten Höhen der sie umgebenden Hülle ist erfüllt von gewaltigen elektrischen Spannungen. Vermutlich ist unser Leben und alles Leben irgendwie davon abhängig. Es quält mich nicht, daß ich davon so wenig oder nichts weiß; aber ich bin froh, wenn am Abend in der Dunkelheit meines Zimmers die Birne mit dem elektrischen Licht aufleuchtet oder wenn ich den Stecker in die Dose stecke und mir die Stimmen fernster Menschen hörbar werden. Es ist uns möglich, die unendlichen Kräfte, an deren Unmittelbarkeit wir zugrunde gehen müßten, so zu wandeln, daß sie uns zu Wohltätern werden.

Noch ein anderes Bild: unsere Sonne ist nur ein winziger Bruchteil aus den unendlichen Glutmassen im Weltall; aber selbst diese unsere Sonne ist noch so urgewaltig, daß Erde und wir mit ihr in einem Augenblick vergehen würden, wenn sie nicht in allerweitester Distanz wäre. Nur so kommt von dieser Sonne für uns das Leben und alles, was das Leben erbaut. Unendliche Ferne und unendliche Nähe - das ist das Geheimnis der Sonne. Unendliche Ferne, unendliche Nähe - das ist das Geheimnis Gottes. Es vollzieht sich auch in unserem Bewußtsein jene wunderbare Umwandlung, daß das Unpersönliche der Gottheit, in der wir als ein Nichts versinken müßten, für uns und in uns persönlich wird.

Geistesgeschichtlich und menschheitsgeschichtlich hat sich aber diese Umwandlung in der Person Jesu Christi vollzogen. Er ist der Transformator der unendlichen göttlichen Wirklichkeit. Sie bleibt auch bei ihm noch so stark, daß wir an ihr vergehen können; aber das ist das Wunder, daß von ihm Licht in unsere Dunkelheit gestrahlt wird, daß der Motor unserer Seele in fruchtbringende Bewegung kommt. In Jesus wird Gott für uns persönlich. Das ist keine metaphysische Aussage: "Gott von Gott, Licht vom Licht, wahrhaftiger Gott vom wahrhaftigen Gott, geboren, nicht geschaffen", das ist keine dogmatische Aussage, an die man glauben müßte um seiner Seele Seligkeit willen, das ist eine Erlebnisaussage. Wenn die frühe Christenheit dieses Erlebnis in Vorstellungsbildern gedeutet hat, die dem antiken Menschen vertraut waren, als Menschwerdung, als Fleichwerdung Gottes, so kann und darf man daraus kein Glaubensgesetz für uns machen, es einfach nachzusprechen hat keinen inneren Lebenswert. Aber das Erlebnis des persönlichen Gottes in Jesus Christus ist damit nicht aufgehoben. Unser Gebet ist ein Gebet im Namen Jesu, um seinetwillen wagen wir zu sagen: Unser Vater in dem Himmel! Wir wissen, daß wir mit dem einen Wort

"Vater" nicht die ewigen Fluten fassen, aber wir empfangen damit einen Becher lebendigen Wassers, der unser tiefstes Dürsten stillt.

Für Menschen unserer Zeit sind viele Festsetzungen der christlichen Lehre unwesentlich geworden oder aber Hüllen und Hindernisse, zum christlichen Glauben durchzudringen. Die christliche Apologie wird sich vergebens bemühen, die Lehren von der Dreieinigkeit, von der Gottheit Christi, von der übernatürlichen Geburt u.a. überzeugend zu machen - ich meine nicht für den Verstand; denn das ist ja nicht möglich -, überzeugend und bezwingend für das Wagnis des Glaubens. Was uns von unserer christlichen Erziehung und Denkgewohnheit her noch schwere Not gemacht hat, ist für eine neu heranwachsende Generation erledigt.

Erst recht ist völliger Torschluß, wenn von kirchlicher Seite die Worte des Athanasianischen Glaubensbekenntnisses aufgerichtet werden: "Wer da will selig werden, der muß vor allen Dingen den rechten christlichen Glauben haben. Wer denselben nicht ganz und rein hält, der wird ohne Zweifel ewiglich verloren sein." Da ist Torschluß nicht nur von seiten der Kirche, sondern auch von seiten der Draußenstehenden. Sie haben ja eine ganz andere Frage im Herzen: Gibt es einen persönlichen Gott? Darf ich beten? Darauf kann man gewiß keine fertige, bezwingende Antwort geben, weil es sich hier um eine ganz persönliche Entscheidung, um das Wagnis des Glaubens, das Wagnis des Gebetes handelt. Aber Hindernisse kann man allerdings aus dem Weg räumen. Die größte Hilfe ist, wenn an Stelle des "Du mußt glauben", "Du mußt beten" aus der Erfahrung anderer Menschen das "Du darfst glauben", "Du darfst beten" tritt, und wenn das Wesen solcher Menschen die Wahrheit ihres Glaubens bestätigt. Eine andere entscheidende Hilfe ist, daß der Weg frei gemacht wird in das Neue Testament und unmittelbar erfahren wird, daß, nach einem treffenden Wort Luthers, Jesus der Spiegel des göttlichen Herzens ist.

Mit dieser tiefbeglückenden Erfahrung ist noch eine besondere Freude verbunden, daß man dem wesenhaft christlichen Denken ganz nahe ist, ja mitten drin steht, auch wenn man den überlieferten biblischen und kirchlichen Ausdruck nicht teilen kann. Von dem festen inneren Standort aus, den man gewonnen hat, hat man aber ein Verständnis dafür, warum längst vergangene Geschlechter ihren Glauben so gestalten und schützen mußten im Kampf mit ihrer Umwelt; man bekommt ein Verständnis für die Größe der Bekenntnisse und vieler Dogmen, gerade wenn sie nicht mehr in gesetzlicher Bindung vor uns hingestellt werden. Die Bekenntnisse und Dogmen sind als Schutzwehren aufgerichtet, und es hat sich bis in der jüngsten Zeit gezeigt, daß sie das sein können. Aber es folgt daraus nicht, daß wir uns hinter diese Schutzwehren zurückziehen, sondern daß es notwendig ist, dem christlichen Glauben in unserer Zeit seine eigene Ausdrucksform zu geben, nicht in subjektivem Genügen und Genießen unseres Glaubens stehenzubleiben, sondern selbst um die Kraft des Bekennens zu ringen. Das drückt sich aber nicht vor allem in geformten Worten aus. Etwas anderes ist eindrucksvoller und wirkmächtiger: wenn von Menschen, in denen Gott persönlich geworden ist, "Ströme lebendigen Wassers ausgehen" (Joh. 7,38).

Oskar Weitbrecht

Der verborgene und der offenbare Gott

"Freies Christentum" Nr. 11, 1966

Der verborgene Gott - damit meinen die Reformationskirchen die Macht, die die Welt schuf und regiert, von der wir schlechthin abhängig sind, die uns "unbedingt angeht", die nach unseren Maßstäben zuweilen sinnvoll, zuweilen sinnwidrig handelt, die zerstört, was sie erschaffen hat, und Chaos und Kosmos sich miteinander abwechseln läßt. Sie gleicht der Sphinx mit Menschenantlitz und Löwenpranken, zeigt einmal das Haupt einer Meduse und dann eines Olympiers, ist Wodan und Loki zugleich. Verborgen ist dieser Gott. Wir durchschauen, verstehen, begreifen ihn nicht. Wir wissen nicht, wie wir mit ihm dran sind, ob er uns haßt oder liebt, übersieht oder beachtet. Seine Übermacht ängstigt uns; seine sporadische Güte läßt uns hoffen, aber nicht unbedingt.

Vom verborgenen Gott flüchten wir uns zum offenbaren Gott, d.h. zu dem, der sich in der biblischen Geschichte, zuhöchst und zuletzt in Christus kundgemacht hat. Ihn hat er mit seinem Geist, seiner Kraft, Weisheit und Liebe erfüllt, durchs Leiden geführt und vom Kreuz zu seiner Herrlichkeit erhoben. Er will uns in und durch Christus ergreifen und aus der Vergänglichkeit retten, erschüttern und beseligen, zerschmettern und erneuern. Und das nicht, wie der Methodismus meint, nacheinander mit einem entscheidenden Höhepunkt, sondern in allmählichem Prozeß, in dem der Ergriffene "zugleich Sünder und Gerechtfertigter" ist. So lautet die lutherische Formel.

Über das Verhältnis vom verborgenen und offenbaren Gott ist viel nachgedacht worden. Der Parsismus, Manichäismus, die Gnosis glaubten an *zwei* Götter, einen guten und einen bösen. So zeigt es der Augenschein. Aber die Kirche hält gegen den Augenschein am Erbe des Alten Testaments fest, an dem Glauben an den Einen Schöpfer Himmels und der Erde, der sichtbaren und unsichtbaren Wesen. Dann aber erhebt sich die Frage: Woher der Riß, die Vergänglichkeit, das Übel, das Böse, der Tod? Die Bibel antwortet: Daran trägt der *Mensch* die Schuld. Er war ungehorsam, und der Fluch über ihn wurde auf die übrige - unschuldige - Schöpfung ausgeweitet. Indes lag der Fluch der Zerrissenheit, des Kampfes, der

Vergänglichkeit längst über der Welt, ehe der Mensch den Schauplatz betrat. Auch wenn die heutigen Dogmatiker den "Sündenfall" zu einer unvermeidlichen Existenzverzerrung mildern, weil Wesen und Existenz in Spannung zueinander stehen, auch wenn sie darauf hinweisen, daß die Zivilisation die Natur zerstöre - die Frage bleibt ungelöst: Woher der Riß, die Zwiespältigkeit der Natur, die Schrecken der Geschichte?

Der Versuch, sie als Vorstufen einer Höherentwicklung zu fassen, als Herausforderung an den Geist, sich aus dem Griff der Natur emporzuwinden, scheitert an der Übermacht der zerstörenden Kräfte über die aufbauenden. Die "Erziehung des Menschengeschlechts" ist eine Sisyphusarbeit und erzielt kein dauerndes Ergebnis. Gewiß gibt es in der Natur heilende Kräfte, Selbstregulierungen, kybernetische Tendenzen und in der Geschichte Zeiten des Aufschwungs, des Fortschritts, der Buß- und Reformbewegungen. Aber am Ende steht nicht der *Sieg*, sondern die *Ermattung*.

Der Sinn der Geschichte weist über die Grenzen des Irdischen hinaus dorthin, wohin nur der Glaube blickt. Der verborgene Gott will sich nicht in den offenbaren eingliedern lassen, wenn wir *diesen* Blick nicht wagen. Er sperrt sich sogar im Zentrum des christlichen Glaubens: daß Christus die Welt überwunden habe. Wie, wenn Jesus am Kreuz in Verzweiflung geendet hätte? Wenn die Erscheinungen des Auferstandenen leere Visionen gewesen wären? Der Glaube bedarf neben den historischen auch noch *anderer* Stützen, originaler Gottesbegegnungen, wie sie die mystischen und existentiellen Richtungen fordern.

Der verborgene Gott läßt sich dem offenbaren nicht eingliedern. Aber der offenbare läßt sich auch nicht vom verborgenen verschlingen. Sinn bleibt Sinn. Güte, Heilung, Versöhnung, Erneuerung sind Realitäten, nicht Illusionen. Sie tragen in sich eine Hoffnung.

Wenn wir aber beide Größen nicht einfach gleichsetzen können - was nun? Die Lösung liegt in unserer persönlichen Entscheidung: ob wir bereit sind, den Willen des offenbaren Gottes zu tun. Dann folgt Erkenntnis. "Die Furcht Gottes ist der Weisheit Anfang." "Wer den Willen des tun will, der mich gesandt hat, der wird innewerden, ob meine Lehre von Gott sei oder ob ich von mir selber rede." Am klarsten hat Albert Schweitzer das ausgesprochen mit der Anweisung, die Ehrfurcht vor dem Leben zu bejahen und zu bestätigen trotz aller tragischen Verwicklungen; den Weisungen Jesu nachzuleben trotz aller Stümperhaftigkeit, in der Gnade zu ruhen trotz aller Gegeninstanzen. Dann lassen wir die übrigen Fragen auf sich beruhen, verzichten auf die Entfaltung einer "christlichen Weltanschauung" und auf den Entwurf eines Systems. Wer im warmen Golfstrom schwimmt, braucht nicht zu wissen, wie die kalten und die warmen Wasser *zusammenhängen*. Er darf hoffen, es "einmal" zu verstehen.

Kurt Horalek

Der persönliche Gott

in "Halt und Haltung - Gedanken in Versen"

"Beihefte Freies Christentum" Nr. 66, 1967

Ich *weiß*, daß Gott mir unerreichbar bleibt,
Daß meine Fragen um ihn niemals enden.
Ich *fühle*, daß mein Innerstes mich treibt,
Mich voll Vertrauen zu ihm hinzuwenden.
Ich *deute* gleichnishaft ihn als Person,
Das macht mir möglich, vor ihn hinzutreten.
Zu einer formelhaften Abstraktion,
Wie die Physik sie gibt, kann ich nicht beten.

Fritz Maass

Die Frage nach dem persönlichen Gott

"Freies Christentum" Nr. 6, 1981

In seinem Buch "Anweisung zum Leben" sagt der Tübinger Theologe Ernst Steinbach: "Wer leidenschaftlich als Person existiert, wird dem Gott schon begegnen, der Person ist. Ein Gott, der nur eine Sache ist, kann ihm weder genug bieten, noch kann er ihn genügend in Anspruch nehmen. Jede Gleichgültigkeit, jede Ungenauigkeit ist ausgeschlossen, wenn ich mich zu Gott verhalte als Person zu Person; erst hier bekommt der Begriff 'Verantwortung' seinen richtigen Sinn. Gerade dem Menschen, der weiß, was Verantwortung ist, ist jeder andere Gottesbegriff zu leicht, zu billig, außer dem des persönlichen Gottes, der die höchste Verantwortung begründet. ... Die Frage: Ist Gott Person? ist also das Spiegelbild einer viel einfacheren Frage: Bist du, der Fragende, Person? Wenn du es nicht genügend bist, um *den Grund der Dinge als Person erleben* zu können, so sei dir jedenfalls darüber klar, daß die Kindlichkeit des anderen, der das Erlebnis hat, turmhoch über deiner greisenhaften Verständigkeit steht" (S. 329f.).

Beides finden wir hier beieinander: "den Grund der Dinge als Person erleben". Die Frage nach dem persönlichen Gott ist einfacher zu beantworten, als viele es sich vorstellen. Sowohl für unser eigenes Denken wie für unser Argumentieren mit Andersdenkenden liegt die Antwort auf der Hand: es stimmt beides, es stimmt beides vollkommen und ohne Abstriche: Gott ist unendlich und mit keiner menschlichen Person vergleichbar, und er ist in unserem Erleben nahe und persönlich. Es ist dies eine Paradoxie, die mit den Grenzen unserer Denk- und Ausdrucksmöglichkeiten zusammenhängt.

a) Gott ist unendlich, unfaßbar, unerforschlich, der ganz Andere, keinem Menschen vergleichbar; er ist Geist, er ist Liebe; er ist Macht, die die Menschheitsgeschichte auf ihr Ziel hinlenkt: auf die Überwindung der Unmenschlichkeit. Trotz der furchtbaren Rückschläge des 20. Jahrhunderts glauben wir daran, daß Gott den Sieg des Guten, der Liebe, der Menschlichkeit über das Böse, den Haß und die Unmenschlichkeit will. Auch abgesehen von der Erwartung der vollkommenen Herrschaft Gottes am Ende der Tage heißt es mit Bezug auf das Erdenleben: "(Gott) will, daß allen Menschen geholfen werde und sie zur Erkenntnis der Wahrheit kommen" (1. Thess. 2,4). Und: "Was er sich vorgenommen, und was er haben will, das muß doch endlich kommen zu seinem Zweck und Ziel."

Weil Gott dies alles ist: unendlich, Geist, Liebe, Macht des Guten, ist er nicht Person im menschlichen, landläufigen Sinn. Er ist nicht so Person, wie der Mensch Person ist. Will man den christlichen Gottesglauben mit der kindlichen Redensart treffen: "Ich glaube nicht an einen Gott im Himmel als alten Mann mit langem Bart", so gibt man sich selbst der Lächerlichkeit preis und hat vom Geist des biblischen Gottesglaubens noch keinen Hauch verspürt. Wir können an den Vergleich Gottes mit einem Vater erinnern, der ja nicht besagen will, daß Gott im biologischen Sinne Vater sei, sondern daß er sich zu uns verhalte wie ein normaler menschlicher Vater zu seinem Kind.

b) Die andere Seite: Der Ferne, ganz Andere, redet und handelt mit uns *wie* eine Person. Er ist in seinem Handeln mit uns mehr als statische Gesetzmäßigkeit, er ist unser lebendiges Gegenüber. Um das auszudrükken, gebrauchen wir das von unseren Vorstellungen und Begriffen hergenommene Wort "Person". Es liegt darin ein ähnlicher Vergleich wie in der Rede von Gott dem Vater. Paul Tillich nennt die Rede vom persönlichen Gott symbolisch. Mir ist es zweifelhaft, ob der Symbolbegriff in dieser Anwendung wirklich aufschlußreich ist und Zukunft hat. Einleuchtender ist wohl Helmut Gollwitzers Erklärung, daß das Person-Sein Gottes einen Beziehungs- und keinen Substanzbegriff ausdrückt: Gott redet und handelt *wie* eine Person, aber er *ist* seinem Wesen nach keine Person.

Wir alle kennen die Hemmungen, die wir empfinden, wenn wir vom persönlichen Gott sprechen. Es sind Hemmungen, die sich zwangsläufig ergeben, wenn wir von Gott in menschlichen Vergleichen und Vorstellungen reden. Aber wollen wir von dem Gott reden, der uns begegnet und mit uns handelt, so ist das Wort vom "persönlichen" Gott das nächstliegende.

Hellmut Haug

Die Seele als Thema der Theologie

"Freies Christentum" Nr. 10, 1985

Das Wissen vom Menschen als Seele ist in den letzten knapp hundert Jahren in einem Ausmaß revolutioniert worden, das wir uns schon gar nicht mehr klarzumachen pflegen - so selbstverständlich ist es geworden, vom Unbewußten, von Komplex und Verdrängung, von Kompensation, Identifikation, Objektbesetzung, Abwehr, Übertragung, Fehlleistung usw. zu sprechen. Sigmund Freud hat seine Aufdeckung der Gesetze des menschlichen Unbewußten in einer Linie gesehen mit den umwälzenden Entdekkungen eines Kopernikus, eines Darwin; und er rechnete sie zusammen mit diesen zu den drei großen "Kränkungen", die dem Menschen in der neueren Zeit angetan worden sind: nicht der Mittelpunkt der Welt zu sein, sondern ein Zigeuner am Rande des Universums; nicht die Krone der Schöpfung aus der Hand (und als Ebenbild) seines Schöpfers, sondern ein Abkömmling des Tierreichs, ein nackter, raffinierter Affe; und nun auch noch: nicht das Vernunftwesen, das sich in Freiheit selbst bestimmt, sondern ein Bündel von Trieben und Komplexen, das nicht Herr ist im eigenen Haus.

Dieser letzten Kränkung steht freilich eine Verheißung gegenüber, die in nichts hinter den theologischen und philosophischen Vorgaben der Vergangenheit zurücksteht: "Wo ES war, soll ICH werden"; oder mit Carl Gustav Jung: Wo Spaltung war, soll "Ganzheit" werden! Und so nimmt es nicht wunder, daß die Menschheit die vorgebliche Kränkung, wie die vorangegangenen, nach anfänglichem Widerstand verwunden, ja sie sogar als Unterpfand ihrer wahren Würde begrüßt und angenommen hat.

Tatsachen, nicht Theorien

Die Theologie hat es da nicht ganz so leicht. Ihre Stellungnahme ist ambivalent: sie reicht von kritikloser Übernahme über ein dialektisch abgewogenes "Ja - aber" bis hin zur baren Verteufelung.

Halten wir uns an das Unbestreitbare, so sind ein paar Tatsachen zu notieren, hinter die es kein Zurück mehr gibt. Da ist als erstes die Tatsache des Unbewußten selbst. Wir sind immer "mehr", als wir von uns wissen.

Wir stoßen im Unbewußten auf die Triebnatur des Menschen. Von Haus aus ist der Trieb nicht *unbewußt*, sondern *unwillkürlich*; er wird aber ins Unbewußte abgedrängt, wird gezwungen, sich zu maskieren, wenn seine Äußerungen, noch bevor der Mensch überhaupt zum Bewußtsein erwacht ist, mit massiven Strafen oder Drohungen bedacht und unterdrückt werden. Aufgrund einer solchen Konfliktsituation konstituiert sich das Unbewußte als Schauplatz einer fintenreichen (und sich in ihren eigenen Finten verfangenden) Auseinandersetzung zwischen dem anarchisch lustorientierten Trieb und der gesellschaftlichen Norm, wie sie im "Über-Ich" verinnerlicht wird.

Wie steht das bewußte Ich zu dem "mehr", das sich hier zeigt? Fraglos gehört es zu mir, doch solange ich ihm, ohne daß es mir bewußt wäre, ausgeliefert bin, "bin" ich es gerade nicht. Es ist eine fremde Macht, in deren Gewalt ich mich vorfinde. Erst wenn ich das Gespinst aus Trieb, Zensur und Maskierung mit meinem Bewußtsein durchdringe, verliert es seine Macht. Der Trieb und, was ihm entspricht, ist Teil meines Bewußtseins geworden: Wo Es war, ist Ich geworden. Das bewußte Ich hat seine Sphäre erweitert, indem es die fremde, entfremdende Macht in die eigene Regie nimmt - gleichviel, ob es nun den Trieb auslebt oder ihn sublimiert.

Zweierlei Unbewußtes

Man darf das wohl unabhängig von den Theorien, die Freud darum gesponnen hat, als begründete Tatsache verbuchen. Was C.G. Jung, über Freud hinausgehend, namhaft machte, hat es schwerer, dieselbe Anerkennung zu finden. Wer unbefangen sich und andere beobachtet, wird jedoch zu der Einsicht gedrängt, daß der Sexualtrieb (im weitesten Sinne) nicht das einzige Thema des Unbewußten ist. Daß ich in mir die hartnäkkige Neigung trage, meine Negativseite, den mir selbst verborgenen "Schatten", aus mir heraus auf andere zu projizieren, aber auch, daß ich - als Mann oder Frau - in mir einen gegengeschlechtlichen Seelenpol trage, den ich abstoßen oder integrieren kann: das sind für jeden, der sich darauf einläßt, unabweisbare Erfahrungstatsachen.

Damit aber kommt ein ganz anders geartetes "Unbewußtes" in Sicht als das, mit dem Freud sich ausschließlich beschäftigt hat. Man kann die umstrittenen "Archetypen" und das "kollektive Unbewußte" Jungs vorläufig ganz aus dem Spiel lassen und sich auf das individuelle Unbewußte beschränken - der Gegensatz zu Freud ist auch dann eklatant. Zwar läßt sich die Schattenintegration noch entfernt als Parallele zur Freudschen Aneignung des entfremdeten Triebs verstehen; aber sie eröffnet doch - nach übereinstimmender Erfahrung Jungs und der ihm folgenden Therapeuten - das Tor zu einer Integration anderer Art, die in keiner Weise mehr als Assimilierung oder gar In-den-Griff-nehmen einer untergeordneten Sphäre gedeutet werden kann.

Hier kommt etwas ins Spiel, das umgekehrt *das Ich unterordnet*. Hier wird nicht etwas vom Ich aus erobert, sondern es wird etwas empfangen, was nicht zu erstreiten ist: die höhere Ganzheit, in der die unverfügbaren, schöpferischen Ursprungskräfte leben, als Personmitte, als "Selbst".

Während Freud das Bewußtsein ins Unbewußte hinein erweitern will, entsteht nach Jung aus Bewußtsein und Unbewußtem eine höhere Einheit, die an das Geheimnis des Menschen als "Bild Gottes" rührt. So gewiß die "imago dei" als Personzentrum unverfügbar bleibt, *ist* die Seele streng genommen nicht Gottesbild, sondern sie *wird* es in einem grundsätzlich unabschließbaren Prozeß.

Der Mensch ist das Wesen, das nicht auf einmal und nicht fertig erschaffen werden kann. Er ist zugleich das Wesen, das abgelöst von Gott im eigentlichen Sinne nicht bestehen kann, sondern sterben (erstarren, verenden, vertieren) muß, wenn nicht Gott in ihm ständig der Ursprung seines Werdens bleibt.

Die Erfahrungstatsachen der Tiefenpsychologie sprechen für das "Paradigma" der mystischen Theologie. Der Übergang vom Ich zum Selbst, der sich in der Vereinigung der Gegensätze je und je vollzieht, bietet ein Modell, das der göttlichen Alleinwirksamkeit und der Unabdingbarkeit menschlicher Mitwirkung in gleicher Weise gerecht zu werden verspricht. *Alles* ist göttliches Schaffen, wenn man auf das sich offenbarende Gottesbild blickt - und *alles* menschlicher Vollzug, wenn man auf das Bewußtseins- und Freiheitspotential des Ich blickt, in dessen selbstüberschreitender Hingabe das erscheinende Gottesbild (Selbst) allererst aufleuchten kann.

Vielleicht dient es zur Bestätigung und Klärung, an dieser Stelle auf einen psychischen Mechanismus hinzuweisen, dessen Erhellung als eines der großen Verdienste der Tiefenpsychologie gelten darf: den Vorgang der *Projektion*. Freuds Entlarvung der traditionellen Gottesbilder als Schattenwurf innerpsychischer Prozesse müßte für die Theologie, recht verstanden, eine ungeheure Befreiung bedeuten. Unmittelbar einleuchtend ist das bei der Personifizierung moralischer Normen oder auch blanker Herrschaftsansprüche in der selbsternannten Instanz eines Über-Ichs. Aber auch der gnädige Gott ist in vielen Fällen nichts weiter als eine Projektion der Sehnsucht nach dem verlorenen Paradies, dem Mutterschoß. Das "Angenommensein" hat wenig zu tun mit der sehr viel anspruchsvolleren Gnade, Zeuge der Gottgeburt in der eigenen Seele zu sein. Der Mensch selbst ist dabei Schauplatz und Platzhalter der Menschwerdung Gottes.

Aber geht damit nicht die Beziehung zum göttlichen "Du" verloren? Löst sich das "personale Gegenüber" in einfache Identität auf? Es sollte Einigkeit darüber bestehen, daß die Rede vom "Gegenüber" nicht wörtliche, sondern (im Sinne Paul Tillichs) nur symbolische Rede sein kann. Es ist pure Gedankenlosigkeit, wenn man sich die Gottesbeziehung nach dem Modell zwischenmenschlicher Beziehungen vorstellt. Aber in einem symbolischen Sinn ist auch der Gott, der in der Seele erscheint, ein Gegenüber, ein

Du. Es müßte eigentlich deutlich geworden sein, daß Gott und Mensch in dem zugleich inner- und überseelischen Prozeß der Menschwerdung (Jung: Individuation) niemals "identisch" werden. Die "heilige Hochzeit" in den Tiefen der Seele eint nicht Gott und Mensch, sondern sie vereinigt die endlichen Gegensätze, die das Menschsein in seiner Gegebenheit kennzeichnen, damit das Nicht-endliche, das übergegensätzliche Sein, im Endlichen, im Menschen, in Erscheinung treten kann. Hinter dem sich selbst mißverstehenden Vorwurf der "Identität" steht jedoch etwas anderes: die merkwürdige, aber auch begreifliche "Berührungsangst", daß Gott dem Menschen wirklich so nahe kommen, daß er sich tatsächlich im Menschen, und zwar in jedem, in dir und mir, offenbaren könnte und möchte. Ist sie etwas anderes als die Angst vor der Freiheit, der ich damit überantwortet bin: vor der ungeheuren und doch allein dem Menschsein Sinn gebenden Verantwortung, daß Gottes Bild, Gottes Offenbarwerden - mit Ulrich Mann zu sprechen - "in die Hut des Menschen" gegeben ist?

Andreas Rössler

Freie Christen und das Bekenntnis zur Dreieinigkeit Gottes

"Freies Christentum" Nr. 3, 1988

1\. *Wir können das gesamtchristliche Dogma der Dreieinigkeit Gottes nur insofern bejahen, als uns dabei die Wahrhaftigkeit, das Recht zum kritischen Nachdenken zugestanden wird.*

Auf den ökumenischen Konzilien von Nicäa und Konstantinopel 381 wurde unser Nicänisches Glaubensbekenntnis als verbindliche Lehre (= Dogma) formuliert. Danach ist Jesus Christus "eines Wesens mit dem Vater", somit selbst wahrer Gott. Dasselbe gilt für den Heiligen Geist. Der eine Gott wird also geglaubt als eine Dreiheit: ein göttliches Wesen, eine göttliche "Substanz" in drei "Hypostasen" oder "Personen".

Unbestritten ist dabei immer die Einheit Gottes gewesen, entgegen allem Vielgötterglauben. Nur fragen wir, ob sich nicht doch das Mißverständnis dreier Gottheiten nahelegt. Wir fragen ferner, ob denn hier Jesus von Nazareth als zweite Person der Trinität und damit selbst als Gott verstanden wird. Schließlich wundern wir uns, wie in manchen theologischen Abhandlungen über die inneren Beziehungen von Vater, Sohn und Geist spekuliert zu werden pflegt.

2\. *Unser Christsein hängt nicht am Ja zum Trinitätsdogma.*

Das Christsein hängt überhaupt nicht an der formalen Bejahung bestimmter Dogmen. Es ist vielmehr ein Lebensvollzug, gelebte Nachfolge

Jesu und Vertrauen zu Gott. Dazu gehören einige Bezugspunkte: wir verdanken uns der schöpferischen Macht Gottes; Liebe und Gerechtigkeit sind von Gott gewollt; Gott ist barmherzig und gütig; ewiges Leben dürfen wir erwarten. Ein "undogmatisches Christentum" ist (recht verstanden) ein "undoktrinärer", gelebter, das ganze Leben umfassender Glaube an Gott, der uns in Jesus von Nazareth sein Herz aufgeschlossen hat.

Die Christen der ersten zwei bis drei Jahrhunderte kannten noch keine ausgefeilte Dreieinigkeitslehre. Diese ist ein relativ spätes Ergebnis theologischer Auseinandersetzungen, in die Denkformen griechischer und hellenistischer Philosophie gefaßt.

3. *Unverzichtbar bleibt die Zielrichtung des Trinitätsdogmas.*

Gottes Wort ist in Jesus von Nazareth Fleisch und Blut geworden (Joh. 1,14). "Gott war in Christus und versöhnte die Welt mit sich selbst" (2. Kor. 5,19). In Jesu Verkündigung, seinem Verhalten, seiner Lebenshingabe bis ans Kreuz und in den Ostererfahrungen seiner Jünger ist Gott selbst am Werk. Die hier zugesagte und auch immer wieder innerlich erfahrene Befreiung von den Mächten des Bösen und der Vernichtung sind keine Wunschgedanken und Luftblasen. Hier handelt wirklich der lebendige Gott.

Eben das will die Trinitätslehre ausdrücken. Sie faßt zusammen, daß sich Gott in dreifacher Weise offenbart:

- Als der Schöpfer. Der Urgrund von allem ist keine blinde gleichgültige kosmische Energie, sondern ein gütiger Wille.

- Als der Erlöser. Wir werden von Gottes Güte angesprochen. Diese hat sich schließlich in einem Menschenleben, in Jesus von Nazareth, dem Leiden und allem denkbaren Widerspruch ausgesetzt, ohne sich damit endgültig aus der Welt schaffen zu lassen. Wo unser Leben in Unordnung geraten ist, kann es von dieser Güte her wieder zurechtgebracht und erneuert werden.

- Als der Vollender. Das Wirken Gottes des Schöpfers und des Erlösers ergreift uns im Innern und läßt uns gewiß werden, nicht durch unsere Willensanstrengungen und Leistungen, sondern durch den Geist, der uns erleuchtet und zu einem Leben in Zuversicht und Liebe befähigt.

So gesehen, sind Vater, Sohn und Geist drei Aspekte des einen Gottes. In jedem Aspekt ist der eine Gott ganz gegenwärtig. Die drei "Personen" sind keine autonomen Persönlichkeiten, sondern die drei grundlegenden Offenbarungsweisen Gottes.

Spekulationen über die inneren Beziehungen zwischen Vater, Sohn und Geist können wir auf sich beruhen lassen. Gottes Geheimnis wollen und können wir nicht antasten. Festzuhalten ist allerdings, daß Gott, wie er in sich selbst ist, dem nicht widerspricht, wie er sich uns offenbart. Sonst wäre die dreifache Offenbarung eine Vorspiegelung falscher Tatsachen.

4. Gott der Sohn ist in den "Gottessohn" Jesus eingegangen, ohne in ihm aufzugehen.

Das ewige Wort Gottes, Gott der Sohn, ist in Jesus von Nazareth Mensch geworden. Damit aber hat sich doch nicht, symbolisch gesprochen, die zweite Person der Trinität eine Zeitlang, nämlich während des Erdenlebens Jesu von Nazareth, von der göttlichen Dreieinigkeit gelöst und sich etwa auf Jesus begrenzt.

Gott der Sohn ist immer das göttliche Wort (der "Logos") gewesen und geblieben, das sich allen aufnahmefähigen Wesen offenbaren will. Gott der Sohn hat zu allen Zeiten der Menschheitsgeschichte die Wahrheit kundgetan. Er will dazu auch uns als seine Mitarbeiter gebrauchen. In eindeutiger, ganz und gar glaubwürdiger Weise hat er sich in Jesus von Nazareth ausgedrückt.

Wir verbinden hier eine "kosmische" mit einer "adoptianischen" Christologie: Der ewige, kosmische Christus (= Gott der Sohn, der Logos) nahm in unüberbietbarer Dichte in Jesus von Nazareth Wohnung, ohne damit auch nur vorübergehend aufzuhören, überall zu wirken. So wurde Jesus zum "Sohn Gottes" angenommen ("adoptiert").

5. Das Trinitätsdogma, dessen Sprache wie alle religiöse Sprache symbolisch ist, weist auf Gott als unergründliches und doch nicht unzugängliches Geheimnis.

Somit ist das Trinitätsdogma nicht zu "entmythologisieren", wohl aber zu "entliteralisieren" (d.h. gegen ein buchstäbliches = literalistisches Mißverständnis zu sichern). Es ist in all seinen aus unserer Vorstellungswelt und Begrifflichkeit genommenen Aussagen nicht wörtlich, sondern gleichnishaft zu verstehen. Nicht zufällig hat das Bekenntnis zur Dreieinigkeit Gottes seinen ursprünglichen Ort im Lobpreis der Gemeinde.

So geht es auch nicht um die logische Absurdität 3 = 1. Die Trinität deutet aber darauf hin, daß Gott in sich nicht einsam ist, sondern spannungsreiche Fülle. Er ist nicht eine Einzelperson, sondern Grund alles Personseins, Überperson sozusagen. Dies wurde und wird zuweilen auch in anderen Zahlenverhältnissen ausgedrückt:

- Die "Unität": Gott ist die eine, alles bestimmende Tiefe der Wirklichkeit. Aber nicht so, daß er weltfern wäre.
- Die "Binität": Gott ist zugleich Schöpfer und Erlöser. Schöpfung und Erlösung sind also nicht gegeneinander auszuspielen. Die Erlösung wird die Schöpfung in sich hinein vollenden.
- Die "Quaternität": Gott ist einerseits verborgen, andererseits offenbart er sich als Vater, Sohn und Geist. Der verborgene ist dabei letztlich kein anderer als der sich uns offenbarende Gott.

6. Die Dreieinigkeitslehre hilft uns, das Verhältnis Gottes zur Welt als Transzendenz und als Immanenz zugleich zu begreifen.

Gott ist das Jenseits der Welt. Anders als in der Sicht des Deismus ("Uhrmachergott") wirkt er aber ständig in der Welt, als Schöpfer, Erlöser und Vollender.

Gott ist in der Welt gegenwärtig. Anders als in der Sicht des Pantheismus geht er aber nicht in der Welt auf. Sonst gäbe es keine Maßstäbe für gut und böse.

In seinem dreifachen Wirken als Schöpfer, Erlöser und Vollender bleibt Gott allmächtig. Andererseits hat er vorläufig auf einen Teil seiner Macht verzichtet. So haben Natur und Mensch einen Spielraum der Freiheit bekommen, der zum Aufbauen wie zum Zerstören, zum Guten wie zum Bösen führen und benutzt werden kann. Die entscheidende Offenbarung Gottes in Jesus von Nazareth läßt uns dabei hoffen, daß sich Gottes Liebe durchsetzen und das letzte Wort haben wird.

Ulrich von Hasselbach

Weder eng noch finster

Gedanken zum Gottesbild

"Freies Christentum" Nr. 5, 1989

Wir können Gott nicht beschreiben. Wir können nicht sagen, wie er ist. Dagegen können wir sagen, wie er *nicht* ist. Und über die Negation gelangen wir mittelbar zu positiver Einsicht und Gewißheit.

Wir können von Gott nur menschlich - und das heißt im Grunde immer: unangemessen - sprechen. Wir nehmen deshalb Symbole zu Hilfe, wir bedienen uns der Gleichnissprache. Auch Jesus hat das getan; denn das Wort "Vater", das er immer wieder gebraucht, ist nichts anderes als ein Gleichnis, ein Bild.

Wir möchten von Gott reden. Es drängt uns dazu. Wir wollen ausdrükken, was wir von ihm erfahren haben. Wir wollen weitergeben, was uns von ihm aufgegangen ist.

Dabei dürfen wir zurückgreifen auf Jesus, dem Entscheidendes aufgegangen ist. Er hat uns mit der ganzen Überzeugungskraft seiner Ausstrahlung und seiner Verkündigung wissen lassen, daß Gott weder eng noch finster ist. In dieser Gewißheit können wir leben - und sterben!

Während positive Aussgen über Gott immer der Gefahr einer unangemessenen Vermenschlichung unterliegen, verhält es sich anders mit der - gerade gegen alles Menschliche abgrenzenden - negativen Diktion. "Weder eng noch finster": das ist eine ungemein tröstliche Gewißheit, besonders auch angesichts des nahen Todes. Wenn Gott nicht eng ist, wird er keine Übeltaten auflisten, wenn er nicht finster ist, wird er nicht zornig verdammen. Und sollte es zutreffen, daß der Bewährung oder dem Versagen während des irdischen Daseins daraus resultierende Läuterungen jenseits des Sterbens folgen, so werden diese sich im Licht vollziehen und nicht in einer ängstenden Finsternis.

"Weder eng noch finster" - diese Aussage ist Gott angemessen und überzeugend, weit mehr als es positive Aussagen über Gottes Eigenschaften jemals sein könnten.

Allerdings werden auch hier wieder alte Fragen laut. Wenn Gott nicht finster ist, woher kommt dann das Finstere? Woher kommt das Verfinsternde?

Hier ist ja anderes gemeint als etwa nur der Schatten, den das Licht zu werfen pflegt. Gemeint ist das Destruktive, Zerstörerische im Denken und Verhalten des Menschen, ja - schlimmer als dies - die Lust am Quälen und Demütigen anderer, die Lust am Töten, das eigentlich Böse. Kommt es nicht auch von Gott? Der 1. Johannesbrief (1,5) sagt von Gott: "In ihm ist keine Finsternis." Wenn dies gilt, wenn Gott nicht finster ist, wie erklärt sich dann die "Macht der Finsternis"? Sie hat sich ja doch im Laufe der Geschichte immer wieder in furchtbarster Weise manifestiert. Sie hat sich auch in uns selbst, mindestens in der Form der Versuchungen, der Vorstellungen und schlimmen Wünsche, manifestiert.

Fragen wir nach den Ursprüngen. Der Schöpferwille hat der Evolution alles Lebendigen auf dieser Erde den Trend zum immer Komplexeren und - analog - zum immer Bewußteren eingegeben. Irgendwann entstanden Tiere, die sich - im Unterschied zu den Pflanzen - von bereits Lebendigem zu nähren hatten. Sie lebten vom Leben anderer. Sie bemächtigten sich fremden Lebens. Dazu brauchten sie entsprechende Energien.

Auch der Mensch war darauf angewiesen, sich fremden Lebens zu bemächtigen, um daraus Nahrung zu gewinnen. Auch er also bedurfte aggressiver Energien. Als er aus der Instinktgebundenheit - und Instinktgeborgenheit - herausgeriet, begann seine Aggressivität sich zu pervertieren. Es entstand die Aggression um der Aggression willen, die Lust am Schädigen und am Töten auch ohne vorgegebenen Zweck, die Lust am Quälen und Demütigen, die böse Lust. Böses ist pervertierte Aggressivität. Konrad Lorenz hat das überzeugend nachgewiesen.

Nun ist zu sagen, daß die Energie, die sich in der Aggressivität aktiviert und aktualisiert, ihren Ursprung nirgends anders haben kann als in der Quelle aller Energie, d.h. aber in der Schöpfermacht: in Gott. Er hat diese Energie in seine Schöpfung hineingegeben. Und er hat dieser Schöpfung die Prinzipien der Evolution und den Trend zum immer Komplexeren und immer Bewußteren verliehen. Ohne sie wäre es zur Entstehung des Menschen nicht gekommen. Der Mensch aber sollte etwas besitzen, das ihm zu einem Partner - und "Bild" - des Schöpfers machte: die Freiheit der eigenen Entscheidung und die damit verbundene Verantwortung. Dazu aber wiederum war Voraussetzung das Herauslösen aus der Instinktgebundenheit, und deren Folge war die Pervertierung der Aggressivität zum Bösen und Finsteren. So ist der Ursprung aller, auch der im Bösen wirkenden Energie in der Schöpfermacht Gottes zu suchen. Energie ist aber als solche von neutraler Qualität.

Die pervertierte Aggressivität dagegen - und damit das Finstere und Böse - ist eine Folge der Evolution zum immer Komplexeren und immer Bewußteren hin und speziell des Verlustes der Instinktgebundenheit. Die "Macht der Finsternis" hat ihren Ursprung nicht in Gott, sondern in den Notwendigkeiten der Evolution zum Menschen hin.

Gott ist nicht finster, so wenig wie er eng ist. Er hat die Evolution auf ihren Weg gebracht, hat sie dann weitgehend ihren Gesetzen überlassen. Dabei blieb er ihr zugewandt. Er blieb vor allem den entstehenden menschlichen Wesen zugewandt, was allerdings kein Eingreifen in Zusammenhänge und Schicksale bedeutet. Er beschenkte Menschen mit seinem Segen, mit Kraft und Licht, sofern sie sich dem nicht verschlossen.

Das Zugewandtsein Gottes hat Jesus uns Menschen ausdrücklich bekundet und verbürgt. In seiner Zuwendung ist Gott der "Vater", der allerdings auch deutlich mütterliche Züge trägt.

Aber mußte Gott nicht vorher wissen, wohin die Evolution über die Stufen des immer Komplexeren und immer Bewußteren bis hin zum Freiwerden von der Instinktgebundenheit zwangsläufig führen mußte, nämlich zur Etablierung der Macht des Finsteren im Menschen und in der Welt? Warum hat er dies in Kauf genommen?

Diese Frage läßt sich nicht schlüssig beantworten. Aber es ist wohl ein hilfreicher Gedanke, daß die dem großen Werdeprozeß eingegebene Zielsetzung weit über die gegenwärtige Situation hinausweist. Der Mensch heute ist ja allenfalls im Ansatz, was er werden soll. In Jesus allerdings, dem "waren Menschen", ist das Zielbild vorgegeben, und von ihm gehen die Impulse aus, es zu verwirklichen.

Das Vaterunser, das Gebet, das sein Vermächtnis ist, weist zwei zentrale Bitten auf: "Erlöse uns von dem Bösen", also von der Macht der Finsternis in uns und außer uns, und - als positiven Gegenpol -: "Dein Reich komme", d.h. der Heilszustand, auf den das große Werden hinzielt, möge sich wachsend verwirklichen - in uns und außer uns.

Der Gott Jesu, an den das Vaterunser gerichtet ist, kann gar nicht eng oder finster vorgestellt werden. Und wir finden letztgültige Wahrheit, wie wir sie in einer positiven Charakterisierung nicht erreichen könnten, gerade in der formal negativen Aussage, daß Gott *weder eng noch finster* ist.

Werner Martin

Das Christentum der inneren Erfahrung

"Freies Christentum" Nr. 6, 1994

In seinem Buch "Postmoderne Religion" (Opladen 1992, S. 122) stellt Heiner Barz dem Gottesbild des "christlichen Dualismus" (Jenseits/Diesseits, Gut/Böse, Gott als personales Gegenüber) das Gottesbild des "postmodernen Monismus" entgegen (Einheit der Gegensätze, Gott in allem, wir in Gott). Eine solche Gegenüberstellung ist zwar sehr plakativ, trägt aber zur Klärung wenig bei. Sie erschwert vielmehr ein gegenseitiges Verständnis zwischen neuer Religiosität und Christentum. Auch im Christentum gibt es die Auffassungen "Gott ist in allem" und "Ich bin ein Teil von Gott", die Barz dem neuen monistischen Gottesbild zuordnet.

Eine ernsthafte und angemessene Besinnung ist nur möglich, wenn wir bedenken, daß wir stets zwischen der Sache selbst und seinen zeitbedingten Ausdrucksformen zu unterscheiden haben. Das bedeutet vielleicht auch, daß Christen heute anders von Gotteserfahrungen reden müssen als noch vor zweitausend Jahren. Das "andere" Gottesverständnis ist - um Mißverständnissen gleich vorzubeugen - nicht etwa ein modernes oder postmodernes Gottesverständnis, sondern ebenfalls ein traditionsbestimmtes. Es stützt sich dabei allerdings auf eine Minoritätslinie der christlichen Tradition.

Einerseits gilt: Es ist unmöglich, Gott auf irgendwelche Räume unserer Wirklichkeit festzulegen. Wir müssen uns darüber klar werden, daß jede Vorstellung von Gott ein unzulängliches Bild bleibt. Andererseits gilt: Wenn Gott sich nicht im Ungefähren und Unverbindlichen auflösen soll, sind wir gezwungen, über ihn nachzudenken, und zwar "im frommen Sinn", d.h. im Bewußtsein, daß es sich immer um unzulängliche Bilder handelt.

Bereits John A.T. Robinson hat die Frage nach der Personalität Gottes problematisiert: Was meint die Aussage "Gott ist personal"? Nach seiner Auffassung soll damit gesagt werden, daß "das Personale eine letztgültige Bedeutung in der Struktur der Welt hat, und daß wir in personalen Beziehungen den letzten Sinn unserer Existenz finden", und "daß wir in personalen Beziehungen schlechthin dem begegnen, was die tiefste und wirkliche Wahrheit" ist. Und das heißt doch wohl, daß die personale Beziehung, d.h. die Liebe, zum Ausdruck Gottes wird, nicht aber der Liebespartner!

Zweifellos gilt, daß es Gotteserfahrungen immer nur in und unter Welterfahrungen gibt. Gott bzw. das Göttliche wird in unserer Wirklichkeit erfahren oder gar nicht. Gegenüber der Dimension des Jenseitigen muß zugleich die Dimension des Inseitigen bedacht werden. Wenn wir die Welt in ihrer Vielfalt als etwas Vordergründiges ansehen, können wir die Einheit des Göttlichen als etwas Hintergründiges begreifen. Gott geht dann nicht in der Welt auf, sondern vielmehr in sie ein. Dies ist keine pantheistische Vorstellung. Der Pantheismus ist eine Vorstellung, die auf halbem Wege steckengeblieben ist. Nicht die Welt in ihrer Vielfalt ist das Göttliche, aber sie kann zum Symbol für das Göttliche werden. Wenn die Welt in ihrer Vielfalt mit dem Göttlichen gleichgesetzt wird, können wir die Dinge jeweils beim Namen benennen und brauchen den Gottesbegriff nicht.

Gegenüber dem Pantheismus liegt meinen Vorstellungen aber eine panentheistische Vorstellung zugrunde, d.h. die Vielfalt der Welt gründet sich in der Einheit des Göttlichen. "Christlicher Glaube ist und bleibt Theismus oder Panentheismus. ... Er ist der Gott, den alle Himmel nicht fassen, und der doch in jedem Baumblatt, das der Wind bewegt, lebendig ist. ... Wer ihn da nicht sieht, wird ihn auch in Christus nicht sehen." So hat dies bereits Ernst Walter Schmidt 1967 in einem Aufsatz im "Freien Christentum" formuliert! Es ist ein Hineinholen der natürlichen Theologie ins Christentum.

Auch der Schöpfungsmythos in der Bibel entspricht noch einem dualistischen Denken. Der Schöpfungsmythos ist nicht dem christlichen Glauben inhärent, sondern findet sich auch in anderen Kulturen und bei anderen Völkern. Dies beweist nicht die Wahrheit des Mythos, sondern dokumentiert eine bestimmte Art und Weise des Denkens. Eine Schöpfungsvorstellung, die einem dualistischen Denken fern ist, d.h. die Welt bzw. das Leben nicht im Gegensatz zu Gott begreift, ist der Gedanke der Emanation. Die Einheit des Göttlichen differenziert sich in die Vielheit der Einzelheiten der Welt. Dabei verringert sich aber nicht die Einheit des Göttlichen, sondern sie verhält sich zur weltlichen Vielfalt wie die Sonne zu ihrem Licht.

Biblische Zugänge zu diesem Gottesverständnis finden sich beispielsweise über Psalm 139, 5a: "Von allen Seiten umgibst du mich", Apg. 17,28: "Denn in ihm leben, weben und sind wir". Diese Bibelstellen zeigen, daß Gott einerseits nicht auf eine intrapsychische Größe verkürzt werden darf (Gott als das uns Umgreifende und Umgebende spricht dagegen), andererseits zeigen sie auch, daß Gott zugleich in uns wirkt.

Wolfram Zoller

Die Sonne Gottes und die Grausamkeiten des Lebens

Beitrag zu einem Gottesdienst von Amnesty International

"Freies Christentum" Nr. 4, 1997

"Gott läßt seine Sonne aufgehen über die Bösen und über die Guten und läßt regnen über Gerechte und Ungerechte" (Matth. 5,45).

Zu diesem schönen Wort Jesu können einem recht quälende Gedanken kommen. Hat Jesus eigentlich bedacht, daß die Sonne auch verheerende Folgen haben kann, wenn sie ohne Unterbrechung scheint, katastrophale Dürrejahre etwa? Und sind uns nicht noch die Bilder von jenem Campingplatz in Erinnerung, den eine plötzliche Gewitterflut überrollte und ins Verderben riß? Können Sonne und Regen aus Zeichen der Güte Gottes nicht ebenso schnell zu Zeichen einer unbegreiflichen Grausamkeit werden? Und ist diese Grausamkeit nicht ein ganz normaler Teil der Schöpfung?

Ich kann mir eigentlich nicht vorstellen, daß Jesus diese Seite nicht auch mitbedacht hätte. Wie aber müßten wir dann dieses Wort verstehen? Ich kann es mir nur so denken, daß Jesus in diesem Satz das *Ganze* der Schöpfermacht Gottes im Blick hatte, und wenn wir dieses *Ganze* bedenken, dann ist in der Tat das Positive weit mächtiger als das Negative, ja es ist die Grundlage, auf der sich alles Negative überhaupt erst entfalten kann. Dürrejahre und Überschwemmungen sind doch nur deshalb so schrecklich, weil sie die *Ausnahme* des Normalen sind, auf das wir uns wie selbstverständlich verlassen. Zuerst kommt immer das wunderbare Geschenk des Lebens, dessen Siegeskraft wir im Frühling in jedem Zweig, jeder Blüte, jedem Vogelruf erleben. Und nicht anders ist es doch in der Regel mit uns selber: Haben wir etwa unser Wachstum selber gemacht? Schlägt nicht unser Herz, funktioniert nicht unser Gehirn *ohne* unser Zutun? Sind Alter und Tod etwa das Ganze oder auch nur das Charakteristische des Lebens? Sind sie nicht vielmehr nur die Abbauerscheinungen? Ja, das Grausame ist wohl ein Teil der Schöpfung Gottes, aber eben nur ein *Teil*. Das *Ganze* aber ist ein Überschäumen des Lebens, eine Flut von Güte, von der wir leben. Wie kleinkariert, wie ichbezogen ist unser Begriff von Gott, wenn wir nur uns selbst und unser kleines Glück oder Unglück zum Maßstab des Ganzen machen.

Viel grausamer noch als die Natur ist freilich der Mensch. Die Natur ist aus der Notwendigkeit der Naturgesetze grausam, aber der Mensch mit Willen und Bewußtsein. Doch ist nicht auch hier das Positive ebenso der

Nährboden des Negativen? Der Mensch kann doch nur deshalb so teuflisch sein, weil er das göttlichste Geschenk der Schöpfung erhalten hat: Bewußtsein, Vernunft, freie Entscheidungsfähigkeit, schöpferisches Wollen. Durch diese Gaben der Gottesebenbildlichkeit sind wir auf eine ganz neue Ebene erhoben worden und können und sollen sie nun auch im Sinne Gottes gebrauchen: Hilfsbereitschaft statt rücksichtsloser Kampf, Aufbau des *Ganzen* statt bloßer Durchsetzung der eigenen Interessen, Hochachtung der Mitgeschöpfe statt Mißachtung. Eine schwindelerregende Erhebung, ebenso schwindelerregend aber auch die Absturzmöglichkeit.

So ist unsere Erde also ein Lern-Ort, eine Entwicklungsschule, eine Chance für das kommende Reich Gottes. Und eben das war Jesu Auftrag, diesen Prozeß entscheidend voranzutreiben und ihm seine wahre Energiequelle zu erschließen, indem er die schöpferische Liebe Gottes gegenwärtig machte, die allem vorausgeht. Deshalb, so denke ich, gehört auch die *menschliche* Grausamkeit zur Schöpfung Gottes, aber als etwas, das *überwunden* werden soll. Und so bescheint Gottes Sonne auch die Folterkammern der Diktatoren, und sein Regen tränkt auch das Gras über den bosnischen Massengräbern.

Leidet Gott an unserer Lernunwilligkeit? Ich weiß es nicht. Menschlich gesprochen: warum nicht? Die Liebe leidet immer am Elend des Geliebten. Gewiß ist dem Glauben jedenfalls: Gott hat Jesus *an* unserem Widerstand sterben und *gegen* ihn auferstehen lassen. Und so denke ich, daß uns Jesus mit dem Wort von der Sonne und dem Regen *über alle* die letzte Überlegenheit der Liebe Gottes über alles Böse und Ungerechte zeigen wollte, gegen das wir angehen sollen, und daß er so den Mut in uns stärken wollte, aus dieser göttlichen Überlegenheit heraus unseren menschlichen Kampf um die Herrschaft der Liebe und Gerechtigkeit zu wagen.

Jesus, der Mensch - Christus, der Herr

Einführung

Im freien Christentum wird intensiv über Jesus Christus nachgedacht. Das hat einen doppelten Grund: Der Bezug auf Jesus Christus, seine Verkündigung, sein Leben, Leiden, Sterben und seine Auferstehung ist das unterscheidend Christliche, und die gesamtchristlichen Lehren über die Person und das Werk Jesu Christi sind für die Vernunft, also für das Wahrheitsbewußtsein, schwer zu verarbeiten.

Kann man mit der Alten Kirche Jesus Christus als "wahren Gott und wahren Menschen" glauben? Ist die Lehre vom Sühnetod Jesu nachvollziehbar? Ist Jesus leiblich auferstanden? Freie Christen fragen, wie man redlicherweise die "Heilsbedeutung des Kreuzes Jesu" verstehen kann und was mit der "Menschwerdung Gottes" gemeint sein könnte *(Ulrich von Hasselbach 1962)*.

Es gibt im freien Christentum eine empirische, von der Erfahrung und Anschauung ausgehende Richtung, die sich in ihrem Nachdenken über Person und Werk Jesu Christi eher auf den historischen Jesus gründet, und eine religionsphilosophische, manchmal spekulative, die eher vom "kosmischen Christus" ausgeht. In beiden, einander ergänzenden Richtungen wird der Mensch Jesus von Nazareth als die maßgebende Offenbarung Gottes geglaubt und als verbindliche ethische Leitlinie ernst genommen. Beidemal wird Jesus von Nazareth "theozentrisch", also in seinem Bezug auf Gott, verstanden *(Kurt Leese 1958)*. Beidemal wird eine "inklusive Christologie" vertreten, wonach der Gottessohnschaft, die von Jesus in einem außergewöhnlichen Sinn gilt, die Gotteskindschaft entspricht, die von denen gelebt wird, die auf Gott vertrauen und Jesus nachfolgen *(Ernst Walter Schmidt 1961)*.

Jesus von Nazareth ist nach freichristlicher Überzeugung "ganz und gar Mensch und nichts anderes"; aber als "die endgültige Offenbarung des Verhaltens Gottes zu uns Menschen" ist er zugleich "der Christus" *(Hermann Marhold 1963)*. "Christus hat das verborgene Wesen Gottes ans Licht gebracht" (Ernst Walter Schmidt 1961). Eine "absolute" Wahrheit hat Jesus von Nazareth nicht in sich selbst, sondern insofern, als in ihm Gott transparent wird und er auf die "ewige Liebe" Gottes hinweist und hingeordnet ist *(Hermann Marhold 1968)*.

Der Tod Jesu am Kreuz wird im freien Christentum nicht als "Sühnopfer" verstanden, mit dem ein zorniger Gott versöhnt werden soll, sondern als eindrücklicher, ja unüberbietbarer Ausdruck der erlösenden Liebe Gottes, die im Leben und Sterben Jesu begegnet *(Ulrich von Hasselbach 1957)*. Jesus "wurde zum Märtyrer seiner Verkündigung" *(Gustav Mensching 1967)*. Im Sterben Jesu am Kreuz siegt die Liebe Gottes über den Haß und das Böse, und so geht Jesus in den Sieg Gottes ein *(Oskar Weitbrecht 1963)*.

Bei der Auferweckung Jesu ist nicht zu rekonstruieren, was historisch geschehen ist, abgesehen von "visionären Erlebnissen der Jünger" Jesu *(Kurt Leese 1958)*. Entscheidend ist: Was in Jesus begegnet, kommt von Gott und bleibt *(Oskar Weitbrecht 1955)*. Zur Ostergewißheit finden wir in einem eigenen "Stirb und Werde" in der Nachfolge Jesu. So läßt sich der lebendige Christus als die Gotteswirklichkeit erfahren *(Rudolf Daur 1972)*.

Die Lehre von der "Wiederkunft" Jesu Christi besagt, daß der Christus das Licht und die Hoffnung der Welt ist und für alle Zeit bleibt, weil er "Gottes Weg und Willen kundtut" *(Ulrich Neuenschwander 1954)*.

Andreas Rössler

Ulrich Neuenschwander

Christus, die Hoffnung für die Welt

"Freies Christentum" Nr. *10, 1954*

Die Weltkirchenkonferenz der ökumenischen Bewegung, die im August in der amerikanischen Universitätsstadt Evanston zusammentrat, hatte ihre Tagung unter das Leitwort gestellt: "Christus - die Hoffnung für die Welt". Dieses Thema ist glücklich gewählt; denn es bringt eine Saite des christlichen Glaubens zum Klingen, die gerade heute, in einer Zeit des Zerfalls, der Furcht und der Hoffnungslosigkeit gehört werden darf. In gewisser Weise erinnert unsere Zeit an diejenige der ausgehenden Antike, in der die damals noch junge Christenheit sich nicht von der allgemeinen Untergangsstimmung anstecken ließ. "Wir wollen zwischen den Trümmern der Menschenwelt aufrecht stehen und nicht am Boden liegen mit denen, die keine Hoffnung haben", rief in jener Zeit der Kirchenvater Cyprian aus. Um diesen Geist, diese innere Kraft geht es auch heute, und eben daran will die Weltkirchenkonferenz erinnern, wenn sie die Hoffnung in die Mitte rückt.

Wenn wir aber von der Hoffnung reden, dann tut es not, sich in besonderer Weise die Zügel der Nüchternheit und des Realismus anzulegen. Das Wort von der christlichen Hoffnung soll nicht nur in den Wänden der Kirchen widerhallen, sondern eben für die Welt - Christus die Hoffnung für die Welt! - etwas Aufrichtendes bedeuten. Und das kann es nur, wenn es alles Phrasenhafte und Schwärmerische ablegt, das bei einem Reden über Hoffnung leicht droht. Gerade die Welt ist äußerst empfindlich auf unrealistische, überschwengliche Reden und tut sie leicht als bloße Illusionen ab. Und den christlichen Worten gegenüber hegt sie ohnehin seit langem ein Mißtrauen, als sagte und bekennte die Kirche immer ein wenig mehr, als sie wirklich verantworten könne, wie Adolf von Harnack es einmal formuliert hat.

So kann das christliche Reden von der Hoffnung nicht darin bestehen, daß wir etwa auf die baldige Wiederkunft Christi in Herrlichkeit, die dann eintretende Verherrlichung der Kirche, das Ende der alten Welt und das Kommen des Gottesreiches verweisen. Man hört heute viele solche Stimmen, die sich in derartigen apokalyptischen Sehnsüchten ergehen. Es ist gewiß begreiflich, daß in schweren Zeiten immer wieder die apokalyptischen Hoffnungen auftreten. Aber sie sind nicht die Waffe, derer wir bedürfen, um der Hoffnungslosigkeit der Zeit entgegenzutreten. Die Zeit hat ein anderes Wort nötig, das konkreter und realistischer in die Wirklichkeit hineinspricht. Im Grunde bedeutet die Flucht in die Weltendhoffnung nichts anderes, als daß man am Sinn dieser Welt und der Geschichte doch verzweifelt und für sie gerade wenig Hoffnung namhaft zu machen weiß.

Wir wollen uns lieber nüchterner und wirklichkeitsnäher an das halten, was durch Jesus Christus an erlösender und erhellender Kraft jetzt und heute wirksam ist und in der hoffnungslosen Welt eine Hilfe sein kann, um "zwischen den Trümmern der Menschenwelt aufrecht zu stehen". Und statt in einer doch recht fragwürdigen Hoffnung auf die baldige Wiederkunft Christi in Herrlichkeit und Triumph sehen wir den Sinn der christlichen Hoffnung schlicht darin, daß Christus das Licht der Welt ist. Und indem er es ist, macht er, daß es in ihr auch in der Zukunft nicht wieder ganz dunkel werden kann. Seine Helligkeit wird weiter leuchten, da es das Licht Gottes ist, das in die Finsternis scheint. Und ob es die Finsternis auch nicht begriffen hat, so gab er denen, die zu ihm kamen, die Macht, Gottes Kinder zu heißen. In Jesus Christus ist der Sinn des menschlichen Daseins enthüllt als etwas, was nicht verzweifelt, sondern froh macht.

Dieses Licht, das Gott von Nazareth aus in die Welt hat gehen lassen, wird nicht verlöschen. Und wenn wir sehen, wie in diesem Licht göttlicher Barmherzigkeit auch das Verlorene noch gerettet wird - denn des Menschen Sohn ist gekommen, zu suchen und zu retten, was da verloren ist -, so gibt uns der Aufblick zu Jesus Christus den Mut zur Hoffnung, daß Gott auch unsere Zeit, die oft so verloren scheint, nicht preisgeben wird. Gelegentlich mag es scheinen, als ob in der Welt keine anderen Kräfte mehr durchdringen könnten als die Übermacht der Waffen, der Rohstoffe, der Gewalt, der List und des Willens zur Macht. Eine solche Welt aber ist eine hoffnungslose Welt. Aber Jesus Christus öffnet uns die Augen dafür, daß andere Kräfte die letztlich entscheidenden sind, und daß wir im Dienste dieser anderen Kräfte auf den Vater im Himmel vertrauen dürfen. Das verleiht dem Glaubenden jene aufrechte Zuversicht, derer wir bedürfen. Eine Zuversicht ist es, die fast noch mehr ist als bloße Hoffnung; wir wollen ja beachten, daß Jesus selbst nie von Hoffnung gesprochen hat und auch das Wort "hoffen" kaum und dann nur in weltlichem Zusammenhang ohne Beziehung zum Glauben gebraucht hat. "Hoffnung" sagte ihm wohl zu wenig, da er des Vaters im Himmel so gewiß war.

Christus, die Hoffnung für die Welt - er ist wohl auch noch so für die Welt die Hoffnung, wie für einen schwerkranken Mann ein einzigartiger Arzt die Hoffnung ist. Wenn jemand helfen kann, dann er! Wenn es noch eine Hoffnung gibt, dann bei ihm! An ihm kann die Welt genesen, wenn sie nur zu diesem Arzte kommen will. Er zeigt, daß noch Hoffnung ist; für ihn gibt es da keine Krankheit zum Tode. Seine Lehre zeigt den Ausweg aus den dornenvollen, fast unlösbaren Schwierigkeiten im Zusammenleben der Menschen. Und die Hoffnung ist nicht nur bei seiner Lehre, sondern vielmehr noch bei ihm selbst, der macht, daß sie nicht bloß blutleere Abstraktion ist, sondern wirkende Heilkraft sein kann. Denn er selbst ist die Kraft seines Evangeliums, der Herzschlag seiner Lehre, mit dem er die Widerstrebenden in den Rhythmus seines Fühlens und Handelns hineinbringen will. So ist es die Hoffnung für die Welt, daß sie sich zu Christus findet und sich von seinem Geist in den Bann ziehen laßt. Nur ein Senfkorn seines Geistes, und die unüberwindlichen Berge stürzen ins Meer. Nur ein Ernstnehmen kleinster Worte, die bisher noch kaum in der Kirche, geschweige denn in der Welt zum Durchbruch gekommen sind, ein wenig mehr etwa von dem: Selig sind die Sanftmütigen, denn sie werden das Erdreich besitzen.

Aber ist nicht eben das die größte Illusion, die Welt könnte sich mehr zu Jesus Christus finden, wenn es nicht einmal die Kirche tut, die, wie Dostojewskijs Großinquisitor zeigt, oft mehr gegen den Geist Jesu als mit ihm lebt? Dürfen wir gegründete Hoffnung haben, daß Jesus die Heilung für die Welt nicht nur sein könnte, sondern ist? Die Antwort darauf gibt der Glaube, daß Jesus nicht auf eigene Faust hin die Welt deutet, sondern wirklich Gottes Weg und Willen kundtut. Wer diesen Glauben nicht teilt, für den ist auch Christus keine Hoffnung mehr. Aber wer in ihm lebt, der behält die Hoffnung und wagt es darauf, zuversichtlich zu bleiben.

Oskar Weitbrecht

Unser Osterglaube und das leere Grab

"Freies Christentum" Nr. 4, 1955

Das Grab Jesu wird ja wohl leer gewesen sein. Was ist damit bewiesen? Daß der tote Körper Jesu verklärt das Grab gesprengt habe und emporgestiegen sei über diese Erde? So wie das die Maler malen? Wir lieben solche Bilder, besonders die Gründewaldsche Auferstehung, die den Verklärten ohne grobe Stofflichkeit darstellt. Aber wir bewerten sie als Glaubenszeugnisse, nicht als Protokolle von einem stofflich-irdischen Geschehen im Raum. Wir sehen in ihnen Zeugnisse eines Glaubens an das göttliche Leben: Wie das organische Leben stärker ist als das mineralische, so daß die Wurzel einer Blume, eingesenkt in den Riß einer Grabplatte, diese allmählich sprengt, so ist göttliches Leben irdischem Leben überlegen und kann nicht in ein Grab eingezwängt werden. Wir bekennen an Ostern, daß, was uns im historischen Mann Jesus von Nazareth aus der Tiefe seines Wesens entgegentritt, ein göttliches Leben sei, nicht von unten, sondern von oben stammend, darum unvergänglich, nicht zu begraben. Wir bekennen, daß seine übermenschliche Liebe am Kreuz nicht zu Tod gemartert, sondern zu ihrer höchsten Vollendung gebracht worden ist. Wir bekennen, daß uns hinter dem Haupt des sterbenden Jesus eine andere, unsichtbare Sonne anstrahlt, ein göttliches Antlitz: der lebendige Christus, in seiner Gesinnung eins mit Gott.

Mag dieser Eindruck des lebendigen Christus den Jüngern erst am dritten Tag geworden sein, uns Späteren wird er schon vor dem Kreuz zuteil. Das Wort des sterbenden Heilandes an den Schächer: "Heute wirst du mit mir im Paradiese sein" ist vom Osterhauch umweht.

Jeder Christ erlebt sein Ostern so gut wie Petrus und Paulus. Der Kern ihres und unseres Erlebens ist derselbe: Preisgabe des alten Ich und Gemeinschaft mit Christus in einem neuen Leben. Was die Apostel darüber hinaus scheinbar uns voraushaben, ist ein parapsychologisch zu erforschender Vorgang. Jede solche ungewöhnliche Erfahrung erweitert zwar unser Wissen von seelischen Randbezirken und erhellt ein Stück Dämmerung. Aber das leere Grab! Was beweist das? Der Historiker wird an die Scheintodhypothese erinnern oder an den Gärtner, dem die zur Ekstase neigende Maria Magdalena begegnete. Niemand kann solche natürlichen Erklärungen des leeren Grabes widerlegen. Darf man sein Heil auf eine nicht völlig gesicherte Basis historischer Überlieferung stellen? *Man muß den Glauben wagen auf Grund einer existentiellen Betroffenheit. Und für diese ist das leere Grab ohne Belang.*

Aber der kosmische Christus! Der Herr des verwandelten Kosmos, der am Ende der Tage erscheinen soll! Macht er nicht mit der Wandlung seines Körpers in den Leib der Auferstehung den Anfang dieser Weltwandlung? Ja, antworten wir, Christus ist die Weltenwende, die Mitte der Geschichte, der Anfänger einer neuen Menschheit. Er ist der König des Reiches Gottes, in das auch die seufzende Kreatur einst eintreten soll. Gewiß ist diese Erdenwelt mit ihren Verdrängungen, Dämonien und Unzulänglichkeiten nicht der Ort, wo das Reich Gottes verwirklicht werden kann. Ein neuer Himmel und eine neue Erde ist unsere Hoffnung. Mit der Erscheinung Christi hat diese neue Zeit schon begonnen. Und Gott wird sie vollenden. Aber totaliter aliter (total anders), als wir es in kühnen Träumen zu weissagen wagen. Was soll da das Verschwinden eines Leichnams vor 1900 Jahren bedeuten? Auch wenn man bedenkt, daß die moderne Physik seit einigen Jahren materielle chemische Körper in Bewegung und Wärme zu verwandeln vermag - was ist damit bewiesen? Damit sind neue Rätsel aufgegeben, und wir tappen auf der alten Ebene im Dunkel.

Lassen wir die Frage nach dem leeren Grab auf sich beruhen! Trauen wir auf die Verheißung: "Siehe, ich mache alles neu!" Trauen wir darauf, ohne Pfänder zu verlangen! "Selig sind, die nicht sehen und doch glauben!"

Ulrich von Hasselbach

Schuld und Erlösung in der Sicht eines freien Christen

"Beihefte Freies Christentum" Nr. 28, 1957

Wir alle wissen, welche Bedeutung dem Kreuzestod Jesu beigemessen wurde und wird. Er ist in der überlieferten Lehre das Sühnegeschehen, welches Gottes Zorn versöhnt und die Schuld aufwiegt, mit der der Mensch belastet ist. Und es ist nicht irgendein *Mensch,* der das sühnende Opfer bringt und so der Gerechtigkeit Genüge tut; sondern *Gott selbst* wird in seinem unergründlichen Liebeswillen Mensch und gibt sich als der Menschgewordene für uns zum Opfer.

Es steht außer Frage, daß in dieser Auffassung eine Größe liegt, die es verbietet, sie etwa leichthin abtun zu wollen. Es ist aber ebenso deutlich, daß sie mit dem Gleichnis Jesu vom verlorenen Sohn nicht in Einklang zu bringen ist. Denn während dort der Gedanke der aufwiegenden Sühne nicht nur weggelassen, sondern ausdrücklich verworfen wird - es ist ja der ältere Sohn, der die Gerechtigkeit fordert -, liegt er der überlieferten kirchlichen Erlösungslehre bestimmend zu Grunde. Während bei Jesus Gott der *Väterliche,* der *Vergebende* ist, der darauf wartet, daß der Mensch zu ihm heimkehre, ist er in jener Lehre zunächst einmal der *Gerechte,* der *Zornige,* ja der *Verdammende.* Während bei Jesus das Gewesene sozusagen in sich belassen und dem Menschen nur gesagt wird: "Gehe hin und sündige hinfort nicht mehr", muß in jener Lehre der Gerechtigkeit Genüge geschehen. Das aber scheint uns nicht Evangelium in Jesu Sinn zu sein, auch dann nicht, wenn es Gott selbst ist, der sich opfernd der Gerechtigkeit Genüge tut, seinen eigenen Zorn versöhnt und die Schuld des Menschen auf sich nimmt.

Bei aller Großartigkeit dieses Gottesbildes ist es doch ein anderes als dasjenige Jesu, wie es im Gleichnis vom verlorenen Sohn zum Ausdruck kommt. Dort geht der Vater dem Heimkehrenden ja schon entgegen, als er ihn von ferne kommen sieht. Es genügt ihm, *daß* er kommt. Er fragt nicht einmal, *wie* er kommt. Er eilt ihm entgegen. Und so hat er offenbar auch vorher *keinen Zorn* auf ihn gehabt, er hat nur auf ihn *gewartet.* Die Vorstellung eines zornigen Gottes, der versöhnt werden müßte, ist ebenso wie der Sühnegedanke überhaupt im Gleichnis vom verlorenen Sohn nicht nur nicht vorhanden, sondern in keiner Weise mit ihm zu vereinen. Man kann sich nur entweder für die überlieferte Kirchenlehre oder für Jesu Gleichnis entscheiden. Auch in das Vaterunser, in die überzeugende Einfachheit der Bitte "Vergib uns unsere Schuld", paßt die Notwendigkeit einer aufwiegenden Sühne nicht hinein.

Dazu kommt, daß die Lehre von der Versöhnung des Zornes Gottes durch das Sühnopfer am Kreuz in der Verkündigung Jesu nirgends eine Stütze findet. In den drei ersten Evangelien, die allein als hinlänglich zuverlässige Übermittler wirklicher Worte Jesu angesehen werden dürfen (auf den besonderen Charakter des Johannesevangeliums kann hier nicht näher eingegangen werden), finden sich nur zwei Stellen, die zu einer Begründung der fraglichen Kirchenlehre herangezogen werden könnten. Die eine steht im Rahmen der sogenannten "Einsetzungsworte" zum Abendmahl, aber nur in der Fassung des am meisten von jüdischem Denken her geprägten Matthäusevangeliums, nicht aber bei Markus oder Lukas und vor allem auch nicht bei Paulus, der von den Worten Jesu beim Abendmahl als erster berichtet hat. Der Wortlaut des Matthäus ist ganz offenbar nicht derjenige, den Jesus selbst gebrauchte. Diese Stelle scheidet also aus.

Dann steht aber nur noch ein Wort in Betracht, das allenfalls eine entsprechende Deutung zuließe. Es ist das bei Markus und Matthäus berichtete Jesuswort: "Des Menschen Sohn ist nicht gekommen, daß er sich dienen lasse, sondern daß er diene und gebe sein Leben zu einer Erlösung für viele". Das griechische Wort "lytron", das hier mit "Erlösung" oder "Bezahlung" wiedergegeben ist, ist der damals gebräuchliche Ausdruck für den Freikauf eines Sklaven. Der Sinn kann also nur der sein, daß Jesus durch die Hingabe seines Lebens den Menschen aus der Sklaverei in die Freiheit führen will, nämlich aus der Sklaverei der Gesetzesreligion in die Freiheit der Kinder Gottes.

Das ist ein Gedanke, wie er uns vielfach bei Paulus begegnet, und es ist wohl möglich, daß das betreffende Wort aus einer ursprünglichen einfacheren Form erst später unter dem Einfluß des paulinischen Denkens (alle Evangelien sind ja erst beträchtliche Zeit nach Paulus entstanden) zu seiner jetzigen Gestalt entwickelt wurde. Aber auch wenn Jesus es so gesagt haben sollte, wie wir es heute lesen, ist es nicht eine Deutung seines Sterbens als Sühneopfer für die Sünden der Welt.

Hätte Jesus selbst in einem solchen Sinne von seinem bevorstehenden Tod gesprochen - also als einem für die Erlösung der Menschen notwendigen Heilsgeschehen -, so wäre nicht zu begreifen, daß seine Kreuzigung in den Jüngern eine so fassungslose Verzweiflung und Verstörtheit bewirken konnte, wie es offenbar der Fall gewesen ist. Die Deutung als Sühneopfer muß auch deshalb späteren Ursprungs sein.

Sie ist auch bei Paulus noch nicht eigentlich gegeben. Ihm ist nur das "für euch", das über diesem Sterben steht, eine tiefe Gewißheit. Und dieses "für euch" ist offenbar auch Jesus bewußt gewesen. Daß er sterben mußte, um seiner befreienden und erlösenden Botschaft den Weg in die Welt zu bahnen, ja um den Inhalt seiner Sendung vor der tödlichen Gefahr des Vergessenwerdens zu bewahren, das muß ihm schon lange vor seinem Weg nach Jerusalem eine schwere Gewißheit gewesen sein. Es ist leicht zu denken, was aus seiner Botschaft geworden wäre, wenn er nicht in Jerusalem gekreuzigt worden, sondern irgendwo in seiner galiläischen Heimat friedlich gestorben wäre. Er mag aber auch jene geheimnisvollen Begebnisse vorausgeschaut haben, die sich dann zu Ostern zugetragen und uns Menschen eine starke Gewißheit jenes Lebens vermittelt haben, das keinem Tode unterworfen ist. Der Karfreitag mußte geschehen, damit Ostern geschehen konnte.

"Wer erlöst mich von der Last meiner Schuld?" Wenn wir als freie Christen auf diese Frage keine Antwort wüßten, dann wäre unser Glaube nicht tragfähig; dann könnte er gegenüber der überlieferten Glaubensvorstellung, nach der der Gekreuzigte die Schuld auf sich genommen und durch sein Opfer im voraus gesühnt habe, nicht bestehen. "Wohin mit der Schuld?" Wir suchen die Antwort dort, wo sie auch der verlorene Sohn in Jesu Gleichnis gefunden hat. Wir hören sie aus diesem Gleichnis, und sie lautet für uns: "Mache dich auf zum Vater, mit deiner Schuld, so wie du bist, denn der Vater nimmt dich an mit deiner Schuld, so wie du bist!" Wir wüßten nicht, wohin mit der Schuld, wenn wir nicht wüßten, daß Gott uns annimmt. Auch für uns gäbe es also keine Erlösung ohne den Glauben an die Liebe Gottes, an den *väterlich zugewandten Gott*, wie ihn Jesus in seinem Gleichnis zeigt.

Wir glauben an die erlösende Liebe Gottes. Wir begegnen dieser Liebe in der Gestalt Jesu selbst, in seinem Leben, in dem, was in ihm war und von ihm ausging, und in seinem Sterben am Kreuz. Er ist uns ein lebendiges Abbild dieser Liebe. Wir blicken auf ihn und werden der erlösenden Liebe Gottes gewiß. Wir wissen uns heimgerufen durch ihn, heimgerufen zu einem Vater, der uns annimmt so wie wir sind und mit unserer Schuld. Die Erlösung wird uns also zuteil im vertrauenden Glauben an den väterlichen Gott, der uns seine Liebe als vergebende und bergende Macht erfahren läßt.

Kurt Leese

Religion Christi und christliche Religion

"Freies Christentum" Nr. 8, 1958

In einem kleinen, aus seinem theologischen Nachlaß (1784) herausgegebenen Schriftchen (es ist nicht einmal ein Schriftchen, es sind nur acht kurze Paragraphen) unterscheidet Lessing zwischen der "Religion Christi" und der "christlichen Religion" als "zwischen zwei ganz verschiedenen Dingen". Die Religion Christi sei diejenige Religion, "die er als Mensch selbst erkannte und übte; die jeder Mensch mit ihm gemein haben kann". Die christliche Religion dagegen sei "diejenige Religion, die es für wahr nimmt, daß er *mehr* als Mensch gewesen, und ihn selbst als solchen zu einem Gegenstand ihrer Verehrung macht". "Wie beide diese Religionen, die Religion Christi sowohl als die christliche, in Christo als in einer und ebenderselben Person bestehen können, ist unbegreiflich. Kaum lassen sich die Lehren und Grundsätze beider in einem und demselben Buche finden. Wenigstens ist augenscheinlich, daß jene, nämlich die Religion Christi, ganz anders in den Evangelien enthalten ist als die christliche. Die Religion Christi ist mit den klarsten und deutlichsten Worten darin enthalten. Die christliche hingegen so ungemäß und vieldeutig, daß es schwerlich eine einzige Stelle gibt, mit welcher zwei Menschen, solange als die Welt steht, den nämlichen Gedanken verbunden haben". Wir wollen die von Lessing vollzogene Unterscheidung im folgenden schärfer profilieren.

Wenn Lessing anderen Orts Christum dahin charakterisiert, daß er "der erste zuverlässige, praktische Lehrer der Unsterblichkeit der Seele" gewesen sei, daß es ihm allein vorbehalten blieb, eine "innere Reinigkeit des Herzens in Hinsicht auf ein anderes Leben zu empfehlen", und daß seine Jünger "diese Lehren getreulich fortgepflanzt" haben (Die Erziehung des Menschengeschlechts, 1780) - und also auch dies zu der Religion gehört, die er "übte", so war das und anderes mehr eine historische Fehldeutung des großen Mannes. Dennoch trifft seine in Frage stehende Unterscheidung als solche den Nagel auf den Kopf. Wir bemühen uns um ihre genauere Fassung.

Jesus von Nazareth wußte sich spätestens von Anbeginn seines Auftretens in der Öffentlichkeit an als den zur Heraufführung der seligen Endzeit (in der Sprache seiner Zeit: des Reiches oder der Herrschaft Gottes) Berufenen, als den endzeitlich-endgültigen Heilbringer: den *Menschensohn* oder *Messias*, das heißt als den, der zur völkerumspannenden Gerichtskatastrophe, zur Vernichtung alles Widergöttlichen und zur Aufrichtung eines neuen Himmels und einer neuen Erde (in denen der gute und gerechte Wille Gottes triumphiert) in wunderbar-übernatürlicher Weise auf den Wolken des Himmels erscheint, und zwar nicht dermaleinst in unabsehbarer Zeitenferne, sondern in Bälde, in unmittelbarer Gegenwart (Matth. 10,23; Mark. 13,24ff = Matth. 24,29ff; Mark. 14,61ff = Matth. 26,63ff). "Das Reich Gottes ist nahe herbeigekommen". "Wahrlich, ich sage euch, es sind einige unter denen, die hier stehen, welche den Tod nicht kosten werden, bis sie das Reich Gottes kommen sehen mit Macht" (Mark. 9,1 und Parall.). Die Verkündigung der *Nähe* ist die frohe Botschaft, das Evangelium.

So sich wissend, wenn auch dieses Wissen als "Messiasgeheimnis" bedeckend, fühlte er sich mehr als einen Propheten, nämlich als den einigeinzigen *Sohn* seines Vaters in den Himmeln. Zwar verlangte er von denen, die sich zu ihm bekannten, unbedingte *Nachfolge* und Anerkennung seiner als ihres Herrn sowie seiner sittlichen Weisungen (Bergpredigt!), nie aber verwischte er (im Gottesglauben Israels eingewurzelt) die Grenze der strengen und demütigen *Unterordnung* des (aus ehelicher Zeugung hervorgegangenen) Sohnes unter den Vater. Dem, der ihn anredet mit: "Guter Meister", antwortet er: "Was nennst du mich gut? Niemand ist gut außer Gott allein" (Mark. 10,17f = Matth. 19,16f = Luk. 18,18f). Alle Vollmachten, alle Ermächtigungen, die er als Sohn bereits hatte (wie Sündenvergebung, Krankenheilung, Dämonenaustreibung) oder noch zu gewärtigen haben würde (wie die alsbaldige Erhebung aus der Niedrigkeit des Zimmermannssohnes zur Herrlichkeit des Reiches), sind nicht eigenen Ursprungs, sondern sind ihm vom Vater gegeben, dem es also "wohlgefällig" war (Mark. 1,11 = Matth. 3,17 = Luk. 3,22; Luk. 12,32; Matth. 11,25ff = Luk. 10,21ff). Zu diesem Vater lehrte er seine Jünger beten, wie er selber zu ihm betete: "Vater, nicht mein, sondern dein Wille geschehe!"

Können wir so in Kürze die "Religion Christi" charakterisieren, so zeigt uns die "christliche Religion", wie sie in den frühkirchlichen Jahrhunderten von den Vätern der Kirche auf Synoden und Konzilien in schweren Kämpfen formiert wurde, ein anderes Gesicht. Das Bestreben ging dahin, den Menschen, den Messias Jesus von Nazareth immer höher hinaufzurücken in eine gottheitliche Sphäre, ja, ihn förmlich zum Gott zu erheben, den man als solchen verehren und zu dem man beten konnte, und der seinen Gläubigen das ewige Leben in der Unverweslichkeit des Auferstehungsleibes garantierte.

Mußte das nicht zu einer Mehrgötterlehre führen? Hatte man nun nicht *zwei* Götter statt des Sohnes und des Vaters? Zur Behebung dieser polytheistischen Gefahr konstruierte man einen Gottesgedanken, der dem Neuen Testament wie überhaupt der Religion Israels noch völlig fremd ist: nämlich den vom *dreieinigen Gott*. Gott ist *einer*, absolut einer, aber er differenziert sich unbeschadet seiner Einheit in drei Personen: Gott-Vater, Gott-Sohn und Gott-Heiliger Geist. Diese drei sind eins, nicht einander "ähnlich", nicht einander "gleich", sondern "*wesenseins*".

Gott-Sohn ist die vorgeburtliche, vorweltliche, ewige, mit dem Vater wesenseinige Existenzweise des Menschen Jesus von Nazareth. Zu diesem kam es dadurch, daß die zweite Person des dreieinigen Gottes Mensch ward, ins Fleisch kam ("empfangen vom Heiligen Geist", "geboren aus Maria, der Jungfrau"), nunmehr also aus zwei Naturen, der göttlich-ewigen und der menschlich-irdischen, sich zusammensetzte zu der *einen* Person des Gottes-Sohnes Jesus Christus. "Gott aus Gott, Licht aus Licht, wahrhaftiger Gott aus wahrhaftigem Gott" nennt ihn das Symbolum Nicaenum (325). Und noch massiver bekennt das Chalcedonense (451):

"Indem wir den heiligen Vätern folgen, lehren wir alle einstimmig das Bekenntnis zu einem und demselben Sohn, unserem Herrn Jesus Christus, der vollkommen ist in seiner Gottheit, vollkommen auch in seiner Menschheit, zugleich wahrhaft Gott und wahrhaft Mensch, bestehend aus einer vernünftigen Seele und einem Leibe, wesenseins mit dem Vater der Gottheit nach, und zugleich wesenseins mit uns nach der Menschheit, in allen Dingen uns gleich, ausgenommen die Sünde. Wir bekennen ihn als vor aller Zeit aus dem Vater gezeugt nach seiner Gottheit, in den letzten Tagen aber zugleich um unserer Rettung willen aus Maria, der Jungfrau, der Gottgebärerin, hervorgegangen nach seiner Menschheit: wir bekennen einen und denselben Christus, Sohn, Herrn, Eingeborenen, der in zwei Naturen unvermischt und unverwandelt, ungetrennt und ungesondert erkannt wird. Bei der Einigung ist der Unterschied der Naturen keineswegs aufgehoben, vielmehr wird die Eigenheit jeder Natur gewahrt, die beide in eine Person und in eine Hypostase zusammenlaufen. Dieser Christus ist auch nicht geteilt oder getrennt in zwei Personen, sondern es ist ein und derselbe Sohn und Eingeborene, Gott Logos und Herr Jesus Christus, wie es in der Vorzeit die Propheten von ihm gelehrt haben, und es der Herr Jesus Christus selbst getan hat und das Symbol der Väter es auf uns gebracht hat."

Mit solchen logisch widersinnigen Konstruktionen und frei schwebenden Spekulationen (ein Schulbeispiel theologischer Haarspaltereien) brachte man es fertig, einen Menschen zum Gott zu erheben, die Religion Christi, die er selbst ausübte, umzuwandeln in die christliche Religion, die ihn zum Gegenstand des Kultus, der Anbetung machte. Kreuz und Auferstehung des Menschen Jesus von Nazareth wurden in diesen Vergottungsprozeß, auf den letztlich alles hinauslief, eingeschmolzen, freilich nicht, ohne daß immer wieder Rückschläge erfolgten wie zum Beispiel eben bei Lessing und seither in der Geschichte der protestantischen Theologie, für deren Wahrheitssinn Lessings kritische Unterscheidung ein Stachel blieb, gegen den man nicht löcken konnte.

"Eingeschmolzen", sagten wir, denn was hat es mit *Kreuz* und *Auferstehung* des menschgewordenen Gottes für eine Bewandtnis? Jesus selbst verstand seinen Tod *nicht* als einen ihm vom Vater aufgetragenen Versöhnungs- und Erlösungstod für die *gesamte*, unter die Sünde verknechtete Menschheit. Jesus von Nazareth entwarf sich selber seinen Tod (den er bewußt als Sühnetod, "nach der Schrift", Jesaja 53, sterben wollte) nur für die, die gleich ihm zur Teilnahme am Reiche nach dem prädestinierenden Ratschluß des Vaters berufen waren (Mark. 10,45 = Matth. 20,28; Mark. 4,10ff. = Matth. 13, 10-17).

Als Messias designatus, das heißt als der, der auf den Wolken des Himmels als Mandatar des Vaters und Inaugurator des Reiches kommen sollte, und als der er seinem engsten Jüngerkreis in letzter Stunde und in geheimnisvoller Weise offenbar geworden war (Mark. 8,27ff und Parall.), konnte er unmöglich im Tode verbleiben und der Verwesung anheimfallen. Er ist "auferstanden", leibhaftig auferstanden. Das war ein unumgängliches Postulat, nicht nur für seine Jünger, sondern schon für ihn selber. Und nun hebt sein Kommen, seine *Parusie* an in Herrlichkeit. In einem visionären Milieu, genauer: in *visionären Erlebnissen* bevorzugter Männer - das zeitlich erste solcher Erlebnisse war das des Petrus (1. Kor. 15,5), das zeitlich letzte das des Paulus vor Damaskus - begründete sich der jubelnd verkündigte Auferstehungsglaube der urchristlichen Gemeinde. Die Legende fügte noch Hadesfahrt, Himmelfahrt und Jungfrauengeburt hinzu. In Schüben vollzog sich die Vergottungsapotheose.

Indessen, das Reich blieb aus, und mit ihm das Kommen des Menschensohnes auf den Wolken des Himmels. Von den brennenden Erwartungen Jesu erfüllte sich trotz seines Sühnetodes keine einzige. Das messianische Mahl, auf das der Todgeweihte beim letzten Mahl mit seinen Jüngern hindeutete (Mark. 14,25 und Parall., dazu Luk. 13,29 = Matth. 8,11), fand nicht statt. "Ihr, die ihr mir folgtet, werdet in der neuen Welt, wann der Sohn des Menschen auf dem Thron seiner Herrlichkeit sitzt, ebenfalls auf zwölf Thronen sitzen und richten die zwölf Stämme Israels" (Matth. 19,28 = Luk. 22,28ff). Die Throne blieben leer. Das Gericht fand nicht statt. Der Messias designatus war ersichtlich für eine *Utopie* gestorben. So erwies sich auch sein Messiasanspruch, der ja dies alles in sich barg, als nichtig. Aber der Kreuzestod und die stark vergröberte Auferstehungslegende, zu der sich die visionären Erlebnisse auswuchsen, verhalfen ihm - in der Deutung der Kirche und ihrer theologischen Funktionäre - zu jenen göttlichen Ehren, die im Unterschied zur "Religion Christi" die "christliche Religion" aufrichteten.

Die bedrängende Frage, was denn für diejenigen, die die historischen bzw. legendären Vorgänge in dieser Beleuchtung sehen, noch gültiges Christentum sein kann, ist zwar von schlechthin entscheidender Wichtigkeit, kann aber im Rahmen dieser Betrachtung nicht mehr zum Austrag kommen. Nur dies muß noch gesagt werden, daß die Kirchen und größtenteils ihre zünftigen Theologen (auch Paul Tillich gehört mit seiner Christologie noch zu ihnen) an der bedrängenden Frage bewußt oder unbewußt vorbeileben, weil sie den Konflikt zwischen historischer Erkenntnis und ihrer hergebrachten persönlichen Christentumsauffassung immer noch nicht bewältigen können, ohne der ersteren zugunsten der letzteren Abbruch zu tun.

Ernst Walter Schmidt

Christus bringt das verborgene Wesen Gottes ans Licht

"Freies Christentum" Nr. 8, 1961

I. Christus bringt das verborgene Wesen Gottes ans Licht. Gott ist die wirklichste aller Wirklichkeiten. Ja, er allein ist wahre Wirklichkeit. Alles Geschaffene hat Wirklichkeit nur von ihm. Man kann von einer zweifachen Art göttlicher Wirklichkeit reden: dem Insichsein Gottes und dem Offenbarwerden Gottes. Erst die zweite Form, die des offenbar gewordenen Gottes, ist Gottes volle Wirklichkeit. Zu solch voller Wirklichkeit, einem Heraustreten aus seinem reinen Insichsein, einem Hervorbrechen seines gewaltigen Lebens aus dem Urgrunde seiner Natur, aus seiner wesenhaften Stille, gelangt Gott nur dadurch, daß er sich ausspricht. Das Sprechen Gottes aber ist immer zugleich Schaffen. "So er spricht, so geschieht's; so er gebeut, so steht's da."

Das Wort Gottes also darf nicht verglichen werden mit dem Worte eines Menschen. Das Menschenwort redet die Dinge von außen an, tastet sich von außen an die Dinge heran, wird darum niemals mit ihnen eins, steht ihnen immer fremd gegenüber, Gottes Wort dagegen stellt das Gesprochene sofort vor sich hin, läßt es sogleich Wirklichkeit werden. Sein Sprechen ist stets Schaffen. So ist Gott der wahre Grund aller Wirklichkeit, es gibt nichts in der Welt, das nicht in Gott seinen Grund hätte. In allem ist Gott.

Daß die Menschen das vergessen, daß sie ohne Gott existieren zu können glauben, ist ihr Unglück und ihre Schuld. Ihre Schuld liegt darin, daß sie für sich sein wollen. Nicht dies ist ihre Schuld, daß sie etwas Besonderes sein wollen - jeder Mensch sollte etwas Besonderes sein -, sondern daß sie in ihrer Besonderheit nur sich wollen, das ist ihre Schuld. Pflanzen und Tiere ruhen noch am Herzen Gottes, sind noch reine Naturwesen, den göttlichen Gesetzen ohne Eigenwillen untertan. Der Mensch dagegen besitzt als Geistwesen eigenen Willen, und er wendet seinen Willen gegen Gott. Er sollte seinen Willen aus freier Entscheidung in den Dienst Gottes stellen, und wo er sich von Gott abgesondert hat, sich ihm wieder aufschließen.

Was die Pflanze unbewußt tut - sie entfaltet sich nach göttlichen Gesetzen und wächst und blüht zur Ehre Gottes -, das sollte der Mensch mit Bewußtsein leisten: Er, der von Gott Getrennte, soll heimkehren zu ihm. Erst dann ist die Welt vollendet, wenn die gottgeschaffenen Seelen freiwillig zu ihrem Ursprung zurückgelangt sind, wenn die Gedanken, die

Gott einst dachte - jeder Mensch ist ja ein Fleisch gewordener Gottesgedanke -, wenn diese durch selbstischen Eigenwillen von Gott losgelösten Gedanken wieder zu Gedanken Gottes geworden sind.

Der Mensch, der sich in titanischem Trotz von Gott trennte, hat immer die Möglichkeit, zu ihm heimzukehren. Jesu schönstes Gleichnis, das Gleichnis vom verlorenen Sohn, ist eine Heimkehrergeschichte. Des Menschen Seele - mag sie noch so verkommen und verdorben sein - steht immer in unterirdischer Verbindung mit Gott, und immer, in jedem Augenblick, kann die verschüttete Flamme von neuem durchbrechen.

So elend der Mensch ist, so jämmerlich in seiner Selbstsucht, darin besteht seine Größe, daß er durch die Kraft der Gedanken, durch die Kraft gläubiger Gedanken sich zu Gott erheben kann, daß seine Seele ihren göttlichen Ursprung doch nie völlig verleugnen kann. Von der Seele sagt der Meister Eckhart, der große mittelalterliche Denker und Prediger: "Ihre Größe können Himmel und Erde nicht messen; wer sie messen will, der messe sie an Gott".

II. Weil die Seele göttlichen Wesens ist, kann sie in einer gottfernen Sonderexistenz keine Befriedigung finden, muß sie nach der Heimkehr zu Gott verlangen. Und der Weg zu Gott ist nicht weit. Gott ist uns ja ganz nahe, ja "Gott ist mir näher, als ich mir selber bin", sagt der Meister Eckhart, "mein ganzes Wesen hängt daran, daß Gott mir nahe und gegenwärtig ist". Aber es genügt nicht, daß wir das wissen, wie man etwa ein gleichgültiges Ereignis oder Datum aus der Geschichte weiß, wir müssen die göttliche Wahrheit wirklich innerlich erleben und erfassen. "Nicht schon davon sind wir selig, daß Gott in uns ist, sondern daß wir ihn erfassen und erkennen, wie nahe er uns ist. Denn was hülfe es einem Menschen, wenn er König wäre und wüßte es nicht?"

Darauf kommt es an, daß der Mensch seiner königlichen Abkunft bewußt wird, daß er um seine Gotteskindschaft weiß, noch mehr: daß er sein ganzes Dasein auf die Gewißheit aufbaut, ein Kind Gottes zu sein. Und darum sind das die größten Verderber des Menschen, die ihm diese Gewißheit nehmen, die ihm sagen: Du bist nichts als ein Haufen Materie, du bist nichts als ein Stück Vieh, ein Tier mit etwas entwickelterem Gehirn. Und darum sind das die größten Wohltäter, die größten Förderer und Helfer der Menschheit, die sie von ihrer Königswürde, von ihrer Gotteskindschaft überzeugen.

Und darum ist Christus der größte aller Menschenfreunde. Ja, er ist wahrhaft der Helfer, der Heiland. Denn er hat wie kein anderer die Königswürde des Menschen verkündet: "Was hülfe es dem Menschen, so er die ganze Welt gewönne und nähme doch Schaden an seiner Seele? - Ihr seid das Licht der Welt. - Ihr seid das Salz der Erde. - Ihr seid die Königsstadt hoch oben auf dem Berge." Seine Botschaft war die Verkündigung der Gotteskindschaft auch des ärmsten und verlorensten Menschen, der verlassensten Seele. Aber er hat noch viel mehr getan. Er hat diese Gotteskindschaft weit mehr noch als mit Worten durch sein Leben selbst gepredigt, durch sein Leben, Leiden und Sterben, hat allem Widerspruch des Augenscheins zum Trotz den Menschen die Liebe als das innerste Wesen der Gottheit enthüllt und hat sein eigenes Leben auf dem Grunde der Liebe aufgebaut, der Liebe zu Gott und den Menschen, der Liebe zu allen gottgeschaffenen Wesen. In ihm wurde das verborgene Leben der Liebe offenbar.

III. Wahre Liebe ist etwas Heiliges, denn wo wahre Liebe ist, da ist Gott, denn Gott ist die Liebe. Wahre Liebe ist etwas Schöpferisches, Ursprüngliches, täglich und stündlich neu aus dem Grunde der Seele Quellendes. Wahre Liebe entstammt dem verborgenen Grunde der Seele. Wir können den Quell der Liebe nicht sehen, und wenn wir noch so tief in die Tiefen der Seele eindringen könnten. So wie Gott in einem Lichte wohnt, da niemand zukommen kann, so daß niemand ihn schauen kann, obwohl wir Tag für Tag von seinem Licht und Leben umgeben sind und nur atmen und leben durch ihn, so können wir auch nicht eindringen in den verborgenen Ursprung der Liebe, auch wenn wir das Leben der Liebe tausendfach um uns spüren.

Darum sagt der dänische Christ und Denker Sören Kierkegaard: "Der Liebe verborgenes Leben ist im Innersten unergründlich. Wie der stille See gespeist wird von einem tief verborgenen Brunnenquell, den noch kein Auge sah, so gründet sich eines Menschen Liebe noch tiefer, in Gottes Liebe. Gottes Liebe ist der Brunnquell, der unsere Menschenliebe speist. Wenn kein Quell auf dem Grunde wäre, dann gäbe es keinen See. Wenn Gott nicht die Liebe wäre, dann gäbe es auch nicht eines Menschen Liebe. Wie der stille See dich wohl einlädt, ihn zu betrachten, und du doch nicht bis auf den tiefen Grund sehen und ihn durchschauen kannst, den Quell sehen kannst, der ihn speist, so verbietet der Liebe rätselhafter Ursprung in Gottes Liebe, ihr auf den Grund zu sehen. Aber der stille See kann austrocknen, wenn der Quell versiegt, der Liebe Leben dagegen hat einen ewigen Quell. Dies Leben ist frisch und ewig, keine Kälte kann es in Eis erstarren lassen, dafür ist es in sich zu warm, und keine Wärme kann es ermatten lassen, dafür ist es zu frisch in seiner Kühle."

Die Natur offenbart uns Gott anders als das eigene Herz. Die Natur offenbart uns Gott als mysteriöse, als geheimnisvolle schöpferische Kraft, aber nicht als persönliche Macht; in Christus dagegen tritt uns Gott als die persönliche Macht der Liebe entgegen, und diese Christusoffenbarung wird von unserem Herzen bestätigt, das sein Glück und seinen Frieden doch nur in der Liebe findet; das ist, möchte ich sagen, der direkte Beweis.

Indirekt wird die Christusoffenbarung bestätigt durch den Gang der Geschichte, die immer wieder in erschütternder Eindringlichkeit zeigt, wohin eine Welt ohne Liebe führt: in die Auflösung aller echten Beziehungen von Mensch zu Mensch, in eine schauerliche Raubtiermoral, in die Vernichtung aller persönlichen Werte, in kaltes Grauen, in ein schreckliches Massendasein, wie es als unheimliche Drohung vor unserer Zeit steht. Die Menschen halten in ihrer Verzweiflung und Ratlosigkeit Konferenzen über Konferenzen, Tagungen über Tagungen, Sachverständigentreffen, sie reden vom Frieden und rüsten den Krieg, nicht, weil sie allesamt lüstern nach Krieg wären, sondern weil sie einander mißtrauen, weil die Völker oder bestimmte Mächtegruppen die Raubtierinstinkte der Nachbarvölker oder Nachbargruppen fürchten.

Der Mensch selbst fühlt sich in dieser liebeleeren, mechanisierten Welt als bloßes Massenteilchen, fühlt sich nicht mehr als Mensch, als Gotteskind, als Person gewertet und ist darum verzweifelt und unglücklich. Denn glücklich ist immer nur, wer sich von andern in seinem Eigenwerte anerkannt, geschätzt, geachtet, geliebt weiß. Liebe ist Würdigung der persönlichen Werte des andern. Liebe geht immer auf die Persönlichkeit, es gibt keine unpersönliche Liebe. Wenn wir einem Menschen ein unpersönliches Verhalten nachsagen, behaupten wir: er sieht in seinen Mitmenschen bloße Sachen, bloße Mittel zu irgendeinem Zweck, er lebt ohne Achtung vor dem Eigenwert des andern, er lebt ohne wirkliche Liebe.

Gott ist nicht unpersönlich, sondern Gott ist Liebe. Liebe bejaht den andern als Persönlichkeit. Ohne Liebe zerfällt die Welt. Sie zerfällt in jeder Beziehung. Wie schauerlich rasch der Absturz erfolgt, zeigt die Wiedereinführung der Folter, der Tortur in unserer angeblich so hochstehenden Zeit. Unsere Zeit ist lieblos, ehrfurchtslos und darum rücksichtslos und grausam. Weil die Ehrfurcht vor dem Menschen fehlt, wird z.B. der kriegsgefangene Feind nicht mehr in humaner Weise behandelt, sondern - wenn man ihn nicht "liquidiert" - zum seelenlosen Arbeitssklaven erniedrigt.

Christus hat das verborgene Wesen Gottes ans Licht gebracht. Hier und hier allein liegt die Rettung vor völliger Vermassung und Versachlichung: in der Liebe, die im andern, selbst im Feinde, den Menschen sieht und darum auch den Feind menschlich behandelt, auch in ihm eine zu göttlichem Licht berufene Seele sieht.

Ulrich von Hasselbach

Die Menschwerdung Gottes

"Freies Christentum" Nr. 12, 1962

Weihnachten ist für die Christenheit das Fest der Menschwerdung Gottes. In Jesus, dem "Christus", ist diese Menschwerdung geschehen. "Gott ward Mensch, dir, Mensch, zugute" heißt es in einem Weihnachtslied.

Wie kann Gott Mensch werden? Die Frage wird oft zurückgewiesen. Man sagt, die Menschwerdung müsse als ein unfaßbares und unbegreifliches Wunder hingenommen werden. Da gebe es nichts zu erklären. Da könne man gar nicht mehr nachdenken, sondern nur noch glauben. In dem unerklärlichen Wunder, das es im Glauben hinzunehmen gelte, liege das Heil beschlossen.

Wir möchten dennoch fragen. Wir meinen, daß wir fragen *dürfen*, ja fragen *sollen*. Wir sehen in der menschlichen Fähigkeit zum Nachdenken eine Gabe, die verpflichtet. Wir wissen, daß unserem Erkennen Grenzen gezogen sind. Wir bilden uns nicht ein, daß wir etwa Gott beschreiben oder letzten Geheimnissen ihren Schleier nehmen könnten. Wir wissen auch, daß man das Heilige nicht anders als in Ehrfurcht erfahren und erfassen kann. Aber wir wollen nicht vorzeitig auf das Nachdenken verzichten. Wir halten es für falsch, eine Glaubenswahrheit hinzunehmen, ohne uns darüber Rechenschaft zu geben, was sie eigentlich besagt. Wir möchten nicht, daß das allzu bereitwillige Nachreden der Glaubenswahrheit zur frommen Phrase wird.

Wir wehren uns freilich auch dagegen, daß allzu eifrige "Neuerer" vorschnell preisgeben wollen, was sie nicht mühelos begreifen. Es ist uns zu billig, Weihnachten zu einer besonderen Art von Familienfest zu degradieren. Und so fragen wir nach der Menschwerdung Gottes; so wollen wir darüber nachdenken, was die alte Glaubenswahrheit eigentlich besagt.

Daß Gott in einer Weise Mensch geworden sei, wie etwa in der griechischen Göttersage Zeus die Gestalt eines Menschen annahm, ist offenbar nicht gemeint. Der Gott des Neuen Testaments ist mit Zeus nicht vergleichbar. Der Gott Jesu ist nicht ein ins Riesenhafte gesteigerter Mensch, der unglaubliche Dinge fertigbringt. Er hat also auch nicht ein Wesen, das sich "verwandeln" oder "verkleiden" kann. Der Gott des Neuen Testaments ist Geist, wie es im Johannesevangelium heißt: "Gott ist Geist, und die ihn anbeten, müssen ihn im Geist und in der Wahrheit anbeten".

Aber das deutsche Wort "Geist" gibt noch nicht wieder, was das griechische Wort "Pneuma" - also das Wort, welches der Evangelist selbst gebrauchte - zum Inhalt hat. "Pneuma" ist nicht Geist im Sinne von Vernunft oder Verstand. "Pneuma" ist etwas Wehendes oder Strömendes, etwas

Durchdringendes und schöpferisch Erneuerndes, "Pneuma" ist *Kraft*. Aus der Kraft dieses "Pneumas" heraus, das den Menschen erfaßt und erfüllt und in ihm wirkt, kann einer "wie neugeboren" werden.

Es gehört zum Wesen des "Pneuma", daß es sich verströmt, sich schenkt, daß es sozusagen "zum Anderen hin" da ist. Das Sich-Schenken aber, das Dasein "zum Anderen hin" ist das wesentliche Kennzeichen der Liebe. So ist das "Pneuma" Liebe, wie es denn auch überall dort, wo es zur Wirkung gelangt, notwendigerweise Liebe wirkt. Und endlich ist es die Eigenschaft dieses "Pneuma", das Dunkle, Trübe, Verworrene zu erhellen. Es wird immer etwas Helles, etwas Strahlendes von dem ausgehen, der vom "Pneuma" erfaßt und bewegt ist und aus dem "Pneuma" heraus lebt.

Daß Gott "Pneuma" ist, bedeutet also: Gott ist Kraft - Gott ist Liebe - Gott ist Licht. Damit ist gewiß nicht ausgeschlossen, daß er *der* Schöpfer, *der* Planer, *der* Erhalter, *der* Erlöser ist, daß er uns als ein heiliges *Du* gegenübersteht. Es soll nicht etwa gesagt werden, daß Gott nur ein Neutrum ist, ein "Es". Aber wenn Gott ein "Er" ist, dann ist er es in einer mit nichts Menschenartigem vergleichbaren Weise, dann ist er es wirklich als der "ganz Andere", der sich aller menschlichen Vorstellung entzieht. Seinem Wesen nach ist er jedenfalls "Pneuma", und das heißt: Kraft - Liebe - Licht.

Die Menschwerdung Gottes kann nicht besagen, daß ein vergleichsweise höheres Wesen die Gestalt eines niedriger gearteten Wesens angenommen habe. Dies gilt umso mehr, als ja doch ohne Zweifel Gott in aller Fülle Gott geblieben ist, als Jesus auf dieser Erde war, und dem "Vater im Himmel", zu dem Jesus betet, nichts an seiner Fülle fehlt. Daß ein Teil Gottes Mensch geworden sei, wäre offenbar eine absurde Vorstellung.

Wenn aber Gott "Pneuma" ist, wenn er also Kraft, Liebe, Licht ist, dann bedeutet die Menschwerdung Gottes, daß das "Pneuma" - Kraft, Liebe Licht - Mensch wurde. In Jesus war die Kraft, die zugleich Liebe und Licht ist, in einer solchen Verdichtung, daß der ganze Mensch mit dem "Pneuma" identisch war. Viele alte Glaubensaussagen werden für uns einleuchtend, wenn wir davon ausgehen, daß Gott "Pneuma" ist. Denn dann können wir wohl von Jesus als dem "Christus", dem Begnadeten, sagen, daß er "wahrhaftiger Mensch", aber auch "wahrhaftiges Pneuma" sei, "vom Vater in Ewigkeit geboren". Dann ist Jesus der "Sohn" des "Vaters", weil er mit dem ewigen "Pneuma" identisch und also "ganz der Vater" ist. Kraft-Liebe-Licht im "Vater", Kraft-Liebe-Licht im "Sohn" - "Vater" und "Sohn" von Ewigkeit her eins im "heiligen Geist", im "Pneuma", in der Urwirklichkeit Kraft-Liebe-Licht.

Die Menschwerdung des "Pneuma" ist in Jesus geschehen. Darum ist die "Vollmacht", die volle Macht ("pleroma") in ihm, darum ist er "als ein Licht in die Welt gekommen", darum haben wir durch ihn "erkannt und geglaubt die Liebe, die Gott zu uns hat". "Gott ward Mensch, dir, Mensch, zugute!"

Aber das muß nun in aller Deutlichkeit gesagt werden: was sich in der Menschwerdung des "Pneuma" an Jesus vollzogen hat, sollte sich nicht nur an ihm vollziehen. Es ist nicht ein aus allem Vergleichbaren herausgehobenes Geschehen, das als solches einnmalig und abgeschlossen wäre. Einmalig ist die Vollkommenheit und Ausschließlichkeit, mit der das "Pneuma" ihn erfüllte und bestimmte. Dieser Vollkommenheit und Ausschließlichkeit gegenüber sind wir freilich alle klein und fragwürdig, sind wir in unserer Verkehrtheit, Unzulänglichkeit und Verstrickung "allzumal Sünder". Aber wir sind *heilbare* Sünder. Mit der Menschwerdung des "Pneuma" in Jesus, dem "Christus", hat ein Heilungsprozeß der Menschheit begonnen, der wahrhaft erlösend ist. Wenn wir doch endlich begreifen wollten, was da geschehen ist! Die heilende Macht schlechthin, das "Pneuma" Kraft-Liebe-Licht, hat sich unter uns offenbart. Und damit ist es uns zugänglich geworden, oder richtiger gesagt: wir sind fähig geworden, ihm zugänglich zu sein. Denn das "Pneuma" ist ja das Wirkende, das sich an uns verschenken und dann in uns und durch uns wirken will. Das ganze Neue Testament ist voll von Hinweisen auf die heilende und erneuernde Macht dieses "Pneuma", auf das "neue Leben" der "Kinder Gottes", die "der Geist Gottes treibt", in denen also das "Pneuma" wirkt.

Indem sich aber das "Pneuma" an uns verschenkt, verschenkt sich Gott an uns. Indem das "Pneuma" uns durchdringt, durchdringt uns Gott. Denn Gott ist das "Pneuma": Kraft-Liebe-Licht. Dürfen wir sagen, daß die göttliche Macht von Kraft-Liebe-Licht in uns - soweit wir uns ihr öffnen - Gestalt gewinnt, so dürfen wir auch sagen, daß eine Menschwerdung Gottes in uns geschieht.

Mag ein solcher Satz vermessen klingen: wir müssen es so sagen, weil wir nur so verdeutlichen können, worauf es entscheidend ankommt, daß nämlich das in Jesus Geschehene auch in uns geschehen soll, daß es ein Beispiel, eine Wegweisung, ein Ruf ist: Laßt auch ihr euch durchdringen, erneuern, heilen von der wunderbaren göttlichen Macht des "Pneuma", von Kraft-Liebe-Licht!

Es ist zu Weihnachten nicht damit getan, daß wir vor einem geschehenen Wunder ehrfürchtig verharren. Wir sollen uns selbst auftun und dafür bereithalten, daß das heilende, erneuernde "Pneuma" Kraft-Liebe-Licht uns durchdringe und in uns wirksam werde. Kraft soll uns durchströmen, Licht uns erhellen, Liebe unser Wesen warm und weit machen. Die Menschwerdung des "Pneuma", die Menschwerdung Gottes, soll in uns geschehen. Das hat der fromme Angelus Silesius verstanden, der in einem seiner schönen Verse sagt: "Wär' Christus tausendmal in Bethlehem geboren und nicht in dir, du wärst doch ewiglich verloren". *Die Menschwerdung Gottes ist geschehen, damit sie immer wieder geschehe.*

Hermann Marhold

Bemerkungen zur Wunder- und Christusfrage

"Freies Christentum" Nr. 2, 1963

"Die neutestamentlichen Wunderberichte wollen nicht als Historie, sondern als Christuszeugnis verstanden sein", sagt Gerhard Veidt in dem Aufsatz "Zur Behandlung einer neutestamentlichen Wundergeschichte in der Grundschule" (Arbeitshilfe für den evangelischen Religionsunterricht, 13. Jahrg., Nr. 7/8, 1962). Diesem Satz stimme ich völlig zu; ich möchte aber daran noch Folgerungen anknüpfen für jegliche Verkündigung und für jeglichen Unterricht.

Wenn die Wunderberichte nicht als Historie verstanden werden wollen, muß auch immer deutlich ausgesprochen werden, daß sie tatsächlich keine Historie *sind*, noch schärfer: daß sie so, wie sie uns in der Schilderung begegnen, nicht geschehen sind oder vermutlich nicht haben geschehen können. Diese klare Auskunft im negativen Sinn wird natürlich manche Hörenden in Schrecken versetzen, aber wenn sie nicht gewagt wird, kann niemals der Nebel, der für viele über dem Verständnis der Bibel überhaupt liegt, durchbrochen werden. Denn dann werden immer wieder die einen in der Meinung bestärkt, bei Jesus handle es sich *doch* um Mirakel, und die anderen bleiben unsicher darin, wieweit mit Jesus die Wirklichkeit überhaupt etwas zu tun habe. Die einen nehmen die Wunder als Beweise für die "Gottessohnschaft" und verstehen also auch diese mirakelhaft oder mythisch, die anderen wissen mit der Gestalt Jesu im Grunde doch nichts für ihr Glaubensleben anzufangen. Es muß zunächst einmal und immer wieder deutlich herauskommen: Jesus war "gewöhnlicher Mensch", das heißt ganz und gar Mensch und nichts anderes.

Freilich darf es bei dieser Aussage allein nicht sein Bewenden haben. Es muß dann oder besser zugleich erhellt werden, daß er eben als richtiger Mensch "der Christus" ist. Dabei wäre unter Christus zu verstehen endgültige Offenbarung des Verhaltens Gottes zu uns Menschen: "an" Jesus oder "durch" Jesus oder "in" Jesus hat Gott - so meint diese Aussage - zeigen wollen, wie er sich zu uns, die wir uns gegen ihn wenden, stellt, nämlich gütig, voll Liebe, in der Absicht zu heilen, zu "erlösen".

Das Wunderbare an Jesus ist, daß es einen solchen Menschen gegeben hat, einen Menschen, der jene ungetrübte Einheit mit Gott, jenen unerschütterlichen "Gehorsam" gegen seinen Erlöserwillen gehabt hat. Hier rühren wir an "Irrationales" im vollendeten Sinn des Wortes, denn so etwas gibt es sonst nicht in der uns bisher zugänglichen Erfahrungswelt. Dies Irrationale aufleuchten zu lassen, bedürfen wir Heutige aber keiner "Wunder" im biblischen Sinne. Vielmehr sind sie uns unzulängliche Mittel, dies Einzigartige, dies Gottbestimmte ("Numinose") der Person Jesu auszudrücken. Wohl aber können sie uns "historische" Hinweise darauf sein, wie von Zeitgenossen Jesu und Menschen eines "magischen" Zeitalters sein Wesen und Wirken aufgefaßt wurde; wohlgemerkt: durchaus nicht von allen, sondern nur von solchen, die davon "ergriffen" worden waren. Damit stoßen wir auf die andere Seite jenes "Irrationalen", nämlich auf das Geheimnis, wie dies Ergreifen vor sich ging, und - grundsätzlich - warum nur ein beschränkter Kreis ergriffen wird.

Bei einer Besinnung über das Wunder wird man auch so sagen können: Es gibt nur *zwei* Wunder: daß Gott so deutlich in ein menschliches Wesen eingegangen ist, und daß Menschen unter dem Eindruck dieses Wesens bei dem Zustand der Welt selbst zum Glauben an Gottes Liebe und bei dem Verhalten der Menschen zur Liebe in jesushaftem Sinn geführt werden.

Wenn die Wunder nicht "historisch" waren, was war denn außer Worten Jesu historisch? Ich stehe nicht an zu behaupten, daß vielen Wundergeschichten ein historischer Kern zugrunde liegt, namentlich Heilen seelischer und leiblicher Krankheiten und Befreien von Schuld und Angst. Uns kommt es aber darauf an, daß wir jedesmal herausarbeiten, wie etwas Entsprechendes oder etwas Neues in der Richtung auf das Reich Gottes bei uns geschehen kann. Dabei wird oft nötig sein, sich in das berichtete Geschehen "psychologisch" hineinzuversetzen. Aber dadurch braucht in keiner Weise die Verkündigungsabsicht des jeweiligen Textes verfälscht zu werden. Gott als "Erlöser" wirkt doch immer zunächst auf die *Seele*, von da aus kann der *ganze Mensch* und die *Menschengemeinschaft* verändert werden. Der "Glaube" bedeutet dann freilich niemals: den Verstand opfern, um etwas Frommes zu leisten, sondern stets: Gotteskräfte aufnehmen und sie wagend hineinwirken lassen in unser wirkliches Leben.

An einer anderen Stelle seines Aufsatzes schreibt Veidt im Zusammenhang mit dem Sturmstillungswunder: "Sich ganz und gar, rückhaltlos, diesem Jesus anvertrauen, darf der Christ in jeder ... Situation". Hier droht das Mißverständnis, als ob Jesus, der Auferstandene und gegenwärtig Lebendige, eine mythische Figur wäre. Ich würde nicht einmal sagen können: "Sich diesem Christus anvertrauen", sondern immer nur: "Gott", aber allerdings diesem durch Christus geglaubten und erkannten Gott, wenn man will: dem "Vater Jesu Christi". Gott ist für uns der jesusartige Gott, oder Christus ist Gott als der gegenwärtig Heil wirkende Gott. So kann es auch kein Gebet "zu Jesus" geben, wohl aber "zu Christus" in dem bezeichneten Sinn; aber warum soll man, nach solcher Klärung, nicht besser "Gott" sagen? Die Christologie in ihrer Spannung zwischen dem "ewigen" und "historischen" Element muß immer beitragen zu dem eigentümlich christlichen Gottesverständnis, das für uns bei aller Rücksicht auf unser rationales Bedürfnis das Irrationale voll zur Geltung bringen soll.

Oskar Weitbrecht

Versöhnung

"Freies Christentum" Nr. 4, 1963

"Gott war in Christus und versöhnte die Welt mit sich selber" (2. Kor. 5,19).

Das historisch sicherste Wort Jesu am Kreuz ist der Schrei: "Mein Gott, mein Gott, warum hast Du mich verlassen?" In Gethsemane hat er sich durchgerungen, zum unverstandenen Gotteswillen Ja zu sagen. Er beugt sich seinem sinnlos erscheinenden Geschick. Er flucht Gott nicht, auch im Scheitern nicht. Wichtiger als sein Lebenswerk ist seine Gemeinschaft mit Gott. Am Kreuz fühlt er sich nicht bloß vom Menschen verraten und zertreten, sondern auch von Gott verlassen - aber nicht "entlassen". Er gehört zu Gott, er bleibt unter Gott. Und wenn Gott ihn verlassen hat - er verläßt Gott nicht. Seines Lebens Sinn, seines Wesens Grundzug, seiner Leiden Gegenpol ist die Richtung hin zu Gott. Ihr bleibt er treu, mag sie in Tod und Hölle führen. So bleibt er Gott und sich selbst treu. Die Gemeinschaft mit Gott ist bedroht, für das Gefühl unterbrochen, aber für Willen und Wesen nicht zerstört. Und das ist das Entscheidende und für den Sterbenden genug. Bald wird die körperliche Qual aufhören, der seelische Überdruck weichen, die Welt hinter ihm versinken - und dann wird die Gemeinschaft mit Gott triumphieren, trotz Hölle, Tod und Teufel, trotz Welt und Erdenschranken.

Warum führt Gott den in der Taufe zum Sohn Erklärten, zum künftigen Menschensohn Bestimmten, zum Bringer der nahen Gottesherrschaft Bevollmächtigten durch solche Höllenqualen? Bloß damit einige alttestamentliche Weissagungen vom todkranken häßlichen Gottesknecht oder vom verwundeten Schlangentreter in Erfüllung gingen? Oder damit die Binsenwahrheit wieder einmal bewiesen werde, daß ein Charakter sich am besten im Leiden bewährt und verfestigt? Oder daß Propheten und Märtyrer werden müssen, weil die Welt der Wahrheit stets widerstrebt? Liegt nicht das Geheimnis des Kreuzes in dem Apostelwort *von der Versöhnung*? Gott war in Christus - buchstäblich; er war auch in dem am Kreuz hängenden angefochtenen Jesus und hielt stand dem anstürmenden Heer der Finsternis, die das Licht auslöschen wollte, aber nicht konnte. Gott war in Christus und versöhnte die feindselige bitterböse Welt - an der wir alle Anteil haben -, die sich am wehrlos Gekreuzigten austobte, mit sich selber und rechnete ihr ihre Sünden nicht zu - sonst hätte der Karfreitag mit einem Donnerschlag der Weltvernichtung enden müssen -, sondern richtete unter uns auf das Wort von der Versöhnung, weithin sichtbar. Der Sterbende, scheinbar unter dem Fluch Gottes stehend, in Wirklichkeit die Verkörperung der göttlichen Liebe, betet in Gottes Kraft für seine Henker, für seine feigen Jünger, für die ganze haßerfüllte Welt. Die Liebe überwindet den Haß, die Gnade das Böse. Am Kreuz gipfeln sich beide Mächte auf, die der Finsternis und die des Lichtes. Das Licht siegt. Darum führt Gott seinen Christus durch diese Qualen, damit dieser Sieg errungen werde. An Ostern feiern wir vor allem diesen Sieg, der das ewige Leben in sich schließt.

Uns scheint der Gott, der solche Versöhnung stiftet und statt seines Zorns zuerst seine Barmherzigkeit aufleuchten läßt, größer zu sein als der Gott, den unzählige Karfreitagsprediger alle Jahre wieder ihren Hörern vor Augen stellen: der nicht Gnade walten lassen kann, ehe die Gerechtigkeit sich durchgesetzt hat, der darum seinen Zorn vernichtend über den unschuldig sterbenden Jesus hingehen läßt. Nun ist, so wird gelehrt, der Zorn gestillt, und die Gerechtigkeit hat sich verwirklicht. Nun erst neigt sich die Gnade der auf diese grauenhafte Weise entsühnten Menschheit zu, sofern sie diese gedankliche Konstruktion als Wahrheit anerkennt: erst Gericht, dann Gnade. Wir denken umgekehrt: erst Gnade, dann Gericht. Wir meinen zwar nicht das Dogma, aber das Neue Testament - jedenfalls weithin - für uns zu haben. Erst Gnade, dann Gericht. Der von der gekreuzigten Liebe erschütterte und ergriffene Mensch fängt an zu leben. Er spricht ein Nein zu seinem alten Wesen, seiner Gier und Selbstsucht, seiner Weltseligkeit und Gottesferne. Er übt an sich ein Gericht, viel ernster und wirksamer, als es eine übliche Passionspredigt vermag. Er gibt in den Tod, was Gott widersteht. Gottes Gerechtigkeit kommt so viel eher zu ihrem Ziel, als wenn sie einen Unschuldigen umbringt. Der mit Gott Versöhnte fängt an, sich die innerste Gesinnung Jesu schenken zu lassen und in sich nachzubilden, sein Kreuz auf sich zu nehmen und in allen Anfechtungen seinen Glauben durchzuhalten. Nötiger, als die von Anselm ausgefeilte Versöhnungslehre kritischen Hörern vorzutragen, ist heute doch dieses: unseren von unerhörten Anfechtungen angefallenen Zeitgenossen den Platz zu zeigen, an dem sie Gewißheit auch über ihres Lebens Sinn gewinnen können trotz allem und allem: vor dem Kreuz Jesu, an dem der Gottverlassene hängt und siegt.

Gustav Mensching

Das Schicksal der Propheten

"Freies Christentum" Nr. 3, 1967

Der Karfreitag ist innerhalb der evangelischen Kirche und Gemeinde insofern ein besonders problematischer Festtag, als das Kreuz Christi, das zum Symbol des Christentums geworden ist, nicht nur ein Zeichen ist, dem - wie nach Luk. 2,34 Jesus selbst - widersprochen wird von denen, die *außerhalb* stehen, sondern über dessen Verständnis man auch *innerhalb* der

Gemeinde selbst keineswegs eines Sinnes ist. *Am Kreuz scheiden sich die Geister.* Jedoch, so meinen wir, nicht in dem Sinne, daß wer die traditionelle Theologie des Kreuzes ablehnt, darum zu den Verlorenen zu rechnen sei. Wir meinen vielmehr, daß die von Paulus begründete oder doch jedenfalls von ihm entscheidend und besonders nachwirkend verkündete Botschaft vom Kreuz: "damit er Frieden machte durch das Blut an seinem Kreuz, durch sich selbst" (Kol. 1,20) etwas zur Lebensmitte des Christentums machte, an das Jesus selbst nicht gedacht hat, und das nun zum schwersten Hindernis für Verständnis und Aneignung des Christentums geworden ist.

Sieht man indessen Erscheinung und Schicksal Jesu, soweit sie sich geschichtlich fassen lassen, unter religionswissenschaftlichem Gesichtspunkt und ohne theologische Voreingenommenheit, so erscheint der Tod Jesu am Kreuz als *typisches Prophetenschicksal.* Das Kreuz hört dann auf, Symbol einer durch das Blutopfer Jesu vollbrachten kosmischen Erlösungstat zu sein. Auch in dieser Betrachtungsweise hat der Tod Jesu symbolhafte Bedeutung. Goethe hat bei der Erörterung der "Religion der Ehrfurcht vor dem, was unter uns ist" in der Pädagogischen Provinz von "Wilhelm Meister" von dem das Leiden auf sich nehmenden Jesus gesagt: "Was gehörte dazu, die Erde nicht allein unter sich liegen zu lassen und sich auf einen höheren Geburtsort zu berufen, sondern auch Niedrigkeit und Armut, Spott und Verachtung, Schmach und Elend, Leiden und Tod als göttlich anzuerkennen, ja Sünde selbst und Verbrechen nicht als Hindernisse, sondern als Fördernisse des Heiligen zu verehren und lieb zu gewinnen." Das Leiden Christi, das im Kreuzestod endet, war die Antwort, nicht der sündhaften Menschheit im allgemeinen, sondern einer bestimmten *Religionsgemeinschaft*, einer Art von Kirche, auf Leben und Wirken eines Propheten, der den Rahmen dieser festgefügten jüdischen Religionsgemeinschaft der Spätzeit durch Lehre und Verhalten *sprengte.*

Wie war, kurz gesagt, die Situation zu Jesu Zeit, soweit wir sie erkennen können auf Grund der Quellen des Neuen Testaments? Auf Wirken und Erscheinung Jesu paßt von allen Bezeichnungen, die auf ihn angewandt worden sind, am besten die des Propheten aus Nazareth. Sie findet sich denn auch an zahlreichen Stellen der Evangelien. So heißt es z.B. Luk. 7,16: "Es ist ein großer Prophet unter uns aufgestanden", und noch einer der Emmausjünger sagt von Jesus: "welcher war ein Prophet, mächtig an Taten und Worten vor Gott und allem Volk" (Luk. 24,19). Propheten sind Menschen religiöser Unmittelbarkeit, d.h. unmittelbarer Verbundenheit mit Gott. Aus solcher Einheit mit dem Vater, wie Jesus bei Johannes (10,30) betont: "Ich und der Vater sind eins", bemühte Jesus sich um eine Reform des zeitgenössischen jüdischen Kirchentums und durchbrach in vieler Hinsicht die gesetzlich geordnete Tradition der Väter.

Auch gehörte Jesus fraglos zu der heterodoxen (nicht als rechtgläubig anerkannten) eschatologisch-apokalyptischen Bewegung, die im ersten und zweiten vorchristlichen Jahrhundert im Spätjudentum lebendig war, und zu der auch die *Essener* gehörten, die vom orthodoxen Judentum ausgeschlossen waren. Jesus war sicher kein Mitglied der Qumran-Gemeinde, aber bestimmte Erwartungen und Vorstellungen dieser Gemeinde teilte er. Schon deshalb kann Jesus kein Essener gewesen sein, weil er vielfach das *Gesetz*, dessen noch über das des orthodoxen Judentums hinausgehendes intensives Studium die Essener forderten, *übertreten* hat, nicht zufällig, sondern ganz bewußt.

Auf zahlreichen Gebieten religiöser Praxis nahm Jesus eine freie und selbständige Stellung ein gegenüber den auf diesen Gebieten verbindlichen Gesetzen: gegen das Gesetz der Sabbath-Heiligung hat Jesus wiederholt verstoßen, die Speisegesetze und die tabumäßige Unreinheit lehnte er ab (Matth. 15,11); auch war die im Judentum so hoch geachtete Verbindlichkeit der *Tradition* für Jesus in keiner Weise bestimmend. Er lehnte in dieser Hinsicht z.B. die Sitte des Fastens ab (Matth. 9,14ff) und führte Gottes Gebot gegenüber der Tradition als Gegenargument an (Matth. 15,3). Er wandte sich ausdrücklich zu den Gesetzesunkundigen bzw. zu den geradezu Gesetzlosen und von der offiziellen "Kirche" Verdammten und Gemiedenen.

Er wandte sich von den sogenannten Gerechten und den Frömmigkeitsvirtuosen ab. Die damaligen religiösen Autoritäten, Priester und Schriftgelehrte, waren für Jesus keine Respektspersonen. Matth. 23 findet sich eine Auseinandersetzung mit Pharisäern und Schriftgelehrten. Jesus lehnt in dieser Rede die Belastung des Gewissens mit zahlreichen von Menschen erfundenen Geboten und Verboten ab.

Auch dem *Tempel* gegenüber, den er als Gottes Wohnung durchaus achtete, hat er Kritik geübt und ihn als vergänglich bezeichnet (Matth. 24,2) und betont, daß es Größeres gebe als den Tempel (Matth. 12,6). Das traditionelle Opfer und den Kultus im Tempel sah er als unwichtige und gleichgültige Übungen an, denen gegenüber es vielmehr wichtig sei, Liebe zu üben (Matth. 5,23f). Alle diese Einstellungen und Verhaltensweisen Jesu waren nicht orthodox, also rechtgläubig im Sinne der jüdischen Kirche.

Wie schon bemerkt, kann man auf die spätjüdische Religionsgemeinschaft den religionssoziologischen Begriff der "Kirche" anwenden; denn der Ordnung des Lebens in all seinen Bezirken, deren die Masse innerhalb einer Kirche bedarf, diente das Gesetz. Der Umgang mit der Gottheit geschah (außer im Gebet) im Opfer mit kompliziertem Ritual, das die Priester und Leviten, die Beauftragten der israelitischen Kultinstitution, handhabten. Die Priester aber bildeten eine *Hierarchie*, an deren Spitze der

Hohepriester stand, den der Hohe Rat, die Kurie Israels, umgab. Diese Kirche bestimmte das Leben der Israeliten total. Charakteristisch aber war für diese wie für jede Kirche ihre Intoleranz auch gegenüber den im Namen ihres Gottes kommenden Propheten, die sie verfolgte. Jesus hat vorausgesehen, daß er wie seine Jünger verfolgt werden würden, wie man die Propheten der Vorzeit verfolgt hatte (Matth. 5,12; Luk. 6,23; Apg. 7,52).

Diese Kirche war es, die Jesus nach seiner Vollmacht fragte (Mark. 11,28) und später Strafmaßnahmen gegen die Christengemeinde einleitete (Apg. 4,1; 6,12). Auch gegen *Paulus*, der zunächst selbst im Dienst dieser Kirche die Christen verfolgte, wurde hernach die Anklage erhoben, Unruhe zu stiften und den Tempel zu entweihen. Offenbar ist es also die *Einheit und Geschlossenheit der Institution*, die man durch die Verkündigung Jesu und der Apostel gefährdet glaubte. Das starre sakrale Gebäude ertrug nicht die lebendige Dynamik der Verkündigung Jesu und seiner Jünger. Deshalb machte diese jüdische Kirche Jesus den Prozeß, der mit seiner Hinrichtung endete - ein Schicksal, das Jesus vorausgesehen hatte und das er willig im Dienste seiner Berufung auf sich nahm. *Dessen gedenken wir am Karfreitag*.

Die theologische Interpretation (Ausdeutung) aber dieses Schicksals, vor allem durch Paulus, bedeutet eine künstliche Einordnung Jesu in religiöse Schemata der *Umwelt*: in Vorstellungen vom Opferlamm, das die Sünden des Volkes am Großen Versöhnungstage in die Wüste hinausträgt, in Gedanken eines vorchristlichen Erlösungsmysteriums, wie sie sich Phil. 2 spiegeln, in die Anschauung, daß mit Jesu Tod und Auferstehung ein neuer Äon (eine neue Weltzeit) angebrochen sei. Alle diese Interpretationen setzen ein kollektives und naives Denken voraus, das uns fremd geworden ist.

Mühelos aber läßt Jesus sich in die Reihe der *großen Propheten der Religionsgeschichte* einordnen. Er setzt fraglos die Reihe der alttestamentlichen Propheten fort, in denen die israelitische Religion ihren Höhepunkt erreichte. Diese Propheten waren gleich Jesus Kämpferpersönlichkeiten, die mit großer Leidenschaft als Mund ihres Gottes dessen Forderungen und Verheißungen verkündeten, und deren Frömmigkeit, weit entfernt von der traditionellen Religion, große Lebendigkeit zeigte und persönliche Gottesgewißheit voraussetzte. Sie traten mit entschiedenem Protest auf, d.h. mit der Bezeugung eines Frömmigkeitsideals innerer und gewissensmäßiger Bindung an Gott. Von diesem prophetischen Ideal aus versteht man die prophetische Kritik am traditionellen Kultbetrieb, an der kultischen Sicherheit. Sie verkünden, daß auch in der Fülle kultischer Veranstaltungen innerer Abfall von Gott liegen könne. Ein typisches Verfolgungsschicksal wurde z.B. dem Propheten *Jeremia* bereitet.

Aber die Reihe der verfolgten Propheten reicht *über die biblische Welt hinaus*: im Iran wurde von den Vertretern des traditionellen Glaubens, den Priestern und dem König, der Prophet Zarathustra verfolgt, der im heiligen Buch des Avesta klagt: "In welches Land, um zu entfliehen, wohin, um zu entfliehen, soll ich gehen?" Im dritten Jahrhundert n.Chr. trat im Iran wieder ein Prophet auf: Mani, der zum Stifter des in jenen Jahrhunderten weit verbreiteten Manichäismus wurde. Die Priesterschaft der Magier klagte ihn beim König Bahram an. Sein Ende war, daß er in Fesseln gelegt und ins Gefängnis geworfen wurde, wo er 277 im Alter von 60 Jahren starb. Über die Todesart sind wir nicht unterrichtet. Der Jüngerkreis sprach früh von einer Kreuzigung.

Der Prophet Mohammed stieß während seines Wirkens in seiner Vaterstadt Mekka auf den gleichen Widerstand derer, die die Tradition vorislamischer Stammesreligiosität hüteten. Sein Angriff auf den Polytheismus (Vielgötterglauben) der Väterreligion wurde von den "Großen" des Stammes mit Entschiedenheit abgelehnt. Mohammed mußte von Mekka nach Medina fliehen. Dann freilich wendete sich sein Geschick; denn Mohammed wurde zu einem auch weltlich siegreichen Propheten, der, als er 632 starb, auch der politische Herr von Arabien war.

Was können - von diesen Erwägungen aus - Karfreitag und Ostern uns bedeuten? Der schlichte Sinn von Karfreitag ist der, daß hier ein Gedenktag des Opfertodes Jesu begangen wird; denn Jesus besiegelte sein Werk der Verkündigung des Vatergottes und des Gottesreiches mit seinem Tode, er wurde zum Märtyrer seiner Verkündigung. Was ihn von den genannten Propheten unterschied, war, daß er nicht nur selbst - wie die anderen Propheten auch - Gotteserfahrungen hatte, sondern daß auch ein *Jüngerkreis* in seiner Person und in seinem Wirken der Wirklichkeit und Kraft Gottes begegnete. Er konnte "Sohn Gottes" genannt werden deshalb, weil er zu denen gehörte, die nach Römer 8,14 vom Geiste Gottes getrieben werden; denn an dieser Textstelle heißt es im griechischen Wortlaut: "Welche der Geist Gottes treibt, die sind *Söhne Gottes*". *Ostern* aber ist das Fest erneuerten Lebens aus der Ewigkeit, des eigentlichen Lebens, nicht des natürlichen Lebens nur, trotz Tod und körperlicher Vernichtung, ein Fest des Glaubens an Ewigkeitswerte, die in Jesu Leben und Wirken offenbart wurden und vom Tode nicht bedroht sind.

Die Krisis, in der das kirchliche Christentum sich weltweit befindet, wird gewiß nicht dadurch gelöst, daß man sich von jeder wissenschaftlichen Erkenntnis auf religiösem Gebiet löst und zum primitiven und massiven Glauben einer endgültig versunkenen Zeit zurückkehrt. Auch damit ist nicht geholfen, daß - wie oft gefordert wird - die Botschaft des Evangeliums neu und anders als zuvor gesagt werden müsse. Diese Botschaft ist doch offenbar nicht die von Jesus verkündete, sondern die in dem auf Paulus vornehmlich sich gründenden Dogma festgelegte. Man müßte den Mut haben, das Evangelium selbst zu reformieren, wie es andere Religionen mit ihren Lehrverkündigungen auch getan haben. Das bedeutet, kurz gesagt, Reduktion (Rückführung) des Christentums auf den schlichten Grundsinn des Wollens und Wirkens des Jesus der Evangelien.

Hermann Marhold

Entwurf einer Jesu-Logie

"Freies Christentum" Nr. *6, 1968*

Jesus kann in dreifacher Weise unser Verhältnis zu Gott "bilden": als Spiegelbild, Vorbild und Durchscheinbild.

1. *Als Spiegelbild*: Jesus hat gelitten ähnlich wie die großen israelitischen Propheten, gelitten um seines Glaubens willen. Sofern wir selbst von anderen angefochten werden, weil wir jesusartige Lebenshaltung zu vertreten suchen, können wir im Mit-leiden des "dorngekrönten Bruders" (C.F. Meyer) etwas vom Sinn verwandten Leidens und damit Linderung sehen. Ebenso kann die Schwierigkeit, in Konflikten das, was nicht "ich" will, sondern was "Du" willst, zu erringen, durch den Blick auf Jesus erleichtert werden.

Auch die Tatsache, daß sich Jesus hinsichtlich der Naherwartung des endzeitlichen Umschwungs geirrt hat, vermag uns eine innere Hilfe zu werden, nämlich in der quälenden Erfahrung, daß wir ständig neuen Lebensrätseln gegenüberstehen und oftmals hinterher feststellen müssen, uns verkehrt entschieden zu haben. Sich von Gott verlassen zu fühlen, ist in der Gemeinschaft mit Jesus eher zu ertragen, als wenn wir ihn nicht uns darin zur Seite wissen dürften.

2. *Als Vorbild*: zunächst in dem geläufigen Sinn der Weisung und Ermutigung. Wie wichtig kann da der duldende Mut, die mutige Geduld werden, der durch keine äußeren Zeichen verbürgte Glaube an die weise und undurchschaubare Zielstrebigkeit der heiligen Gottesliebe! Wir sollen, wir dürfen *wie* Jesus glauben. Jesus hat sich selbst "angenommen": als den mit außerordentlicher Sendung Beauftragten; womit verbunden war, die Versuchungen zum Ausweichen oder Anpassen an das, was "menschlich" ist, immerfort im Auge zu behalten und zu bekämpfen, ja selbst Niederlagen zu gewärtigen. Für den Jesusnachfolger bedeutet das: auch widrige Umstände und die eigene Schwachheit, ja Fehlbarkeit zu bejahen, weil er sich immer von Gott bejaht wissen darf. Von daher ergibt sich das Verhältnis zum Mitmenschen: Jesu unbeirrbare Liebe ist ein erhabenes Vorbild für ein Verhalten zum Nächsten, das sich unabhängig von dessen

Verhalten macht. Jesu Sicht auf das "Gotteskind" im anderen befähigt uns, den anderen, der uns als Aufgabe gewiesen ist, gerade auch, wenn er uns "herausfordert", "anzunehmen".

Vor-bild läßt sich aber auch noch als Voraus-bild begreifen: Jesus zeigt uns den Menschen, wie er sein, wie er *werden* soll. Die Rückschau auf jene hervorragende geschichtliche Erscheinung kann jederzeit zur Vorausschau auf die Menschheitsbestimmung werden und, sorgsam auf der Hut, "Theorie" zu bleiben, dazu beitragen, sich jesusgemäß auszuprägen und, durch Vorwegnahme des Künftigen, "praktisch" in die gegenwärtige Wirklichkeit hineinzubilden.

3. *Als Durchscheinbild*: Hier rühren wir nun an das "eigentlich Religiöse". Spiegelbild und Vorbild sind insofern schon "religiös", als wir sie als Geschenke Gottes erfassen dürfen. "Durchscheinbild" (Transparent) will aber noch mehr sagen: Durch die Menschengestalt Jesu scheint Wesen und Wirklichkeit Gottes, wie er sich zu uns Menschen verhält, hindurch, besser "her"-durch. Aus Jesu Leben können wir Gott erkennen, sofern wir, vom "heiligen Geist" erleuchtet, das *wollen* - oder, anders ausgedrückt, sofern wir "glauben". Folgende Einzelzüge dieses Gottesbildes seien angedeutet: Gott - es mag fast lästerlich klingen, wird aber wohl kaum anders aussprechbar sein - nimmt sich selber an, d.h. die von uns als Sinnzwiespältigkeit wahrgenommene Gesamtwirklichkeit ist "seine" "Konzeption", sein Schöpfungswille, er bejaht die Gegebenheit, die er gegeben hat, mit allen ihren schweren Aufgaben, die darin liegen.

Weiter: er vertraut ins Dunkle hinein. Unsere Art, über Gott zu denken, läßt uns "natürlich" meinen, er "sähe" alles, auch das "Letzte", schon in vollendeter Klarheit vor sich; aber sollten wir nicht, eben vom Durchscheinbild Jesu her, das noch "Größere" ahnen, daß Gott, auch ohne das Fertige zu "sehen", freilich in unaufhaltsamem "Drange", daran arbeitet, das Geschaffene zu jener Klarheit hin zu gestalten? Vor allem gehört dazu, daß er, obwohl die Menschheit noch so weit von ihrer letzten Bestimmung entfernt zu sein scheint und so hart, so unbildsam auf dieses Ziel hin sich bisher erwiesen hat, dennoch fortfährt, sein "Reich" anzustreben, die Freiheit der Kinder Gottes in der Gemeinschaft mit ihm und miteinander. Schließlich (allerdings nicht als "Schluß" der Möglichkeiten zu verstehen!) gewährt das Durchscheinbild Jesu die Schau auf den Gott, der nicht "in der Höhe" und "auf dem Throne" bleibt, sondern der sich "in die Tiefe", in die Erniedrigung begibt, der sich "neben" den Menschen stellt, der die Schmach des Ausgestoßenen, ja die Schuld des Entfremdeten auf sich nimmt. Fast möchte man es so aussprechen: Gott zeigt sich am göttlichsten da, wo er am elendsten ist. Man vergesse dabei freilich nicht: so wie das Kreuz Symbol dieser Gottschau ist, so muß solche vergegenständlichte Darstellungsweise *symbolisch*, zeichenhaft verstanden, mehr *gefühlt* als begriffen werden.

Das Durchscheinbild der Jesulogie meint den jesusartigen Gott.

Die religiöse Folgerichtigkeit der historisch-kritischen Theologie liegt also nicht einfach im *Entfernen* der christologischen Übermalung des Jesusbildes, sondern recht erst in der *Verwertung* des so Enthüllten zu reinerer Gotteserkenntnis und wahrerer Gottesverehrung. Außerdem ist noch ein Hinweis zu geben auf etwas, das leicht übersehen wird, aber nicht übersehen werden darf: Die wissenschaftliche Bearbeitungsweise der christlichen Urkunden hat auch den sachgemäßen Zugang zu den *anderen* Religionen erschlossen. Im Blick auf diese müssen wir "ein-sehen", daß auch dort solche Spiegel-, Vor- und Durchscheinbilder zu finden sind. Um nur von den letzten zu sprechen: durch andere Zeugen der Begegnung mit dem Heiligen können andere Seiten oder "Aspekte" Gottes offenbart werden. Die sogenannte Absolutheit des Christentums ist von daher preiszugeben, was gerade derjenige ohne Schmerzen leisten kann, der Jesus liebgewinnt. *Das "Absolute" an ihm ist ja gerade nicht er selbst, sondern das, worauf er hindeutet,* wie es auch andere, uns mehr oder weniger klar erkennbar, tun: die ewige Liebe. Nirgends zeigt sich allerdings, soweit wir uns umsehen, dieser Durchblick so unbezweifelbar wie durch ihn, der vielleicht noch entschiedener als andere "Mittler" die Vergottung von sich weist. Uns will dünken, daß in ihm wirklich Gott für uns Menschen so offenbar geworden ist, wie er auf Erden nicht offenbarer werden könnte und zu werden braucht.

Was nun ins Unendliche hinein entfaltet, verteidigt und gesteigert werden muß, das ist die *Anwendung* der von Gott der Menschheit geschenkten unerschöpflichen Gabe. Er begehrt, daß wir sein wunderbares Angebot, mit ihm leben zu dürfen, immer neu erproben, und hofft, daß wir immer aufrichtiger danach streben, ihm das Leiden an uns zu lindern.

Rudolf Daur

Ostern

Predigt in der Evangelischen Kirche Stuttgart-Sonnenberg

"Freies Christentum" Nr. 4, 1972

Text: 1. Korinther 15,19-28

Ostern, das Urfest der Kirche, einst ein Tag voll Jubel, voll Glanz und Klang, ist zur Verlegenheit, zum Zankapfel der Christenheit, der Theologen und der Laien geworden. Muß das so sein? Muß es so bleiben? Ich glaube, an dieser Frage hängt nicht nur die Osterfeier, vielmehr die Zukunft des ganzen Christentums und der Kirche, ja vielleicht die Zukunft der menschlichen Kultur. Es ist, wie immer wir denken mögen, etwas dran, wenn Paulus sagt: "Ist Christus nicht auferstanden, so ist auch euer Glaube eitel!" Mit der Ostergewißheit steht und fällt unser Glaube, unsere Hoffnung, der Sinn unseres Daseins.

Ostern, das Urfest der Kirche, sagte ich. Das ist ein großes Wort, das ich wohl begründen muß. Zunächst also einiges zur Erinnerung an die Geschichte dieses Festes: Zweifellos war es in seinen Ursprüngen reines Naturfest. Was der Anbruch des Frühlings für die Menschen des Altertums bedeutete, können wir nach diesem langen, harten Winter besonders nachfühlen. Für jene Zeit, in der es noch keine Zentralheizungen, keine asphaltierten Straßen gab, wo man im Winter bitter fror und durch Schnee und Schlamm waten mußte, war es geradezu eine Erlösung, wenn es wieder wahr wurde: "Vom Eise befreit sind Strom und Bäche durch des Frühlings holden, belebenden Blick. Im Tale grünet Hoffnungsglück!" Ob es nun eine Göttin Ostera gab oder nicht, das heißt die Verehrung einer solchen, von der das Fest in deutschen Landen seinen Namen hätte, so ist darüber kein Zweifel, daß Ostern zunächst im Osten wie im Westen und im Norden ein reines Naturfest war. Die äußeren Zeichen, mit denen wir noch heute Ostern feiern, die Hasen, die Eier weisen eindeutig auf ein Fest des Frühlings, der wiederkehrenden Fruchtbarkeit der Erde hin.

Aber dieses Frühlingsfest wurde erhöht und durchgeistigt. Schon im alten Israel. Dort wurde es zum Tag der Erinnerung an die Befreiung aus der ägyptischen Knechtschaft und das Werden des Volkes. Und wiederum bekam das Fest einen neuen Inhalt, eine neue Würde durch die Botschaft von der Auferstehung des Christus an diesem Tag. Diese brachte ja den wahren Frühling der Menschheit, den Sieg über den Tod. Und nun klang beides zusammen, Frühlingsfreude und Auferstehungsjubel: "Die ganze Welt, Herr Jesu Christ, zu deiner Urständ fröhlich ist."

Man sollte, so meine ich, diese Einheit nicht auseinanderreißen, weder so, daß man nur an den Osterurlaub denkt, noch so, daß man übergeistig und übergeistlich Natur und Lenz gering achtet, um (nur) die Auferstehung Jesu Christi zu feiern. Frühlingswehen und Auferstehen, dies Neben- und Ineinander, ist eben kein Zufall, oder doch Zu-Fall im tiefsten Sinne des Wortes, daß das zueinander fällt, was zueinander gehört. Eben dies Miteinander hat ja dem Fest seinen Glanz und seinen Klang gegeben.

Aber ist dieser Glanz nicht verblaßt, dieser Klang nicht sehr dünn und unsicher geworden? Ostern ist, so sagte ich, zur Verlegenheit, zum Zankapfel der Christenheit geworden. Es kann heute passieren, daß auf derselben Kanzel am Osterfest der Pfarrer über die Auferstehung Jesu Christi, über deren Bedeutung für unser Leben, für unsere Hoffnung über Tod und Grab hinaus predigt, daß aber am Ostermontag ein anderer Pfarrer einen völlig anderen Ton anschlägt, daß er die Erzählungen vom leeren Grab, von den Erscheinungen des Auferstandenen und so weiter, für fromme Legende erklärt. Ist es nicht sehr begreiflich, wenn die Hörer dann sagen: "Was soll man da noch glauben?"

Aber so ist nun einmal die Lage. Die einen sagen: "Der Herr ist auferstanden! Er ist wahrhaftig auferstanden! Das Grab war leer. Er ist gen Himmel gefahren und wird wiederkommen an seinem großen Tag. So steht's geschrieben in der Heiligen Schrift, so haben's unsere Väter geglaubt; daran halten wir fest. Kein anderes Evangelium!" Die andern erwidern: "Diese Osterberichte des Neuen Testaments setzen Vorstellungen voraus, die in das antike Weltbild gehören. Sie geben Mythen wieder, in denen sich gewiß tiefe Wahrheiten aussprechen, bei denen es sich aber nicht um geschichtliche Ereignisse handelt. Auch in anderen Völkern und Religionen sprach man von einem gestorbenen und wiedererstandenen Gottmenschen. Dieser Mythos ist von den Anhängern Jesu auf ihn übertragen worden. Was sich um ihn rankte als bunter Legendenkranz, ist auch in sich widerspruchsvoll. Gewiß, es zeigt die Liebe und Verehrung, die dieser Mann aus Nazareth genoß. Aber geschichtliche Wirklichkeit ist das kaum. Auch an eine allgemeine Auferstehung der Toten an einem fernen Jüngsten Tag, dem Tag eines großen Gerichts, mochten wohl die Menschen des Altertums glauben, als die Welt noch klein und die Zahl der bereits Verstorbenen noch einigermaßen übersehbar war. Aber wenn wir an die Milliarden und Abermilliarden denken, die seitdem gelebt haben, die jetzt leben und weiter leben werden, dann sind uns solche Vorstellungen unmöglich geworden. Der alte Mythos muß entmythologisiert, sein Wahrheitsgehalt getrennt werden von den zeitgebundenen Vorstellungen."

So die einen, so die andern. Auf beiden Seiten stehen Menschen, denen es um die Wahrheit und um echte, sturmfeste Frömmigkeit zu tun ist.

Auf welche Seite sollen wir uns schlagen? Einen Mittelweg gibt es offenbar nicht. Entweder ist Jesus auferstanden oder eben nicht, entweder werden wir einmal auferstehen oder ist es mit dem Tod aus. Es gibt kein Drittes.

Müssen wir uns da eben entscheiden? Entweder: "Ich halte es mit dem Glauben der Väter. Ihr mögt sagen, was ihr wollt. Ich will die Augen schließen und glauben blind." Oder: "Ich halte es mit der modernen kritischen Wissenschaft. Mir steht die Wahrheit höher als alle schöne Tradition. Wenn Gott überhaupt ist, dann sicher auf seiten der Wahrhaftigen."

Die beiden Wege sind falsch. Der eine führt so wenig zur Wahrheit, zum inneren Frieden, wie der andere. Einen Mittelweg gibt es, wie gesagt, nicht. Wohl aber gibt es einen Höhenweg, der hinausführt über die beiden Fronten, sie aufhebend im dreifachen Sinn dieses vieldeutigen Wortes: das, was in ihnen richtig ist, bewahrend, das Verkehrte verneinend, und beide emporhebend auf eine neue Höhe. Das ist der Osterweg, den Paulus zeigt, den die Jünger gegangen waren, den er selbst geführt worden war: der einzige, der zur Gewißheit, zu einem lebendigen Osterglauben führt.

Die Jünger haben keineswegs an Ostern "geglaubt", also einfach angenommen, was ihnen die Frauen berichteten. Sie waren sehr kritisch. Denken wir vor allem an Thomas, der sich weigerte, zu glauben, was ihm von den anderen berichtet wurde. Er wollte selbst sehen, selbst spüren, selbst erfahren. Und so hat er, so haben sie die Wirklichkeit des Auferstandenen erfahren. Das konnten sie aber nur, weil sie selbst durch ein großes, ganz persönliches Stirb und Werde hindurchgegangen waren. Wie jämmerlich hatten sie versagt, als ihr Meister gefangengenommen und vor den Richter geführt wurde. Auseinandergestoben waren sie, verleugnet hatte ihn der, der so hoch geschworen hatte, er werde ihm unter allen Umständen die Treue halten. Als ihr Herr tot war, waren's auch sie. Alle ihre Hoffnungen waren zerschlagen, der Boden unter ihren Füßen weggezogen. Nur noch Nacht und Grauen war um sie und in ihnen. Und da war's geschehen, daß er ihnen begegnete, daß ihnen gewiß wurde: Er lebt, er hat Tod und Grab überwunden. Da hat er zu ihnen gesprochen: "Ich lebe, und ihr sollt auch leben!"

Und wie war's bei Paulus gewesen? Ein frommer Jude, ein eifriger Anhänger der strengen, bibelgläubigen Gruppe der Pharisäer, ein Vorbild in allem Guten. Wie hat er diesen Mann aus Nazareth gehaßt, der sich kümmerte, der die Sabbatgebote, die Reinigungsvorschriften unbekümmert übertrat, der mit Zöllnern und ähnlichem Volk freundschaftlich verkehrte. War er nicht die große Gefahr für den Fortbestand der Religion der Väter, und damit für den Fortbestand des Volkes? Wie hat er sich gefreut, als dieser "falsche Prophet" hingerichtet wurde. Aber er war aufs neue und erst recht empört, als die Anhänger des Nazareners behaupteten, der sei auferstanden. Er war dabei gestanden, tief befriedigt, als einer dieser Anhänger gesteinigt worden war. Aber vielleicht ist es eben an jenem Tag gewesen, daß er innerlich unruhig wurde. Die Frage hatte ihn erfaßt und nimmer losgelassen: Kann man wirklich so sterben für einen Wahn, wie dieser Stephanus gestorben ist? Ist am Ende doch etwas dran an dem, was die Jünger dieses Jesus sagen? Aber der innerlich unsicher gewordene Saulus geht nur umso leidenschaftlicher im Kampf vor gegen die Anhängerschaft des Ketzers aus Nazareth. Und da, so erzählt uns die Apostelgeschichte, ist's geschehen vor den Toren von Damaskus, da hat er es erfahren: er ist nicht tot, er lebt. Er ruft auch mich, gerade mich. Ich soll, ich darf, ich will sein Werkzeug sein. Und damit hat ein neues Leben für ihn begonnen. "Ich lebe. Doch nun nicht ich, sondern Christus lebt in mir!"

Das ist der Osterweg, die Ostererfahrung der Jünger, des Paulus. Es ist der einzige Weg zur Ostergewißheit, zur Osterfreude. An einen Weg aber glaubt man nicht, man kritisiert ihn auch nicht, sondern man geht ihn.

Auch wir müssen ihn gehen, wenn wir zur Klarheit, zur Gewißheit kommen wollen; müssen den Weg gehen durch das Stirb und Werde. Wir müssen unser Ich in den Tod geben, um zum neuen, zum wahren Leben zu kommen.

Um sein Ich in den Tod geben zu können, muß man freilich erst ein Ich haben, ein Ich sein. Ich meine nicht jenes kleine, geltungssüchtige, rechthaberische, empfindliche, armselige Ich. Ich meine Ich im schönsten, besten Sinn des Wortes, eine Persönlichkeit, frei und unabhängig. Wer einfach nach den Gewohnheiten und Vorschriften der Masse, der Mode lebt, wer eben tut, was "man" tut, denkt, was "man" denkt, glaubt, was "man" glaubt, der ist noch kein Ich im hohen Sinn dieses Wortes, noch kein freier, wesentlicher Mensch.

Dieser Jesus von Nazareth war, nach allem, was von ihm berichtet wird, ein solcher. Er ist ganz seinen eigenen Weg gegangen. Er hat sich von der Mutter, von der Familie gelöst. "Wer ist meine Mutter? Wer sind meine Brüder?" Er hat sich von den frommen, moralischen Traditionen seines Volkes unabhängig gemacht, hat sich um den Spruch der hohen geistlichen Obrigkeit so wenig gekümmert wie um die Autorität des römischen Statthalters. Er war diesem entgegengetreten als ein Ebenbürtiger, als ein König, als der Überlegene. Und dieses Ich, dieses große, freie Ich hat er frei und willig in den Tod gegeben für die Sache Gottes, für die Brüder, in den schrecklichen Tod am Kreuz. "Darum hat ihn auch Gott erhöht und hat ihm einen Namen gegeben, der über alle Namen ist, daß in dem Namen Jesu sich beugen sollen aller derer Knie, die im Himmel und auf Erden und unter der Erde sind, und alle Zungen bekennen sollen, daß Jesus Christus der Herr sei zur Ehre Gottes, des Vaters."

So hat er gesiegt. Wie das im einzelnen war, was an äußeren Tatsachen geschehen oder nicht geschehen ist, was bildhafte Andeutung dessen ist, was eben mit prosaischen Worten nicht zu sagen ist, das werden weder die orthodoxen Pastoren noch die kritischen Professoren feststellen können. Dieses Stirb und Werde sprengt alle unsere Begriffe und Vorstellungen. Man kann es nur erfahren, ganz persönlich durch Ichwerden und Ichhingabe. "Und so lang du dies nicht hast, dieses Stirb und Werde, bist du nur ein trüber Gast auf der dunklen Erde", mitsamt all deiner Frömmigkeit und mitsamt all deiner Wissenschaft. Wo das aber Wirklichkeit wird, dieses Ichwerden und diese Ichhingabe, da mag es auch für uns geschehen "am dritten Tag", das heißt, wenn unsere Stunde, wenn Gottes Stunde gekommen ist, daß wir den Christus als den Lebendigen erfahren, daß auch wir es sagen können und dürfen: "Ich lebe. Doch nun nicht ich, sondern Christus selbt in mir!"

Dann sehen wir staunend, wie er sich als der Lebendige erwiesen hat in der Geschichte. Wie oft hat man ihn totgesagt, hat ihn eingesargt in dogmatische Fixierungen oder wissenschaftliche Formulierungen, hat ihn verehrt als heilige Reliquie oder geachtet als große Persönlichkeit der Vergangenheit. Mit einem Mal stand er wieder da als der Lebendige, fragend, rufend, tröstend, beunruhigend, fordernd und unendlich reich beschenkend.

Aber nicht darauf kommt es an, daß wir staunend sehen, wie er das in der Vergangenheit tat. Das hieße schließlich doch am leeren Grab stehenbleiben. Und es bleibt bei dem Wort: "Er ist nicht hier; er ist auferstanden!" Daß er in uns lebendig wird, der Christus, der neue, der wahre Mensch, der Gottesmensch, das ist es, worauf es ankommt. Wenn das geschieht, dann sind wir befreit vom Streit der Meinungen, der orthodoxen wie der liberalen; befreit von der Furcht, unser Osterglaube könne uns durch neue Erkenntnisse geraubt werden, befreit auch von der Furcht vor unserem eigenen Tod. Wir spekulieren dann nicht über die Auferstehung der Toten und darüber, wann diese sein und was nachher kommen werde. Das alles kümmert uns nicht. Wir wissen und wissen es aus ganz persönlicher Erfahrung: "Jesus lebt, mit ihm auch ich! Tod, wo sind nun deine Schrecken? Er, er lebt, und wird auch mich von den Toten auferwecken!"

Dann ist Ostern wieder für uns das hohe Freudenfest, und wir stimmen in großer Dankbarkeit und Zuversicht mit ein in den österlichen Gesang: "Christ ist erstanden von der Marter alle. Des soll'n wir alle froh sein, Christ will unser Trost sein. Kyrie eleis."

Und das ist eine ständige Wechselwirkung. Je freudiger wir mit einstimmen in das österliche Lob des Erstandenen, umso mehr wächst auch unsere Bereitschaft zur eigenen Hingabe an das Leben, im Dienst an den Brüdern, zumal den notleidenden. Und je entschlossener wir uns selbst hingeben, nicht in moralischen Anstrengungen, sondern im Offensein für das Leben, wie es kommt und was es von uns fordert, umso mehr wird die alte Osterbotschaft für uns beglückende Wirklichkeit.

Wenn wir diesen Weg gingen, dann würde der Streit um Ostern verstummen. Dann fänden wir zusammen und würden miteinander die Botschaft von seiner Auferstehung hineintragen in eine Welt, die diese so nötig braucht, würden sie hineintragen als den großen Protest gegen allen Gewaltgeist und als die große Verheißung und Wegweisung, heraus aus der Verworrenheit und Ratlosigkeit unserer Tage.

Noch einmal: Nicht, was damals im einzelnen geschehen oder nicht geschehen ist, ist das Wichtige, sondern was heute im einzelnen geschieht an uns zuströmender Kraft des lebendigen Christus, an Tat der erlösenden Liebe. Gott schenke der Christenheit, der Welt, Gott schenke uns wahre, lebendige, fröhliche Ostern.

Kirche - Lehre und Praxis

Einführung

Nicht nur der Protestantismus insgesamt, sondern im besonderen auch das freie Christentum gilt als kirchenkritisch. Doch ist dem freien Christentum die Kirche, zu der es ja selbst gehört, nicht gleichgültig. Es kennt unterschiedliche Grade der Verbundenheit mit der Kirche, von einer selbstverständlichen und einer kritischen Solidarität bis zu einer scharfen Profilierung gegen das "traditionelle Christentum" *(Ulrich von Hasselbach 1993)*.

Freies Christentum müht sich mit Lehre und Praxis der Kirche ab. "Die Reformation muß weitergehen" *(Erich Meyer 1952)*. Es bemüht sich um eine zeitgemäße Gestaltung kirchlichen Lebens, insbesondere des Gottesdienstes, der Sakramente, der christlichen Unterweisung und der Erwachsenenbildung. Es fragt nach dem Wahrheitsgehalt und einer intellektuell glaubwürdigen Gestalt kirchlicher Lehre *(Ulrich von Hasselbach 1953)*. Damit wird das geistige Milieu und die innere Haltung, die in der akademischen Theologie, den Kirchenleitungen, den Gemeinden und der Pfarrerschaft herrschen, an den Gesichtspunkten der Wahrhaftigkeit und der "Gnade der Freiheit" *(Hellmut Haug 1982)* gemessen. Eine besondere Zielgruppe des freien Christentums bilden die Suchenden, Fragenden, Zweifelnden am Rande und in der Kirche.

Im freien Christentum setzt man sich mit den altkirchlichen und den reformatorischen Bekenntnissen auseinander. Dabei ist man sich einig, daß die überlieferten kirchlichen Bekenntnisse "Zeugnisse menschlichen Glaubens" sind, "menschliche Versuche, das Unfaßbare zu fassen", "ohne Unfehlbarkeitscharakter" *(Theodor Daur 1958)*. Dementsprechend sind auch die Sakramente Taufe und Abendmahl "symbolisch" anzueignen *(Renate Albrecht 1956)*.

Die innerchristliche und die innerprotestantische Vielfalt setzt sich auch innerhalb des freien Christentums fort. So wird eine "radikale" Position, in der die christliche Mission und die relative Wahrheitsfülle des Christentums in Frage gestellt werden *(Helmut Langel 1994)*, nicht konsensfähig sein, auch wenn freie Christen darin übereinstimmen, daß es auch außerhalb der Christusoffenbarung echte Gotteserkenntnis gibt *(Erik Schmidt 1967)*. Dem "radikalen" Satz "Es fällt mir überhaupt schwer, anzunehmen, es gebe eine allgemeinverbindliche religiöse Wahrheit"

(Helmut Langel 1994), steht das vorrangige Suchen nach der Wahrheit entgegen *(Adolf Müller 1966)*, das Bekenntnis zur "Wahrheit des Evangeliums" *(Jörg-Dieter Reuß 1994)* und die Frage, ob denn "das Wort 'Wahrheit' in der Kirche nur noch 'Schall und Rauch' geworden" sei *(Erik Schmidt 1968)*.

Andreas Rössler

Erich Meyer

Ende des Protestantismus?

"Beihefte Freies Christentum" Nr. 2, 1952

Unter den Kirchen Deutschlands nennt sich kaum noch eine Kirche eine "protestantische" Kirche. Die Bezeichnung "protestantisch" gilt heute in einer Theologie, die in erster Linie "reformatorisch" sein will, vielfach als ein Zeichen theologischer Unwissenheit und Oberflächlichkeit. Selbst das Wort und die Bezeichnung "evangelisch" genügt den Wächtern einer, wie sie meinen, allein seligmachenden Theologie nicht mehr. Es soll zumindesten ergänzt werden durch die Bezeichnung "reformatorisch" mit dem ganzen Schwergewicht des Konfessionalismus sowie des Dogmatischen. Ja noch mehr, der theologische Kenner weiß, daß auch das Wort "Religion" oder "religiös" durchaus verdächtig geworden ist. Von einer christlichen "Religion" zu sprechen, wird rundweg abgelehnt. Das Christentum sei keine "Religion", sondern allein "Offenbarung".

Diese neue theologische Haltung und Sprache wird nun auch in voller Einseitigkeit in den Religionsbüchern der Gegenwart propagiert, obwohl es nicht Aufgabe des Religionsunterrichtes ist, eine gewiß vorübergehende theologische Haltung der Jugend zu vermitteln. Wieweit das völlige Unverständnis für das, was mit dem Wort "Religion" gesagt ist, geht, ist daran zu erkennen, daß Theologen und Pfarrer erklären können, sie hätten überhaupt keine Religion, wären auch nicht "religiös". Das Christentum hätte mit Religion gar nichts zu tun.

Der Theologe mag vielleicht verstehen, was mit diesen Aussagen gemeint ist, aber die evangelische Christenheit in Deutschland muß es ablehnen, dadurch in Verwirrung gebracht zu werden, daß Pfarrer sich als "Pfarrer ohne Religion" bezeichnen. Wie arm ist doch der Gott, der sich auf *ein* Buch, nämlich die Bibel, auf *eine* Zeit, nämlich die Offenbarungszeit, zurückziehen muß. Er ist dann nicht mehr der Herr der Geschichte und der Welt, nicht mehr der Erlöser und Heiland für *alle* Menschen. Der Mensch verfügt über diesen Gott und schreibt ihm vor, wo und wie er sich zu offenbaren habe; aber *Gott* selbst verfügt nicht mehr in seiner Größe und Liebe wie auch in seinem Gericht über Mensch und Welt.

Desto notwendiger ist für Theologie und Kirche die protestantische Prägung des christlichen Glaubens. Der Protestantismus darf nicht zu Ende sein. Er ist vielmehr nach wie vor Notwendigkeit und Aufgabe für unsere evangelische Kirche. Sie würde sonst zu einer kümmerlichen Doublette der katholischen Kirche werden und gerade auch ernsten, suchenden und fragenden Menschen keine Hilfe mehr sein können.

Protestantismus ist nicht der Protest gegen dieses oder jenes im Christentum und in der christlichen Kirche; Protestantismus ist die notwendige Lebensform des Christentums selbst; er fordert die Erneuerung der Kirche aus dem Geist ehrfurchtsvollen, lebendigen, helfenden und tröstenden christlichen Glaubens. Für diesen christlichen Glauben setzen wir uns ein.

Wenn weise Theologen und kirchenpolitisch erfahrene Kirchenmänner meinen, daß die Zeit eines protestantisch verstandenen christlichen Glaubens und einer wahrhaft protestantisch verstandenen christlichen Kirche vorbei sei, darf uns das nicht stören. Die Reformation muß weitergehen. Nicht Restauration darf die Parole sein, weder auf dogmatischem noch liturgischem Gebiete, sondern Christentum und evangelische Kirche müssen entschlossen den Weg zu einem neuen Vorwärts finden, zu einem protestantischen Christentum, das Gott anbetet im Geist und in der Wahrheit und Mensch und Welt liebt und nach dem Willen Gottes gestaltet.

Ulrich von Hasselbach

Umdeuten oder Konsequenzen ziehen?

"Freies Christentum" Nr. 5, 1953

Die evangelische Kirche befindet sich in einer Krise, deren Ausmaß kaum zu übersehen ist. Daß ihre Glaubenslehren (im Wortsinn und im vollen Umfang, d.Hrsg.) nur von einem sehr geringen Teil ihrer Glieder innerlich bejaht werden, daß nur verhältnismäßig wenige am sogenannten "kirchlichen Leben" teilnehmen, und daß zwischen Kirchenführung und Kirchenvolk eine Fremdheit besteht, über die auch kein Kirchentag hinwegtäuschen kann, das sind nur Merkmale dieser Krise. Die Krise selbst ergibt sich aus der Besonderheit der gegebenen Situation zwischen einer geistesmächtigen, formklaren Vergangenheit und einer sich erst anbahnenden Zukunft. Der Augenblick für eine klare Erfassung dieser Zukunft oder gar für die Gestaltung ihr gemäßer Formen scheint noch nicht gekommen. Es wird fast allgemein empfunden, daß ein Umbruch größten Ausmaßes auf allen Gebieten des menschlichen Lebens im Gange ist, dem sich auch das Christentum nicht entziehen kann. Wie es aber diesem Umbruch entsprechen, wie es sich ihm gemäß gestalten soll, ist noch nicht erkannt oder jedenfalls trotz aller berechtigten und auch notwendigen Versuche noch von keinem gültig ausgesprochen worden.

Die Kirche steht also noch nicht in der Zukunft, aber auch nicht mehr in der Vergangenheit, deren Stunde vorüber ist. Sie befindet sich in einem Zwischenzustand. Die religiös-geistigen Grundlagen der Vergangenheit sind seit zwei Jahrhunderten erschüttert. Die kirchliche Vergangenheit beruhte auf der Wertung der Bibel als einer Schrift göttlicher Offenbarung im Sinne des "Wortes Gottes, wie es geschrieben steht". Diese Wertung hat die kritische Theologie seit den Tagen der Aufklärung immer mehr in Frage gerückt. Sie hat zu viel erkannt, als daß diese Wertung noch länger möglich wäre. Sie hat erkannt, daß das Bild des geschichtlichen Jesus noch vor der schriftlichen Fixierung der Evangelien durch mythische Vorstellungen der damaligen Zeit überdeckt und weitgehend verändert wurde. Man weiß, in welchem Maße die Vorstellung, die alttestamentlichen und sonstigen altjüdischen Messiasweissagungen bezögen sich auf Jesus und hätten sich also an ihm erfüllen müssen, die Übertragung messianischer und anderer für die jüdische Religion charakteristischer Züge auf ihn bewirkte. Man weiß also, daß der Wortlaut der Evangelien unter der Einwirkung bestimmter zeitbedingter Tendenzen entstanden ist und dementsprechend nur eine begrenzte Glaubwürdigkeit besitzt. Die kritische Theologie hat ferner darauf hingewiesen, wie sehr die biblischen Schriften und auch die auf ihnen beruhenden alten kirchlichen Bekenntnisse die Züge des für immer überwundenen vorkopernikanischen Weltbildes tragen und seit der Wandlung des Weltbildes auch insofern an Gültigkeit verloren haben.

Dies alles ist nicht mehr rückgängig zu machen. "Schrift und Bekenntnis" sind und bleiben in ihrem Wortlaut in Frage gerückt, ihre frühere Wertung - und damit die Voraussetzung einer zweifellos glaubensstarken und geistesmächtigen christlichen Vergangenheit - ist nicht mehr möglich.

Oder doch? Ein Blick auf die heutige Theologie und Kirche scheint das Gegenteil zu erweisen. Denn überall findet sich eine betonte Rückwendung zu jenen Wertungen und zum Vergangenen überhaupt. Die Bindung an "Schrift und Bekenntnis" wird nachdrücklich bekundet, den Lehren der Lutherzeit wird die gleiche verpflichtende Gültigkeit beigemessen wir vor 400 Jahren.

Die Erklärung für diese Rückwendung liegt einesteils sicher in gewissen Zeitumständen, zum guten Teil aber auch in der unleugbaren inneren Schwäche des sogenannten kirchlichen "Liberalismus". Dieser hat sich jahrzehntelang darum bemüht, den Erkenntnissen der kritischen Theologie in Verkündigung und Unterweisung einigermaßen gerecht zu werden. Er wollte die Starrheit der kirchlichen Lehre auflockern, den Geist über den Buchstaben stellen und vor allem durch Wahrhaftigsein das gefährdete oder schon verlorene Vertrauen der Gemeinden zu ihrer Kirche zurückgewinnen. Und das ist ihm in vielen Fällen auch gelungen. Es erwies sich aber, daß er dabei ungewollt in gewissem Maße zu einem Bahnbereiter religiöser Verflachung wurde.

Dies hatte im wesentlichen drei Ursachen. Die *erste* lag in der oben gekennzeichneten Situation zwischen Vergangenheit und Zukunft. Dem Liberalismus gelang es nicht, den Gestaltungen der geistesmächtigen Vergangenheit ebenso geistesmächtige Gestaltungen aus lebendiger Gegenwart heraus gegenüberzustellen. Und so kam es, daß die Kritik am Buchstaben von Schrift und Dogma vielfach als eine Kritik am Glauben selbst mißverstanden wurde, und daß die Meinung entstand, man könne auch auf eine sehr viel oberflächlichere Weise und unter Inkaufnahme einer größeren inneren Leere "Christ" sein als unter den Voraussetzungen der Vergangenheit.

Die *zweite* Ursache war die Halbheit und Inkonsequenz des kirchlichen Liberalismus. Indem er nämlich Bibeltexte, Gebete, Choräle und liturgische Stücke, die vor dem selbstgewählten Maßstab der inneren Wahrhaftigkeit angesichts der Erkenntnisse der kritischen Theologie nicht bestehen konnten, ja indem er vielfach sogar die alten Bekenntnisse - mindestens für den gottesdienstlichen Gebrauch - beibehielt und die Gemeindeglieder anleitete, dies alles nicht wörtlich zu verstehen, erweckte er bei diesen den Eindruck, es "komme nicht so genau darauf an" - welcher Eindruck dann auf den Gesamtkomplex des Christlichen überhaupt übertragen wurde.

Die *dritte* Ursache aber ist darin zu suchen, daß von manchem Vertreter jenes Liberalismus der religiöse Ernst und die Substanz des Evangeliums selbst geschmälert wurde. Diese Substanz ist die Offenbarung Gottes als eines ebenso gebietenden wie begnadenden Geistwesens von sich verströmender Liebe und Kraft und - von ihm berufen und durch seine Gnade gewirkt - der Gottesmensch oder das Gotteskind als Zielbild innerster Wandlung und Erneuerung, dies alles verkörpert in Jesus Christus, dem vollkommenen Gottesmenschen und Gotteskind, der zugleich der Träger der Offenbarung ist. Zur Substanz des Evangeliums gehört der Ruf zu Demut und Umkehr wie die Botschaft von Gnade und Erlösung, die Einsicht vom Gefangensein des Menschen wie die Berufung zur Freiheit im Glauben, das Gebot des Gehorsams (des Hörens auf Gott) wie die Weisung zu völligem Vertrauen, die Forderung dienenden und helfenden Gutseins zu anderen wie die Kundgabe der Liebe Gottes, von der auch der Tod nicht scheiden kann. Aber auch das Gebet gehört dazu und das Aufgeschlossensein des inneren Menschen für die frei strömenden Segenskräfte (den "Geist") Gottes.

Wo diese Substanz des Evangeliums geschmälert, wo vor allem das eigentlich Religiöse durch das rein Ethische verdrängt wurde, da war eine Verflachung die notwendige Folge. Aber auch die beiden erstgenannten Ursachen trugen - wie gesagt - zu dieser Verflachung bei.

Als sie mit bestürzender Deutlichkeit in Erscheinung trat, meinte die Kirche in der großen Mehrheit ihrer führenden Männer, die ganze Entwicklung der letzten zwei Jahrhunderte habe sich als eine Fehlentwicklung herausgestellt, und es sei notwendig, wieder dort zu beginnen, wo einst die frühe Aufklärung eingesetzt habe. Man griff zurück auf Luther (d.h. auf Luthers Lehre!), auf die Bibel (im vollen Wortlaut) und auf die alten Bekenntnisse. Und es kam zu einer für viele Außenstehende unfaßlichen kirchlichen Reaktion (im Sinne von re-actio). Das "Zurück" wurde so sehr zur beherrschenden Losung, daß sogar die ältesten liturgischen Bräuche, die ältesten Formen der Choräle und ihrer Melodien und vieles andere mehr restauriert wurden.

Daß dieses "Zurück" vollzogen werden konnte, war nur möglich aufgrund der gerade vom kirchlichen Liberalismus entwickelten Methode des Umdeutens. Denn das aus den Erkenntnissen der kritischen Theologie gewonnene Wissen lag und liegt ja vor. Die Kirche wußte und weiß von der geschichtlichen Entstehung und tatsächlichen Beschaffenheit der sehr verschiedenartigen und sehr verschieden wertvollen biblischen Schriften, sie weiß, wie vieles an den überlieferten Lehren der Bekenntnisse mit dem heutigen Weltbild unvereinbar ist. Aber sie findet einen Ausweg. Sie deutet um. Sie gebraucht die alten Worte und Begriffe und legt einen neuen Sinn hinein. Sie erklärt, dieser neue Sinn habe im Grunde schon immer daringelegen. Hinter dem zeitgebundenen Bild (dem "Mythischen") liege die zeitlose Wahrheit. Dies ist aber - mindestens in sehr vielen Fällen - eine Täuschung. Das Umdeuten aber ermöglicht es vielen Theologen und Männern der Kirche, die Wendung zurück mit subjektiv gutem Gewissen zu vollziehen.

Es zeitigt jedoch die verhängnisvollsten Folgen. Denn während die Theologen aufgrund ihrer fachlichen Vorbildung dazu in der Lage sind, bei der Verlesung oder sonstigen Verwendung der alten Worte, der Bibelstellen oder Lehrsätze innerlich zu denken: "Ich meine es nicht so", ist dies dem durchschnittlichen Gemeindeglied nicht möglich. Es kann nicht umdeuten, es kann nur den sehr viel gefährlicheren Ausweg wählen, die Dinge nicht ernst zu nehmen. Wird beispielsweise das Apostolikum den Gottesdienstbesuchern als feierliches "Bekenntnis unseres christlichen Glaubens" zugemutet, so sagt der Pfarrer: "geboren von der Jungfrau Maria" und denkt dabei etwas anderes, er sagt: "niedergefahren zur Hölle" und meint wiederum etwas anderes, er bekennt die Himmelfahrt und die Auferstehung des Fleisches und denkt nicht das, was er sagt; denn er deutet ja um, er deutet im Stillen für sich um und beruhigt sein Gewissen. Werden Bibelabschnitte verlesen, deren inhaltliche Fragwürdigkeit offenkundig ist, so sagt der Pfarrer sich, daß man das "auch so deuten könne". Das einfache Gemeindeglied aber und vor allem derjenige, den es erst wieder für Christentum und Kirche zu gewinnen gälte, muß sich damit abfinden, daß ihm handgreifliche Unglaublichkeiten als Bekenntnis abverlangt oder als "Gottes Wort, wie es geschrieben steht", verlesen werden.

Die Kirche verliert dadurch in tragischer Weise immer mehr das Vertrauen ihrer Glieder. Der durchschnittliche evangelische Kirchenangehörige kommt kaum mehr zum Gottesdienst. Da ihm das Umdeuten nicht in der Weise möglich ist wie dem Theologen, müßte er das Gesagte entweder nicht ernst nehmen - dann lohnt es nicht, den Gottesdienst zu besuchen - oder aber sich damit abfinden; dies aber ginge gegen sein Wahrheitsbewußtsein und damit gegen sein Gewissen. Nicht nur bei vielen Aussagen von Bibel und Bekenntnis regt sich der Widerstand, sondern auch bei dem liturgischen Gut und den Chorälen der Kirche. Der Pfarrer läßt die Gemeinde Lieder singen, die ihn persönlich nicht beunruhigen, weil er sie umdeutet, die aber für den einfachen Gottesdienstbesucher, der nicht umdeuten kann, eine wesentliche Belastung seines Gewissens bedeuten.

Gegenüber der Öffentlichkeit erklärt die Kirche, sie wisse sich gebunden an die "Heilige Schrift Alten und Neuen Testaments" und an die altkirchlichen und reformatorischen Bekenntnisse. Sie deutet auch dabei um. Kein Theologe steht ernstlich zum vollen Inhalt der genannten Schriften, etwa zu den einzelnen Aussagen der biblischen Schöpfungsgeschichte oder zum ganzen Athanasianischen Bekenntnis. Aber sie sagen es alle. Sie glauben es sagen zu können, denn sie deuten um. Selbst Theologen, die klar und nüchtern die mythische Verbrämung der Jesusgestalt zu analysieren wissen und als kritische Forscher das Ursprüngliche freilegen, unterschreiben dann als Männer der Kirche doch wieder ausdrückliche Bekenntnisse zu "Christus als unserem Gott und Herrn". Sie deuten solche Bekenntnisse um, indem sie sie ablegen. Und den wenigsten wird bei solchem Umdeuten bewußt, wie sehr sie die ihnen anvertrauen Gewissen der Gemeindeglieder und vor allem auch der Außenstehenden auf diese Weise im Stich lassen.

Und eben dieses Im-Stich-Lassen ist es, das sich kaum verantworten läßt. Niemals kann der Weg zurück der Weg zu den suchenden Menschen oder gar zu denen sein, die schon nicht mehr suchen und des wekkenden Anrufes bedürfen.

Das Zurück kann die Krise der Kirche wohl verdecken, aber nicht beheben. Aus dieser Krise kann nur ein "Vorwärts" der Zukunft entgegenführen, und zwar ein konsequentes. Der kirchliche Liberalismus hat nicht durch die redliche Aufdeckung des geschichtlich-literarischen Tatbestandes hinsichtlich von Schrift und Bekenntnis zu einer Verflachung geführt, sondern durch die vielfache Schmälerung des religiösen Ernstes und der eigentlichsten Substanz des Evangeliums, vor allem aber auch durch seine Halbheit und Inkonsequenz. Das Umdeuten war seine Krankheit, und das Umdeuten ist heute die Krankheit der Kirche.

Wird dagegen das Überkommene, im ursprünglichen Sinne nicht mehr

Wahre, weiterhin festgehalten und umgedeutet, so wird die Kirche zwangsläufig immer mehr und immer endgültiger zu einem kleinen Kreis von Menschen, die entweder gedankenlos genug sind, das Gewohnte einfach hinzunehmen, oder aber die ausreichende geistige Begabung und Schulung besitzen, um das notwendige Umdeuten jeweils innerlich selbst zu vollziehen. Das sind aber wenige. Die Vielen werden für die Kirche unansprechbar sein. Und dann wird die Kirche inmitten der lebendigen und fortschreitenden Gegenwart ein Stück Vergangenheit, dann wird die Zukunft, auch die Zukunft des Christentums, eines Tages außerhalb der alten Kirche Gestalt gewinnen. Wird dagegen bei voller und konsequenter Wahrhaftigkeit in Verkündigung und Form und bei entsprechendem Verzicht auf alles, was vor den Maßstäben ehrlicher Kritik nicht bestehen kann, die Substanz des Evangeliums, wie sie oben geschildert ist, gewahrt, so wird ohne die Gefahr einer Verflachung der Weg zu den Suchenden und den Entfremdeten ebenso offenstehen wie der Weg in die Zukunft, und dann wird auch die Stunde kommen, in der neue geistesmächtige Gestaltungen wirklich werden.

Renate Albrecht

Die protestantische Auffassung vom Sakrament der Taufe

"Freies Christentum" Nr. 6, 1956

Angesichts der vielfältigen Richtungen im Protestantismus erscheint es aussichtslos, eine Sakramentsauffassung zu beschreiben, von der gesagt werden könnte, daß sie *die* protestantische Auffassung sei. Auch der Rückgang auf die Aussagen der Reformatoren ist wenig aussichtsreich, weil die in den reformatorischen Bekenntnissen (Luthers Kleiner und Großer Katechismus, Heidelberger Katechismus, Augsburger Konfession) dargelegten Gedanken, durch den historischen Abstand bedingt, selbst eingehender Analysen und Deutungen bedürfen. Die Worte der Reformatoren wecken in der Situation des 20. Jahrhunderts ganz andere Vorstellungen als zu reformatorischer Zeit und sind daher nicht ohne gründliche historische Studien zu verwenden.

So erscheint es beinahe hoffnungslos, überhaupt von *der* protestantischen Sakramentsauffassung zu sprechen. Fängt man an, sich in die Schriften eines bestimmten Theologen zu vertiefen, so gewinnt man erst recht nicht festen Boden, sondern sieht sich in einem Zauberwald der bizarrsten Formen gefangen, durch dessen Dickicht man kaum hindurchfindet und zu dessen Enträtselung das entzaubernde Wort uns verloren gegangen ist.

Die Herausarbeitung der Sakramentsauffassung bei *einzelnen* Theologen würde zudem nie zu einer systematischen Untersuchung führen können. Aus diesem Grunde habe ich versucht, an Hand der vorliegenden Literatur eine Typologie herauszuarbeiten, aus der sichtbar wird, welche Auffassungen man überhaupt vom Sakrament haben kann. Die Typen seien am Beispiel der Taufe abgehandelt, da sie gegenüber dem Abendmahl leichter zu analysieren ist.

Folgende fünf Typen können beschrieben werden: 1. die magische Auffassung, 2. die ritualistisch-gesetzliche Auffassung, 3. die symbolische Auffassung, 4. die mystisch-supranaturalistische Auffassung, 5. die realistische Auffassung.

Zu 1. *Die magische Auffassung*. Unter magischer Sakramentsauffassung der Taufe verstehen wir die Ansicht, daß mit dem Besprengen des Täuflings mit Wasser im Täufling eine Veränderung vor sich geht. Das Wasser hat magische Kraft. "Der Täufling wird von der Erbsünde gereinigt." Dieser Akt ist an das Besprengen gebunden, in der katholischen Auffassung sogar an die *korrekt* vollzogene Taufhandlung. Wird nicht in der vorgeschriebenen Weise getauft, so hat die Taufe keine Wirkung.

Zu 2. *Die ritualistisch-gesetzliche Auffassung*. Die Taufe wird in Befolgung eines Befehls vollzogen. Das Verhältnis von Wasser und Taufe ist rein zufällig. Die Verbindung beider wird mit einem göttlichen Befehl begründet, hat aber keinen notwendig innerlich begründeten Zusammenhang.

Zu 3. *Die symbolische Auffassung*. Das Wasser wird als ein Symbol für die Reinigung genommen oder für Ertrinken oder für beides gleichzeitig. Damit soll ausgedrückt werden: So wie der Täufling im Wasser untergetaucht wird, soll das Alte, Unreine sterben und etwas Neues und Reines entstehen. Die Taufe hat also den Sinn, einen gedanklichen Inhalt in einem anschaulichen Bild zu wiederholen. Damit wird implizit zum Ausdruck gebracht, daß das Wasser nicht notwendig zum Taufakt gehört, sondern auch durch andere Medien und Handlungen ersetzt werden kann.

Zu 4. *Die mystisch-supranaturalistische Auffassung*. Man glaubt an eine Welt, die über unserer natürlichen Welt steht, also supranaturalistisch ist. Sie ist zwar ganz anders, es können aber doch konkrete Aussagen über sie gemacht werden, z.B. die, daß "Jesus Christus in ihr gegenwärtig ist". Mystisch ist diese Auffassung insofern, als der Mensch im Sakrament sich mit dieser Welt einen kann. Das Sakrament schafft die Vereinigung. "Die Taufe einigt den Täufling mit Christus." Geht man solchen und ähnlichen Aussagen über die Taufe auf den Grund, schält sich das Grunderlebnis der Mystiker heraus, das in der mystischen Vereinigung besteht: Der Mensch nimmt teil an der "ganz anderen" Welt.

Eine Frage bleibt offen: Schafft das Sakrament *immer* die mystische Vereinigung, oder schafft es nur die *Möglichkeit* der Einigung? Im ersten Fall würde sich eine beträchtliche Verwandtschaft zur magischen Sakramentsauffassung ergeben, denn in der Mystik verfügt man nicht über das mystische Erlebnis.

Zu 5. *Die realistische Auffassung* behauptet, "daß eine sachlich notwendige Verbindung von Wasser und Taufe besteht". Das ist nur möglich, wenn "dem Wasser an sich und für sich eine Güte, eine Qualität, eine *Mächtigkeit* zugesprochen wird. Durch diese seine *natürliche Mächtigkeit* ist es geeignet, Träger einer sakralen Mächtigkeit und damit Element eines Sakraments zu werden. Damit wäre eine sachlich notwendige Beziehung zwischen Wasser und Taufe gefunden" (Paul Tillich in "Natur und Sakrament" in: "Der Protestantismus", Stuttgart 1950).

Problematisch bleibt bei dieser Deutung für uns als Menschen des 20. Jahrhunderts, was wir unter "natürlicher Mächtigkeit" verstehen sollen. Tillich sagt dazu: "Wo Sein mehr ist als eine logische Kategorie, bedeutet es Macht oder Mächtigkeit. Die Welt schaffen, heißt, der Welt Mächtigkeit geben... Aus diesen Voraussetzungen könnte gefolgert werden, daß die protestantische Naturauffassung grundsätzlich jeder Wirklichkeit sakramentale Qualitäten geben dürfte... Grundsätzlich trifft das zu, tatsächlich nicht. Unsere Existenz wird nicht nur durch die Allgegenwart des Göttlichen bestimmt, sondern auch durch unsere Trennung von ihm. Das Heilige erscheint an besonderem Ort, in besonderen Zusammenhängen. Das Gefährliche dieser Situation liegt darin, daß die 'gesonderten Orte', die eigentümlichen Materialien, die rituellen Handlungen, die mit einem Sakrament verbunden sind, für sich selber Heiligkeit beanspruchen. Aber ihre Heiligkeit ist nur repräsentativ für das, was wesensmäßig möglich ist in jedem und an jedem Ort."

Paul Tillichs Beschäftigung mit der Sakramentsfrage entspringt einerseits der Erkenntnis, daß keine Kirche ohne sakramentale Elemente möglich ist, andererseits der Sorge, daß die Entwicklung des Protestantismus das Absterben der Sakramente immer mehr begünstigt. Er sagt: "Auch in der gegenwärtigen Erneuerung der reformatorischen Theologie spielt das Wort eine große, die eigentlichen Sakramente gar keine Rolle. Das Absterben der protestantischen Sakramente ist schwer zu verkennen. Natürlich können sie bei dem Konservativismus aller sakralen Form noch eine sehr lange Dauer haben... Entscheidend aber ist, daß auf protestantischem Boden die Stellung zum Sakramentalen überhaupt verändert wird. Von oberster Bedeutung für eine solche Entwicklung ist ein neues Verständnis für die Naturmächtigkeiten, die in das Sakrament eingehen... Darum ist die Lösung des Problems 'Natur und Sakrament' gegenwärtig eine Schicksalsfrage des Protestantismus. Lösbar ist diese Frage nur im Zusammenhang einer Naturanschauung, die den Mächtigkeiten der Natur gerecht wird. Wird die Natur entmächtigt, so wird das Sakrament willkürlich und bedeutungslos. Selbstverständlich kann nicht die Naturmächtigkeit allein ein christliches Sakrament schaffen. Sie muß aus ihrer dämonischen Gebundenheit gelöst werden, und das geschieht, wenn die Natur ein sakramentales Element wird."

Versuchen wir, dem Sinn dieser Worte nachzugehen, so schälen sich folgende Grundgedanken heraus:

1. *Es muß ein sachlich notwendiger Zusammenhang zwischen dem Sakrament und dem Naturelement gefunden werden.* Dazu ist es notwendig, in die Tiefenschicht der Natur vorzudringen, wo ihre eigene Seinsmächtigkeit anschaubar wird. In dieser Tiefenschicht gesehen, kann ein Naturelement zum Sakramentsträger werden. In Bezug auf die Taufe würde diese These bedeuten: Wir erkennen im Wasser eine Qualität, die es nicht zuläßt, daß wir es willkürlich gegen eine andere Substanz, z.B. Öl, Milch usw., austauschen. Es ist sehr schwer, vielleicht sogar unmöglich, diese Qualität mit rationalen Worten zu beschreiben. Wir können ihr aber nachspüren, sie zu erleben versuchen, wenn wir auf die Aussagen unserer großen Dichter hören. In Goethes Naturgefühl kommt diese Tiefenschicht der Natur zum Ausdruck, noch mehr aber bei Rilke, besondern in den Sonetten an Orpheus und den Duineser Elegien. Auch im Schöpfungsbericht der Bibel hat das Wasser eine Bedeutung, die es über den technisch verstandenen Begriff "Wasser" in eine ganz andere Dimension emporhebt: "Und der Geist Gottes schwebte über den Wassern". Die ganze Trächtigkeit, potentielle Fruchtbarkeit des Wassers schwingt in diesem gedrängten Satz mit.

2. *Ein Sakrament ist ein Vorgang, in dem das Heilige in einem Seienden gegenwärtig angeschaut wird.* Im Sakrament erlebt der Mensch das Heilige. Ein Seiendes wird für ihn transparent für das Heilige, so daß es ihm gegenwärtig erscheint. Angewendet auf die Kindertaufe ergibt sich die große Schwierigkeit, wie der Täufling in der Taufhandlung das Heilige erfahren soll.

Zum Schluß noch eine kurze Stellungnahme zu den verschiedenen Weisen, wie man die Taufe verstehen kann, von unserem Standort als freie Christen:

Wir werden zurückweisen:

1. *die magische Auffassung:* "Wir taufen, weil die Taufe heilsnotwendig ist",

2. *die ritualistisch-gesetzliche Auffassung:* "Wir taufen, weil es Gott so befohlen hat",

3. *die mystisch-supranaturalistische Auffassung:* "Wir taufen, weil der Täufling in der Taufe mit Jesus Christus vereinigt wird."

Wir werden anerkennen:

1. *die symbolische Auffassung:* "Wir taufen, weil in der Taufe eine Wirklichkeit - die Lebensbedrohung des Menschen und seine Errettung durch Gott - abgebildet wird." In diesem Sinne werden wir auch die *Kindertaufe*, nämlich als symbolische Handlung, beibehalten können.

2. *die realistische Auffassung, und wir werden versuchen, uns ein tieferes Verständnis für sie zu erwerben:* "Wir taufen (sofern es sich um einen heranreifenden oder erwachsenen Menschen handelt), weil im Hinblick auf die im Wasser enthaltene, von Gott eingestiftete Mächtigkeit der Mensch der göttlichen Schöpferkraft ansichtig und von ihr berührt werden kann."

Theodor Daur

Das Bekenntnis der Kirche und der persönliche Glaube

"Beihefte Freies Christentum" Nr. 26, 1958

Die Gemeinschaft der Kirche hat ihren Glauben an den einen Herrn je und je nicht nur in Verkündigung und Gebet, im gemeinsamen Loben und Handeln bezeugt, sondern in bestimmten "Bekenntnissen", in Bekenntnisformulierungen zusammengefaßt. Die ersten bekenntnishaften Formeln entstammen wohl einfach dem gottesdienstlichen Leben und seiner liturgischen Gestalt. Wenn uns bekenntnisartige Formulierungen sehr früh in den Taufliturgien begegnen, so zeigt das, wie gerade die Aufnahme in die Kirche eine solche Zusammenfassung des Glaubens nahelegte. Doch entsprach die Darstellung der wesentlichen Glaubensinhalte einem allgemeinen liturgischen Verlangen. Wenn dabei auch schon vorher, etwa beim Apostolikum, die Abgrenzung gegenüber sogenannten Irrlehren die Bekenntnisformulierung beeinflußt haben mag, so ist doch zum erstenmal auf dem Konzil von Nicäa 325 eine ausdrückliche Ablehnung von häretischen Ansichten dem Bekenntnis beigefügt worden. Das dritte der altchristlichen Symbole, das Athanasianum, erhält dann folgende Einleitung: "Wer da will selig werden, der muß vor allen Dingen den rechten christlichen Glauben haben. Wer denselben nicht ganz und rein hält, der wird ohne Zweifel ewiglich verloren sein. Dies ist aber der rechte christliche Glaube, daß wir einen einigen Gott in drei Personen und drei Personen in einiger Gottheit ehren..." Es folgen dann langatmige, nur aus den Auseinandersetzungen der damaligen Zeit ganz verständliche theologische Ausführungen über die Dreieinigkeit. Das Ganze schließt dann: "Das ist der rechte christliche Glaube; wer denselben nicht fest und treulich glaubt, der kann nicht selig werden".

Damit tritt eine zweite Bedeutung des Bekenntnisses ans Licht: die der Abgrenzung gegenüber falschen Lehrmeinungen. So ist ja dann auch das Augsburger Bekenntnis für die Auseinandersetzung mit der römisch-katholischen Kirche formuliert worden, und es distanziert sich auch von der Auffassung der Reformierten und der "Schwärmer"; so wurde das Barmer Bekenntnis von 1934 in der Zeit des Kirchenkampfes gegen die damalige Reichskirchenleitung verfaßt. Diese Bekenntnisse sind nunmehr beides: die Darstellung des Glaubens und Lebens der Gemeinde, gewissermaßen für den innerkirchlichen, gottesdienstlichen Gebrauch, und die Abgrenzung nach außen.

In diesem Doppelcharakter der Bekenntnisse scheint mir ein großer Teil der heutigen Problematik der gottesdienstlichen Verwendung des Apostolikums begründet zu sein. Liturgie und Verkündigung unterstehen anderen Gesetzen als Lehrzucht und theologische Apologetik. Der liturgische Gebrauch wird aber verfälscht durch den Lehrzuchtcharakter des Bekenntnisses, so wie ein Gebet durch polemische Formulierungen. Umgekehrt verleiht der lange liturgische Gebrauch gerade diesem Bekenntnis einen Grad von Unantastbarkeit als Lehrmaßstab, der bei anderen Bekenntnisse im allgemeinen nicht in gleicher Weise empfunden und festgehalten wird.

Die Bekenntnisbildungen gewinnen nun also eine kirchenrechtliche Bedeutung, und ihr normativer Charakter, der jedem Glaubenszeugnis innewohnt, erhält von daher ein anderes Gewicht. Es erhebt sich die Frage: Wer ist es, der hier die Marksteine setzt, die das Innerhalb und Außerhalb bestimmen, der Mehrheitsbeschluß einer Kirchenversammlung, eine geistesmächtige Persönlichkeit, das Amt des Papstes? Wenn man die Geschichte der Konzilsbeschlüsse kennt, wie z.B. in Nicäa die kaiserliche Macht einer Minorität zum Sieg verhalf, der wird sich nicht dabei beruhigen können, daß diese Beschlüsse unter der Leitung des heiligen Geistes zustandegekommen seien. Wer etwa "Das Buch der Ketzer " von Walter Nigg gelesen hat, weiß, wie anfechtbar und problematisch immer wieder die Entscheidungen der Kirche und auch die eines Luther und der Reformatoren gewesen sind. Und manches, was einst nach bestem Wissen und Gewissen formuliert worden ist, steht heute nicht mehr so fest und hat ein anderes Gesicht. Nicht nur, daß wir das "damnamus" ("wir verdammen") des Athanasianum heute kaum mehr unterschreiben werden; auch unser Augsburger Bekenntnis ist nicht unfehlbar. Wenn z.B. dort diejenigen verworfen werden, die die Kindertaufe ablehnen, so gibt es heute namhafte Theologen, wie z.B. Karl Barth, denen die Kindertaufe sehr problematisch geworden ist. Die neutestamentliche Forschung hat ergeben, daß die Auslegung der Abendmahlsworte durch Luther in seinem Streit mit Zwingli falsch war, und ein so frommer Mann wie der württembergische Kirchenvater Johann Albrecht Bengel hat über die ewige Verdammnis anders gedacht, als es das Augsburger Bekenntnis lehrt.

Es ist daher offensichtlich, daß auch die Bekenntnisformulierungen der Kirche sehr ihre Grenze haben. Sie mögen je und je im Kampf der Kirche, in der Auseinandersetzung mit allerlei Zeitströmungen ihre zeitbedingte und zeitbeschränkte Berechtigung haben; sie bleiben aber menschliche Versuche, das Unfaßbare zu fassen, die Versuche bestimmter Menschen in einer bestimmten Zeit und Lage. Und es ist ein Mißbrauch, in ihnen die ein für allemal gültige Formulierung zu sehen, die für eine evangelische Landeskirche bestimmend ist.

Zu diesem Mißbrauch sind noch ein paar Worte zu sagen. Es ist die Tendenz jeder fest fixierten Formulierung, daß sie Alleingültigkeit beansprucht. Es läßt sich aber geistiges Leben nie in Formeln fassen. Der Buchstabe tötet, der Geist aber macht lebendig. Es ist die Gefahr, daß unter normativ geprägten Formulierungen der Glaube zur Lehre, zu etwas Lehrbarem wird, und daß dann die Annahme der Lehre mit Glauben verwechselt und so eine falsche Sicherheit erzeugt wird. Es ist die Gefahr, daß der Glaube zu etwas an der Lehre Kontrollierbarem wird, und daß der Mensch verführt wird, über den Glauben des andern zu Gericht zu sitzen. Es ist die Gefahr, daß hier menschliches Denken zum Herrn wird über das Leben, das allein Gott gehört. Wenn z.B. Brüder in Christo, die miteinander für ihren Herrn Seite an Seite im Kirchenkampf gestanden sind und ihr Leben gewagt haben, danach nicht miteinander zum Abendmahl gehen können, weil sie eine verschiedene Abendmahlslehre haben, so scheint mir hier diese Gefahr sichtbar zu sein.

Das wahre Bekenntnis der Kirche ist ihr Glauben und Leben. Die sogenannten Bekenntnisse können ihr Hilfsmittel auf ihrem Wege sein, aber nicht Grund und Maßstab des Glaubens. Die Not und Problematik der evangelischen Kirche heute ist nicht das Fehlen eines einheitlichen Bekenntnisses unserer Zeit, sondern die Armut an vollmächtiger und glaubwürdiger Verkündigung und der entsprechende Mangel an schlichtem und praktischem Gehorsam.

Mit diesen kritischen Worten soll nicht geleugnet werden, daß die Glaubensbekenntnisse ihre sachliche und geschichtliche Berechtigung haben können sowohl als Bestandteil der Liturgie, als Ausdruck des gemeinsamen Glaubens und der Anbetung, wie auch als Abgrenzung nach außen in der Auseinandersetzung mit allerlei Zeitströmungen oder mit dem besondere Wege gehenden Glauben einzelner. Auch ohne daß damit schon ein Urteil über andere Religionen gefällt werden müßte, vereinigt eben die christliche Kirche die Glieder eines besonders gearteten und sich von den Erkenntnissen anderer Religionen unterscheidenden Glaubens, der sie bei aller Mannigfaltigkeit im einzelnen miteinander verbindet. Wenn nun dieses Gemeinsame in den Gottesdiensten zum Ausdruck kommt, im gemeinsamen Lied und Gebet, in Liturgie und Schriftgebrauch, so wird es immer so sein, daß dabei nicht jeder einzelne in seiner Individualität in gleicher Weise zu seinem Recht kommen kann.

Ebenso wird der Auftrag, der der Kirche in der Welt gegeben ist, je und dann eine Grenzziehung nach außen hin erfordern, eine Grenzziehung, die wieder nicht jeder einzelne in der gleichen Weise vollziehen würde. In beiden Fällen wird der einzelne sich, soweit er es eben kann und darf, um des gemeinsamen Anliegens willen dem Ganzen ein- und unterordnen. Damit dies aber in Freiheit und Wahrhaftigkeit geschehen kann, ist wesentlich, daß diese Bekenntnisse bei aller Bedeutung, die ihnen jeweils zukommt, als Zeugnisse menschlichen Glaubens gewertet werden und ihren Formulierungen kein Unfehlbarkeitscharakter beigelegt wird; daß sie im Fluß des lebendigen und immer wieder neu zu wagenden und zu ergreifenden Glaubens bleiben und nicht zu einer absoluten Lehrnorm erstarren.

Darüber hinaus ist es überhaupt fraglich, ob ein formuliertes, normatives, gemeinsames Glaubensbekenntnis zum Wesensbestandteil der christlichen Gemeinde gehört und ob das Sich-Festlegen auf ein solches ihr nicht mehr geschadet als genützt hat. Es ist ja kein Zufall, sondern gehört zum Wesen des Wortes Gottes, daß es uns in der Bibel in einer so großen Mannigfaltigkeit entgegentritt, die auch einander Widersprechendes enthält und die sich eben nicht so ohne weiteres auf eine einheitliche Formel bringen läßt. Gott spricht zum konkreten Menschen, zu jedem an seinem Platz und zu seiner Zeit und in seiner Weise. Darin besteht die Unmittelbarkeit und Wahrheit seines Wortes, darin ist aber auch die Verschiedenheit seiner Worte begründet, und dem entspricht dann auch die Mannigfaltigkeit und Unterschiedlichkeit der menschlichen Glaubenszeugnisse.

Die Einheit des Wortes Gottes beruht allein in der Einheit dessen, der da zu uns spricht, und nicht in einer logisch faßbaren Übereinstimmung der einzelnen Aussagen. Wer sie begrifflich fixieren will, ist in der Gefahr, sich der Konkretheit der Offenbarung zu entziehen und damit ihr Wesen und ihre Wahrheit zu verfehlen. Den Versuchen zusammenfassender Bekenntnisformulierungen kann daher dem Wesen der biblischen Offenbarung und Verkündigung gegenüber nur eine jeweils vorläufige und vorübergehende Bedeutung beigemessen werden. Nach reformatorischer Erkenntnis lebt und entsteht christliche Gemeinde immer neu da, wo das Wort Gottes lauter und rein verkündigt wird, also in der lebendigen und gegenwärtigen Begegnung mit dem Wort Gottes, in der aktuellen Verkündigung und ihren Folgen.

Adolf Müller

Zum Problem des evangelischen Religionsunterrichts

"Freies Christentum" Nr. 2, 1966

Der Ruf derer, die nach dem Zweiten Weltkrieg das Wort "Religionsunterricht" durch die Bezeichnung "Evangelische Unterweisung" ersetzten und Bibel und Bibelarbeit wieder in den Mittelpunkt stellten und gestellt wissen wollten, die mit Gebet und Andacht den Religionsunterricht zur Feierstunde gestalten und christliche Gemeinde praktizieren wollten - dieser Ruf nach Verinnerlichung und Verkirchlichung der evangelischen Unterweisung verhallt heute wirkungslos. Er trifft die reale Lebensspannung der überwiegenden Mehrzahl der Schüler nicht. Er setzt eine geistige und seelische Struktur der Schüler voraus, wie sie vielleicht noch unmittelbar nach der Katastrophe von 1945 und in deren Katastrophenpsychose bestand, die aber lange hinter uns liegt.

Wie in den ersten Jahren der Nachkriegszeit das Leben geistig sehr unproblematisch gewesen ist, weil jeder um die nackte Existenz, um Unterkunft, Nahrung und Kleidung zu kämpfen hatte, so herrschte damals ein Hunger nach fester geistiger Speise, nach massiver Dogmatik und Lehre. Man wollte nach dem Zusammenbruch der Ideologien etwas Festes in die Hand bekommen. Aber in der Zwischenzeit hat sich die geistige Lage der Gegenwart, die seelische und geistige Haltung unserer Jugend völlig gewandelt.

Die geistige Lage der Gegenwart ist geprägt durch den Szientismus, die Verwissenschaftlichung unseres Denkens und Handelns. Der Wissensstoff wird nicht nur immer größer in allen Fächern der Schule, er wird auch mehr und mehr in durchreflektierter, wissenschaftlicher Weise dargeboten und muß bei der Arbeitsschulmethode vom Schüler verarbeitet werden. Damit rückt der Unterricht die Zusammenarbeit an der gemeinsamen Sache in den Mittelpunkt.

Offiziell tragen unsere höheren Schulen die Bezeichnung "Christliche Gemeinschaftsschule", aber die christliche Tradition hat keine Lebensnähe mehr zur modernen Schule, jedenfalls nicht zum modernen mathematisch-naturwissenschaftlichen Gymnasium. Aber der evangelische Religionsunterricht kann und muß Sachnähe zu den Fächern der Schule gewinnen, die in ihr gelehrt und durchgearbeitet werden. Der Religionsunterricht kann sich nicht länger als Werbung für eine am Rande stehende Kirche betrachten, sondern er muß von der Erkenntnis erfaßt sein, daß das Evangelium nach evangelischem Verständnis streng auf die Schulwirklichkeit, auf ihre einzelnen Fächer und den Lehrbetrieb der Schule bezogen sein will und tatsächlich bezogen ist.

Evangelischer Religionsunterricht ist kein Erlebnisunterricht und keine Andacht, sondern ist im wörtlichen Sinn Schul-Unterricht, der sich um Klärung der Sachverhalte, um Erkenntnis der Wirklichkeit und um Erfassung der Sinnwirklichkeit bemüht. Die Bauelemente dieses Unterrichts sind dem biblischen Material entnommen, aber nicht autoritär-gesetzlich, sondern funktionell. Mit diesem Material wird im Unterricht ein Modell gebaut. Dieses Modell ist flexibel. Deswegen haben in diesem Religionsunterricht Fragende, Zweifelnde, Bekennende ihren Platz. Es wird keine religiöse oder kirchliche Vorgabe verlangt. Wie das protestantische Prinzip Lehrfreiheit verlangt, so verlangt es auch Unterrichtsfreiheit. Dennoch ist dieser Unterricht verpflichtend für alle Teilnehmer: wer hier mitmacht, bringt sein Schulwissen mit. Er kann nicht als Privatmensch kommen, er muß mitarbeiten, miterarbeiten. Es wird von ihm ein Engagement erwartet. Bloße Zuschauer oder Zuhörer erträgt das Team nicht. Und das Gespräch muß mit intellektueller Redlichkeit und existentiell gedeckt geführt werden. "Glasperlenspiele" oder Deklamationen, Bekenntnisse oder schöngeistige Reden haben hier keinen Platz.

So gewiß Religion persönliche Angelegenheit ist, so gewiß ist sie als geschichtliches Faktum eine Sache der Gemeinschaft. Die Gemeinschaft ist Wurzel und Halt der Religion des protestantischen Menschen. Evangelischer Unterricht ist nur möglich auf dem Boden und im Rahmen von Gemeinschaft. Früher gaben Kirche und Elternhaus dem Religionsunterricht Rückhalt und Gewicht. Heute ist die Kirche dem jungen Menschen im allgemeinen problematisch geworden, jedenfalls hat sie keine faktische Autorität mehr. Und mit dem Elternhaus steht es nicht anders. Es hat keine Beziehung zum Religionsunterricht in der Schule. Der Religionslehrer ist die Stimme eines Predigers in der Wüste, wenn es ihm nicht gelingt, die Klasse zu einer Klassengemeinschaft zu gestalten. Lehrer und Schüler müssen in einem unbedingt übergeordneten Prinzip zur Einheit kommen. Dabei ist kein persönlicher Gottesglaube Voraussetzung, sondern nur der unbedingte Wille zur Wahrheit und Wahrhaftigkeit. Dazu müssen sich Lehrer und Schüler verpflichtet wissen und darin müssen beide eins sein. Ein Religionsunterricht, dem es nicht allein um Wahrheit geht, ist zum Scheitern verurteilt, weil er dem Sinn des Religionsunterrichts widerspricht, wenn er das Axiom preisgibt, daß Gott die Wahrheit und Christus der Logos ist. Da aber die Wahrheit nie objektiv gegeben ist, sondern immer aufgegeben ist, also ständig aus der Situation verstanden werden muß, "platzen die Geister" gerne aufeinander.

Ohne Zweifel ist diese "Methode der Korrelation" (Tillich) kein Instrument, das willkürlich gehandhabt werden könnte. Sie ist kein mechanischer Kunstgriff und keine unverbindliche Stellungnahme. Sie ist vielmehr eine theologische Aussage auf Grund des protestantischen Prinzips und wie alle theologischen Aussagen nur möglich mit dem Mut zum Wagnis, also ein Bekenntnis aus Überzeugung. Das Unterrichtsgespräch führt und entfesselt eine Diskussion, und eine einhellige Meinung kommt möglicherweise nicht zustande. Das ist auch nicht entscheidend.

Damit ist bereits gesagt, daß die alte Art des Religionsunterrichts grundsätzlich aufgegeben werden muß. Der Lehrer kann nicht eine bestimmte dogmatische Lehre vortragen und für verbindlich erklären und auswendig lernen lassen. Er muß im Unterrichtsgespräch das Problem aufwerfen, das Für und Wider erörtern, die Aussprache objektiv leiten und, wenn es geht, zum Ende der Stunde eine Zusammenfassung unter Mithilfe der Schüler versuchen. Er muß nur zeigen, daß die evangelisch verstandene christliche Verkündigung die Sondersphäre der Religion sprengt und für die Profanität als solche, d.h. für den Inbegriff des natürlichen und geschichtlichen Lebens, gültig ist. Deswegen ist im Religionsunterricht von Natur und Geschichte die Rede wie im übrigen Unterricht in den Natur- und Geschichtswissenschaften, aber unter dem Gesichtspunkt, daß etwas in ihnen ist, *worin sie uns unbedingt angehen.* Und dieses Moment herauszuarbeiten und zum Ergreifen zu bringen, *das ist die Aufgabe des evangelischen Religionsunterrichts.*

Erik Schmidt

Irrwege "moderner" Theologie

"Freies Christentum" Nr. 7, 1967

Wer die Entwicklung der evangelischen Theologie, soweit sie kirchlich-offiziösen Charakter gewonnen und Lehrstühle wie Kanzeln erobert hat, mit Erstaunen, innerem Protest und manchmal auch Erbitterung verfolgt hat, kann sich über den gegenwärtigen Wirrwarr in der Theologie kaum verwundern. Zwar hat es in der Theologie zu allen Zeiten verschiedene Meinungen gegeben, wie dies auf anderen Geistesgebieten nicht anders ist - und das ist gut so, denn nichts zeugte mehr für die innere Erstarrung einer Kirche und einer Theologie, als wenn eine dogmatische Uniformität herrschend geworden wäre. Allein die Verwirrung, die heute in der Theologie herrscht, zeugt doch von einer besonderen Krise in ihr. Es ist heute in der Theologie wirklich "alles möglich", bis hin zum tatsächlichen, wenn auch nicht zugegebenen Atheismus. Und dies, nachdem die Ritter der dialektischen Theologie, voll ausgerüstet mit den Waffen ihrer "Dialektik" und des "Wortes", das im "Gehorsam" ohne Kritik und Prüfung "angenommen" werden sollte, ausgezogen sind, um die bösen "Liberalen" und "Idealisten" aus dem Felde zu schlagen.

Diese heillose Verwirrung muß ihre Ursachen haben. In der Tat zeigt die Prüfung der theologischen Entwicklung, daß nach dem Ersten Weltkrieg, als vielen ihr bisheriger optimistischer Idealismus zusammengebrochen war, die offiziöse Theologie Wege eingeschlagen hat, die, um mit Martin Heidegger zu reden, ausgemacht "Holzwege" waren, die notwendig in ein undurchdringliches Waldesdickicht führen mußten, wo man vor lauter Bäumen keinen Wald mehr sieht. Wir möchten einige der wichtigsten Irrgänge der modernen Theologie kurz beleuchten. Diese Theologie ist nicht darum in die Irre gegangen, weil sie zu "modern" wäre und das "alte Evangelium" aufgegeben hätte. Sondern sie ist darum irre gegangen, weil sie *zu wenig* "modern" ist und mit "modernen" Methoden das alte dogmatische Evangelium retten will. Dies zeigt sich u.a. in folgenden Punkten:

1. Der erste Irrweg, den die dialektische Theologie eingeschlagen hat, besteht darin, daß sie glaubte, *den "historischen Jesus" theologisch beseitigen zu dürfen.*

Bei dieser These beruft man sich auf Albert Schweitzer und sein Buch über die Leben-Jesu-Forschung. Man liest und hört immer wieder, Albert Schweitzer habe gezeigt, daß der historische Jesus keine faßbare Größe sei, also auch kein "Leben Jesu" geschrieben werden könne. Nun hat Schweitzer gewiß nachgewiesen, wie persönlichkeitsbedingt und zeitbedingt jedes Leben-Jesu in der Vergangenheit gewesen ist. Ja, man kann ruhig zugeben, daß die Darstellung eines Lebens Jesu im Sinne einer Biographie nach den vorhandenen Quellen nicht möglich ist. Aber daß darum der "historische Jesus" nicht historisch faßbar sei, hat Schweitzer nicht behauptet. Ganz im Gegenteil, Albert Schweitzer war der Überzeugung, daß seine konsequent-eschatologische Darstellung der Person und der Lehre Jesu die einzige historisch zutreffende sei. Nun kann man gewiß an dem Jesus-Bild Schweitzers wiederum im einzelnen Kritik üben - daß aber Albert Schweitzer im wesentlichen ein historisch einwandfreies Bild vom "historischen Jesus" entworfen hat, kann kein unbefangener Forscher bestreiten. *Dieser historische Jesus aber ist theologisch von höchster Bedeutung.* Denn er ist der einzige historisch-kritische Maßstab für eine historische Beurteilung und Kritik des neutestamentlichen Christus-Mythus und des altkirchlichen Christus-Dogmas. Natürlich kann und muß diese Kritik auch mit religionsgeschichtlichen, systematischen und philosophischen Mitteln durchgeführt werden, aber die historische Kritik mit dem historischen Jesus-Bild ist darum keineswegs entbehrlich.

Was aber ist die Folge, wenn die Theologie das Problem des historischen Jesus mißachtet und sich auf den kerygmatischen Jesus Christus beschränkt? Die Folge ist nichts anderes als die dogmatische Konservierung des Christus-Mythus und des Christus-Dogmas der altkirchlichen "Bekenntnisse", die gerade von einer wirklich "modernen" Theologie überwunden werden müßten, weil sie heute bei der überwiegenden Zahl von Zeitgenossen und Gemeindegliedern einfach nicht mehr "ankommen". Die Folge der Mißachtung des "historischen Jesus" ist also die theologische und kirchliche Restauration, die die Kirche in den Konflikt mit dem modernen Wahrheitsbewußtsein jedes denkenden Menschen verstrickt.

2. Der zweite Irrweg der modernen Theologie ist *die rein formale und assertorische* (behauptende, nicht begründende) *Berufung auf die Offenbarung*. Kein Theologe hat jemals behauptet, daß Gottesglaube und gläubige Erkenntnis Gottes ohne Offenbarung möglich seien, daß also der Mensch "aus eigener Vernunft und Kraft" Gott erkennen könne. Daß dem nicht so ist, lehrt so klar alle menschliche Erfahrung, daß kein denkender Mensch das jemals behauptet hat. Wie sollte der endliche Mensch auch den unendlichen Gott erkennen, wenn Gott sich ihm nicht zu erkennen geben würde, sich ihm nicht irgendwie erschlösse? Auch die Vertreter der allgemeinen Offenbarung oder der sogenannten "natürlichen" Theologie haben dies nie behauptet, und es ist eine falsche Unterstellung, wenn ihnen dies nachgesagt worden ist. Alle Gotteserkenntnis setzt Offenbarung voraus.

Aber mit dieser formalen Feststellung ist sehr wenig gewonnen. Denn es fragt sich nun, *wo*, *wie* und *wann* sich uns Gott offenbart und geoffenbart hat. Wenn jetzt die dialektische Theologie behauptet, Gott offenbare sich nur in der Bibel und hier nur in Jesus Christus, so stellt sie damit eine verengte Offenbarungstheorie auf, die sich weder historisch noch systematisch irgendwie rechtfertigen läßt, die also rein dogmatisch ist. Sie degradiert alle anderen Hoch-Religionen zum bloßen "Götzendienst". Schon Ludwig Feuerbach, der junge Karl Marx und Schopenhauer haben sich über die kirchlichen Theologen lustig gemacht, die erst alle Offenbarung in den Religionen verneinen, dann aber für *ihre* Religion, in diesem Fall die christliche, ausschließlich die Offenbarung reklamieren.

Diese Behauptung wird gestützt durch die These, daß die göttliche Offenbarung *relativiert* würde, wenn es außerhalb der Bibel und Jesu Christi auch noch Offenbarung gäbe. Eine ganz erstaunliche These! Als ob es in der Entwicklung des Gottesglaubens ein solches Entweder-Oder gäbe! Als ob Gottes Offenbarung dadurch ihre Wahrheit verlieren könnte, weil auch außerhalb der Bibel Menschen etwas von Gott erkennen können!

Hier helfen aber nicht Thesen und Gegenthesen, sondern allein die sachliche Prüfung des religionsgeschichtlichen Tatbestandes. Und dieser zeigt eindeutig so viele Parallelen und Übereinstimmungen des *Gehalts* und der *Psychologie* zwischen dem biblischen Christentum und den anderen Religionen, daß schlechterdings nur zwei Möglichkeiten gegeben sind: Entweder es gibt *nirgendwo* Offenbarung Gottes, und alle Religionen sind mit Feuerbach nur als subjektive menschliche Einbildungen zu werten - oder Offenbarung ist *überall* anzunehmen, wo Menschen sich im Gebet und im Glauben zum Göttlichen erheben.

Der Kunstgriff der dialektischen Theologie, erst Ludwig Feuerbach die ganze Zersetzung des Religionsbegriffs zuzugestehen und dann die Offenbarung in Jesus Christus allein davon auszunehmen, ist nur ein Trick, der keinen denkenden und in der Welt der Religionen Bescheid wissenden Menschen überzeugen kann.

Erik Schmidt

Die Lähmung des Wahrheitsbewußtseins

"Freies Christentum" Nr. 3, 1968

Lähmung des Wahrheitsbewußtseins - wo hat sie stattgefunden? In unserer abendländischen Welt und ihrer Geisteshaltung? Man könnte z.B. fragen, ob dem modernen Menschen die objektive Wahrheit noch ein existentielles Anliegen ist, ob ihm nicht die wissenschaftliche "Richtigkeit" und damit der "Nutzen" viel wichtiger sind, - worin er von einer gewissen existentialistischen und pragmatistischen Philosophie noch bestärkt wird. Aber wir richten unsere Aufmerksamkeit jetzt auf die Lähmung des Wahrheitsbewußtseins *in unseren Kirchen* und ihren Leitungen.

Seit der beginnenden Aufklärung hat ein fortschreitendes evangelisch-protestantisches Denken an der Bibel und dem altkirchlichen Dogma, speziell am "Apostolikum", historische und dogmatische Kritik geübt. Die textkritischen und historischen Argumente gegen das Dogma und wesentliche Teile des Apostolikums (Jungfrauengeburt, leibliche Auferstehung Jesu, Auferstehung des "Fleisches", leibliche Wiederkehr Jesu auf diese Erde) waren wissenschaftlich so einwandfrei und solide unterbaut, daß die kirchliche Apologetik sie sachlich nie widerlegen konnte. Sofern sich diese Apologetik nicht hinter der Mauer eines supranaturalen Wunders ("Bei Gott sind alle Dinge möglich!") verschanzte, sofern sie sich wirklich auf die Arena einer sachlichen wissenschaftlichen und theologischen Diskussion begab, versagte sie geradezu kläglich. Im Grunde hat hier schon Friedrich Schleiermacher in seiner positiven Kritik am altkirchlichen Dogma alles Nötige gesagt, und von Ernst Wilhelm Hengstenberg und seiner "Kirchenzeitung" bis zu Emil Brunners Buch "Die Mystik und das Wort" ist Schleiermacher nur *angegriffen*, aber nicht sachlich *widerlegt* worden, was ein großer Unterschied ist. Das gilt bis zum heutigen Tage.

Die Apologetik z.B., mit der Karl Barth in seiner "Kirchlichen Dogmatik" die Jungfrauengeburt verteidigen zu können glaubt, ist von einer theologischen Rabulistik, die geradezu peinlich wirkt, und die sogar einem Emil Brunner zu viel war.

Als Folge dieser rationalistischen, pietistischen und dann liberalen Kritik am altkirchlichen Dogma ergab sich im 19. Jahrhundert bereits folgende kirchliche Situation: Ein großer Teil der Theologie-Professoren, die der Kirche ihren pastoralen Nachwuchs auszubilden die Aufgabe hatten, standen wesentlichen Teilen des altkirchlichen Bekenntnisses kritisch-ablehnend gegenüber und vertraten diese Auffassung auch mehr oder weniger offen vom Katheder aus und in ihren Büchern. Ein sehr großer Teil der Pfarrerschaft, von diesen Dozenten ausgebildet und vom Geist der Neuzeit erfaßt, stand dem altkirchlichen Dogma nun ebenfalls kritisch gegenüber. Sie konnten, wenn sie ihrem intellektuellen Gewissen und Wahrheitsbewußtsein folgten, das Apostolikum nicht mehr "bekennen", denn es war nicht mehr der vollgültige Ausdruck ihrer Glaubensüberzeugungen.

In dieser Situation hatten die Kirchen und Kirchenleitungen (zusammen mit dem Staat, der ja mit den Kirchen verbunden war) zwei Möglichkeiten: Entweder sie vereidigten Professoren und Pfarrer rücksichtslos auf das altkirchliche Dogma und beseitigten alle die Theologen aus dem kirchlichen Dienst, die sich nicht fügen konnten oder wollten. Da dieser Weg nach Lage der Dinge nicht gangbar war - obwohl es an Versuchen in der Praxis nicht gefehlt hat, siehe Hengstenbergs Kirchen- und Hochschulpolitik! -, so blieb ehrlicherweise nur der andere Weg übrig, nämlich die offizielle, kirchenamtliche Gültigkeit des altkirchlichen Dogmas in Lehre und Kultus aufzuheben - was seit der Auflösung des "Römischen Reiches deutscher Nation" im Jahr 1806 und damit der Beseitigung der alten Reichsgesetze auch verfassungsmäßig durchaus möglich war. Die Kirchen und die Kirchenleitungen konnten sich für keinen der beiden Wege entscheiden, sie schlugen den *Mittelweg* ein, und zwar den der intellektuellen Unredlichkeit und der Lähmung des Wahrheitsbewußtseins in der Kirche und der Geistlichkeit. Es ergab sich nun folgende seelisch-geistige Lage: Ein großer Teil der Pfarrerschaft - auf die relativen oder absoluten Prozentsätze kommt es hier wahrhaftig nicht an! - lehnte aus Gewissensgründen wesentliche Teile des Apostolikums ab und vermochte sie nicht zu "bekennen". Dieselben Pfarrer aber wurden von der offiziellen Kirche genötigt, das nicht geglaubte Apostolikum in Lehre und Kultus zu "bekennen" bzw. zu "zelebrieren". Sie halfen sich, indem sie das Bekenntnis *umdeuteten*. Man nennt das reservatio mentalis, was etwa so übersetzt werden kann: Man deutet für sich das Gesagte um und rechtfertigt sich damit vor sich selbst, tut aber mit Worten so, als bekenne man das Bekenntnis buchstäblich. *Dies nicht nur zu dulden, sondern geradezu zu erzwin-*

gen, heißt die intellektuelle Unredlichkeit in der Kirche zum Prinzip erheben!

Was sagten die *Gemeinden* dazu? Ein Teil merkte sicherlich nichts und ließ sich das Bekenntnis ihrer Pfarrer gefallen, so wie es verkündet und zelebriert wurde. Denkende und hellhörige Gemeindeglieder aber erfuhren auf mancherlei Wegen die *wahre* Glaubensgesinnung ihres Pfarrers. Was sollten sie nun zu dieser reservatio mentalis sagen? Was sollten sie denken? Sollten sie ihren Pfarrer zur Rede stellen? Wie schwer fällt es den sogenannten Laien, theologisch zu diskutieren! Und nun gar mit einem studierten Pfarrer! Der weiß doch immer alles besser. Und hat tausend Ausflüchte und Hintertreppchen, die ein gewöhnlicher Mensch nicht findet! Also läßt man auch die Diskussion. Aber weder steigt dadurch die Achtung vor Theologie und Kirche, noch wird dadurch das evangelische Wahrheitsbewußtsein gestärkt. In den dreißiger Jahren sagte mir einmal ein Journalist: "Wenn du das offizielle kirchliche Dogma nicht bekennen kannst, warum ziehst du dann nicht deinen Talar aus?" Ja, warum?

Es sei mir hier eine persönliche Erinnerung gestattet: Ich bin als Student in Berlin Mitglied des "Akademisch-Theologischen Vereins", Eisenacher Kartell, AThV. genannt, gewesen. Wir waren ein ausgesprochen "liberaler" theologischer Verein. Viele von uns haben sich als Studenten ernsthaft überlegt, ob sie es mit ihrem Gewissen vereinbaren könnten, als Pfarrer das Apostolikum liturgisch zu vertreten, zumal wir ja nicht auf den Buchstaben, sondern auf den "Geist" der Bekenntnisschriften bei der Ordination vereidigt wurden. Wir haben es dann doch getan. Warum? Die Motive sind verschiedene gewesen: Rücksicht auf die kirchliche Tradition, auf die schwere Lage der Kirche in ihrem Kampf mit dem Atheismus und der Gleichgültigkeit der Menschen; Rücksicht auf die "Schwachen" im Glauben in der Nachfolge des Apostels Paulus, auch Scheu vor Konflikten als noch so junge und unerfahrene Menschen. Aber wohl dem, der dabei *kein* gutes Gewissen hatte! Er bezeugte damit, daß wenigstens *sein* Wahrheitsbewußtsein noch nicht gelähmt war!

So sieht die Lage aus, wenn wir auf die Theologen und Pfarrer blicken. Selbst wenn die Vertreter der offiziellen Kirche in ihrem *persönlichen* Glauben ganz auf dem Standpunkt des Apostolikums standen, hätten sie aus Rücksicht auf ihre Amtsbrüder und um der intellektuellen Redlichkeit in der Kirche willen diesen Mittelweg eines unredlichen Kompromisses nie einschlagen dürfen. *Sie haben damit Kirche und Volk unendlichen inneren Schaden zugefügt.* Aber wie sah es nun in derselben Zeit abgesehen von den Theologen in den Gemeinden aus? Gewiß vollzog sich bei uns nach den Freiheitskriegen im Zusammenhang mit der Erweckung eine pietistisch-orthodoxe Reaktion, die am liebsten alle Errungenschaften der Aufklärung ausgemerzt hätte und zum altprotestantischen Dogma zurückgekehrt wäre. Allein diese Reaktion vollzog sich in relativ engen kirchlich-staatlichen Sphären. Die allgemeine Geistesentwicklung ging unter dem Einfluß der klassischen Dichtung, der neueren Philosophie und der aufkommenden Naturwissenschaften ganz andere Wege, die der historisch-kritischen Theologie durchaus konform waren. Fast alle führenden Geister der Nation waren dem geistigen Niveau des altkirchlichen Dogmas längst entwachsen. Von Lessing und Kant bis Thomas Mann und Karl Jaspers kenne ich fast keinen führenden Repräsentaten unserer geistigen Kultur, der auf dem Boden des altkirchlichen Dogmas gestanden hätte oder steht. Ausnahmen, wie der alte Schelling in der fünften und letzten (mythologischen) Periode seines Philosophierens, bestätigen nur die Regel. Damit war faktisch die ganze Nation dem Dogma entwachsen. Und in den anderen Kulturländern sah es ähnlich aus. Die Kirchenlehre wurde immer mehr zu einem Restbestand aus alter Zeit. Theodor Fontane schreibt einmal in einem Brief sinngemäß: "Kennen Sie unter Ihren Bekannten in Berlin auch nur Einen - abgesehen natürlich von unseren orthodoxen Pastoren! -, der auf dem Boden der Kirchenlehre stünde? *Ich* kenne keinen!" So war bereits in der zweiten Hälfte des Jahrhunderts die geistige Situation. Und sie hatte nicht nur ihre Wurzeln in der darwinistisch-materialistischen Welle, welche die gebildete Bürgerschaft erfaßt hatte, sondern hatte tiefere religiöse Hintergründe.

Und das "Volk"? Gewiß gab es viele Gemeindeglieder in Stadt und Land, die fest im alten Glauben standen. Aber in der denkenden Arbeiterschaft sah es anders aus. Daß die sozialdemokratischen Arbeiter in Berlin nicht den orthodoxen Adolf Stöcker wählen wollten, sondern lieber den bürgerlich-liberalen Rudolf Virchow, war höchst bezeichnend. Mit dem Apostolikum auf der Fahne konnte auch die Arbeiterschaft weder gehalten noch gewonnen werden.

Am Ende des 19. Jahrhunderts wurde der Kirche eine einmalige Chance gegeben. Noch war das Wahrheitsbewußtsein in der Nation und im Kirchenvolk nicht gelähmt, es war noch existentiell lebendig. Durch Adolf von Harnacks Vorstoß kam es zum Apostolikumsstreit. Es war gewissermaßen die zwölfte Stunde. Wenn damals die offizielle Kirche und mit ihr der "christliche" Staat die Wahrheitsfrage ernst genommen hätten und zu einer theologischen Reform fähig gewesen wären, hätte vieles für Kirche und Volk noch gerettet werden können. *Die Stunde wurde verpaßt*. Es steigt einem heute noch die Schamröte ins Gesicht, wenn man liest, mit welchen Mitteln damals der Oberkirchenrat in Berlin und die reaktionären Kreise die Wahrheitsfrage unterdrückten. Dies entspricht nur den Methoden, mit denen wenige Jahre vorher die Berufung Harnacks nach Berlin verhindert werden sollte.

Wie ist die Lage heute? *Das Wahrheitsbewußtsein innerhalb und außerhalb der Kirche ist völlig gelähmt. Außerhalb* der Kirche wird das Dogma und damit die Haltung der Theologen in diesen Fragen *nicht ernst genommen*, so wie die Wahrheitsfrage überhaupt. Man hört sich alles an und denkt sich dabei sein Teil! Existentielle Leidenschaft entfacht das Problem des Apostolikums und des kirchlichen Bekenntnisses überhaupt nicht mehr. Und *innerhalb* der Kirche wird unter der Decke einer von den Synoden bestätigten neo-orthodoxen Kirchenlehre lustig und ohne Gewissensbisse *umgedeutet*, so daß bald keiner mehr weiß, was die Kirche eigentlich "glaubt". Diese Umdeutungen reichen bis in die Orthodoxie hinein. Oder ist etwa Karl Barths Lehre von der Sünde oder von der Auferstehung Christi noch mit dem biblischen Zeugnis und dem Apostolikum zu vereinigen? Einst schrieb der Apostel Paulus: Wir können nichts gegen die Wahrheit. Ist in unserer Zeit das Wort "Wahrheit" in der Kirche nur noch "Schall und Rauch" geworden?

Hellmut Haug

Die Gnade der Freiheit

"Freies Christentum" Nr. 7/8, 1982

Die Zentrallehre der Reformation von der "Rechtfertigung allein aus Glauben" oder - was dasselbe bedeutet - "allein aus Gnade" ist dem heutigen Menschen so fern gerückt, daß er zunächst Mühe hat, überhaupt zu begreifen, worum es da geht. Das beginnt schon beim Namen: "Gerechtfertigt" wird nach unserem Sprachgebrauch jemand, der im Recht ist und das offiziell bestätigt bekommt; die Rechtfertigungslehre dagegen meint, daß der Mensch, der vor Gott total im Unrecht ist und seine ganze Existenz verwirkt hat, gegen alles Recht aus reiner Barmherzigkeit als "gerecht" anerkannt wird. Rechtfertigung im biblischen und reformatorischen Verständnis bedeutet: Der Schuldige wird freigesprochen; Gott nimmt den Sünder in Gnaden an.

Wenn wir das so formulieren, merken wir sofort, daß hinter der Schwierigkeit mit dem Namen eine Schwierigkeit mit der Sache verborgen ist: Fühlen wir uns noch als "Sünder" in dem Sinn, der hier vorausgesetzt wird? Fragt man den durchschnittlichen religiös ansprechbaren Zeitgenossen, so wird er vielleich sogar zustimmen: O ja, ich kenne wohl meine Unvollkommenheit; ich bemühe mich, das Gute zu tun, aber ich versage täglich neu und bin mir bewußt, wieviel ich Gott und meinen Mitmenschen schuldig bleibe. Aber wenn man ihm nur ein wenig auf den Zahn fühlt und ihm pflichtgemäß und theologisch korrekt klarzumachen sucht, daß er nicht durch seine schlechten oder unterlassenen *Taten* ein Sünder ist, sondern durch sein *Sein*, ein Sünder von Geburt und Natur, und daß deshalb auch noch seine Erb- und Ursünde Vergebung empfangen hat - dann wird er einen verständnislos anschauen und den Kopf schütteln: Nein, das ist meine Erfahrung nicht! Ich trage Gutes und Böses in mir, zwei Seelen ringen in meiner Brust; aber ein Urböses, um dessentwillen Gott mich verdammen müßte, das finde ich in mir nicht; das ist eine theologische Konstruktion.

Gehen wir über diesen Punkt nicht zu schnell hinweg. Es gibt keine Rechtfertigungslehre ohne eine vorausgesetzte Lehre von der Ur- oder Erbsünde. Ohne *diese* Sünde wäre "Rechtfertigung aus Gnade" die überflüssigste Sache von der Welt. Mit unseren Einzelsünden, unseren Tatsünden könnten wir zur Not auch allein zurecht kommen - so gewiß wir es nach Paulus sogar müssen; denn dem Gericht über unsere Werke entnimmt uns auch die Rechtfertigung nicht. Ich frage mich, ob der Tillichsche Begriff der "Entfremdung" dieser Dimension der Rechtfertigungslehre gerecht werden kann. Das Entscheidende, daß es sich hier um eine Existenzschuld vor Gott handelt, leistet er in seiner philosophischen Abstraktheit ja eben nicht. Und kann man beliebig eine Frage an die Stelle der anderen setzen, nur weil die Aktualität es so will: die Frage nach "Lebensglück" und "Sinn" an die Stelle der Frage nach dem "gnädigen Gott"? Ist die so erreichte Aktualität noch die Aktualität der Rechtfertigung?

Schon weil mir die Frage nach dem Sinn am Herzen liegt, möchte ich davor warnen, sie in einen theologischen Rahmen zu spannen, innerhalb dessen die vorausprogrammierte Antwort lauten muß: Es *gibt* Sinn, aber er läßt sich nur glauben - und deshalb über das allgemeine Daß hinaus auch nicht konkretisieren (so wie die Rechtfertigungslehre mir sagt, "daß" ich einen gnädigen Gott habe, und weiter nichts). Aber worum geht es nun bei der Rechtfertigung? Um dem auf die Spur zu kommen, müssen wir den Begriff der Erbsünde noch einmal gründlicher ins Auge fassen.

Gibt es das: Schuld, die mit dem Dasein selbst gesetzt ist? Urschuld, die unentrinnbar ist, weil sie sich in jeder Lebensäußerung reproduziert? Das gibt es. In gewissem Sinn ist schon das bloße Leben Schuld. Charles Darwin formulierte das Gesetz vom Kampf ums Dasein, und dahinter steht nicht nur die Tatsache des Fressens und Gefressenwerdens, sondern das Grundgesetz, daß alles Leben anderes Leben verdrängt, ihm den Lebensraum streitig macht. Das ist ein Naturvorgang; aber derselbe Naturvorgang - das Gesetz der Selbstbehauptung - wird im Menschen zum Prinzip des bewußten Seins und damit zur Schuld.

Nehmen wir das Grundgebot, in dem nach Jesus alle anderen zusammengefaßt sind: "Liebe deinen Nächsten wie dich selbst." Es verlangt von mir, daß ich den anderen so zum Mittelpunkt meines Interesses mache, wie ich für mich selbst der Mittelpunkt des Interesses bin. Kein Mensch ist von Natur aus dazu fähig; denn seine "Natur" fordert von ihm etwas, was dem gerade entgegengesetzt ist: daß er ein Ich wird und bleibt, der Mittelpunkt einer eigenen Welt. Das ist für ein Wesen, das nicht nur im Zustand tiefster Bedürftigkeit in die Welt tritt, in äußerer und innerer Abhängigkeit, sondern dessen Bewußtsein sich auch noch mühsam dem Mutterschoß des Unbewußten entringen muß, eine Aufgabe, die ohne starke Ichkräfte, und d.h. ohne eine gehörige Portion Egoismus, nicht zu bewältigen ist. Das Gesetz der Selbstbehauptung ist die innerste Natur des Ich, und wer ein Ich werden und sein soll, muß deshalb zwangsläufig schuldig werden.

Für Luther ist Sünde ihrem Wesen nach Auflehnung gegen Gott, während wir uns fragen müssen, ob eine Schuld, die derart mit Naturnotwendigkeit eintritt, überhaupt noch als Schuld angerechnet werden kann. Wir verstehen sehr gut, daß Schleiermacher zu der Definition kommt: "Sünde ist die noch nicht gewordene Herrschaft des Geistes." An die Stelle des Schemas von Sündenfall und Erlösung tritt damit die Vorstellung eines *Werdens*, das aus Unvollkommenheit erst zu Vollkommenheit, aus der Bindung an das Gesetz der Natur in die Freiheit des Geistes führt. Ist ein solches Werden denkbar, und was sind seine Voraussetzungen?

Die erste und grundlegende Voraussetzung ist, daß das Ich seine Lage begreift. Der Mensch findet sich wie die ganze Natur dem Gesetz der Selbstbehauptung ausgeliefert; aber er allein hat ein Bewußtsein davon, und dieses Bewußtsein lebt in ihm als Bewußtsein einer Schuld oder als das Bewußtsein, daß dies *nicht sein soll*. Was geschieht, wenn im Menschen dieses Bewußtsein erwacht? Etwas hoch Bedeutsames: Das Ich und das Gesetz, an das es gekettet ist, treten einander gegenüber. Oder noch schärfer: Dem Ich, das sich als unfrei vorfindet, tritt gegenüber das Ich, das diese Unfreiheit begreift.

Man kann gewahr werden, daß in diesem Erkennen *Freiheit* wirkt. Als Erkennende gehören wir einer anderen Ordnung an als der, in der das Gesetz der Selbstbehauptung regiert. Wir können das Fremde einlassen, ohne daß es uns bedroht. Ja, es steigert unser eigenes Sein, je mehr Fremdes wir in uns einlassen.

Die Freiheit, die hier aufleuchtet, steht zunächst unvermittelt neben der Unfreiheit des realen, dem Zwang zur Selbstbehauptung ausgelieferten Ich. Kann das Daseinsgesetz des erkennenden Ich zum Daseinsgesetz des handelnden werden?

Graf Dürckheim hat eindringlich darauf hingewiesen, daß der Mensch eine doppelte Natur hat, und daß er seine höhere erst nach und nach kennenlernen muß. Weit über den Gegensatz von erkennendem und erkanntem Ich hinausgehend, spricht Graf Dürckheim vom "großen Ich" und vom "kleinen Ich". Unser durchschnittliches Gegenwartsbewußtsein kennt zunächst nur das eine, das kleine Ich; nichts weiter meinen wir, wenn wir für gewöhnlich "ich" sagen. Von ihm gilt, was wir schon ausgeführt haben: Das kleine Ich ist der geborene Egoist, denn es steht unter dem unerbittlichen Gesetz der Selbstbehauptung. Das "große Ich" dagegen ist groß gerade nicht nach dem Maßstab des kleinen, d.h. im Durchsetzen seiner selbst. Es ist groß, weil es umfassend ist, weil es nicht ausschließt, sondern einschließt, weil es nicht sein eigenes Recht sucht, sondern jedem sein Recht zukommen läßt. Was es als einzelnes Ich, das es ist, an Eigensinn, Eigenraum in Anspruch nimmt, das gibt es dem Ganzen verwandelt und gesteigert zurück: als Geschenk und Opfer. Es nimmt nur, damit es um so mehr zu geben hat.

Wem das utopisch, wem es als Überforderung erscheint, der mache sich klar: Das große Ich wird nicht von uns gemacht, sondern es ist. Wir haben nur dafür zu sorgen, daß es sich immer voller hier auf der Erde ausleben kann. Solche Sorge allerdings nimmt uns niemand ab; keine Gnadenlehre gibt uns das Recht, uns ihr zu entziehen. Denn diese Sorge ist ja eben das Medium, durch das wir Gnade konkret erfahren: als das Geschenk unseres eigenen höheren Seins.

Fragen wir, wie wir für dieses Geschenk bereit werden, so sagt uns die Weisheit des Ostens: durch Übung, und die moderne Tiefenpsychologie, die in ihrer Jungschen Ausprägung genau davon handelt: durch seelische Arbeit. Mit "religiösem Leistungsdenken" hat das wenig zu tun. Um so mehr mit der grundlegenden Lebenstatsache, daß der Mensch nicht werden kann, wozu er sich nicht selber macht. Kein Gott kann mir ein höheres Sein einfach einflößen. Damit das "große Ich" in mir zum Leben, zur Wirkung, zur Entfaltung kommt, muß ich das Entscheidende in eigener Arbeit tun.

Blicken wir von hier aus auf die reformatorische Rechtfertigungslehre zurück, so müssen wir sagen: Davon hat sie keinen Begriff. Die Fixierung auf den Gegensatz von Glaube und Werken hindert sie daran, den Glauben als meine Tat, als das eigentliche "Werk", in den Blick zu bekommen. Sie kennt nur das kleine Ich und beobachtet, wie es sich aufbläht zu einem falschen, nämlich selbstbesessenen "großen" Ich. Und sie meint, es sei alles damit getan, daß man das Ich wieder klein macht und dazu anhält, die kleinen täglichen Taten der Pflicht und Liebe zu tun. Vom echten großen Ich weiß sie nichts. Gewiß gibt es in Luthers Freiheitsschrift ("Von der Freiheit eines Christenmenschen") die wunderschönen Sätze über den "fröhlichen Wechsel" (d.h. Tausch) zwischen Christus und unserem alten Ich. Da wird Christus unser eigenes höheres Ich - aber wie er für uns zu einem *Ich* werden kann, das sagt Luther nicht.

Er spricht von der Gerechtigkeit Christi, die mir als "fremde Gerechtigkeit" (aliena iustitia) zugerechnet wird. Ein solches geistliches Rechenexempel zeigt, daß für ihn die Inhalte unseres höheren Bewußtseins noch unbewußt sind und darum nach draußen projiziert werden: So wie er das große Ich nur im Bilde Christi wahrnehmen kann, so objektiviert sich ihm die mahnende Stimme des Gewissens, in der sich eben dieses Ich meldet, in der mittelalterlichen Vorstellung vom richtenden Gott. Daß der sich dann in den liebenden Vater wandelt, macht die Sache nicht wieder gut, solange mir dieser liebende Vater *mich selbst*, mein eigentliches Ich, vorenthält.

Weil sie das grundlegende Werk, das dem Menschen aufgegeben ist, verkennt: das höhere Ich in sich zum Leben zu erwecken, in ihm das neue Zentrum des eigenen Seins zu finden und es immer mehr in sich zur Wirkung kommen zu lassen - darum ist die Rechtfertigungslehre Luthers ein Hindernis für einen heute unausweichlich gewordenen Reifungsschritt des religiösen - und zugleich allgemeinen - Bewußtseins.

Ulrich von Hasselbach

Die wichtigsten Unterschiede zwischen traditionellem und offenem Christentum

"Freies Christentum" Nr. 3, 1993

Im Lauf der letzten zweihundert Jahre, vor allem aber im 20. Jahrhundert, hat sich in einem Großteil der evangelischen Bevölkerung eine von der offiziellen Kirchenlehre deutlich verschiedene Weise christlichen Glaubens und Denkens entwickelt. Neue Inhalte stehen dem Überlieferten entgegen. Ohne daß diese bisher in klaren Formulierungen ihren Niederschlag gefunden hätten, bilden sie doch im Unterschied zum *traditionellen* ein *alternatives* Christentum, für das sich die Bezeichnung "Offenes Christentum" aus mehreren Gründen anbietet.

Viele Christen sind sich des Abweichens ihres Glaubens von der traditionellen Ausprägung von Christentum in der Lehre der Kirche nur vage bewußt. So ergibt sich eine unbefriedigende Zwiespältigkeit ihres Verhältnisses zur Kirche. Während sie sich dem Christlichen als solchem weithin zugehörig fühlen, können sie doch nicht akzeptieren, was die Kirche an Glaubensüberzeugungen von ihnen verlangt. Häufig führt dies zu der Auffassung, es sei eben nicht allzu genau zu nehmen, was die Kirche sagt.

Dies läuft auf ein wenig erfreuliches "So tun als ob" hinaus. Als Beispiel hierfür sei genannt, daß Eltern und Paten bei der Taufe der Kinder feierlich das sogenannte "Apostolische Glaubensbekenntnis" sprechen, obwohl sie weit davon entfernt sind, dessen Sätzen zuzustimmen. Sie "tun so als ob". Dies gilt ähnlich für das gemeinsame Sprechen des Glaubensbekenntnisses im sonntäglichen Gottesdienst. Auch das ist ein "So tun als ob" - eine Unwahrhaftigkeit aus Gewohnheit.

Nicht allen Christen geht es so. Manche sind von dem, was sie nach kirchlicher Lehre zu glauben haben, persönlich überzeugt. Aber sie werden immer mehr zu einer Minderheit.

In dieser Situation dürfte es sich als hilfreich erweisen, in klaren Formulierungen gegenüberzustellen, worin sich traditionelles und offenes Christentum unterscheiden. Inwieweit beide nicht nur nebeneinander, sondern miteinander - also auch im Rahmen der gleichen Kirche - zu existieren vermögen, wird sich herausstellen.

1. *Die Gottesvorstellung* des traditionellen Christentums ist *tripersonal* ("Vater, Sohn und heiliger Geist"). Dem entsprechen die liturgischen - und agendarischen - Formulierungen der Kirchen. So wird in Gebeten neben Gott, dem *Herrn*, dem "himmlischen Vater", ständig der "*Herr Jesus Christus*", zuweilen auch der *Heilige Geist*, angerufen.

Die *Gottesvorstellung* des offenen Christentums setzt *ein* göttliches Wesen voraus, ist also *monopersonal*. Auch wenn es sich in dreifach verschiedener Weise, nämlich als Schöpfer, als zugewandter "Vater" im Sinne Jesu und als wirkender Geist manifestiert, ist es doch immer der eine, gleiche Gott, der dabei erfahren wird.

2. *Jesus* ist für das traditionelle Christentum der menschgewordene *Sohn Gottes* und als solcher selbst Gott. (Deshalb ist es auch der menschgewordene *Gott*, der am Kreuz leidet und stirbt.)

Für das offene Christentum ist *Jesus Mensch*, wenn auch ein *gottbegnadeter Mensch*, in dessen Ausstrahlung offenbar Kraft und Licht aus der schenkenden Fülle Gottes in besonderer Dichte zu spüren waren. Als Mensch war er eingebunden in das Weltbild, den naturwissenschaftlichen Erkenntnisstand und die Lebensbedingungen seiner Zeit.

3. Für das traditionelle Christentum hat das *Sterben Jesu am Kreuz* die Bedeutung eines *Sühnetodes*. Alle menschliche Schuld - Teilhabe an der Urschuld der Menschheit, schicksalhafte Verstrickung in Schuld und unmittelbares eigenes Verschulden - ist aufgewogen durch das Opfer am Kreuz. Wer daran glaubt, darf sich erlöst wissen und der Gnade Gottes sicher sein. Ohne das unschuldige Leiden und Sterben des Gekreuzigten bliebe dem schuldiggewordenen Menschen nur die Furcht vor Gottes Zorn und Gericht.

Für das offene Christentum ist das Sterben Jesu am Kreuz kein Opfer zur Versöhnung des Zornes Gottes. Vielmehr geschieht die Hingabe seines Lebens um der ihm aufgetragenen Sache willen. Es geht auch am Kreuz um die Bekundung der immerwährenden Zuwendung Gottes - auch zu den Schuldiggewordenen und Gescheiterten - und um die Weisung zu einer neuen Gesinnung als Motivation des persönlichen Verhaltens (anstelle der formalen Einhaltung festgelegter Vorschriften). Das *Sterben am Kreuz* besiegelt, was Jesus gesagt und gelebt hat, und es ist zugleich *Sinnbild einer zu letzter Hingabe bereiten Liebe.*

4. Das traditionelle Christentum erwartet - trotz des Sühnopfers am Kreuz - ein *künftiges Gericht*, das den einen ewiges Heil, den anderen ewige Verdammnis bringt. Der *wiederkommende Christus* wird dabei der *Richter* sein.

Für das offene Christentum ist *Jesus* von seinem Wesen und seiner Verkündigung her *in einer richterlichen Funktion nicht vorzustellen.* Falls das irdische Verhalten eines Menschen bestimmte Konsequenzen jenseits des Sterbens nach sich zieht, dann in der Weise eines sinnvollen Läuterungsgeschehens; alles andere, besonders eine "ewige Verdammnis", stünde zum Wesen des von Jesus bekundeten, uns zugewandten Gottes im Widerspruch.

5. Das traditionelle Christentum sieht in *jedem menschlichen Schicksal eine Fügung Gottes*; er allein bestimmt, was geschieht. Dann sind aber folgerichtig auch Geschehnisse wie Kriege und Massenvernichtungen, Hexenverbrennungen und qualvolle Folterungen, Kindermorde und Gewalttaten aller Art von Gott "programmiert".

Für das offene Christentum haben *Schicksale primär natürliche Ursachen.* Naturkatastrophen können ebenso zum Schicksal werden wie ansteckende Krankheiten. Vor allem aber bewirken Menschen Schicksale für andere Menschen; die soziale Umwelt kann zum Schicksal werden, auch die staatliche Macht mit ihren Entscheidungen und Unternehmungen. Oft ergeben sich Schicksale aus einem Geflecht zurückliegender Ursachen und Folgewirkungen. Ob und in welcher Weise Gott in den Gang der Ereignisse eingreift, ist im einzelnen nicht zu ergründen. Unbestreitbar hat er dem Menschen eine weitgehende Freiheit zur Entscheidung und Gestaltung eingeräumt. Andererseits drängt sich uns das Empfinden einer *verborgenen Führung* und in vielen Fällen einer *persönlichen Bewahrung* auf. Wenn uns Kräfte geschenkt werden, Schicksale zu meistern, so ist dies immer ein Grund zur Dankbarkeit.

6. Für das traditionelle Christentum ist *Jesus leibhaftig* aus dem Grabe *auferstanden* und vierzig Tage danach zum Himmel aufgefahren, wo er jetzt "zur Rechten des Vaters sitzt", bis er von daher wiederkommen wird zum Gericht. Analog zur Auferstehung Jesu werden am "Jüngsten Tag" alle Toten auferweckt werden.

Das offene Christentum weiß zwar aus dem überzeugenden Kern vorliegender Berichte, daß Jesus nach seinem Sterben am Kreuz einem kleinen Kreis von Menschen - zuerst offenbar der Maria Magdalena - als ein geheimnisvoll Lebendiger begegnet ist, verzichtet aber darauf, die Art dieses Lebendigseins näher zu klassifizieren. Es sucht *Jesus "bei Gott"*. Der offene Christ erhofft auch für sich selbst, nach seinem Tode "bei Gott" zu sein; eine einstige Auferweckung erwartet er nicht.

7. Das traditionelle Christentum gründet sich auf "Schrift und Bekenntnis". Als "Schrift" gilt die Bibel, die als "Gottes Wort" gewertet wird. Unter "Bekenntnis" wird in erster Linie das sogenannte "Apostolische Glaubensbekenntnis" verstanden, das in seinen Aussagen als verbindlich gilt.

Das offene Christentum gründet sich auf *Jesus und sein Evangelium.* Vom Alten Testament läßt es gelten, was mit diesem Evangelium im Einklang steht oder zu ihm hinführt (Luther: "was Christum treibet"). Es teilt die Ehrfurcht vor der Schöpfermacht und den Glauben an den einen Gott aller Welt.

Als Glaubensurkunde einer vergangenen Zeit ist die Bibel *nicht identisch mit "Gottes Wort"*.

Das sogenannte "Apostolische Glaubensbekenntnis" ist für das offene Christentum kein angemessener Ausdruck seines Glaubens und Denkens. Viele seiner Aussagen entsprechen einem längst überholten - dreigeschossigen - Weltbild und sind schlechthin unglaubhaft. Außerdem kommt das, wofür Jesus gelebt hat und gestorben ist, in diesem Bekenntnis nicht vor.

8. Für das traditionelle Christentum ist die *Kirche* die *vom Heiligen Geist gewirkte und geleitete Gemeinde Jesu Christi* und als solche mit keiner anderen Institution vergleichbar. Die unleugbare Unzulänglichkeit mancher Vertreter und Einrichtungen der konkreten Kirche ändert daran nichts. Die Kirche ist autorisiert, die in ihrer Lehre verfaßte alleinige göttliche Wahrheit in der Welt zu vertreten. Sie kann daher abweichende Auffassungen, wie sie etwa in den anderen großen Religionen der Welt vorliegen, nur als Irrtümer und Irrwege betrachten.

Offenes Christentum sieht - sehr viel nüchterner - in der *Kirche* eine auf die Impulse Jesu zurückgehende und diese aufnehmende *Organisation zur Wahrung und Weitergabe des Evangeliums.* Daß es mehrere Kirchen bzw. kirchenartige Gemeinschaften gibt, entspricht der natürlichen Verschiedenheit menschlicher Auffassungen im Rahmen ihrer kulturellen Prägungen.

Wie im Christentum sind auch in anderen Religionen göttliche Selbstbekundungen und menschliche Gotteserfahrungen vorauszusetzen.

9. Für das traditionelle Christentum sind *Sakramente* von Christus eingesetzte *heilige Handlungen, die* als solche *Gnade vermitteln* und Voraussetzungen für das persönliche Heil des einzelnen Christen sind. Die "rechte Verwaltung der Sakramente" gilt neben der "Wortverkündigung" als zentrale Aufgabe des Pfarrers, der dazu bei seiner Ordination verpflichtet wird.

Das offene Christentum *schließt eine objektive Gnadenwirkung von Sakramenten* ebenso *aus* wie ihre Heilsnotwendigkeit. Die *Taufe* versteht es als feierliche symbolische Einfügung in die Christenheit, verbunden mit der Bitte um Segen für den Täufling und seinen Lebensweg. Das *Abendmahl* gilt ihm unter Bezugnahme auf das letzte Mahl Jesu mit seinen Jüngern als Ausdruck des Bekenntnisses zu ihm und zu einem Leben in seinem Geist und seiner Haltung, als besondere Vergewisserung der von ihm bekundeten "väterlichen" - und damit auch vergebenden und mutmachenden - Zuwendung Gottes und als Feier der Gemeinschaft untereinander.

10. Das traditionelle Christentum, vor allem das protestantische, sieht *Gott* in einer einseitig männlichen, ja *patriarchalischen Ausprägung*. In der katholischen Kirche ist diese Sicht gemildert durch die "Mutter Gottes"-Verehrung, in der dem uralten menschlichen Bedürfnis, sich an ein weiblich-mütterliches göttliches Wesen wenden zu können, psychologisch geschickt entsprochen ist.

Für das offene Christentum ist es von größter Bedeutung, daß der *Vatergott Jesu* in seiner annehmenden Zuwendung und bergenden Barmherzigkeit deutlich *mütterliche Züge* trägt. Es wird bemüht sein, dem durch entsprechende Formulierungen in Ansprache, Liturgie und Liedgut Ausdruck zu verleihen.

11. Traditionelles *und* offenes Christentum *vertreten* beide die Grundforderung der *Nächstenliebe im Sinne Jesu*, d.h. einfühlender Menschlichkeit, verbunden mit der Bereitschaft zu helfendem Tun und dem Willen zu Versöhnung und Frieden. Dabei betont das traditionelle Christentum die *verbindliche Geltung der mosaischen Gebote* sowie *bestimmter Weisungen Jesu* oder der Apostel als *unbedingt gültiger Vorschriften*, während für das offene Christentum ein *verantwortliches Handeln* aus einer *vom Geist Jesu bestimmten Grundgesinnung* heraus in der jeweiligen Situation entscheidend ist. Das Anliegen der Barmherzigkeit kann dabei oft schwerer wiegen als das Wörtlichnehmen und genaue Einhalten formulierter Gebote.

12. Herzstück traditionellen Christentums ist das *Bewußtsein der Zugehörigkeit zu Jesus Christus und seiner Kirche* sowie der Teilhabe an den Gnadenwirkungen der am Kreuz geschehenen Erlösung.

Herzstück offenen Christentums ist das Aufnehmen der Impulse Jesu zur zunehmenden *Verwirklichung des Reiches Gottes* und der Entmachtung des Bösen in Mensch und Welt.

Christsein verwirklicht sich in der Dreiheit von Glaube, Hoffnung und Liebe (1. Kor. 13,13). Glaube ist das *unbedingte Zutrauen zu der immerwährenden Zuwendung Gottes*, das zu innerem Frieden führt; aber auch - gerade für Jesus - das *unbedingte Zutrauen zu den gottgegebenen eigenen Kräften* und damit zum Gelingen eines gezielten Wollens ("Alles ist möglich für den, der glaubt").

Helmut Langel

Einige liberal-radikale Thesen zur Reform der Kirche

"Freies Christentum" Nr. 1, 1994

1. Es fällt mir schwer, von *der* Kirche zu sprechen. Von einem *Massen-Heilsinstitut* würde ich mich gern verabschieden. Die einzelne kleine Gemeinde und in ihr der *einzelne Mensch* haben für mich Vorrang.

Ich kann mir nicht vorstellen, daß Christus oder die urchristlichen Gemeinden von so etwas wie einer Großkirche geträumt haben.

2. Es fällt mir schwer, einem Bischof oder einem Pastor mehr Vertrauen zu schenken als jedem einzelnen Mitglied der Kirche. *Theologische Kompetenz* und *religiöse Kompetenz* sollten streng geschieden werden. Vom Elite-Klerus würde ich mich gern verabschieden. Wozu brauchen wir Bischöfe, Superintendenten und ähnliches?

Ich kann mir nicht vorstellen, daß die Apostel der Urchristenheit mit bestallten und beamteten Pastoren vergleichbar sind.

3. Es fällt mir schwer, mir eine Gemeinde zu denken, in der es keinen *Streit um die Wahrheit* gibt. Von der öligen Harmonie demonstrativer Brüder- und Schwesterlichkeit würde ich mich gern verabschieden.

Ich kann nicht glauben, daß Christus ein *Wahrheitsapostel* war. Für mich hat er in erster Linie die Frage nach der *Wahrhaftigkeit* gestellt: Wie paßt Handeln und Rede der Menschen zusammen? Die Heuchelei, das "*So-tun-als-ob-Christentum*" wäre ihm wohl ein Greuel.

4. Es fällt mir überhaupt schwer, anzunehmen, es gebe eine *allgemeinverbindliche religiöse Wahrheit*. Von der Vorstellung, Christus sei der *Heiland aller Menschen*, der *Erlöser der ganzen Welt*, würde ich mich gern verabschieden. Ich weiß, dieser Gedanke geht an die dogmatische Substanz, weil er eine gründliche Revision unserer Christologie und Ekklesiologie verlangt. Aber ist Christus wirklich für die ganze Welt gestorben?

Ich freue mich darüber, wenn andere ihren eigenen Heiland, ihre eigene Vorstellung von der Erlösung haben.

Ich kann nicht glauben, daß die Bibel mit ihren verschiedenen, ja *gegensätzlichen Glaubensvorstellungen und -überzeugungen* mir den Auftrag gibt, meine Wahrheit über die der anderen zu stellen.

5. Es fällt mir schwer, nur *tolerant* zu sein, d.h. den Andersdenkenden oder Andersglaubenden nur zu dulden. Von der groß organisierten *Mission der christlichen Kirchen* würde ich mich gern endgültig trennen. Ist es nicht eine Ungeheuerlichkeit, wenn wir buddhistischen Tempeln unsere evangelischen oder katholischen Kirchen vor die Nase setzen? Wird es

nicht zur dringenden Notwendigkeit, daß sich unsere Kirche für die Pluralität der Religionen und Kulturen in dieser Gesellschaft einsetzt, auch und gerade unter der Voraussetzung, daß wir auf eigene Pfründe verzichten müßten?

Ich freue mich darauf, mit Vertretern *anderer Religionen* nach gemeinsamen Wegen zu suchen, sie nicht nur zu tolerieren, sondern zu *akzeptieren*.

6. Es fällt mir aber auch schwer, anderen meine politischen Überzeugungen überzustülpen. Von *weitläufigen kirchlichen Resolutionen* würde ich mich gern verabschieden.

Ich freue mich andererseits darüber, mit anderen zu diskutieren, was wir tun können, um diese Welt politisch zu verbessern, sie humaner zu gestalten. Glaube und Politik gehören zusammen. Nie und nimmer aber kann ich glauben, ein bestimmtes weltanschauliches, politisches Konzept sei aus der Bibel abzuleiten.

Für mich fragt Christus: Was tust du jetzt und hier in deiner kleinen Lebenswelt, um Mensch und Welt zu helfen?

7. Es fällt mir schwer, an die *Einheit der Kirche* zu glauben, wie es etwa die großen Reformatoren noch taten. Von einem *allgemein-gültigen Glaubensbekenntnis* würde ich mich gern verabschieden. Ich freue mich an der Vielfalt der Überzeugungen, und ich freue mich darauf, von anderen zu lernen. Wann werde ich in dieser Kirche endlich einer anerkannten religiösen Pluralität begegnen?

8. Es fällt mir schwer, den *Synkretismus*, d.h. die unzulässige Vermengung religiöser Elemente, zu verdammen. Von der Auffassung, die Bibel sei ein *einheitliches Dokument*, würde ich mich gern verabschieden.

Ich freue mich über ein "heiliges Buch", in dem sich die gegensätzlichen Auffassungen über Gott und die Welt friedlich tummeln.

9. Es fällt mir schließlich auch schwer, das *Christentum* für die *Krone in der Welt der Religionen* zu halten.

Ich freue mich darauf, in anderen Religionen Symbole und Glaubensinhalte zu entdecken, die meiner Überzeugung gegenüber vielleicht sogar *überlegen* sind. Was könnten Christen nicht alles von den sogenannten *Naturreligionen* lernen? Da sollte man nicht hochmütig die theologischen Lippen kräuseln.

10. Ich möchte zum Schluß der Auffassung entgegentreten, daß die zunehmende Zahl von Kirchenaustritten ein Zeichen für *stetig wachsenden Unglauben* sei, so wie es der "Spiegel" im letzten Jahr darstellte. Warum können zweifelnde und kritische Menschen nicht ebenso gläubig sein wie die Liebhaber der frommen Gebärde. Ich denke, daß der Glaube der Menschen heutzutage anders geworden ist, aber keineswegs verschwindet. Ein Mensch braucht das *religiöse Bewußtsein* ebenso wie er Liebe und Hoffnung im Leben braucht.

Ansätze neuer *Spiritualität*, die offen und weitherzig sind, sollten auch Markenzeichen kritischen Freisinns werden. Freies Christentum kann und darf sich nicht nur auf dem Terrain des Intellekts tummeln.

Jörg-Dieter Reuß

Reformation - eine gefährliche Erinnerung

"Freies Christentum" Nr. 6, 1994

Es gibt Erinnerungen, die gefährlich werden können. Die Erinnerung an die Reformation gehört zu dieser Art.

"Es ist sicher, daß ein einzelner Bruder irrt, wenn er gegen die Meinung der ganzen Christenheit steht, da sonst die Christenheit tausend Jahre oder mehr geirrt haben müßte!" Mit diesen entrüsteten Worten quittierte Kaiser Karl V. auf dem Reichstag zu Worms im Jahr 1521 Luthers Weigerung, seine neuen und aufregenden theologischen Entdeckungen zu widerrufen.

Ich denke, er hat damit vielen Christen aus dem Herzen gesprochen, damaligen wie heutigen, katholischen wie evangelischen. Wo kämen wir denn hin, wenn plötzlich nicht mehr gelten sollte, was jahrhunderte- oder jahrtausendelang als heilige Wahrheit geglaubt wurde? Wo kämen wir hin, wenn die eigenen Entdeckungen in der Bibel und die persönlichen Erfahrungen mit Gott wichtiger sein sollten als die kirchliche Tradition und die Entscheidungen der Kirchenleitung? Da könnte ja schließlich jeder kommen mit seinen individuellen An- und Einsichten - und am Ende wäre die Kirche zersplittert in lauter Sekten und Sondergrüppchen.

Wie sollten wir es da dem katholischen Kaiser nicht nachfühlen können, daß er sich gezwungen sah, den unbotmäßigen Mönch Martinus zum Ketzer und Kirchenfeind zu erklären? Unter den damaligen Umständen war das eine mutige und verantwortungsbewußte Entscheidung. Ja, man wird nicht gut bestreiten können, daß darin - auch darin! - Gott am Werk war. Denn die Sorge um die Einheit der Kirche hat zweifellos ihr Recht.

Aber die Medaille hat - wie alles auf der Welt - auch ihre Kehrseite. Die übergewichtige Tradition kann sich zu einer Betondecke verfestigen, unter der alles aufkeimende Leben erstickt. Die Übermacht der kirchlichen Gewohnheit kann den persönlichen Glauben erdrücken. Und die zahlenmäßige Mehrheit ist noch lange kein Garant für die inhaltliche Wahrheit. Darum sollten wir Christen - gleichviel, zu welcher Konfession wir uns zählen - Gott dafür danken, daß er uns ab und zu Menschen wie Martin Luther schickt, die zementierte Traditionen aufbrechen, damit der lebendige Glaube wieder Luft bekommt.

Luther ließ sich in Worms nicht davon abbringen: "Wenn ich nicht durch Zeugnisse der Schrift oder mit klaren Vernunftgründen überwunden werde, so bleibe ich von den Schriftstellern besiegt, die ich angeführt habe, und mein Gewissen bleibt gefangen in Gottes Wort. Denn ich glaube weder dem Papst noch den Konzilien allein, weil offenkundig ist, daß sie öfters geirrt und sich selbst widersprochen haben. Widerrufen kann und will ich nichts, weil es weder gefahrlos noch heilsam ist, gegen das Gewissen zu handeln."

Diese Stellungnahme Luthers war nicht weniger mutig und verantwortungsbewußt als die des Kaisers. Auch Luthers Sicht - sie erst recht! - war geprägt vom Wirken Gottes. Denn die Wahrheit des Evangeliums ist im Zweifelsfall noch wichtiger als die Einheit der Kirche.

Dreierlei an Luthers Aussage finde ich besonders bemerkenswert:

1. Menschen, die von Gott im "Gewissen", d.h. im Zentrum ihrer Persönlichkeit, überwunden wurden, sind Überzeugungstäter. Sie sind bereit, für ihre Gewissensüberzeugung allerhand in Kauf zu nehmen. Darum muß es nicht unbedingt ein Schaden sein, wenn die kirchlichen Zäune für theologische "Ausreißer" hoch sind. Wem das Licht der Wahrheit wirklich aufgegangen ist, der wird sich, wenn nötig, auch über hohe Hemmzäune hinwegsetzen.

2. Gott ist kein Feind der Vernunft, sondern ihr Schöpfer und Erfinder. Er hat sie - ebenso wie die Bibel - uns Menschen gegeben, damit wir regen Gebrauch davon machen. (Dabei ist deutlich: Man kann mit beidem - mit der Bibel wie mit der Vernunft - auch Mißbrauch treiben, sie für selbstsüchtige Interessen vorschieben usw.) In Luthers Bekenntnisaussage auf dem Wormser Reichstag steht beides nebeneinander, weil es - recht verstanden - zusammengehört: die Glaubenszeugnisse der Bibel und die "klaren Vernunftgründe". In Anlehnung an Karl Barth kann man das auch so sagen: Es gibt keinen intimeren Freund des gesunden Menschenverstandes als den Heiligen Geist.

3. Wer nachweislich des öfteren irrt und sich selbst widerspricht, dem kann man nicht vorbehaltlos glauben. Unter Berufung auf dieses Vernunft-Argument hat Luther es abgelehnt, Konzilsbeschlüsse oder päpstliche Verlautbarungen kritiklos anzuerkennen. Aber was nun, wenn auch die *Bibel* Irrtümer enthält und sich an nicht wenigen Stellen widerspricht?

Daß es solche Irrtümer und Widersprüche gibt, entdeckte bereits Luther selbst, als er nach dem Wormser Reichstag auf der Wartburg versteckt gehalten wurde und dort die Bibel ins Deutsche übersetzte. Seit der Aufklärung ist über diese Unstimmigkeiten so viel bekannt geworden, daß es nach meinem Dafürhalten einem Selbstbetrug gleichkommt, wenn man heute die Augen davor verschließen will. Aber worauf kann man sich dann noch verlassen?

"Man müßte während der Predigt aufstehen können und den Prediger fragen: *Woher weißt du überhaupt, daß das wahr ist?*", sagte eine Frau auf einem Bezirkskirchentag. Recht hatte sie! Wer heute glaubwürdig predigen will, der muß sich dieser Frage stellen. Und er muß sagen, wie die Erfahrung mit Gott, die dem jeweiligen biblischen Text zugrundeliegt, zu unserer eigenen Erfahrung werden kann - oder doch wenigstens, wie sie sich zu unseren eigenen Erfahrungen verhält. Sonst redet er über die Köpfe hinweg und läßt die Herzen leer, die nach Gewißheit verlangen. Denn nur die eigene Erfahrung verhilft heute zur Gewißheit - auch und gerade in den zentralen Fragen des Glaubens.

Aber - ist diese Sicht der Dinge nicht ziemlich gefährlich? Was wird so aus den überlieferten Glaubensinhalten, aus den Bekenntnissen der Väter, aus dem traditionellen Liedgut, aus der Einheit der (evangelischen) Kirche usw.?

In der Tat: Es kann gefährlich werden, sich und andere daran zu erinnern, wie der Reformator Martin Luther geglaubt, gedacht und argumentiert hat. Doch das sagte ich ja schon...

Leben aus Gott - Christliche Ethik

Einführung

In den Fragen der Lebensführung und des Verständnisses vom Menschen wird man im freien Christentum kaum Gedanken finden, die sich von Überlegungen anderer protestantischer Positionen wesentlich abheben.

Im Blick auf die Kirche und das kirchliche Leben unterstreicht das freie Christentum die Leitgedanken der Wahrheit und der Freiheit. In der Ethik betont es die Leitgedanken der Wahrheit und der Liebe *(Paul Tillich 1954)*. Wahrheit ist in Gott verankert, denn "Gott selbst ist die Wahrheit" *(Paul Tillich 1954)*. Die auch in Schicksalsschlägen zu bewährende Liebe ist in "Gottes Liebeswillen" *(Hans Pribnow 1953)* verankert.

Wir haben uns vor Gott dafür zu verantworten, ob wir uns in unserem Tun und Lassen von der Liebe leiten lassen oder nicht. Eben dies ist im biblischen "Symbol" des göttlichen Gerichts ausgedrückt *(Manfred Haustein 1988)*.

Der Mensch ist immer schon auf Gott bezogen, denn er verdankt sich ihm als seinem Schöpfer; aber er hat sich auch immer schon Gott entfremdet *(Julius Richter 1955)*. Mit seinem Geschöpfsein darf der Mensch auch seine Leiblichkeit und seinen "Eros" dankbar bejahen, und im Glauben an Gott wird schließlich alles Geschöpfliche "geheiligt" *(Ernst Walter Schmidt 1957; 1966)*. Aus dem Willen des Schöpfers ergibt sich ein Nein zur Vernichtung der Schöpfung im Krieg *(Oskar Weitbrecht 1965)* und ein liebevoller Umgang mit den Tieren als den Mitgeschöpfen *(Peter Lange 1982)*.

Andreas Rössler

Hans Pribnow

Der Mensch und das Schicksal

"Beihefte Freies Christentum" Nr. 7/8, 1953

Wir fragen nach der Stellungnahme des Christen gegenüber dem Schicksal. Sie kann sich nur ergeben aus seiner Grundüberzeugung: *Gott ist Liebe*. Darin werden auch diejenigen noch zustimmen, welche sich in der "nachchristlichen Existenz" befinden. Sie werden freilich darin nicht mehr zustimmen können, daß Gottes Liebeswille in Verkündigung, Leben, Tod, Auferweckung und Erhöhung Jesu Christi offenbar und gleichsam immer neu verankert wird. Das Evangelium, das heißt die Frohbotschaft von der Liebe Gottes, findet in uns ein merkwürdiges, zwiespältiges und doch gewisses Echo. Sie ist größer als unser Herz, ruft deshalb unseren Widerspruch heraus - und überwindet dennoch unser Herz.

Einer klagenden und anklagenden, zweifelnden und verzweifelnden Frau will ein handfester Seelsorger das Lied "Was Gott tut, das ist wohlgetan" aus dem Gesangbuch herausreißen. Sie aber will das nimmermehr dulden - denn irgenwie weiß sie doch um die Wahrheit dieses Liedes und lebt aus ihr. Es ist die Wahrheit, um deretwillen Jesus betet, und beten heißt: "Dein Wille geschehe!", um deretwillen er sich im Garten Gethsemane ergibt und aus dem Ringen zum Frieden kommt: "Doch nicht, wie *ich* will, sondern wie *du* willst!"

Auch Luther ist dieser Wahrheit inne geworden und hat ihr unübertrefflichen Ausdruck verliehen: "Geschieht nicht, was wir wollen, so geschieht, was besser ist." Aus dieser Gesamthaltung müssen sich die christlichen Einzelhaltungen bei den einzelnen Menschen und in den einzelnen Fällen ergeben. Dabei können beim einzelnen Menschen und im einzelnen Fall mehrere Einzelhaltungen nebeneinander und miteinander bestehen. Es gibt auch ein Vorwärts- und Aufwärtsschreiten von der einen zur andern. Und sie alle zusammengenommen ergeben wieder die Fülle der christlichen Gesamthaltung gegenüber dem Schicksal, so gewiß auch diese Fülle - wie alles Menschliche und Irdische, vergleiche 1. Kor. 13,9 - Stückwerkcharakter hat.

Seine erste Aufgabe muß der Christ darin sehen, seinen Willen mit Gottes Willen zu einen, ihn unter Gottes Willen zu beugen, ihn in Gottes Willen hineinzuzwingen. Das ist ein schweres Werk; es vollzieht sich zumeist im Gebet, im Gebetsringen. Das ist legitimer, lauterer christlicher Opferdienst: die eigenen Gedanken, Wünsche, Hoffnungen, Pläne, Ziele, den eigenen Willen Gott zu opfern. Nur wenn die uns umgebende, auf uns drückende Luft auch in uns darinnen ist, bleibt unser Leib vor dem Zerdrücktwerden bewahrt; nur wenn der uns bedrückende Gotteswille auch unseren inwendigen Menschen erfüllt, bleibt dieser vor dem gleichen Schicksal bewahrt. Hier wird ganze Selbstlosigkeit gefordert; hier muß sich bewähren, ob der Mensch um seinetwillen oder um Gottes willen glaubt.

Das Schicksal kommt nicht als etwas Fertiges und Abgeschlossenes über den Menschen, sondern als etwas, was seines Mittuns wartet. Auch "unwandelbares" Schicksal ist in anderer Weise und in bestimmtem Sinne gestaltungsfähig und sogar wandelbar (es sei auf Helen Keller hingewiesen). Wie es uns heute aufgegeben ist, im Hinblick auf alles Lebendige zu einem neuen Denken zu gelangen, nämlich das Denken im *Statischen* durch ein Denken im *Dynamischen* zu ersetzen, so gilt es auch vom Schicksal: *es ist nichts Statisches, Feststehendes und Stillstehendes, sondern etwas Dynamisches, mit manchen Kräften Geladenes, das manche Möglichkeiten in sich birgt.*

Unser Schicksal liegt in Gottes Hand; dieses Bewutßsein ist unsere beste *Kraft zu einem tätigen Leben, zu einer Mitgestaltung des Schicksals - eben weil es aus Gottes Hand kommt und in Gottes Hand liegt.*

Paul Tillich

Der Wahrheit dienen

Ansprache zum Semesterbeginn des Union Theological Seminary, New York

"Freies Christentum" Nr. 5, 1954

Die *erste* Grundlage unserer Gemeinschaft beruht auf der einfachen Tatsache, daß wir uns aneinander in gegenseitiger Sympathie freuen, daß wir hoffen, gute Kameraden zu finden und, wenn möglich, vertraute Freunde. Der Mensch ist ein soziales Wesen, und das gilt insbesondere vom jungen Menschen. Der junge Mensch ist immer in der Erwartung, daß ein anderer in die wohlbehütete Feste seines eigenen Lebens eindringe. Er ist scheu und zu gleicher Zeit voll Sehnsucht, daß der andere diese Scheu besiege. Er sehnt sich nach dem älteren oder reiferen Freund, um sich ihm anschließen, ihm seine inneren Nöte anvertrauen und ihn als ein vollkommenes Abbild seines eigenen Strebens hochachten zu können. Er wartet auf den jüngeren Freund, um ihm das, was er selbst empfangen hat, weitergeben zu können, damit beide bereichert werden. Und er wartet auf den Freund gleichen Alters und gleicher Reife, um ihm die Fülle seiner neuen Erfahrungen im Leben und Erkennen mitteilen zu können. Junge Männer und Mädchen erhoffen, innerhalb ihres gemeinsamen Arbeits- und Lebensbereiches miteinander Erfüllung zu finden.

Jeder Mensch ist in sich verschlossen, und jeder verlangt danach, durch die Macht des Eros über sich selbst hinauszukommen. Plato sagt uns, daß Eros, halb Gott und halb Dämon, aus der Vermählung von Armut und Überfluß geboren sei, daß er diese beiden charakteristischen Eigenschaften in sich trage. Er ist mehr als ein Mensch und weniger als ein Gott. Er ist eine Kraft in jedem Wesen, das nach der Vollendung strebt, die es vermißt. Der Eros treibt das schwächere Geschlecht an, nach einem stärkeren zu verlangen, das niedere Wesen, sich nach einem höheren zu sehnen, und das Männliche, das Weibliche zu suchen, und umgekehrt; er treibt den unwissenden Menschen an, den Weisen zu suchen, und den Menschen überhaupt, sich zu Gott zu erheben. Er ist die Quelle jeglicher Bewegung in der Welt, weil jedes endliche Sein ein Verlangen nach der unendlichen Wirklichkeit hat und sich darauf hinbewegt. Dieser Eros, dieser Dämon, der mehr ist als Sehnsucht und weniger als Liebe, ist die erste Grundlage unseres Kreises.

Wenn auch Eure Lehrer außerhalb Eures unmittelbaren Jugendkreises stehen, so gibt es doch eine Möglichkeit, diesen Unterschied des Alters und der Erfahrung zu überwinden, nämlich durch die gleiche Macht des Eros, die Eure natürliche Gemeinschaft schafft. Das Symbol für diese Art von Gemeinschaft ist die Beziehung zwischen Sokrates und seinen Schülern. Das ist ein Symbol und eine Idee, die nur in wenigen, aber großen Augenblicken der Geschichte der Menschheit verwirklicht wurde. Aber ich bin überzeugt, daß ohne Mitwirken des Eros in der Beziehung zwischen Lehrer und Schüler eine fruchtbare Gemeinschaft im Lehren und Lernen unmöglich ist. Deshalb kann, ohne es zu wollen, ein älterer Freund in manchen Fällen ein besserer Lehrer für Euch sein als ein Dozent. Wir Lehrer haben die Hoffnung, daß viele von uns durch die Macht des Eros zu Euren älteren Freunden werden.

Zur Erfüllung dieser Hoffnung ist eine *zweite* Grundlage unseres Kreises wichtig; während der Eros ein Dämon ist, ist Apollo, das Symbol jeder rationalen Zivilisation, ein Gott. Das heißt: die Wahrheit, der wir in unserem Kreise dienen, ist eine ewige Macht. Gott selbst ist die Wahrheit. Durch den Dienst an der Wahrheit haben wir eine Gemeinschaft, die über unserer gegenseitigen Sehnsucht steht, haben wir eine Basis für Leben und Welt, unabhängig von unseren individuellen Nöten, ohne Rücksicht auf Armut und Fülle, auf das, was uns bewegt und anzieht. Wer der Wahrheit dient, steht in einem ernsten, heiligen Dienst. Er ist gefordert, Sehnsucht und Liebe zu vergessen angesichts der heiligen Notwendigkeit selbst der kleinsten Tatsache und des unwichtigsten Gesetzes. Gehorsam und Hingabe an die reine Objektivität ist die Ehre und das Leiden einer jeden Wissenschaft.

Unsere Gemeinschaft ist eine Gemeinschaft des Lehrens und Lernens.

Das würde uns jedoch nicht von der Gemeinschaft einer Schule unterscheiden. Aber es besteht ein Unterschied. Unsere Arbeit, ob wir lehren oder lernen, hat eine gemeinsame Basis, nämlich die des Fragens. Die Wahrheit ist zu allererst Gegenstand des Fragens, der radikalen Frage, der Frage ohne jegliche Schranken und Vorurteile. Auf jedem wissenschaftlichen Gebiet von Bedeutung sind die Untersuchungen wichtiger als die Antworten. Die rechte Frage, die radikale Frage zu stellen ist der erste und schwerste Schritt zur Wahrheit. Deshalb soll unser Kreis ein Kreis von Menschen sein, die fähig sind, radikal zu fragen. Skeptizismus als Methode - und das schließt ein: nicht als Haltung - soll unser Weg zur Erkenntnis sein. Das ist der Adel und die Last jeder Gemeinschaft, die danach strebt, den hohen Namen "Akademie" zu verdienen, der mit der ersten, der Platonischen Akademie übereinstimmt.

Darum, Dozenten und Studenten, laßt uns unsere Gemeinschaft im Union Theological Seminary als ein Hilfsmittel betrachten, das uns dadurch an die Wahrheit heranführt, daß wir lernen, tiefgründigere und radikalere Fragen zu stellen. Eure täglichen Auseinandersetzungen können Euch vor allem anderen zu der Einsicht führen, daß alle Erkenntnis in einem Nein und einem Ja lebendig ist, und daß es nur durch ein Nein zu einem Ja kommt. An sich ist dialektisches Denken nicht eine besondere, sondern die allgemeine formale Denkweise; aber reales dialektisches Denken ist nur möglich durch ein reales Nein und ein reales Ja, das heißt durch ein Ringen, in dem die Leidenschaft lebendiger Menschen für die Wahrheit sowohl das Nein als auch das Ja zu seiner Geltung bringt. Und solch eine reale dialektische Arbeit soll auch von uns als Lehrern und von Euch als Lernenden geleistet werden. Natürlich brauchen wir eine Fülle von reinem Forschungs- und Studienmaterial; aber Material, das nicht Antworten auf lebendige Fragen enthält, ist in sich selbst tot.

Und glaubt mir: jede Lernschwierigkeit wurzelt in dem Versuch, etwas zu lernen, was man vorher niemals in Frage gestellt hat. Im Gegenteil: Nichts, was in unserer Arbeitsgemeinschaft besprochen wird, braucht auswendig gelernt zu werden; es ist ja bereits in Eurem Herzen lebendig. Ihr habt es nur wieder in Euer Gedächtnis zurückzurufen. Und so steht es auch mit Euren Lehrern. Die Autorität liegt nicht darin, daß sie mehr als Ihr gelernt haben, sondern daß sie mehr ihre Unwissenheit kennengelernt haben, oder, mit anderen Worten, darin, daß sie tüchtiger geworden sind zu fragen. Sokrates hatte nicht das Gefühl, daß er viele Antworten geben könne, sondern er wurde durch seine erlernte Unwissenheit fähig, zu fragen und Antworten zu geben, auf die er selbst nur gekommen ist durch den Geist derer, die er befragte. Eine wirkliche Arbeitsgemeinschaft zwischen Studenten und Dozenten besteht in Wirklichkeit nur dann, wenn man nicht lehrt und die Vorlesungen aufnimmt, sondern sich gegenseitig fragt und Antworten miteinander findet.

Und das radikale Fragen soll auch der Sinn unserer gemeinsamen praktischen Arbeit innerhalb und außerhalb des Seminars sein. Ihr tut recht daran, das Praktische, das, was Erfahrung gibt, zu fordern, nicht allein um des Broterwerbs willen, sondern vielmehr, um in Euren Studien Theorie und Praxis zu verbinden. Ihr braucht praktische Erfahrung, weil manche Probleme nur vom praktischen Gesichtspunkt aus verständlich sind. Aber sofern Ihr Studenten seid, soll Eure praktische Tätigkeit auf dem Gebiet der Erziehung und der sozialen Arbeit, des Unterrichts und der Politik um der Theorie willen und nicht als Praxis um der Praxis willen betrieben werden. Arbeitet Ihr auch mit der Gewissenhaftigkeit, die jede Arbeit verlangt und die nichts ist ohne jene besondere Gewissenhaftigkeit, die in aller Erfahrung die Wahrheit sucht und jede zur Gewohnheit gewordene Praxis durch radikale Fragen zerstört?

Die abstrakteste Frage ist nicht die radikalste. In einigen Fällen kann es radikal sein, nach Sein oder Nichtsein oder nach den Grundlagen der physikalischen Erkenntnis zu fragen. Es kann sehr radikal sein, nach der Existenz oder Nicht-Existenz Gottes zu fragen. Und es kann andererseits radikaler sein zu fragen, inwiefern der Gott, an den ich glaube oder eine soziale Schicht glaubt, das ist, was Luther einen selbstgemachten Gott nannte, der für die Stärkung der Macht einer herrschenden Schicht nützlich ist. Beide Arten von Fragen können radikal sein. Sie sind es, sofern sie unsere Existenz erschüttern, sofern sie das wirklich tun. Es ist nicht ihr abstrakter oder konkreter Charakter, der sie radikal macht, sondern daß alle diese Fragen fähig sind, den Weg unseres sozialen und persönlichen Lebens zu bedrohen und eine Erschütterung unserer gesamten Existenz zu sein. Ohne solche Bedrohung und Erschütterung kann die Wahrheit nicht gefunden werden.

Doch bestehen noch andere Gefahren für unsere akademische Gemeinschaft: Trägheit, voneinander zu lernen; grundsätzliche Weigerung, auf die verschiedenen Argumente zu hören; Hochmut, der sich den gemeinschaftlichen Fragen entzieht; Absonderung, die nur ich-bezogen ist und zu einer gewinnsüchtigen Haltung wird, in der man sich mehr nach einem guten Geschäft umsieht als nach der Wahrheit; Feigheit, die nicht den Mut hat, radikal zu fragen, da sich ja ein Abgrund auftun könnte, der unsere gegenwärtige Sicherheit verschlingt. Helft einander, diese Gefahren zu bannen durch die Kraft unserer akademischen Gemeinschaft und die Hoffnung, daß die Wahrheit in uns Macht bekommt, die allein dann über uns Herr wird, wenn wir dem anderen entsagt haben.

Und nun zu dem *dritten* Fundament unseres Kreises. Wir haben nicht nur eine naturgegebene und nicht nur eine akademische, sondern außerdem noch eine religiöse Gemeinschaft. Unser Kreis ist ein Teil der großen christlichen Gemeinde. Das ist der Unterschied zwischen der Theologie und jeder anderen Wissenschaft, daß Theologie nur möglich ist auf der Basis der christlichen Gemeinde, ihres Fundaments, ihrer Traditionen, ihres Glaubens und ihrer Liebe, ihrer Anbetung und ihrer Hoffnung. Deshalb sollte es der Theologie nie erlaubt sein, die christliche Gemeinschaft aufzugeben. Sie kann nie fern von wirklichem christlichem Leben in den Gedanken isolierter Denker oder in einer akademischen Welt bestehen. Folglich, sofern unsere Aufgabe Theologie ist, hat der akademische Arbeitskreis zu gleicher Zeit eine christliche Gemeinschaft zu sein. Wir haben die große Christengemeinde in dem Kreis unserer kleinen Gruppe zu repräsentieren. Nur wenn wir dies tun, haben wir einen Grund, auf dem sich Theologie entwickeln kann.

Es ist ein großer Gedanke, daß unser Kreis die christliche Gemeinde im allgemeinen zu repräsentieren hat. Das bedeutet, daß wir uns, unsere soziale und individuelle Struktur, zu transzendieren haben. Es gibt unzählige Individuen, Charaktere, Situationen, es gibt viele Gruppen von Nationen und Rassen, die alle zur christlichen Gemeinde gehören und die in unserem Kreise nicht in irgendeiner Weise vertreten sind. Nichtsdestoweniger haben sie das Recht, in unserer Theologie vertreten zu werden. Wenn wir ihnen dieses Recht verweigern, so haben sie das Recht, den universalen Charakter unserer Theologie zu verneinen. Eine Theologie, die sich wissentlich oder unwissentlich darauf beschränkt, nur eine besondere Nation oder soziale Klasse oder eine rassische Gruppe oder einen menschlichen Spezialtyp zum Ausdruck zu bringen, ist überhaupt keine Theologie. Deshalb laßt uns auf das Anrecht des christlichen Menschen jeder Nation und Klasse, jeder Eigenart und Situation hören. Laßt uns sie im Geist in unsere Gemeinschaft aufnehmen dadurch, daß wir sie verstehen, mit ihnen leiden, für sie arbeiten. Wir sind ein kleiner Kreis, aber sofern wir eine christliche Gemeinschaft sind, sind wir für jedermann verantwortlich, zuerst und vor allem für den Leidenden, den Unterdrückten, den Verfolgten.

Aber nun werdet Ihr mich vielleicht fragen: Besteht nicht ein Widerspruch zwischen einer akademischen und einer christlichen Gemeinschaft? Hat nicht das radikale Fragen vor dem christlichen Glaubensbekenntnis Halt zu machen?

Ich antworte: *es hat nicht Halt zu machen!* Gott hindert unser radikales Fragen nicht, weil er die Wahrheit selbst ist. Deshalb ist Gott dem radikalen Forscher, der ihn leugnet, näher als dem, der nicht die Frage stellt. Wer denkt, erkennt Gott. Manch einer hat Gott als konkretes Bild aufgeben müssen, um ihn als den Abgrund der Wahrheit zu suchen, und Gott offenbart sich diesem vielleicht in einem ganz anderen Bild denn zuvor. Vielleicht muß ein anderer diesen Weg nicht gehen. Sein Glaube ist immer stärker als sein Zweifel. Beide Arten können Theologen sein, beide sind für diese Arbeit nötig.

Jedoch erwidert Ihr vielleicht: Wird nicht solch eine Haltung, welche die christliche Grundlage verleugnet, einen Riß in unsere religiöse Gemeinschaft bringen? Und wieder antworte ich: sie wird es nicht tun, solange die christliche Gemeinschaft in Liebe und Gebet lebendig ist und auf Gemeinschaft ausgerichtet ist. Nur der Mensch, der nicht in dieser Umgebung zu leben gewillt ist, kann ihr nicht angehören. Jeder, der zu verbleiben wünscht, sich ihr zuneigt, sich unter ihren Geist stellt, gehört zu ihr, selbst wenn er dem Nichts gegenübersteht. Dies ist die schwerste Aufgabe und die überzeugendste Bewährung und die höchste Hoffnung unserer Gemeinschaft, daß ihre Kraft so stark ist, um die natürliche Gemeinschaft des Eros und die akademische der radikalen Frage und die christliche des Glaubens und der Liebe mit all ihren Gefahren und Spannungen zu vereinigen. Laßt uns hoffen, daß sie dazu fähig ist, und so unsere kommende Aufgabe erfüllen!

Julius Richter

Der Mensch - das unbekannte Wesen

"Beihefte Freies Christentum" Nr. 19, 1955

Den Auffassungen vom Menschen in der heutigen Wissenschaft und Philosophie sei das *Menschenbild der Bibel* gegenübergestellt. Es ist vielleicht gewagt, von dem Menschenbild der Bibel zu sprechen, als sei es ein einziges und einheitliches; aber bei allen Verschiedenheiten und Abstufungen, besonders zwischen dem Alten und Neuen Testament, lassen sich doch einige charakteristische Grundzüge herausstellen.

Da ist zunächst die Grundvoraussetzung für alle biblische Rede vom Menschen hervorzuheben, daß sie *vom Standpunkt des Gottesglaubens aus* geschieht. Und daraus folgt, daß der Mensch durchweg in seiner Gottbezogenheit gedacht und vorgestellt wird. Hier aber ist nun das Erste und Grundlegende: der Mensch ist ein *Geschöpf Gottes.* Darin stimmt er zunächst mit allen anderen Geschöpfen überein, er steht im Schöpfungsbericht und auch sonst (z.B. Ps. 104; Jes. 44,24; 45,12) in *einer* Reihe mit den anderen Geschöpfen. Aber dann nimmt er sofort auch hier eine Sonderstellung den anderen Kreaturen gegenüber ein: es ist ein besonderer Beschluß Gottes, der ihn ins Leben ruft, und zu diesem Beschluß gehört auch das Weitere und Höhere, daß er nach Gottes Bild geschaffen wird, also seine *Gottebenbildlichkeit.* Dabei mag ursprünglich an sein Erscheinungsbild gedacht gewesen sein, das demjenigen Gottes ähnlich sein sollte, so wie die Gestalt eines Sohnes der des Vaters ähnlich ist (1. Mose 5,3; vgl.

Hermann Gunkel, Genesis, 2. Aufl., S. 99).

Aber dazu wird auch noch das andere gehören, das ihm sogleich bei seiner Schöpfung zugewiesen wird: seine *Herrscherstellung* gegenüber allen anderen Geschöpfen; sie ist gewiß das Wichtigere in seiner Gottähnlichkeit. Noch weiter aber führt uns *das persönliche Verhältnis zu Gott*, dessen er im Unterschied von aller Kreatur gewürdigt wird. Denn Gott redet den Menschen an und gibt ihm seinen Auftrag; im zweiten - älteren - Schöpfungsbericht (1. Mose 2) erteilt er ihm Gebote und Verbote, er geht also mit ihm fast wie mit seinesgleichen um. Dann gibt es also auch für den Menschen einen Umgang mit Gott, eine Gottesgemeinschaft, die ihm Gott selbst mit seiner Erschaffung eröffnet hat; sie gehört also mit zu seiner Geschöpflichkeit.

Dazu mag man dann auch die *Begabung mit Gottes Geist*, genauer: mit seinem Lebensodem, rechnen, wobei wir aber an die gesamte geistige Ausstattung des Menschen denken dürfen. Jesus Sirach 17 heißt es: "Gott gab ihnen ein Herz, damit zu denken ... und um ihnen die Erhabenheit seiner Werke zu zeigen ..., daß sie sich rühmen sollten seiner Wunderwerke".

Auf dieser Ausstattung des Menschen beruht also des Menschen Gottesverhältnis, und dieses ist der Zweck derselben. Später hat man sich freilich in Israel gescheut, überhaupt von einem Bilde Gottes zu reden (vgl. Jes. 40,25), aber wenn dann auch nicht mehr von einer Gottebenbildlichkeit des Menschen die Rede ist, so bleibt doch seine hohe Würdestellung bestehen, vgl. Ps. 8,6 ff.: "Du hast ihn wenig niedriger gemacht denn Gott, und mit Ehre und Hoheit hast du ihn gekrönt, du hast ihn zum Herrn gemacht über deiner Hände Werk, alles hast du unter seine Hände getan."

Auch im Neuen Testament hebt Jesus den Menschen weit über alle Geschöpfe hinaus: "Seid ihr denn nicht viel mehr als sie?", und die Idee der Gottebenbildlichkeit schwebt auch ohne ihre ausdrückliche Anführung über ihm, wenn Jesus sagt: "Ihr sollt vollkommen sein, wie euer Vater im Himmel vollkommen ist" (Matth. 5,48). Ebenso Kol. 3,10: "Ziehet den neuen Menschen an nach dem Bilde dessen, der ihn geschaffen hat"; und Jak. 3,9 erscheint die Verfluchung eines Menschen besonders deshalb verwerflich, weil er "nach der Ähnlichkeit Gottes" geschaffen ist.

Aber die *Hoheitsstellung* des Menschen innerhalb der Schöpfung ist doch nur die *eine* Seite, die *andere* ist in geradem Gegensatz dazu seine *Niedrigkeit*. Diese aber ist bedingt durch seine *Sünde*. Damit tritt zu der kreatürlichen Auffassung des Menschen als eines Gottesgeschöpfes die *ethische*. Und auch diese steht durchaus unter dem Gesichtspunkt seiner Gottbezogenheit, denn Sünde ist "Fall", Abfall von Gottes Willen; die Erzählung vom verlorenen Paradies zeigt, daß mit ihr die Entfremdung, die Sonderung von Gott gegeben ist.

Und in der Sintflutgeschichte wird offenbar, daß die Sünde eine allgemeine ist und nun zur Grundverfassung des Menschenwesens gehört: "Das Dichten und Trachten des Menschenherzens ist böse von Jugend an" (1. Mose 8,21), oder, wie es Ps. 143,2 heißt: "Vor dir ist kein Lebender gerecht". Dieses "vor dir" weist darauf hin, daß alle Sittlichkeit auf Gott bezogen ist, und zwar deshalb, weil es sich in ihr um die Erfüllung des göttlichen Willens handelt, der in den Geboten Gottes ausgesprochen ist: "Es ist dir gesagt, Mensch, was gut ist und was der Herr von dir fordert, nämlich Gottes Wort halten und Liebe üben und demütig sein vor deinem Gott" (Micha 6,8).

Das Gebot Gottes tritt nun zwar im Anfang als ein Gesetz von außen an den Menschen heran, dem Lohn und Strafe für seine Erfüllung bzw. Nichterfüllung entspricht, aber schon im Alten Testament ist das Höhere, daß das Gesetz in die *Herzen* geschrieben wird und also auch *von Herzen* erfüllt werden soll (Jer. 31,31 ff.). Es braucht kaum gesagt zu werden, daß darin dann auch die Ethik des Neuen Testaments besteht, in dem Grundgebot der Liebe "von ganzem Herzen", in der Forderung der *Gesinnung* in der Bergpredigt, in der Verkündigung des Paulus von der Ablösung des Gesetzes durch den freien Gehorsam "von Herzen" (Röm. 6,17; Eph. 6,6; Kol. 3,23).

Zu der Niedrigkeit des Menschen gehört dann auch seine *Vergänglichkeit*, die im Alten Testament so oft betont wird (vgl. Jes. 40,6; Ps. 90,3 ff.; 102,12; Hiob 14,1 f. u.a.m.). Und vielfach, wenn auch nicht durchweg, wird sie als *Strafe für die Sünde* aufgefaßt wie in der Paradiesgeschichte (vgl. Ps. 90,7 ff.; Hiob 14,3). Vor allem gilt das für Paulus mit seinem berühmten Satz: "Der Tod ist der Sünde Sold" (Röm. 6,23; vgl. 5,12 ff.).

In diesem Zusammenhang ist aber eine wichtige Unterscheidung im Wesen des Menschen hervorzuheben, die sich nicht nur durch das paulinische, sondern durch das ganze biblische Denken hindurchzieht, nämlich die Unterscheidung von *Fleisch* (oder auch Leib) und *Geist* (die Seele - der dritte Begriff - gehört als Prinzip oder Träger der natürlichen Lebenskraft offenbar mehr zur leiblichen als zur geistigen Seite des Menschen, vgl. Matth. 6,24; 10,39; Röm. 16,4 u.a.). Leib oder Fleisch ist die vergängliche irdische Seite des Menschen, vgl. 1. Mose 3,19: "Du bist Erde, und du wirst wieder zu Erde werden". Der Geist dagegen ist die Gott und dem Göttlichen zugewandte Seite, vgl. 1. Kor. 2,14: Nicht mit der Seele, sondern mit dem Geist werden die Dinge des göttlichen Geistes beurteilt. Darum verläßt auch der Geist im Tod den Leib, der Fromme befiehlt seinen Geist in Gottes Hände, Ps. 31,6; Luk. 23,46.

Während nun das Fleisch für Paulus der eigentliche Sitz und Träger der Sünde ist - vgl. Röm. 7,18: "In mir, das ist in meinem Fleisch, wohnt nichts Gutes" -, ist der Geist das Organ für die Einwirkung des Gottesgeistes: Gottes Geist kann man nur "im Geist und in der Wahrheit" anbeten (Joh. 4,24), und Gottes Geist bezeugt sich in unserem Geist (Röm. 8,16; 9,1).

So geht ein Riß durch das Wesen des Menschen; man kann auch von einem *Dualismus* zweier einander entgegengesetzter Prinzipien und Kräfte sprechen. Paulus hat ihn Röm. 7 aufs deutlichste beschrieben; man kann auch an Jesu Worte in Gethsemane denken: "Der Geist ist willig, aber das Fleisch ist schwach". Wenn Paulus dann aber den Leib auch als "Tempel" des Gottesgeistes ansprechen kann, so gilt das nicht für den natürlichen, sondern für den erlösten, von Gottes Geist schon erfüllten Menschen (1. Kor. 6,19 f.). Die Erlösung gehört aber nicht zum *Wesen* des Menschen, denn es gibt ja keine Selbsterlösung; es gibt aber umsomehr die *Erlösungsbedürftigkeit* des Menschen, die Paulus wiederum aufs stärkste betont: "Ich elender Mensch, wer wird mich erlösen vom Leibe dieses Todes?" (Röm. 7,24).

Zu der kreatürlichen und ethischen Beschaffenheit des Menschen kommt nun noch als dritter Grundzug hinzu seine *Geschichtlichkeit*. Rudolf Bultmann weist auf den charakteristischen Unterschied zum antiken Denken hin ("Adam, wo bist du?", 1940), nach dem der Mensch seine Bestimmung darin findet, daß er sich über das Irdisch-Geschichtliche in das Zeitlose, Ewige erhebt, in das er seinem wahren Wesen nach gehört. Der Mensch der Bibel aber lebt durchaus in der Geschichte, d.h. er lebt auf eine *Zukunft* hin und auf *Ziele*, die er in dieser Zukunft erreichen will oder soll. Ja, er lebt letztlich auf ein *Endziel*, auf ein letztes Ziel, ein "Eschaton" hin, so daß man von daher diese ganze Auffassung vom Menschen als eine "eschatologische" bezeichnen kann.

Dahin gehört schon der Messianismus im Alten Testament, die Hoffnung auf eine künftige Herrlichkeit des Volkes Israel; dahin gehört vor allem die heilsgeschichtliche Eschatologie des Neuen Testaments. Es muß einmal eine Vollendung kommen für die Menschheit Gottes, es muß einmal das "Heil" verwirklicht werden, das als letztes Ziel aller Geschichte erhofft wird.

Dabei muß aber ein Unterschied zwischen dem Alten und dem Neuen Testament beachtet werden, der das Verhältnis des Menschen zu seinen Mitmenschen, zu seiner "Mitwelt" (Heidegger), der also den Menschen als *Gemeinschaftswesen* betrifft. Im Alten Testament steht das Volk Israel im Mittelpunkt, die anderen Völker und Menschen nehmen eine untergeordnete Stellung ein. Wenn aber dann im Prophetismus - zuerst bei Amos - die anderen Völker höher bewertet, ja Israel fast gleichgestellt werden, dann doch so, daß dieses der Mittelpunkt bleibt, um den sich die anderen scharen (vgl. Jes. 2,2 ff.; Micha 4,1 ff.; Jes. 42,1 ff.; 44,6 ff.; 60,3 ff. und andere mehr).

Im Neuen Testament aber werden auch diese letzten Schranken überwunden: Jesus erkennt seine Sendung, die ihn über sein Volk hinaus zu den Menschen überhaupt weist (Matth. 8,11 f.; 21,41; 22,9). Paulus vollends hebt alle Unterschiede auf in seiner Bewertung der Menschen vor Gott (Gal. 3,28), und im Johannesevangelium erscheint dann das Bild von dem einen Hirten und der einen Herde (Joh. 10,16). Alles aber steht unter der göttlichen Führung; Gott leitet die Geschichte seines Volkes, er führt die Menschheit hin zu ihrem Heil.

Das biblische Menschenbild erhebt nicht den Anspruch, uns eine *abschließende* Erkenntnis vom Wesen des Menschen zu geben. Es löst nicht alle die Fragen, vor die unser Denken gestellt ist. Aber das wichtigste im Glauben der Bibel ist nicht *Erkennen*, sondern Vertrauen. Gerade weil wir so wenig erkennen und wissen, sind wir auf Glauben, auf *Vertrauen* angewiesen.

Ernst Walter Schmidt

Wir und die Natur

"Freies Christentum" Nr. 5, 1957

Vom *Menschen* aus gesehen, ist die Natur *etwas zu Überwindendes*. Der Mensch nimmt als *Naturwesen* teil an ihrem Wesen, ist ihren Gesetzen weithin unterworfen, aber als *Geistwesen* ist er der Natur überlegen, kann er sie nicht nur äußerlich in seine Dienste zwingen, sondern soll sie in seinem eigenen Inneren bändigen, indem er ihren Gesetzen ein neues geistiges Gesetz gegenüberstellt: nicht das einer verschwommenen wehrlosen All-Liebe, die zum Triumph des Niedrigen, zum Untergang alles höheren Lebens führen würde, sondern das einer *echten Nächstenliebe*, einer Liebe, die das fremde Ich genau so zu fördern sucht wie das eigene, die das Gottwidrige, brutal Selbstsüchtige im anderen genau so bekämpft wie in sich selbst, einer Liebe, die zugleich Hingabe an den Nächsten und an Gott ist.

Bändigung, Überwindung der Natur aber bedeutet für den Christen *nicht Flucht vor der Natur*, bedeutet nicht eine falsche Askese, die alles Natürlich-Leibliche als Teufelswerk abtut. Nein: der Christ ist empfänglich für die Gaben der Natur, er ist kein hochmütiger, unzufriedener, sondern ein *dankbarer* Gast an der Tafel des Lebens. Warum soll der Christ - Mäßigkeit immer vorausgesetzt - nicht seine Freude haben an den Genußmitteln, die die Natur uns bereitet hat? Warum soll er nicht seine Freude haben am Umgang mit dem andern Geschlecht, einem Umgang in Ehren natürlich? Nicht nur im Gebet, nicht nur im sittlichen Handeln dienen wir Gott, sondern *auch als dankbare Genießer seiner Gaben*. Es gibt so wenig dankbare Anerkennung in der Welt, jeder klagt über den Undank seiner Mitmenschen. Auch Gott hört unendlich viele Klagen, aber Worte des Dankes, die zum Himmel gesprochen werden, sind so unendlich selten. Und dabei hätten wir Menschen so viel zu danken, für Gesundheit, ein leidliches Auskommen, für tausend kleine Freuden, die uns der Alltag bietet. Aber das alles nehmen wir als selbstverständlich hin. Gott hat seine Freude an jedem dankbaren Menschen.

In den alten Mythen und Märchen der Völker ist die Natur oft die große böse Zauberin, die den Menschen feindlich gesinnt ist, ihre Arbeit hemmt und ihre Werke zerstört. Aber auf der anderen Seite wird sie auch wieder als eine Macht dargestellt, die ehrfürchtige, reine, fromme Menschen unterstützt, ihnen in der Erreichung ihrer Ziele hilft, die dankbar ist, wo ihr Ehrfurcht und Schonung entgegengebracht wird.

In der Tat: das sind die *beiden Aspekte*, die die Natur uns bietet. Sie ist in ihrem oft naiven, ja brutalen Selbstdurchsetzungsdrange vom Standpunkt höheren, geistgetragenen Lebens aus etwas zu Überwindendes, zu Bekämpfendes, sie ist aber auch in ihrer Gebefreudigkeit, in ihrer Hilfsbereitschaft, in der Zähigkeit ihres Lebenswillens etwas Vorbildliches.

Oskar Weitbrecht

Der Sinn des Krieges - einst und jetzt

"Freies Christentum" Nr. 6, 1965

Im Jahre 1410 erhoben die christlichen Deutschritter und die gut katholischen Polen Anspruch auf das Land Preußen mit gleichwertigen Gründen. Wer sollte entscheiden, wer das Land kultivieren und regieren solle? Einen Papst konnte man nicht anrufen. Es gab damals drei Päpste; ein Haager Schiedsgericht gab es noch nicht. So erklärte man: Gott muß entscheiden, und zwar nach dem Wort Jesu: "Wer da hat, dem wird gegeben, daß er die Fülle habe."

Die Kräfte müssen aneinander gemessen werden. Also Krieg. *Sein Sinn war die Feststellung des Kräfteverhältnisses*, damit die Weltgeschichte weiterlaufen könne. Keineswegs war der Sinn, der Raubgier Raum zu schaffen. Als die Heere am Morgen der Schlacht zusammenstießen, warteten die Deutschritter so lange, bis auch die polnischen gerüstet waren. Dann wurde ein bloßes Schwert übersandt als Zeichen zum Beginn des Duells. Die Heere prallten aufeinander, und die Deutschen verloren die Schlacht.

Ihre Toten wurden von den Siegern ehrenvoll bestattet, und 1411 wurde der Friede geschlossen und mit einer Messe gefeiert. Über beiden Seiten wölbte sich derselbe christliche Himmel. Der Krieg wurde im Aufblick zu Gott begonnen, aus Seiner Hand die Entscheidung genommen, unter Seinen Augen Friede geschlossen. Kein Übermut der Sieger, keine Verbitterung der Besiegten war die Folge. Der Krieg war eingeschlossen in die göttliche Weltregierung als Moment der von Gott gelenkten Geschichte und konnte darum bejaht werden. Die Ritter fochten mit gutem Gewissen und wußten sich als Christen.

Gewiß gab es damals auch Kriege, die nicht als "Ordal" gelten konnten, deren Motiv Raubgier, unersättlicher Machtwille oder Ruhmsucht war. Dem Angegriffenen billigten in diesem Fall die Theologen das Recht auf Verteidigung zu und bezeichneten den *Verteidigungskrieg als bellum iustum,* als "gerechten Krieg". Das Motiv eines bellum iustum mußte ein ehrenhaftes und die Kriegführung eine humane sein.

Aber die Motive wurden immer unedler, die Waffen immer grausamer, trotz des Protestes eines Papstes gegen die Kreuzarmbrust, Luthers gegen die Artillerie, englischer Bischöfe gegen Fliegerbomben, amerikanischer und später anderer Kirchen gegen Atomwaffen. Im Lauf der Jahrhunderte setzte sich die Eigengesetzlichkeit der Politik, d.h. der hemmungslose Machtwille, durch. Die Deutung des Krieges als Gottesurteil wurde zwar noch lange, bis ins 19. Jahrhundert, festgehalten, z.B. 1871 in Emanuel Geibels Lied: "Nun lasset frohlocken von Turm zu Turm im Lande die Glocken im Jubelsturm".

Auch der Krieg 1914-18 wurde in Deutschland als reiner Verteidigungskrieg - "bellum iustum" - empfunden, ob mit Recht oder nicht, müssen die Historiker entscheiden. Die Inschrift auf den Koppelschlössern "Mit Gott" wurde ernst genommen. Den Krieg 1939/45 stellte Hitler zwar als reine Notwehr dar, aber der Zweifel an dieser Bezeichnung war sehr groß, und als er den "totalen Krieg" proklamierte, wurde offenkundig die alte Tradition verlassen. Der Krieg ging auf eigener blutiger Spur einher, entzog sich jeder sittlichen Beurteilung und berief sich im Gefolge von Macchiavelli und Nietzsche auf das brutale Recht des Stärkeren, das angeblich in der Tierwelt herrsche.

Das tatsächlich vorhandene Gleichgewicht zwischen Raub- und Beutetieren, die Mechanismen der Ergebungsgebärde und der darauf antwortenden Schonung des Rivalen wurden übersehen. Der "totale Krieg" duldet keine ritterliche Kriegführung mehr - ihre letzte Spur fand sich bei den Fliegerkämpfen des vorletzten Kriegs - und fordert Züchtung von Haß, Lüge, Verhetzung, Vernichtungswillen. Damit ist der Krieg dämonisiert und ein Nein zur Schöpfung geworden.

Wie soll es nun weitergehen? Das Rad der Geschichte läßt sich nicht zurückdrehen. Das mittelalterliche Corpus Christianum, das den Krieg gezähmt und positiv gewertet hatte, ist zerfallen. Trotzdem ist die Lage nicht hoffnungslos. Wir haben eine weltumspannende Völkergemeinschaft, die sich in der UNO organisiert, ein Schiedsgericht und einen Sicherheitsrat eingerichtet hat. Schiedsgerichte können freilich irren, aber Irrtümer können korrigiert werden, während die Verwüstungen eines Krieges irreparabel sind.

Zur Durchsetzung der Entscheidung eines Schiedgerichts muß die UNO eine bescheidene Macht besitzen. Vom christlichen Standpunkt aus ist zu wünschen, daß die Nationen mehr und mehr ihre Truppen der UNO zur Verfügung stellen und auf eine eigene Wehrmacht verzichten. Dazu gehört allerdings ein hohes Maß an Selbstüberwindung, aber ohne moralische Anstrengung ist kein Fortschritt möglich. Oder liegt unser Heil im atomaren Wettrüsten? *Der* Weg führt in eine Sackgasse.

Gegen eine Weltpolizeimacht würde *Jesus* nichts einwenden. Er war nicht Anarchist, sondern ehrte die kirchliche und staatliche Ordnung: "Gebet dem Kaiser, was des Kaisers ist!" Wenn ein Jünger hätte in den Dienst einer Ordnungsmacht treten wollen, hätte er es ihm nicht verwehrt, sowenig er dem Oberzöllner Zachäus zumutete, seinen Dienst zu quittieren, bei dem er zuweilen Gewalt androhen und anwenden mußte. Wie die heutige deutsche Bundeswehr sich selbst versteht, ist die Frage. Uns aber ist klar: der Krieg ist nicht mehr zu rechtfertigen.

Ernst Walter Schmidt

Heiligung des Eros

in "Eros, Ehe und Frau - Ihre religiöse Beurteilung in Geschichte und Gegenwart"

"Beihefte Freies Christentum" Nr. 60/61, 1966

Erst die Romantik, der Idealismus und hin und wieder die liberale Theologie haben der sinnlichen Vereinigung einen positiven Charakter verliehen, würdigten auch den Eros nicht mehr bloß als Mittel der Natur, neues Leben zu zeugen, sondern sahen in ihm göttliche Schöpfungswirklichkeit. Der Eros ist genau so wie die Agape, die religiöse Liebe, für eine in neuprotestantischem Geiste sich bewegende Theologie primär göttliches Werk. Wenn man im Sinne etwa von Anders Nygren Agape auffaßt als die grundlose Liebe Gottes zum Sünder und als Folge dieser Liebe die opferbereite Hingabe des von Gott geliebten Menschen an den Nächsten, auch den Feind, darf man doch nicht Eros als den menschlichen Weg zu Gott, als das Aufsteigen der Seele zu Gott mit dem Prädikat des Egozentrischen versehen. Auch der platonische Eros ist Sehnsucht, ist Liebesverlangen, das sich an Gott entzündet, auch Eros ist *gottgesetzte* Wirklichkeit. Auch Eros sucht das Du, das Du des Geliebten, und im Du des Geliebten

Gott. Gewiß kann Eros in Egozentrik abgleiten, in bloße Sexualität, aber auch die Erfahrung der göttlichen Agape kann den mit ihr Beglückten zu raffiniertem Selbstgenuß führen: die Gefahr des Versinkens im eigenen Ich ist hier wie dort gegeben. Wie oft ist Mystik oder pietistische Agapefrömmigkeit bloßer Selbstgenuß, und wie oft ist die Christusverehrung der Nonnen, die Hingabe an den "Seelenbräutigam", und die Marienverehrung der Mönche Eros-, ja Sexusersatz gewesen. Der Mensch ist imstande, sowohl die Agape wie den Eros zu verderben, ins Gegenteil zu verkehren. Aber echte Agape und echter Eros ist beides: gottgewirkte und gottzugewandte Wirklichkeit. Es ist falsch, eine absolute Trennwand zwischen Agape und Eros zu errichten. Der Mensch ist als geist-leibliches Wesen von Gott gewollt, und die Geisteswelt wie die Triebwelt sind beide göttliche Ordnung. Erst wenn sie zuchtlos und ehrfurchtslos werden, von der Bindung an Gott sich lösen, werden sie böse und widersinnig. Es gibt eine Dämonie des Geistes wie der Triebe, eine Dämonie auch der Liebe, Liebe sowohl als Agape wie als Eros gefaßt. Die blutigen Ketzerverfolgungen der Kirche erfolgten im Namen der Liebe, der Agape. Andererseits: der Eros kann zum "Verschlingungstrieb" (Schubart) entarten, dessen letzte Konsequenz der Lustmord ist.

Weil der Mensch ein geist-leibliches Wesen ist, tritt der Neuprotestantismus für die Heiligung auch des leiblichen Lebens, auch des Eros ein und sieht auch in der körperlichen Vereinigung der Geschlechter nicht Konkupiszenz, widergöttliche Sinnengier, sondern eine Äußerung göttlichen Schöpfungswillens. Nur wo Mann und Frau ihre Vereinigung in diesem Geiste, genau so wie das Windelwaschen, als einen heiligen Akt vollziehen, sind sie auch im ehelichen Verkehr, mit Luther zu reden, wahrhaft Glaubende, denn dann werden Mann und Frau sich nicht bloß als Objekte zu eigenem Genuß oder als bloße Mittel zur Kinderzeugung ansehen - die katholische Kirche gestattet eheliche Vereinigung nur zu diesem Zweck -, sie werden vielmehr auch als Sinnenwesen in der Freude am leiblichen Anderssein des Partners sich als Geschöpfe, als Kinder des ewigen Gottes ansehen, und erst dann, wenn auch hier einer den andern als Gotteskind, nicht bloß als Mittel zu eigenem Genuß ansieht, werden die Gatten wirklich gleichwertig nebeneinander stehen, wird die Frau nicht als bloßes Geschlechtswesen vom Manne angesehen werden.

Für den Protestantismus ist alles Irdische - im Glauben gesehen - *geheiligt*, und selbst die Negation des Heiligen, das Widergöttliche, ist nicht aus der Macht und Gewalt Gottes entlassen. Mit anderen Worten: Versteht man unter Sakrament nicht - wie die römische Kirche - ein magisches, an einzelnen Punkten des Lebens einbrechendes, auf göttliche Einflößung zurückzuführendes Geschehen, sondern die aus dem Glauben heraus sich vollziehende Heiligung aller Dinge, so wird alles menschliche Tun,

Essen und Trinken, Schlafen und eheliche Vereinigung, Windelwaschen, Freude am Schönen in Natur und Kunst, Erholung und Arbeit zum Sakrament. So verstanden ist der Protestantismus reicher an Sakramenten als die katholische Kirche, denn ihm wird alles Gottgewirkte zum Sakrament.

Peter Lange

Zu treuen Händen: die Tiere

"Freies Christentum" Nr. 4, 1982

"*Der untrügliche Gradmesser für die Herzensbildung eines Volkes und eines Menschen ist, wie sie die Tiere betrachten und behandeln.*" *(Berthold Auerbach)*

Auf dem Evangelischen Kirchentag 1979 hat ein Kunstwerk für Diskussionen, Kopfschütteln und Protestaktionen gesorgt: ein Kruzifix, bei dem sich auf dem Leib des gekreuzigten Christus ein Pferdekopf befindet. Das ist eine Gotteslästerung! konnte man damals hören. Kaum jemand unter den Betrachtenden blieb ohne Schock, denn der Künstler wollte damit zum Ausdruck bringen, daß es auch einen "Karfreitag der Tiere" gebe: "Menschen kreuzigen auch Tiere. Sie quälen sie, räumen sie aus dem Weg, verurteilen ganze Arten zum Tod. Eine Gerichtsszene läßt sich denken wie die vor dem Hohen Rat: Seid ihr die Krone der Schöpfung? Nein, ihr seid nur Tiere; darum ist eine bestialische Behandlung durchaus angemessen. Die Angeklagten schweigen. Sie haben keine Sprache, die ihre Henker verstehen. Sie können nicht sagen, daß sie Gott geschaffen hat, ein jegliches nach seiner Art. Sie können nur das Kreuz tragen."

Wir wissen, was damit gemeint ist, obwohl nur ein verschwindend kleiner Teil der Tierquälereien und -schändungen zu unserer Kenntnis gelangt: etwa das brutale Umbringen junger Pelzrobben in Kanada, die Stierkämpfe in Spanien, die Haustier-Massenhaltungen oder die riesenhaft angewachsenen pharmakologischen Tierversuche. Viele von uns werden sich der Fernsehbilder vom erlahmenden Flügelschlag eines Wasservogels erinnern, der teerüberzogen in einem Ölpestgebiet qualvoll sein Leben lassen mußte. Dieser eine Vogel stand stellvertretend für viele andere Tiere, über und unter Wasser, die mit einem Schlag ausgelöscht wurden, nur weil ein Schiffseigentümer meinte, mit seinem alten Tanker doch noch eine Fracht verdienen zu können. Und wie ergeht es den Fischen der Nordsee, die durch die Wasserverschmutzung immer mehr Gift in ihren Körper bekommen und zu einem hohen Prozentsatz schon Anomalien am Körperbau aufweisen?! Der Karfreitag der Tiere hat noch lange kein Ende.

Resultiert die weitverbreitete Gleichgültigkeit, mit der die Menschen dem Schicksal der Tierwelt gegenüberstehen, daher, daß die christliche Kirche jahrhundertelang weithin naturfremd, vielleicht sogar naturblind geworden war? In der Verkündigung von der Kanzel stand die Erlösung des Menschen zur Debatte, und alles Böse, das den Menschen beschlich, erhielt die Gestalt eines Tieres, angefangen von der verführerischen Schlange aus dem Paradies, der der Kopf zertreten werden mußte, bis zum Teufel in Bocksgestalt, dessen Reich die Hölle war. Sicher hat man den Tieren mit Ausdrücken wie "tierisch" oder "bestialisch" mehr als unrecht getan. Es soll damit etwas Abwertendes, Niedriges bezeichnet werden, das im menschlichen Verhalten zum Ausbruch kommt, etwas moralisch Verwerfliches. Warum soll ausgerechnet das Tier der Inbegriff des Niedrigen, Verabscheuenswerten sein, wo es doch selbst keine Moralbegriffe kennt und im Vergleich zum Pflanzen- und Mineralreich ein Kunstwerk an Schöpfungsphantasie ist?!

In einer Betrachtung zum Verhältnis von "Kirche und Tier" las ich vor Jahren diese Sätze: "Ich warte so ungefähr mein ganzes Leben darauf, von einem Pfarrer ein gutes Wort über die Tiere zu hören, aber so viel ich auch in die Kirche gegangen bin, nie ist mir dieses Glück widerfahren. Nie hat einer darauf hingewiesen, daß die weite Welt des kreatürlichen Lebens die Schöpfungsgedanken des Herrgotts zeigte, daß die herrlichen Tiere, die auf unsere Liebe und unser Gut-Sein angewiesen sind und die oft so scheußlich behandelt werden, die Geschöpfe desselben Gottes sind, der auch uns geschaffen hat. Nie habe ich von der Kanzel gehört, daß der Schöpfer seine Tiere dem Menschen zu treuen und guten Händen übergeben und anvertraut habe und daß er von ihm erwarte, eben in diesen seinen Geschöpfen geehrt zu werden. Für mich ist die Natur, sind die Pflanzen und Tiere - und in Sonderheit jene Tiere, die geradezu zum Menschen drängen, seine Hilfe erflehen und sie mit Liebe und Treue sondergleichen vergelten - unmittelbar Zeugnis und Urkunde des gütigen Schöpfers."

Aber wie vielen (oder: wie wenigen) Menschen vermittelt die Kreatur tatsächlich Gotteserkenntnis? Stehen den Tierfreunden und Tierliebhabern nicht Tausende und Abertausende Gleichgültiger gegenüber? Die überhaupt nicht danach fragen, unter welchen Umständen denn ihr Sonntagsbraten erzeugt worden ist. Die nach ausgefallenen Modeartikeln wie Krokodilleder-Taschen, Leoparden-Mänteln oder Elfenbein-Schmuck Ausschau halten und damit die Jagd auf diese Tiere auslösen, der ein Vielfaches dessen an Wild zum Opfer fällt, das zur Deckung der Nachfrage nötig wäre. Und die überhaupt nichts dabei finden, wenn Tiere kommerzialisiert werden: Tiere als Ware.

Gibt es etwas dem Menschen Unwürdigeres, als die ihm zu treuen Händen gegebenen Geschöpfe mit Eisenschrott, Baumaterial oder Strohballen auf eine Stufe zu stellen? Nach solchen Gesichtspunkten werden nämlich immer wieder Tiertransporte durchgeführt, und es vergeht kaum ein Jahr, in dem man nicht von elendiglich zugrunde gegangenen Tieren erfährt, deren Angst- und Todesschreie ungehört verhallen. "Grausamkeit gegen Tiere und Teilnahmslosigkeit gegenüber ihren Leiden ist eine der schwersten Sünden des Menschengeschlechts" meint Romain Rolland. Und von Jesus haben wir den Ausspruch: "Was ihr getan habt einem meiner geringsten Brüder, das habt ihr mir getan." Warum denken wir bei diesem gewichtigen Satz immer nur an Menschen? Sind die Tiere nicht auch unsere "Brüder"? Geschöpfe und Willensbekundungen desselben Vaters?

Und wir könnten weiter folgern: Was ihr einem Tier Gutes getan habt, wenn ihr es gespeist, gewärmt, getrocknet, gepflegt, geheilt, wenn ihr es aus Gefahr befreit oder ihm eine artgerechte Umgebung und Lebensweise geschaffen habt - das habt ihr mir getan! Wenn ihr roh und erbarmungslos gewesen seid, wenn ihr in eures Herzens Trägheit Hilfe verweigert, wenn ihr es gequält, gemartert habt - das habt ihr mir getan! Ich habe mich oft schon gefragt, ob die Schlachter in den Schlachthöfen wohl ein Gebet sprechen, ehe sie am Morgen mit ihrer Arbeit beginnen. Wir leben, weil andere Wesen für uns sterben. Das ist der Schöpfung eingepflanzt und geht nicht anders. Aber es macht uns zugleich schuldig, und ein differenziertes Gewissen wird nach Wegen suchen, diese Tötung von Tieren auf ein Minimum zu reduzieren und kein Tierleben "sinnlos" zu opfern. Die sinnlosen Massenjagden auf die Bisons in Nordamerika, auf die Springböcke in Südafrika oder die Wale in den Weltmeeren werden eine ewige Anklage bleiben.

Von Albert Schweitzer wissen wir, daß die traditionelle Ethik der Menschenliebe nur ein Fragment der Ethik ist. Unsere Liebe muß sich auf die *ganze* Kreatur erstrecken, um elementar und tief zu sein. Nur so kann eine wahre und echte ethische Kultur entstehen.

Manfred Haustein

Vom Sinn der biblischen Gerichtsbotschaft

Predigt in der St. Nikolai-Kirche zu Leipzig

"Freies Christentum" Nr. 6, 1988

Wir sind vielfältig beeindruckt von den äußeren Veränderungen unserer Welt. Ich denke etwa an die Veränderungen des Straßenbildes zwischen der Postkutschenzeit und heute, wo die Autos über die Straßenbänder rasen. Weniger ins Auge fallen die inneren Veränderungen, der Bewußtseinswandel, die ideologischen Verschiebungen. Und doch sind sie keineswegs geringer. In unserem Haus waren wir kürzlich familiär in vier Generationen zusammen. Das Gespräch lief freilich nur zwischen dreien, die vierte spielte im Kinderzimmer. Es bestand zwar eine Art Rahmenübereinstimmung durch den christlichen Glauben, was keineswegs selbstverständlich ist, die Unterschiede in den Sichtweisen, in der realen "Weltanschauung", den Lebensnormen, aber auch im Glaubensverständnis und in der Glaubenspraxis waren dennoch schockierend groß. Es erwies sich wieder einmal als ausgeschlossen, sie auf einen Nenner zu bringen. Verbissene Anstrengungen dieser Art erbringen nur Streit und Entfremdung.

Ausgehend von 2. Korinther 5,10a möchte ich mit Ihnen über die einschneidenden, großen Bewußtseinsänderungen hinsichtlich der biblischen Gerichtsbotschaft nachdenken: "Wir müssen alle offenbar werden vor dem Richterstuhl Christi." Nach der biblischen Überlieferung liegt das Gericht ursprünglich und eigentlich bei Gott. "Der du aller Welt Richter bist", heißt es etwa in 1. Mose 18,25. An verschiedenen Stellen des Neuen Testaments ist das Gericht dann Jesus Christus übergeben. Es handelt sich dabei um frühe Gemeindetheologie, die auf keinen historischen Selbstanspruch Jesu zurückgeht. Zugrundeliegen dürfte die Gewißheit, daß sich an ihm unser Heil entscheidet.

Die biblische Botschaft vom Gericht übte einst über die Menschen eine Art Angstherrschaft aus. Noch dem Mönch Martin Luther trieb der Gedanke an Gottes Gericht den Angstschweiß aus, drängte ihn oft mehrmals täglich zur Beichte. Die kirchliche Verkündigung des Mittelalters, zumal die Volkspredigten der wandernden Predigermönche, haben diese Gerichtsangst weithin mit größter Heftigkeit geschürt. Durch drastische Ausmalungen der Höllenstrafen wurde sie geradezu hochgepeitscht. Manchen Predigten dieser Art eignete ein sadistischer Zug. Nicht wenige Schenkungen und erbliche Überlassungen auf dem Sterbebett oder im Alter für Liebeswerke und zur Besitzvermehrung der Kirche geschahen aus jener Angst, um Erlaß und Milderung im Gericht zu erreichen, vor allem Verkürzung "zeitlicher" Fegefeuerstrafen.

Es ist offenbar, wieviel sich bewußtseinsmäßig hier geändert hat. Vor meiner Hochschulzeit war ich 20 Jahre Gemeindepfarrer in einem vorerzgebirgischen Dorf und habe viele Menschen, gerade auch Alte, Kranke und Sterbende, seelsorgerlich begleitet. Gerichtsangst dieser Art als Verdammungs- und Höllenangst ist mir nicht begegnet. Betrübnis, Reue, Trauer über Versäumtes, Verfehltes hingegen gab es durchaus. Ich erlebte viel vertrauensvolles Bergen in Gottes Barmherzigkeit, das ich, auch wenn es fast fraglos war, unter keinen Umständen mit dem gängigen Stichwort "billige Gnade" (Dietrich Bonhoeffer) diffamieren möchte.

Ist es denn überhaupt noch zeitgemäß, auch unter dem Blickwinkel moderner Glaubensentwicklung, daß wir die Gerichtsbotschaft verkündigen? Im Choral "Es ist gewißlich an der Zeit" heißt es: "O weh dem Menschen, welcher hat des Herren Wort verachtet und nur auf Erden früh und spat nach großem Gut getrachtet! Er wird fürwahr gar schlecht bestehn und mit dem Satan müssen gehn von Christus in die Hölle." Hölle! Ich will vorsätzlich auf die Spitze treiben. War es nicht genug mit den Verbrennungsöfen von Auschwitz und anderswo? Soll es gar noch ewige geben?! Und wenn es nur ein Bild wäre, trotzdem, trotzdem!

Nach Paul Tillich, dem bedeutenden Theologen des 20. Jahrhunderts, ist das Gerichtssymbol, das es ja nicht nur im Christentum gibt - es ist ein religiöses Ursymbol -, der eindrückliche Hinweis darauf, daß wir Menschen verantwortlich sind. Wir sind verantwortlich, kein Tier ist das. Tiere werden entsprechend auch nicht vor irdische Gerichte gestellt, aber der Mensch. Wir können uns drehen und wenden, wie wir wollen, den Umständen "die Schuld geben", es auf die schlechten Nerven, den Gesundheitszustand, die Vererbung "schieben" - und das alles hat ja tatsächlich seine Bedeutung und Einwirkung -, im Letzten, im Tiefsten wissen wir es, daß wir verantwortlich sind. Wer seine Verantwortlichkeit verweigert, drängt ins Tierreich zurück, gibt seine Menschenwürde preis. Gewiß, die Höllenvorstellungen stellen eine primitive, widerliche Ausmalung dar. So geht es eben. Es kommt zu Vergröberungen, Verzerrungen, Entstellungen. Das Gerichtssymbol ist davon nicht betroffen, unverrückbar steht es für unsere letzte Verantwortlichkeit, um die wir ein Urwissen haben, der keiner entkommt.

Die verschiedenen Veranschaulichungen, etwa Matthäus 25,31-46, wo Gute und Böse, Gerechte und Übeltäter, wie Böcke und Schafe geschieden werden, die einen verurteilt ins ewige Feuer, die anderen aufgenommen zum ewigen Leben, sind gemeindetheologische, menschliche Vorstellungen, Gedanken, Illustrationen. Ich habe noch keinen absolut guten oder absolut bösen Menschen getroffen, nur "Mischlinge", und bin zweifellos selbst ein solcher. Im Grunde weiß keiner, auch kein Theologieprofessor, wie sich unser unzweifelhaftes Verantwortlichsein einmal auswirkt. Aber wir tragen ein Ahnen, ja Wissen in uns, daß es das tun wird. Es ist nicht alles egal. Elisabeth Kübler-Ross, die Pionierin mitmenschlicher Sterbebegleitung, berichtet davon, daß das Wissen um eine letzte Verantwortlichkeit in der Todesnähe noch schärfere Konturen annimmt.

Nun muß Verantwortung ja irgendwo festgemacht sein. Sie kann nicht im Leeren hängen. Nach biblischer Botschaft und dem religiösen Urwissen ist sie festgemacht an Gott. Er ist die letzte Instanz. Es ist keineswegs so, daß alles Gute bei den Gläubigen und alles Böse, Ruchlose bei den Atheisten zu finden wäre. Wir haben angefangen, Christen und Atheisten, uns zunehmend mit Achtung zu begegnen. Die alten Projektionen hin und her waren so töricht und primitiv, freilich unbeschadet dessen ungeheuer zäh und klebrig. Ein sogenannter Gottloser galt in christlichen Kreisen oft kurzab als ein Strolch, die Verkörperung des Bösen. Marxisten wiederum nannten

Glauben "verkehrtes Bewußtsein", ins Banale übertragen: eine gelinde Form von Geistesgestörtheit.

Es gibt zunehmend Menschen, welche diese Primitivprojektionen der Abwehr, denn das sind sie, zurückgenommen haben und dadurch die Fähigkeit zu einer neuen Begegnungsweise gewannen. Damit sind prinzipielle Unterschiede freilich nicht verwischt. Ein solcher Grundunterschied besteht etwa hinsichtlich der Frage: Wo ist meine Lebensverantwortung festgemacht? Vor wem hat sich der Mensch letztlich zu verantworten? Der religiöse Mensch lebt in der Verantwortung vor Gott. Schon in meiner Jugend, ich erinnere mich noch deutlich und genau, hat in diesem Sinne der 139. Psalm auf mich einen ganz starken Eindruck gemacht. "Herr, du erforschest mich und kennest mich. Ich sitze oder stehe auf, so weißt du es; du verstehst meine Gedanken von ferne. Ich gehe oder liege, so bist du um mich und siehst alle meine Wege. Denn siehe, es ist kein Wort auf meiner Zunge, das du, Herr, nicht schon wüßtest."

Zu den bedeutendsten Werken Fjodor Dostojewskis gehört der Roman "Die Brüder Karamassow". Der alte, reiche Karamassow, ein Wüstling und Trinker, ebenso verschlagen wie verkommen, sagt, offensichtlich zur eigenen Gewissensberuhigung: "Wenn es keinen Gott gibt, ist alles erlaubt." Dostojewski will ganz gewiß keinen humanistischen Atheisten schmähen, vielmehr zum Ausdruck bringen, welche unabsehbaren Folgen es hat, wenn man die Verantwortung von Gott löst. Seines Erachtens bedeutet dies den Einsturz ohne alle Maßen. Wo soll die Verantwortung denn dann festgemacht oder verankert werden? Und sie muß doch verankert sein!

Manche meinen, ich mache sie an mir selbst fest. Selbstverantwortung klingt erst einmal erfreulich erwachsen, mündig, recht gut. Ich kann nicht umhin, meine tiefe Skepsis anzumelden. Da ist unsere eingefleischte Neigung, parteilich zu urteilen - und wie! - zu unseren Gunsten. Wir sind unser eigener Advokat mit einem phantastischen Vorrat an Rechtfertigungen. Eine andere Variante ist die Verantwortung vor dem Volk, in dessen Name die Gerichte inzwischen auch die Urteile sprechen. Abgesehen von den Zerrbildern solcher Verantwortung (gut ist, was dem Volke nützt), besteht meines Erachtens das Manko darin, daß Verantwortung der personalen Dimension bedarf, die sie so nicht hat.

Ich möchte die Verantwortung vor der Gesellschaft, so sucht man sie ja heute wesentlich festzumachen, keineswegs herabsetzen oder gering schätzen. Meine Achtung gilt jedem, der sich gewissenhaft daran ausrichtet. Und ich empfinde sie auch selbst. Freilich fehlt auch hier das personale, direkte Gefragtsein - Verantwortung bedeutet doch schon vom Wortsinn her Antwort, Erwiderung auf eine unausweichliche persönliche Frage -, wie es die Gottesverantwortung bestimmt, ihre Einzigartigkeit ausmacht. So sage ich frei heraus, daß ich es für ein menschheitliches Verhängnis hielte, sollte die Befestigung menschlicher Verantwortung an Gott, ihre Verankerung in Gott, mehr und mehr gelöst werden. Die Krise der Verantwortlichkeit ist unübersehbar. Das religiöse Ursymbol des Gerichtes ist nicht überholt, wenn wir es nur reinigen von mancherlei primitiven Vorstellungen und abwegigen Veranschaulichungen, die hinzugekommen sind.

Es ist aber auch nachdrücklich zu warnen, Tillich hat es mit Ernst getan, die Bezeichnung Symbol mißzuverstehen im Sinne von unwirklich, lediglich gleichnishaft, "nur" symbolisch. Von den letzten Wirklichkeiten kann man allein symbolisch reden, weil das Symbol tiefer reicht und das Sein gründlicher zum Ausdruck bringt als der rationale Begriff. Das Symbol "Gericht" handelt also von einer letzten, äußersten wie innersten Wirklichkeit: Ich bin verantwortlich. Es besagt, unsere Verantwortlichkeit ist nicht abzuschütteln, sie erlischt nicht, sie geht mit uns, sogar in und durch den Tod.

Toleranz und Absolutheitsfrage

Einführung

Begegnung der Religionen, interreligiöser Dialog, formale und inhaltliche Toleranz, universale Offenbarung - hier schlägt das Herz des freien Christentums, und hier sieht es eine seiner wichtigsten Aufgaben. Nirgends sonst profiliert sich das freie Christentum so deutlich, seit die historisch-kritische Auslegung der Bibel und der Bekenntnisse sowie der symbolisch-gleichnishafte Charakter allen religiösen Denkens und Redens in weiten Teilen des Protestantismus und sogar der Gesamtchristenheit Allgemeingut geworden ist.

Im Rückblick auf das 40jährige Bestehen des Bundes für Freies Christentum erklärte sein damaliger Präsident programmatisch: "Christliche Religion im Kontext der anderen Religionen - das ist *das* Thema an der Schwelle zum 21. Jahrhundert" *(Udo Tworuschka 1988)* Man kann ergänzen: Es ist das Thema nicht nur für ein freies Christentum!

Ansätze inhaltlicher ("materialer") Toleranz liegen mit den "Ideen der Gnade, des Geistes und der Liebe" im reformatorischen Christentum vor *(Gustav Mensching 1952)*. Aus der Gewißheit des eigenen Glaubens heraus kann man sich eine solche Toleranz leisten, die sich mit religiösem Zwang und dem Anspruch, selbst die alleinseligmachende Wahrheit zu haben, nicht verträgt *(Georg Wünsch 1954)*.

Inhaltliche Toleranz ergibt sich zwingend aus der Idee einer universalen Offenbarung. Danach ist Gott größer als unser Denken und Herz, und er hat in allen Kulturen, zu allen Zeiten und an allen Orten die Möglichkeit, seine Botschaft der Liebe bekannt zu machen *(Hansjörg Jungheinrich 1957)*. Es ist damit zu rechnen, "daß Gott auch anderswo sich heilsam offenbart haben könnte" *(Ulrich Mann 1970)*, daß also auch außerhalb der christlichen Kirche und der christlichen Religion Heil sein könnte *(Ulrich Mann 1974)*.

Religiöse Toleranz ist "nicht Gleichgültigkeit, sondern Anerkennung der grenzenlosen Möglichkeiten des Waltens göttlichen Geistes in den geschichtlichen Sondergestaltungen der Religion" *(Gustav Mensching 1952)*. Sie ist dabei kein "kritikloses Anerkennen, daß überall ja derselbe liebe Gott am Wirken ist" *(Ulrich Mann 1974)*. So nimmt sie nicht alles einfach hin, sondern kämpft mit den Waffen "der Wahrheit und Liebe" einen "geistigen Kampf" gegen alles, was dem Reich Gottes widerstehen will *(Rudolf Daur 1957)*.

In der interreligiösen Begegnung können Christen und Andersgläubige voneinander lernen. Von den Juden etwa lassen sich Christen den einen Gott als "reinigende Kraft im Alltag" zeigen *(Theodor Jaeckel 1994)*. Darüber hinaus mag gefragt werden, ob sich die Religionen auf dem Weg zu einer "universalen Menschheitsreligion" befinden. Auf der einen Seite wird die Spannung etwa zwischen Christentum und Buddhismus als "Polarität" und damit als "Zusammengehörigkeit in der Tiefe" verstanden *(Paul Schwarzenau 1976)*. Auf der anderen Seite steht die Auffassung, es gebe, etwa in der Frage nach Gott, zwischen den Religionen unüberbrückbare Differenzen *(Peter Gerlitz 1976)*.

Andreas Rössler

Gustav Mensching

Toleranz und Intoleranz in der Religionswelt

"Freies Christentum" Nr. 1, 1952

In einem der berühmten Felsenedikte des indischen Königs Ashoka, des Konstantin des Buddhismus, der um 250 v.Chr. lebte, finden sich die Sätze: "Andere Sekten sollen bei jeder Gelegenheit geehrt werden. Wenn man so handelt, fördert man seine eigene Sekte und erweist der anderen Sekte Gutes. Im anderen Falle schädigt man seine eigene Sekte und fügt der anderen Übles zu." Stellt man neben diese vom Geiste edler Toleranz erfüllten Worte des lange vor Christus lebenden buddhistischen Königs die Fülle der scharfen Ketzergesetze und Inquisitionsbestimmungen, die im Bereich der christlichen Kirche in früher und neuerer Zeit erlassen wurden, dann wird man gut tun, sich in die Problematik der Toleranzidee zu vertiefen, um zu erfassen, welcher Kämpfe es im christlichen Abendland bedurfte, und warum es ihrer bedurfte, um die Idee der Toleranz als Ideal zu erkennen.

Ganz im allgemeinen darf man sagen: der Mehrzahl der orientalischen Religionen liegt die Toleranz gewissermaßen im Blute, sie brauchte daher von ihnen nicht erst erstritten zu werden. Einer anderen Gattung von Religionen, zu denen auch das Christentum gehört, ist die Intoleranz ursprünglich wesensgemäß. Hier bedurfte es also gewaltiger Anstrengungen, ehe der Wert der Toleranz überhaupt gesehen wurde, und es wird sich zeigen, daß er bis heute keineswegs überall anerkannt, geschweige denn realisiert worden ist; es wird aber deutlich werden, daß die religiöse Toleranz ein Ideal ist, an dessen Verwirklichung alle guten Geister der menschlichen Geschichte, außerreligiöse, aber gerade auch religiöse, seit Jahrhunderten im Abendland arbeiten.

Um das Problem der religiösen Toleranz zu verstehen, muß man unterscheiden zwischen äußerer und innerer Toleranz. Wir bezeichnen mit diesen Begriffen einerseits die duldsame Haltung gegenüber Religionen und religiösen Anschauungen außerhalb der eigenen Religion und andererseits die duldsame Einstellung gegenüber abweichenden religiösen Anschauungen und Bildungen innerhalb des Bereiches der eigenen Religion. Es zeigt sich nun, wenn man die Religionsgeschichte daraufhin betrachtet, daß beide Formen der Toleranz bzw. ihr Gegenteil in verschiedenen Religionen bzw. Religionsarten und zu verschiedenen Zeiten ihrer Entwicklung in einem eigentümlichen Verhältnis zueinander stehen.

Am Anfang der Religionsgeschichte steht die Gattung derjenigen Religionen, die wir ihrer inneren Struktur nach als Volksreligionen bezeichnen. Diese Volksreligionen beschränken sich in ihrer Geltung und Übung auf ein Volk und werden von einem Volk, nicht vom Einzelnen getragen. Diese Grundstruktur schließt die Vorstellung ein, daß andere Völker andere Götter haben, denn die Gottheiten der Volksreligion sind Volks- und Landesgötter. Damit ist aber zugleich eine Art von Toleranz, nämlich die äußere Toleranz gegeben: fremde Religionen sind berechtigt und werden in ihren Bereichen, d.h. für fremde Völker, ausdrücklich anerkannt. Das zeigt sich z.B. darin, daß Eroberer im fremden Lande häufig den Göttern dieses Landes und Volkes opfern, um sie sich günstig zu stimmen.

Nennen wir diese Haltung "äußere Toleranz", so wird dabei sogleich sichtbar, daß zur vollen Idee echter Toleranz doch das Bewußtsein des problematischen Charakters solcher Haltung gehört. Dieses Bewußtsein ist auf dieser Stufe der Religion noch nicht vorhanden, denn es ist nicht etwa eine besonders großzügige, ethisch oder religiös differente Haltung, die man fremden Religionen gegenüber einnimmt, sondern einfach die wesensgemäße. Es wäre verwunderlich, wenn es anders wäre.

Mit dieser Form volksreligiöser äußerer Toleranz ist nun aber zugleich innere Intoleranz verbunden, denn so sehr man fremden Völkern fremde Götter zugesteht, so entschieden verlangt die Volksreligionsgemeinschaft, also Volk und Staat, die hier die einzigen Religionsgemeinschaften sind, Verehrung der eigenen Götter. Die Staatsreligion verlangt von allen Untertanen Gehorsam und verfolgt rücksichtslos den, der diesen Gehorsam nicht leistet und sich fremden Göttern zuwendet. Das war im alten Israel der Fall, wo immer gegen den Abfall von dem Volksgott Jahwe protestiert wurde und vielfach gerade die von der volksreligiösen Tradition abweichenden Propheten getötet wurden. Der Konfuzianismus, der ebenfalls Staatsreligion war, verhielt sich äußerst intolerant gegen "Ketzer" innerhalb des eigenen Religions- bzw. Staatsgebietes. Dasselbe gilt bekanntlich vom römischen Staat, der mit aller Gewalt gegenüber den Christen den Kaiserkult durchzusetzen suchte. Die römischen Christenverfolgungen sind das bekannteste Beispiel "innerer Intoleranz" einer Volksreligion.

Man kann sich den hier vorliegenden religiösen Sachverhalt auch noch von innen her deutlich machen, um ihn besser zu verstehen. Es geht bei aller Toleranz und ihrem Gegenteil stets um das Absolutheitsbewußtsein. Alle Religion kennt einen Absolutheitsanspruch, aber man muß verschiedene Arten des Absolutheitsanspruches unterscheiden, nämlich das, was ich die "intensive Absolutheit" und die "extensive Absolutheit" nenne. Intensive Absolutheit ist die eigene Bindung an die eigene Gottheit. Eine solche Absolutheit liegt, wie gesagt, in jeder Religion vor. In den Universalreligionen dagegen mit einer universalen Gottes- und Heilsidee tritt noch eine extensive Absolutheit hinzu. Diese Religionen erheben wesensgemäß den Anspruch, allgemein gültige bzw. einzige Religion zu sein.

Es ist einleuchtend, daß bei der ersten Form der Absolutheit zwar notwendig innere Intoleranz, aber äußere Toleranz herrschen muß; denn das Bewußtsein absoluter Bindung an eigene Götter verlangt nicht danach, auch fremde Völker zu ihrer Anerkennung zu zwingen. Völlig anders wird die Lage, wenn wir es mit Universalreligionen zu tun haben, deren extensiver Absolutheitsanspruch mit fremden Religionen zusammenstößt. Dabei wird es nun freilich darauf ankommen, welcher Strukturart diese universale Religion ist, d.h. ob es sich um mystische oder um prophetische Religionen handelt.

Beginnen wir mit den *mystischen Universalreligionen*, von denen der Buddhismus das markanteste Beispiel ist. Das oben zitierte Felsenedikt des Königs Ashoka zeigt bereits, daß hier Toleranz herrscht, und zwar sowohl äußere (fremden Religionen gegenüber) als auch innere (den Sekten der eigenen Religion gegenüber). Diese Haltung beobachten wir aber auch z.B. im indischen Hinduismus, dessen Vishnuglaube mystisches Gepräge trägt. In der Bhagavadgita lesen wir (IX,23):

"Auch die glaubensvoll ergeben andern Göttern Verehrung weihn,
Selbst diese ehren doch nur mich, wenn auch nicht gerade regelrecht."

Fremder Glaube erscheint im inklusiven Absolutheitsanspruch der Mystik als Erscheinungsform des eigenen Glaubens. Da die Mystik allen Wert auf das inwendige Leben der Seele legt, erscheinen ihr konsequentermaßen die äußeren kultischen oder begrifflichen Ausdrucksformen in der Religion nur als von sekundärer Bedeutung. So kommt, ohne daß hier in heißen Glaubenskämpfen um dieses Ideal erst gerungen zu werden braucht, die Mystik zu einer praktisch geübten und theoretisch vertretenen Toleranz. Besonders klar tritt das z.B. im islamischen Sufismus zu Tage. Der Islam selbst ist eine prophetische, intolerante Religion. Auf ihrem Boden aber entstand, wie auch im Christentum, eine mystische Glaubensrichtung, der Sufismus, die ausgesprochen tolerant ist. Bei Dscheladed-din Rumi lesen wir:

"Erblickst du Gottes Bild im Götzentempelschrein,
Verehr ihn dort und laß den Rundgang um die Kaaba sein.
Denn: ist sie nicht vom Duft der Gottvereinigung erfüllt,
Und haftet dieser Duft am Judentempel, so tritt ein."

Wir haben es also in der Toleranz der Mystik gewissermaßen mit einer "Temperamentstugend" der Mystik zu tun, weil sie nicht erst erkämpft zu werden braucht gegen die angeborenen Neigungen, sondern weil sie mit dem tiefsten Wesen der Mystik selbst notwendig gegeben ist. Die beiden oben unterschiedenen Formen bzw. Richtungen der Toleranz, nach außen, also anderen Religionen gegenüber, und nach innen, also sektenhaften Spaltungen gegenüber, sind in der Mystik wesensnotwendig vorhanden.

Anders steht es nun in der *prophetischen Religion*, dernen markante Repräsentanten unter den Weltreligionen Christentum und Islam sind. Die innere Struktur der prophetischen Religion ist ganz allgemein dadurch gekennzeichnet, daß es in ihr stets nur einen persönlichen Gott gibt, der einen ausgesprochenen Willenscharakter und dynamische Aktivität der Welt und den Menschen gegenüber hat. Der Mensch steht dem prophetischen Gott in klarem Abstand gegenüber, empfängt Aufträge und Befehle von seinem Gott, in dessen Dienst er in und an der Welt tätig zu sein hat.

Für unser Problem der Toleranz ergibt sich bereits aus diesen ganz allgemeinen Strukturangaben, daß hier nur eine streng exklusive Absolutheit vertreten werden kann. Die prophetische Religion erhebt den selbstverständlichen Anspruch, die einzige wahre Religion zu sein, und da ihr wesensmäßig eine starke missionarische Tendenz innewohnt, so folgt daraus, daß hier "von Natur" eine intolerante Einstellung nach außen und innen zu erwarten sein wird. Das bedeutet, daß die Existenzberechtigung fremder Religionen geleugnet und ihre Existenz selbst bekämpft wird, daß ferner, nach innen, abweichende Glaubensauffassungen mit Eifer unterdrückt, verfolgt und bestraft werden müssen.

Ein Blick in die Geschichte zeigt, daß in der Tat diese Religionen genau im gleichen Sinne gehandelt haben. Sehen wir vom Christentum ab, mit dem wir uns als mit der Glaubensform des Abendlandes noch ausführlich zu beschäftigen haben, so zeigt bekanntlich der Islam leidenschaftliche Ketzerverfolgungen im Innern. Im übrigen aber teilt der Islam die Welt in zwei Teile, in das Gebiet des Islam und in das Gebiet des "heiligen Krieges". Das heißt: die Bezirke der Welt, in denen der Islam noch nicht herrscht, sollten, dogmatisch gesehen, zum Kampfgebiet für die islamische Herrschaft gemacht werden.

Schärfer kann man den Absolutheitsanspruch einer Religion nicht aussprechen. Von einer Duldung fremder Religionen kann hier selbstverständlich nicht die Rede sein. Während das göttliche Eine in der Mystik fremde Gottheiten einschließen konnte, schließt der eine Gott der Prophetie alle fremden Gottheiten radikal aus. Die Heilsnotwendigkeit des eigenen Gottesglaubens und die Verantwortung für die Mitmenschen und ihr Heil bedingt religiös eine Haltung strenger Intoleranz. Es ist klar, daß von diesen Glaubensvoraussetzungen aus Toleranz zunächst gar nicht als Tugend, sondern als sträfliche Gleichgültigkeit gewertet werden muß.

In unserer europäischen Welt gelangte das Christentum zur alleinigen Herrschaft. Sollte hier also der Wert der Toleranz erfaßt und vertreten werden, dann konnte das nur geschehen in leidenschaftlichen Kämpfen um eine Wandlung grundlegender Glaubensvoraussetzungen. Der Darstellung dieser Kämpfe wenden wir uns nun zu.

Die Geschichte der Toleranz im abendländischen Christentum zeigt eine eigentümliche Dialektik zwischen Toleranzanspruch und Toleranzausübung. Das frühe Christentum begegnete auf römischem Boden schärfster Verfolgung wegen der Verweigerung des Kaiserkultes. Dieser intoleranten Haltung des römischen Staates gegenüber vertrat Tertullian um 200 n.Chr. das Ideal der Glaubensfreiheit. In seiner Schrift "Ad Scapulam" (2) begegnet uns bereits die Idee des Menschenrechtes, zu verehren, woran man glaube. Wider die Religion aber sei es, Religion erzwingen zu wollen. Damit wird bereits in früher Zeit das Postulat der Toleranz begründet vom innersten Wesen der Religion aus, die in Bezirken der menschlichen Persönlichkeit wurzelt, in denen der Wille und daher auch der gewaltsame Befehl keine Macht haben.

Das 313 erlassene Mailänder Edikt gewährt den Christen seitens des Staates die erstrebte Toleranz. Seltsamerweise schlägt aber nach errungener staatlicher Anerkennung die von den Christen erbetene und erhaltene Toleranz in schärfste Intoleranz gegenüber den Nichtchristen um. Firmicus Maternus z.B. verlangt die gewaltsame Ausrottung des Heidentums, und die inzwischen aufgestellten Glaubensnormen der Bekenntnisse liefern die Maßstäbe, an denen auch innerhalb des Christentums die aufkommenden Glaubensüberzeugungen (z.B. der Gnosis) gemessen, verurteilt und verfolgt werden.

Schon Augustin verlangt unter Anwendung des in Jesu Gleichnis vom großen Abendmahl sich findenden Wortes "Coge intrare" ("Nötige sie, hereinzukommen") die leibliche Bestrafung der Ketzer, und Theodosius d. Gr. erließ 380 ein Edikt, das von allen Untertanen des Reiches den katholischen Glauben verlangte. Im Codex Justinianus werden die Gesetze gegen Heiden (äußere Intoleranz) und gegen Ketzer (innere Intoleranz) festgelegt. Die frühchristliche Erkenntnis, daß man den Glauben nicht erzwingen könne, ist vergessen. Sie taucht wohl noch einmal vereinzelt wieder auf, z.B. bei Theodorich d. Gr., von dem die Worte stammen: "Wir können die Religion nicht befehlen, da niemand gezwungen werden kann, wider Willen zu glauben"; aber das Mittelalter hat im allgemeinen und in der durchweg geübten Praxis die Annahme des kirchlichen Glaubens als staatliche Pflicht gefordert. In Ketzerprozessen der Inquisition, deren Rechtsgrundlage von Thomas von Aquin in sein theologisches System eingeordnet wurde, erreichte die Intoleranz Andersgläubigen gegenüber ihren Höhepunkt.

Dieselbe trat nun aber auch auf dem Boden der reformatorischen Bewegung auf. Zwar kennt die Reformation keine Toleranzidee. Aber die zentralen Grundüberzeugungen Luthers und der Reformatoren bedeuten praktisch den entschiedensten Protest gegen die gewaltsame Intoleranz der Kirche und des Staates, denn Luther stellt das ganze Glaubensleben des Christen auf die freie Gnade Gottes. Menschlicher Zwang bedeutet dann ein Eingreifen in das freie Walten Gottes selbst. Das an die Bibel gebundene Gewissen wird zum obersten Richter in Glaubensdingen gemacht. Das ist die *eine* Seite: in diesen reformatorischen Gedanken ist die Ablehnung des Glaubenszwanges eindeutig begründet.

Die kirchengeschichtliche Entwicklung bedeutete demgemäß auch den Kampf um Toleranz gegenüber den Protestanten. 1529 erklären die Stände, daß in Glaubenssachen jeder für sich vor Gott stehen müsse. Gleichwohl kämpft Luther nicht für eine individuelle Glaubensfreiheit. Es ist nach Luthers Überzeugung nicht so, daß jeder glauben könnte, was ihm gut erscheint, was er als individuelle Persönlichkeit und aufgrund eigenen Nachdenkens und religiösen Erfahrens als Glaubensüberzeugung gewann. Die Autorität wird anstelle der Kirche und des kirchlichen Lehramtes die Bibel, das Wort Gottes. Es ist aber die Überzeugung der Reformatoren, daß dieses Wort Gottes, wenn es "lauter und rein" verkündet wird, notwendig den wahren Glauben erzwinge.

Von hier aus kommt man dann zu der weiteren Anschauung, daß, wo Unglaube herrsche, auch kein an das Wort Gottes gebundenes Gewissen vorhanden sei, also strafwürdiger Ungehorsam vorliege. Abweichung vom apostolischen Glaubensbekenntnis erscheint daher als Empörung gegen Gott, als Gotteslästerung, die zu bestrafen sei. Demzufolge fordert und übt bekanntlich vor allem Calvin die leibliche Ausrottung der Ketzer. Auch fordert Luther um der Ordnung willen, daß im Staate nur *eine* Religion bestehen dürfe. Die Einführung der Reformation geschah daher mit staatlichen Zwangsmitteln. (Vgl. das ius reformandi [Recht zur Durchführung der Reformation] der Landesherren nach dem Grundsatz: cuius regio eius religio [wer über das Land zu bestimmen hat, hat auch über die Religion zu bestimmen].)

Es zeigt sich also hier wieder, daß nach Erreichung äußerer Anerkennung, die nach langen, sogar kriegerischen Auseinandersetzungen im Westfälischen Frieden von 1648 wenigstens in beschränkter Form erreicht wurde, auch der Protestantismus unter Berufung auf den absoluten Wahrheitsanspruch des Evangeliums andere Glaubensüberzeugungen ablehnte und bekämpfte. Im Art. VII §2 des Westfälischen Friedens heißt es: "Praeter religiones super nominatas nulla alia in sacro imperio Romano recipiatur vel toleratur" ("Außer den oben genannten Religionen soll keine andere im Heiligen Römischen Reiche angenommen oder geduldet werden"). Die geduldeten Religionen sind die der Katholiken, der Reformierten und der Augsburgischen Konfessionsverwandten. Darüber hinaus herrscht auch staatlicherseits Intoleranz. Aber auch gegen diese Anerkennung der reformatorischen Bekenntnisse hat Papst Innozenz X. in der Bulle "Zelo domus dei" vom 20. November 1648 protestiert.

Bisher war man also noch zu keiner echten Toleranz gekommen. Was bisher erreicht wurde, war die staatliche Duldung bestimmter christlicher

Konfessionen, von denen die eine noch kräftig gegen die Duldung der anderen protestierte. Echte Toleranz aber ist mehr als bloße staatliche Duldung der nun einmal vorhandenen Konfessionen, sondern Anerkennung verschiedener Glaubensüberzeugungen als berechtigter Möglichkeiten religiösen Lebens. Zu solcher echten Toleranz kommt man nicht auf dem Wege gewaltsamer Existenzbehauptung, sondern nur auf religiösem Wege.

Im reformatorischen Christentum lagen die Keime dieser echten Toleranz zwar vor, zur Reife kamen sie jedoch erst sehr viel später in den Nebenströmungen der Reformation. Es sind die Ideen der Gnade, des Geistes und der Liebe, deren konsequente Verfolgung notwendig zur Toleranz führt. Die Täuferbewegung lehnte jede staatliche Einmischung in religiöse Fragen ab mit der Begründung, die uns schon in den Frühzeiten des Christentums begegnete, nämlich, daß man Glaube, der ein Geschenk der Gnade sei, nicht erzwingen könne. Die Spiritualisten, unter ihnen vor allem die Quäker, betonten als bestimmende Macht das Walten des heiligen Geistes, der weht, wo er will, und nicht, wo Menschen wollen. Die christliche Liebe aber verbiete, lieblos gegen Andersgläubige zu verfahren. In England und Amerika wurde diese echte Toleranzidee zuerst vertreten: William Penn verwirklichte sie in Pennsylvanien 1682. John Milton sah in erzwungenem Glauben Sünde. Er ahnte bereits etwas von der individuellen Verschiedenheit der Menschen und der daraus sich ergebenden Verschiedenheit der religiösen Wege. Nicht erst die Aufklärung, sondern diese religiöse Epoche Englands brachte die Überzeugung, daß Protestantismus und Toleranz wesensmäßig zusammengehören.

Von anderen Voraussetzungen religiöser Art aus kam dann die Aufklärung auf europäischem Boden zum Postulat (Folgerung und Forderung) der Toleranz: Spinoza, Bayle, Voltaire, Lessing verlangen, daß die zu sich selbst erwachte Vernunft gegenüber dem autoritativen Dogma zu selbständiger Überzeugung kommen müsse. Auch sei die Sorge für das Seelenheil der Untertanen keine Aufgabe des Staates.

Wir brauchen hier nicht den Weg zu voller und unbeschränkter staatlicher Toleranz weiter zu verfolgen, für die besonders die französische Revolution mit der Erklärung der Menschenrechte von Bedeutung wurde. Uns interessiert hier nur die Haltung der Religion bzw. der Kirche selbst, also die eigentliche religiöse Toleranz. Wir fragen daher zum Schluß nach der heutigen Stellung zur Toleranz auf dem Boden abendländischen Christentums.

Gegenüber außerchristlichen Religionen herrscht nach wie vor seitens der offiziellen Kirchen Intoleranz. Die radikalste Form der Intoleranz vertritt heute die von Karl Barth inspirierte evangelische Theologie und Kirche. Die sogar von Luther vertretene Unterscheidung einer allgemeinen

Offenbarung (revelatio generalis), die in allen Religionen angenommen wurde, und der besonderen christlichen Offenbarung (revelatio specialis) wird hier weithin aufgegeben. Das Christentum erscheint als völlig unvergleichliche Größe innerhalb der Welt der Religionen, zu der es im eigentlichen Sinne gar nicht gehöre. Wesentlich toleranter ist in dieser Beziehung trotz aller innerreligiösen Intoleranz der Katholizismus, der außerhalb des Christentums durchaus keimhafte Hinweise auf die christliche Offenbarung anerkennt.

Aber auch innerreligiös stehen die christlichen Kirchen auf einem Standpunkt strikter Intoleranz. Im Bereiche des Protestantismus begegnen wir heute weithin einem intoleranten Bekenntniszwang unter einem autoritären Kirchenregiment, dem gegenüber der freie Protestantismus sein Recht auf Duldung mühsam und weithin erfolglos vertritt.

Die katholische Haltung ist durch verschiedene päpstliche Entscheidungen festgelegt: Gregor XVI. spricht in der Enzyklika "Mirari vos" vom 15. August 1832 von dem Wahnsinn (deliramentum), Gewissensfreiheit zu gewähren, und im "Syllabus" von 1864 wird unter den Irrtümern des modernen Liberalismus und des modernen Staates auch die moderne Toleranz auf religiösem Gebiet aufgezählt. Dazu ist zu bemerken, daß die katholische Kirche zwar theologisch-dogmatisch diesen Standpunkt starrer Intoleranz nach innen und außen festhält, daß davon aber eine praktische Haltung der Duldung als christliche Lebenspflicht unterschieden wird.

Vom Standpunkt moderner vergleichender Religionswissenschaft, welche die inneren Gesetze religiösen Lebens, die weitgehenden strukturellen Gemeinsamkeiten der Religionen und ihre unverwechselbaren Eigenarten erforscht, kann nur der Standpunkt der Toleranz, der je und dann in den auf europäischem Boden ausgefochtenen Kämpfen als hohes Ideal aufleuchtete, aber, wie gezeigt wurde, auch heute noch keineswegs zu allgemeiner Anerkennung, geschweige denn zu allgemeiner Verwirklichung gelangt ist, mit aller Entschiedenheit vertreten werden. Toleranz ist nicht Gleichgültigkeit, sondern Anerkennung der grenzenlosen Möglichkeiten des Waltens göttlichen Geistes in den geschichtlichen Sondergestaltungen der Religion.

Der Absolutheitsanspruch, auf den sich die Intoleranz gründet, ist, wie ebenfalls gezeigt wurde, in verschiedenen Religionen in exklusiver Form vorhanden. Wir deuten ihn als typische Ausdrucksform für das innere Verhältnis persönlicher und absoluter Bindung in der eigenen Religion. Toleranz schließt keineswegs die eigene ausschließliche Bindung an die eigene Religion aus, sie erkennt aber fremde religiöse Überzeugungen als Möglichkeiten an.

In keinem Falle wäre eine *Religionsmischung* als künftige tolerante Einheitsreligion wünschenswert. Die Erlebnisstile der geschichtlichen Religionen dürfen nicht gemischt werden. Wohl aber würde die religiöse Toleranz bei Wahrung eigener Glaubensüberzeugung ermöglichen, daß, wie Rudolf Otto es einst im Religiösen Menschheitsbund anstrebte, die Religionen im Ethischen sich zusammenfinden, in dem sie die meisten Gemeinsamkeiten haben, um als religiöses Weltgewissen gegen die areligiösen Mächte der Zerstörung aller menschlichen Gemeinschaft und Würde zu kämpfen.

Es könnte eine der größten Aufgaben Europas werden, für diesen Kampf, den entscheidungsvollsten, den die Menschheit zu führen haben wird, die Sammlung und Führung der Kräfte zu übernehmen; denn auf dem Boden Europas wurde die Idee der Toleranz, die in den mystischen Religionen des Fernen Ostens wesensmäßig verwirklicht ist, in wachsend vertiefter Erkenntnis des wahren Wesens lebendigen Christentums erkannt und erkämpft. Hier in Europa sollte das hohe menschen- und völkerverbindende und dabei zugleich tief religiöse Ideal der Toleranz auch verteidigt werden.

Georg Wünsch

Die theologische Begründung der evangelischen Freiheit

"Beihefte Freies Christentum" Nr. 11/12, 1954

Die Toleranz in Glaubensdingen als Ergebnis der evangelischen Freiheit

Toleranz ist das große Schlagwort der modernen Geistesgeschichte. Sie ist das Ergebnis einer notvollen geistigen Lage, die durch das Zerbrechen der christlichen Einheitskultur des Mittelalters, die durch gesellschaftlichen und kirchlichen Zwang aufrechterhalten wurde, entstanden war. An ihre Stelle traten durch die Wirkung von Reformation, Renaissance und Aufklärung mehrere Konfessionen und viele Weltanschauungen, deren Kampf untereinander die staatliche Einheit und das menschliche Zusammenleben aufzulösen drohte. Eine Entscheidung für die eine oder andere Glaubensrichtung war unmöglich; man erkannte, daß sichere Aussagen über die letzten, das Leben begründenden und regulierenden Dinge auf allgemeingültige Weise nicht gewonnen werden können. Sie sind Sache des Glaubens, der persönlichen Überzeugung. Damit gehören sie einem Bereich an, in dem keine Möglichkeit besteht, dem anderen die alleinige Richtigkeit der eigenen Auffassung aufzuzwingen, sei es durch Beweis, sei es durch Gewalt. Man besitzt doch keine Norm, nach der eine Glaubenshaltung besser oder schlechter als eine andere gewertet werden könnte.

Völlig ausgeschlossen muß die moralische Diffamierung derjenigen Menschen bleiben, die anderer Überzeugung sind. Ehrlicher Glaube kann nie Gegenstand moralischer Verurteilung sein. In dieser Lage ist es geboten, das Überzeugungsleben gegen Zwang abzuschirmen. Es gehört in das Reich der Freiheit. Das Mittel, trotzdem die Einheit des menschlichen Zusammenlebens zu erhalten, ist die *Toleranz,* das Ertragen und Achten anderen Glaubens.

Nicht mit Unrecht wird festgestellt, daß diese Toleranz den Charakter der Schwäche, des Notbehelfs in sich trage. Sie ist das Eingeständnis der Unzulänglichkeit, über die letzte Wahrheit, die doch *eine* sein muß, Gültiges auszusagen. Toleranz anerkennt die Skepsis, mindestens die Gleichgültigkeit gegen Glaubensdinge und läßt die Meinung mitschwingen - manchmal wird sie offen ausgesprochen -, daß jede Glaubenshaltung Irrtum sei, es also gleichgültig sei, zu welcher man sich bekennt. Diese Gleichgültigkeit läßt sich nicht verbannen aus Worten wie "Jeder mag nach seiner Fasson selig werden" oder "Religion ist Privatsache". Das ist *negative* Toleranz, weil ihr Grund die Negation jeden Glaubens ist, oder skeptische Toleranz, weil sie es mit Dingen zu tun hat, über die niemand Gewisses wissen kann.

Nun folgt aus dem, was wir über evangelische Freiheit sagten, ebenfalls Toleranz, aber *positive* Toleranz, aus der Gewißheit des Glaubens geborene Toleranz. Diese Gewißheit beruht nicht auf dem Fürwahrhalten von durch Autorität, sei es Bibel oder Kirche, verkündigten Sätzen, sondern auf der durch die Kraft des Heiligen Geistes neugeborenen Existenz, wo am eigentlichen Ich, das ich selber bin, das Wunder der Umwandlung geschehen ist. Bibel und Kirche wirken zwar daran mit, aber sie sind als solche nicht der Grund. Dieser ist existenzverbundene Gewißheit. Niemand kann über sie verfügen, weil er über sein eigentliches Ich überhaupt nicht und über Gottes Wunder an ihm erst recht nicht verfügen kann. Sie ist Geschenk, und der Mensch ist unfrei darin, ob er es erhält oder nicht.

Niemand ist imstande, sein eigenes Sein zu überspringen, ob es nun von Gottes Gnade erfaßt ist oder nicht. Sein Sein ist seine Freiheit. Nemo est coacte et invite in peccato, sagt Luther; aber auch der Gegensatz gilt: Nemo est coacte et invite in gratia (Niemand ist gezwungen und gegen seinen Willen in der Sünde ... in der Gnade). "Wer Ohren hat zu hören, der höre", sagt Jesus. Nicht alle haben Ohren zu hören. "Der gute Baum bringt gute Früchte" - es gibt auch faule Bäume. Der Gläubige ist auch nicht frei und gerade deshalb frei darin, wie er seine Existenz im Denken und Tun zum Ausdruck bringt, weil er hier von seinem natürlichen Sein bestimmt ist. Dieses bewirkt die Formen der Glaubesaussagen und Handlungsweisen. All das hat mit Notwendigkeit, jetzt der geistlichen Notwendigkeit, die Toleranz und die mit ihr verbundene Freiheit der jeweils anderen zur Folge, in zweierlei Hinsicht.

Zunächst im engeren Rahmen, nämlich der *Christenheit*. Sie wird als Einheit vom Heiligen Geist geschaffen und zusammengehalten. Aber diese Einheit stellt sich in einer Fülle von dogmatischen Formulierungen, Symbolen, Glaubenshaltungen und Lebensstilen dar. Das ist ihre geschichtliche Wirklichkeit. Diese Mannigfaltigkeit ist bedingt durch das natürliche Sein, durch welches das Licht derselben Offenbarung hindurchgeht, die jedes Glied der Christenheit empfangen hat. Wütende Vernichtungskämpfe sind um den *Ausdruck* der gläubigen Existenz gekämpft worden - ein fundamentaler Irrtum; denn man hat den Ausdruck mit der Sache verwechselt und ihn an Stelle der Sache verabsolutiert. *Die Kämpfe gingen in Wahrheit nicht um Christus, sondern um die Behauptung der natürlichen Seinsart, also um weltliche Dinge.*

In der *ökumenischen Bewegung* ist das heute erkannt, wenn auch nicht verwirklicht. Sie ist vielleicht in der Gefahr, sich eine eigene Theologie, eine eigene Dogmatik zuzuschreiben und nun *diese* absolut zu setzen. Dann beginge sie den Rückfall in einen neuen Dogmatismus und Klerikalismus, vor dem Gott sie bewahren möge. Ihr Sinn ist vielmehr die Verwirklichung der evangelischen Freiheit, der Freiheit in bezug auf jeden wahrhaftigen, dem geistlichen und natürlichen Sein entsprechenden Ausdruck der gemeinsamen Sache Christi, der mannigfaltige Formen annehmen muß.

Das bedeutet nicht Gleichgültigkeit gegenüber dem Ausdruck, sondern das Ringen um den besten dem jeweiligen Sein entsprechenden Ausdruck. Es gibt für die Ökumene nur *einen* unversöhnlich zu bekämpfenden Gegner: die Anmaßung, den alleinseligmachenden Ausdruck zu besitzen und ihn als Gesetz zur Bedingung des Heils zu machen, also die Unfreiheit in Glaubenssachen.

Im weitesten Sinn erstreckt sich die christlich bestimmte, aus eigener Gewißheit quellende Toleranz auf *die Menschheit als ganze*. Es gibt echte weltliche Sittlichkeit, die nicht aus der geistlichen Geburt stammt; es gibt Fremdreligionen, die nicht christlicher Art sind. Gott hat die zu ihnen gehörenden Menschen nicht erweckt zum Glauben an Christus. Was für ein Urteil über sie folgt aus dem Ereignis der Wiedergeburt? Wenn sie so oft, früher und noch heute, von christlicher Seite der Finsternis der Verdammung überantwortet, wenn sie als moralisch minderwertig gebrandmarkt werden, so ist das ebenfalls ein fundamentaler Irrtum. Jeder Christ weiß, daß er nicht aus eigenem Verdienst als neue Kreatur gesetzt wurde, und daß die wiedergeborene Existenz nicht seinem freien Willen entsprungen ist. Wie er unfrei war zur Gnade in Christus, so sind die anderen ebenfalls unfrei in ihrer Gnadenlosigkeit. Es ist ihnen nicht gegeben. Jedes Gericht über sie ist von Christus her unmöglich. Denn es ist Gottes, nicht der Menschen Sache, ob und wie der einzelne zur gläubigen Existenz erweckt wird oder nicht.

Außerdem will der Gott des christlichen Glaubens, daß *allen* Menschen geholfen werde. Wie Gott auch *ihnen* hilft, das ist *seine* Sache. Auch sie sind in seiner Hand. Was von ihnen wie von allen Menschen gefordert wird, ist dies, daß sie ehrlich und wahrhaftig ihrem Sein entsprechend leben, gemäß dem, was ihrem Können gegeben ist. Es entspräche nicht der evangelischen Freiheit, von ihnen zu verlangen, sich den Christusglauben anzuquälen und damit ihr Sein zu verfälschen. Die Wiedergeborenen können ihnen gegenüber nur von ihrem neuen Sein zeugen und warten, daß der Heilige Geist auch an ihnen sein Wunder der Erleuchtung vollziehe. Und wenn er es nicht vollzieht, so wird er Mittel und Wege haben, es auf andere und verborgene Weise zu tun. Es gibt Anzeichen, daß er das in der Tat tut. So wird positive Toleranz aus eigener Gewißheit und nicht aus hilfloser Skepsis geübt.

Damit stoßen wir freilich auf das große Rätsel, das aller evangelischen Freiheit zugrundeliegt: *der Mensch ist unfrei zu dieser Freiheit*. Sie muß ihm gegeben sein durch ein Ereignis, das er nicht selber herbeiführen kann; die Umschaffung durch den Heiligen Geist, d.h. durch Gott selbst. Er kann nur warten, ganz passiv wie das Weib bei der Empfängnis: mere passive, ut mulier ad conceptum, wie Luther sagt. Daß es keinen Weg vom Menschen zu Gott gibt, sondern nur einen Weg von Gott zum Menschen, das ist der Sinn des biblischen und reformatorischen Satzes: Der Mensch wird gerecht nicht durch Werke, sondern allein aus Glauben. Der Glaube aber ist ein Geschenk der Gnade Gottes, das er gibt, wem er will.

Das geht gerade den Menschen, die freie Christen sein wollen, so schwer ein, es geht allen Menschen schwer ein. Sie sind unbelehrbar von dem wahnhaften Hochmut besessen, daß alles, was sie denken und tun, von ihrem Willen abhinge. So verstehen sie "Freiheit". Die Unfreiheit in Glaubensdingen ist aber die unumstößliche Wahrheit allen echten Christenglaubens.

Rudolf Daur

Geistiger Kampf und ungeistliches Streiten

Gottesdienst des 5. Kongresses des Deutschen Bundes für Freies Christentum im Dom zu Bremen

"*Beihefte Freies Christentum*" Nr. 21, 1957

Geistiger Kampf und ungeistliches Streiten - das sind zwei Dinge, die so weit voneinander entfernt sind wie Himmel und Hölle, wie Leben und Tod, wie heilsame Arznei und tödliches Gift. Und doch macht das letzte Bild von der Arznei deutlich, wie nahe sie auch wieder beieinander stehen, ja ineinander übergehen. Sie sind in der Geschichte der Christenheit, in der Geschichte der Menschheit unentwirrbar gemischt und gehen durch die Jahrhunderte und Jahrtausende nebeneinander, ineinander. Das eine hält die Kräfte rege, schafft neue Erkenntnis, reicheres, tieferes Leben. Das andere aber vergiftet, lähmt, zerstört und hindert alles Wachstum.

Es ist oft sehr schwer zu sagen, um was es sich da oder dort handelt, ob um geistigen Kampf oder um ungeistlichen Streit. Luthers Reformation hat ohne Zweifel begonnen als geistiger Kampf von hohen Graden. Aber ist es zwischen den Konfessionen immer dabei geblieben? Oder herrscht ungeistlicher Streit zwischen uns? Auch zwischen Luther und Zwingli ging es wohl zuerst um geistigen Kampf. Aber sind Lutheraner und Reformierte auf diesen Höhen geblieben? Und was heute die Welt erfüllt, was zwischen West und Ost hin und her geht, zwischen Kapitalismus und Kommunismus, zwischen Christentum und Materialismus, ist das geistiger Kampf, schöpferischer, klärender, reinigender, erneuernder Kampf, oder ist es ungeistliches, rechthaberisches, unfruchtbares Streiten? Es kommt alles darauf an, diesen Unterschied zu erkennen und das Rechte zu wählen. Wie unterscheiden sich die beiden?

Ich möchte einige Kennzeichen nennen, an denen man wohl merken mag, ob es sich hier und da um dieses oder um jenes handelt.

1. Geistiger Kampf geschieht einzig und allein um der tieferen Erfassung der Wahrheit willen, ungeistliches Streiten um der Sicherung der eigenen Position willen. Wo ein Mensch wirklich im geistigen Kampf steht, da gibt er seine eigenen Hüllen und Gewänder, seine eigenen Meinungen und Dogmen preis, wenn die Wahrheit ihn überwindet. Wer am ungeistlichen Streiten seine Freude findet, der will seine Meinung, seine Vorurteile wahren, schützen und verteidigen, koste es, was es wolle.

2. Der geistige Kampf erwächst aus der Demut des Beschenkten, der ungeistliche Streit aus dem Hochmut des Besitzenden. Der Geisteskämpfer weiß: Was ist, das du nicht empfangen hättest? Er weiß, daß jeder Funke der Wahrheit Geschenk der Gnade ist, über das er niemals verfügt, das er immer neu erbitten muß. Der ungeistlich Streitende besitzt die Wahrheit allein, er hat recht und er behält recht. Aus dieser Sicherheit des Besitzenden heraus führt er seinen Streit.

3. Der Geisteskämpfer erkennt und anerkennt mit Freuden jede Spur von Wahrheit, auch beim - soll ich nun sagen: beim Gegner? oder soll ich sagen: beim Bruder? Das ist für den Geisteskämpfer ein und dasselbe. Auch der Gegner ist für ihn Bruder, Kind des einen Vaters. Der ungeistlich Streitende erspäht mit Luchsaugen jede schwache Stelle in der Rüstung, in der Position des anderen und nutzt sie aus, um ihn zu erledigen.

4. Der Geisteskämpfer weiß, daß jeder Mensch seinen eigenen Weg hat, sein eigenes innerstes Schicksal. Der ungeistlich Streitende meint, es

müßten alle auf einem, nämlich auf seinem Wege und nach seiner Fasson selig werden.

5. Der ungeistlich Streitende hat viele Waffen zur Verfügung, auch Lüge, Verleumdung, Kerker und Scheiterhaufen, und er erfindet immer neue, immer schärfere Waffen bis zu den Atom- und Wasserstoffbomben. Der Geisteskämpfer hat im Grunde nur zwei Waffen, vielleicht sind sie eigentlich nur eine: Wahrheit und Liebe. Auf diese beiden Waffen aber baut er unerschütterlich. Sie genügen ihm, sie tragen endlich den Sieg davon.

Der Selbstbiographie Gandhis, den sein Volk "die Große Seele" nannte, ist sein Bild vorangestellt. Darunter hat er die Worte geschrieben: "God is Truth", Gott ist Wahrheit. Und ein andermal sagt derselbe Mann: "So hart ein Mensch sein mag, im Feuer der Liebe wird er schmelzen; schmilzt er nicht, so ist das Feuer nicht heiß genug."

6. Im geistigen Kampf kommt man einander immer näher, im ungeistlichen Streiten rückt man einander immer ferner, reißt die Klüfte immer tiefer auf. Wenn am Ende einer Diskussion die Kämpfenden einander besser verstehen, ehrlicher achten, wenn einer vom anderen weiß: auch du hast dein Stück Wahrheit, deine paar Töne aus der großen himmlischen Musik, dann ist geistig gekämpft worden. Wenn aber das Ende einer Diskussion ist, daß man verstimmt, verärgert, gekränkt ist, daß man weggeht mit dem Gefühl: das hätte ich auch noch gegen ihn sagen können, da hat er auch noch unrecht gehabt, dann ist ungeistlich gestritten worden.

7. Der Geisteskämpfer ist zuletzt doch immer ein Einsamer. Die ungeistlich Streitenden sind immer Parteileute, Anhänger, -ianer. "Ich bin apollisch, ich bin paulisch, ich bin kephisch, ich bin lutherisch, ich bin zwinglisch, ich bin Barthianer, Steinerianer, Anhänger Billy Grahams" und so fort. Der Geisteskämpfer ist ein Einsamer. Wie sagt doch Christian Morgenstern:

"Die zur Wahrheit wandern, wandern allein,
Keiner kann dem andern Wegbruder sein.
Eine Weile gehn wir, scheint es, im Chor,
Bis zuletzt sich, sehn wir, jeder verlor.
Selbst der Liebste ringet irgendwo fern. ...."

Geisteskampf oder ungeistliches Streiten: das eine schafft Leben, das andere zerstört, vernichtet alles Werden. Wo gehören wir hin, du und ich? Vielleicht sagst du: Ach, mich interessieren diese geistigen Kämpfe gar nicht so sehr, ich überlasse es den Theologen und Philosophen, den Historikern und Politikern, sich über diese Dinge zu erhitzen. Ich bin ein Mann der Praxis, ein Wirklichkeitsmensch. Oder: Ich bin ein schlichtes und gläubiges Kind Gottes. Schön und gut: Sei nur ein Wirklichkeitsmensch! Aber sieh wohl zu, daß du nicht nach Schatten und Schemen haschest und die echte, letzte, wahre Wirklichkeit verlierst. Und: Du bist ein schlichtes, gläubiges Kind Gottes. Noch einmal: Schön und gut. Aber denk daran, daß der Gott, dessen Kind du dich nennst, ein Gott des Kampfes ist, der vom Anfang bis zum Ende der Weltgeschichte kämpft gegen alles, was unrecht und unecht, was Schmutz und Lüge ist. Das Alte Testament nennt Jahwe, den Gott des Himmels, manches Mal einen Kriegsmann. Das bedeutet viel weniger, daß dieser Jahwe den Heeren Israels voranzieht, als daß er ein Kämpfer ist, der seine Kinder, seine Knechte aufruft zum Kampf gegen alles, was seinem Reich, seiner Herrschaft, seinem Sieg widerstehen will auf der ganzen Erde.

Wenn wir uns zu solchem geistigen Kampf rufen und rüsten lassen, dann wird paradoxer Weise an uns sich jenes Wort erfüllen, mit dem Albert Schweitzer seine herrlichen Jugenderinnerungen schließt: "Selig sind die Sanftmütigen, denn sie werden das Erdreich besitzen."

Hansjörg Jungheinrich

Was ist Wahrheit?
Das Christentum und die Weltreligionen

"Beihefte Freies Christentum" Nr. 24/25, 1957

In allen Zonen liegt die Menschheit auf den Knien
Vor einem Göttlichen, das sie empor soll ziehen;
Verachte keinen Brauch und keine Flehgebärde,
Womit ein armes Herz sich losringt von der Erde. (Friedrich Rückert)

Ob all diese Gebete einmal zusammenklingen zu einem einzigen Lobgesang, ob jemals die verschiedenen Ströme einmünden in ein einziges Bett? In der Ewigkeit gewiß; ob aber in irgendeiner Zukunft auch schon auf Erden einmal "eine Herde und ein Hirte" sein wird, das wissen wir nicht. Auch der Eindruck einzigartiger Größe und Lebendigkeit der Christusgestalt, unter dem wir als Christen stehen, darf uns nicht die Augen davor verschließen, daß "jenseits der Berge auch noch Menschen sind", mit denen Gott wieder seine eigenen Wege gegangen ist und vielleicht auch in Zukunft gehen wird.

Solche Anerkennung der Relativität, d.h. der raumzeitlichen Bezogenheit und Bedingtheit des eigenen Standpunktes, ist nicht Relativismus, sondern gerade *echter Glaube,* der auch im Blick auf diese Wege Gottes in getroster Gelassenheit spricht: "Weiß *ich* den Weg auch nicht, *Du* weißt ihn wohl". Es ist die Bereitschaft, Ja zu sagen zu allem, was hier von der ewigen Macht gefügt werden mag. Auch ein weiteres Nebeneinanderher-Fließen der einzelnen Offenbarungsströme brauchte ja nicht im Sinne völliger Beziehungslosigkeit geschehen; am Beispiel Gandhis sieht man, wie stark sich indische Art von der Gottesforderung Jesu her revolutionieren lassen kann, ohne deshalb aufzuhören, Hinduismus zu sein.

Sicherlich besteht ein letzter und tiefster Zusammenhang zwischen all den verschiedenen "Heilsgeschichten", aber uns ist es verwehrt, ihn zu durchschauen. *Die christliche Theologie muß es lernen, viel bescheidener zu werden.* Es ist eine barbarische Redeweise, zu sagen, alles Geschehen vor Christus sei nur Vorgeschichte, all die Jahrhunderte und Jahrtausende danach nur Nachgeschichte, Offenbarungswert komme nur dem Mittelstück, der neutestamentlichen Christusgeschichte, zu. Es ist dies die bekannte Christus-Monomanie orthodoxer Theologie, wie sie besonders kraß *Karl Barth* verkündet.

Mit Recht sagt *Goethe* dagegen in einem Brief an *Lavater*: "Das kann ich nicht anders denn als einen Raub bezeichnen, der sich für deine Sache nicht ziemt, daß du all dem mannigfachen Gevögel unter dem Himmel sein Gefieder ausrupfst und usurpierst, um deinen Paradiesvogel ausschließlich damit zu schmücken." Und *Rainer Maria Rilke* schreibt 1923 in dem "Brief des jungen Arbeiters": "Einmal habe ich den Koran zu lesen versucht, ich bin nicht weit gekommen, aber soviel verstand ich, da ist wieder so ein mächtiger Zeigefinger, und Gott steht am Ende seiner Richtung, in einem ewigen Aufgang begriffen, in einem Osten, der nie alle wird. *Christus hat sicher dasselbe gewollt.* Zeigen! Aber die Menschen hier sind wie die Hunde gewesen, die keinen Zeigefinger verstehen und meinen, sie sollten nach der Hand schnappen. Statt vom Kreuzweg aus, wo nun der Wegweiser hoch aufgerichtet war in die Nacht der Opferung hinein, statt von diesem Kreuzweg weiterzugehen, hat sich die Christlichkeit dort angesiedelt und behauptet, dort in Christus zu wohnen."

Auch ein uns in vielem sehr sympathischer Theologe wie *Paul Althaus*, der im ersten Teil seines Werkes "Die Christliche Wahrheit" die altkirchliche Lehre vom logos spermatikos wiederaufklingen läßt, bleibt insofern in unhaltbaren orthodoxen Voraussetzungen befangen, als auch er - im Endergebnis seiner Betrachtungsweise - die volle göttliche Heilswirklichkeit *für alle Zeiten* auf die neutestamentliche Christusgestalt bezogen sein läßt.

Es ist keine "religiöse Platzangst", wie Althaus einem Troeltsch vorwerfen zu müssen meint, die dem freien Christen solche Absolutsetzung verbietet, sondern einfach und schlicht der *Blick in die Tiefen der unendlich erweiterten Welt*, dem die Beibehaltung bzw. Wiederaufrichtung des altkirchlichen Christusmythus direkt *vorkopernikanisch* anmuten muß. Das Dogma von dem zum Pantokrator (Allherrscher) erhöhten Menschen Jesus ist, wenn man es als wortwörtlich zu "glaubende" Aussage nimmt, im Rahmen des heutigen Weltbildes einfach unhaltbar.

"Die Größe des Schöpfers kommt uns gerade in der Unermeßlichkeit der Sternströme, in der Vielheit der bewohnten oder bewohnbaren Welten mit ihren unausdenkbaren Möglichkeiten zu höchstem Bewußtsein. Viele hundert Millionen Sonnen zeigen uns unsere Fernrohre in den Tiefen des Raumes; wahre Schneegestöber von Sonnen tauchen im schimmernden Gürtel der Milchstraße auf, und hinter ihnen sehen wir neue Sternwolken in unmeßbaren Fernen. Die Zahl der Planeten, die vielleicht diese Sonnenheere umkreisen, müßte unvorstellbar groß sein. Die Erde wird, aus dieser Perspektive gesehen, zu einem Wassertropfen im Meer" - so *Bruno Bürgel*, der bekannte Arbeiterastronom, in seinem Buch "Aus fernen Welten". Wäre es nicht groteske Vermessenheit, etwa von denkenden Wesen eines fernen Siriusplaneten behaupten zu wollen, ihnen könne keine Offenbarung zuteil werden, weil sie kein Bethlehem und kein Golgatha hätten? Viel tiefer ist da die Schau des großen Vorklassikers *Klopstock*, der in einer seiner gewaltigsten Hymnen singt: "Ehre dem Wunderbaren, der Legionen von Welten in den Ozean der Unsterblichkeit aussäte und sie mit Heerscharen Unsterblicher füllte, auf daß sie ihn liebten und selig werden durch ihn."

Doch es ist noch nicht einmal nötig, den Blick in diese kosmischen Fernen zu erheben; auch wenn wir auf der Erde bleiben und im Geiste in jene fernen Jahrtausende der Menschheit zurückgehen, von denen keine Geschichtsschreibung mehr kündet, dann kann uns zugleich schwindlig und ehrfürchtig zu Mute werden. Ich denke da z.B. an die Funde auf der rätselhaften "Osterinsel" im Stillen Ozean, über die wir so gut wie nichts wissen. Vermutlich war hier das Zentrum eines im Weltmeer versunkenen Kulturreichs der Vorzeit. Sollten jene Menschen ganz ohne Offenbarung gewesen sein?

Und wie steht es nun, wenn wir den Scheinwerfer unserer Betrachtung in den Raum fernster Zukunft richten? Ernsthafte Denker unserer Zeit wie *Karl Jaspers* halten es durchaus nicht für unmöglich, daß dieser ganze "Äon", in welchem wir leben, den wir (reichlich anspruchsvoll) "Weltgeschichte" nennen, diese Kultur zwischen den beiden Polen "Homer" und "Goethe", einmal genau so versunken und vergessen sein kann wie heute das Osterinselreich; versunken und vergessen wäre dann auch die Welt des christlichen Glaubens mit all ihren Symbolen.

Doch was würde dies der ewigen Wahrheit selber anhaben? Und wenn nach tausend und abertausend Jahren aus den Tiefen der wieder hereingebrochenen Barbarei eine neue Menschheit emporgestiegen sein sollte, abermals mit hohen Offenbarungen begnadet, - vielleicht käme dann auch die Stunde, da erneut das Lied der Liebe erklänge als der Gottheit tiefstes und schönstes Motiv, die Stunde, da *ein neues "Christentum"* erstünde, ganz gleich, ob es dann das Gewand dieses oder eines anderen Namens trüge.

Auch ein möglicherweise dann erscheinender "*neuer Christus*" könnte zutiefst nichts anderes verkündigen und darstellen als der erste auch. Diese Offenbarung ist und bleibt unüberbietbar.

Wir wissen nicht, wie (um in Paul Tillichs Sprache zu reden) der "Kairos", d.h. die Schicksalszeit, solch einer fernen Zukunft im einzelnen sich gestalten, und wie Gott darin reden wird. Wir leben in *unserem* Kairos und haben das Wort *unserer* Stunde ernstzunehmen. Aber das demütige Wissen darum, daß es auch noch andere Wege und Möglichkeiten Gottes gibt, der stets "größer ist als unser Herz" und erst recht größer als unser Denken, gehört eben wesenhaft mit dazu.

Friedrich Heiler

Anbetung Gottes im Geist und in der Wahrheit

Predigt in der Kirche St. Remberti, Bremen, anläßlich der Tagung des "Weltbundes der Religionen" im September 1957

"Freies Christentum", Nr. 5, 1958

"Gott ist Geist, und die ihn anbeten, müssen ihn im Geist und in der Wahrheit anbeten" (Joh. 4,24).

Gott ist Geist. Obgleich alles Sichtbare durchdrungen ist von dem ewigen Schöpfergott, ist er selbst verborgen unter dem Schleier seiner Schöpfung; er ist unsinnlich, darum frei von jeder Bindung an Räume, Zeiten und Gegenstände. Darum muß auch sein Dienst frei sein von jeder sklavischen Bindung an Handlungen und Worte, frei von allem Formelhaften, Gesetzlichen, Zwangsförmigen. "Wo der Geist des Herrn ist, da ist Freiheit" (2. Kor. 3,17). Darum darf auch die Wissenschaft von Gott, die Theologie, sich nicht in die Fesseln starrer Formeln schlagen lassen, sondern muß jederzeit sich bewußt bleiben, daß Gott, der dreimal Heilige (Jes. 6,3), ein undurchdringliches Geheimnis ist, letztlich unerkennbar und unaussprechlich, daß alles Schauen Gottes nur ein Schauen "wie durch einen Spiegel im Rätselzeichen" (1. Kor. 13,12) ist und alles Reden von Gott nur ein unvollkommenes kindliches Lallen und Stammeln. Es gibt einen wundervollen Hymnus des griechischen Kirchenlehrers Gregor von Nazianz, der mit den Worten beginnt und schließt: "Jenseits von allem, was ist, wie anders sollt' ich dich nennen"; der große Marburger Theologe Rudolf Otto hat mit diesem Hymnus in seinem epochemachenden Werk "Das Heilige" seine These vom "irrationalen", d.h. von dem nicht verstandesmäßig zu fassenden, göttlichen Geheimnis gestützt.

"Gott ist Geist" - das besagt aber nicht nur, daß er unbegreiflich ist und letztlich allen theologischen und dogmatischen Formeln sich entzieht, sondern daß er fortgesetzt frei schafft in der Seele der Menschen. Es gibt keine abgeschlossene Gottesoffenbarung; sie ist nicht beschränkt, weder auf die Heilsgeschichte noch auf die geschichtliche Erscheinung Jesu noch auf die Bibel noch auf die Kirche mit ihren Ämtern, Dogmen und Sakramenten, sondern sie geht weiter bis zum heutigen Tage, wie gerade der große Religionsforscher und ökumenische Künder Erzbischof Nathan Söderblom immer wieder betont; auch in unserer Zeit gilt das Wort des johanneischen Jesus: "Mein Vater wirket noch immer" (Joh. 5,17).

Jesus selbst hat im Johannesevangelium klar ausgesprochen, daß die göttliche Wahrheitsmittlung mit seinem irdischen Wirken nicht abgeschlossen ist, sondern nach seinem Hinscheiden sich fortsetzt: "Ich habe euch noch viel zu sagen, aber ihr könnt es jetzt nicht tragen. Wenn aber jener, der Geist der Wahrheit, kommen wird, der wird euch erinnern alles dessen, das ich euch gesagt habe" (Joh. 16,12f.; 14,26). Hier macht Jesus deutlich, daß die Wahrheit nicht etwas Fertiges ist, sondern in stetem Wachstum begriffen, daß sie darum niemals in eine dogmatische Formel sich einfangen läßt, so kunstvoll auch immer sie sein mag. Weder das Wort "Herr" noch der Titel "Gottessohn" und noch weniger das athanasianische Schlagwort "wesensgleich dem Vater" kann das Geheimnis der göttlichen Sendung Jesu vollkommen ausdrücken.

Die christliche Wahrheitserkenntnis schreitet darum immer fort, von Jahrhundert zu Jahrhundert; und bei diesem Fortschreiten wird sie ständig unterstützt von der wissenschaftlichen Wahrheitsforschung. "Gott im Geist und in der Wahrheit anbeten" heißt darum, mit dem ehrfürchtigen Niedersinken vor dem göttlichen Geheimnis - das gleich tief bleibt auf allen Stufen der Menschheitsgeschichte - die Aufgeschlossenheit für jede neue wissenschaftliche Erkenntnis verbinden. Niemals dürfen wir uns unter Berufung auf eine dogmatische Formel vergangener Zeiten dem Neuen widersetzen, das die wissenschaftliche Forscherarbeit uns enthüllt - sei es nun das astronomische oder physikalische Weltbild, seien es die Erkenntnisse der Anthropologie und Vorgeschichte oder die der Bibelkritik und vergleichenden Religionsgeschichte.

Weil die "Anbetung Gottes im Geist und in der Wahrheit" die Überwindung aller räumlichen Bindung an nationale und konfessionelle Anbetungsstätten bedeutet, darum schließt sie in sich die Überwindung aller nationalen und konfessionellen Schranken. "Gott ist Geist", und "der Geist weht, wo er will" (Joh. 3,8); er offenbart sich überall in der Menschheitsgeschichte. "Der Logos erleuchtet jeden Menschen" ohne Ausnahme (Joh. 1,9); im Prolog des Johannesevangeliums ist dieselbe große Wahrheit ausgesprochen, die Jahrhunderte vorher Laotse, die Seher der Upanishaden und Heraklit ausgesprochen hatten: Gott wohnt in der Tiefe einer jeden Menschenseele, er ist der "innere Lenker".

In allen Jahrhunderten hat es christliche Theologen gegeben, die mit dieser Wahrheit Ernst machten und die dankbar und freudig anerkannten, daß Gott auch der außerchristlichen Menschheit sich geoffenbart hat. So schon der Märtyrerphilosoph Justin in Rom, der in der ersten Hälfte des zweiten Jahrhunderts in seiner Apologie des christlichen Glaubens das herrlich weite Wort schrieb: "Alle, die mit dem Logos gelebt haben, sind Christen, auch wenn sie für Atheisten gehalten wurden, wie Sokrates und Heraklit." Dieser glühende Bekenner Christi stellt so die Geistesmänner der vorchristlichen Welt auf eine Stufe mit den Bekennern Jesu Christi.

Auch im Protestantismus hat es nie an Christen gefehlt, die diese für die frühchristlichen Theologen selbstverständliche Wahrheit anerkannt haben, an ihrer Spitze Huldrich Zwingli, der - allerdings zu Luthers heftigem Zorn - allen großen Helden den Himmel offenstehen ließ. Die kleine, aber für die Geschichte der Christenheit höchst bedeutende Gemeinschaft der Quäker hat in ihrer dreihundertjährigen Geschichte diese Wahrheit vom inneren Licht, vom ewigen Christus, vom Gottesdienst im Geist und in der Wahrheit stets hochgehalten.

Anbetung Gottes im Geist und in der Wahrheit bedeutet freudige und dankbare Anerkennung des göttlichen Offenbarungswirkens in der ganzen Menschheit, und in dieser Anerkennung brüderliche Gemeinschaft, nicht nur im akademischen Zwiegespräch, sondern auch im Gottesdienst der Gemeinde, über alle trennenden Schranken der religiösen und kirchlichen Institutionen hinweg. "Gott ist Geist" nach Jesu Wort bei Johannes, Christus, "der Herr, ist Geist" nach Paulus (2. Kor. 3,17), die "Kirche ist Geist" nach Tertullians Wort. Die vollendete Kirche ist nach der großartigen Vision des mittelalterlichen Zisterzienserabtes Joachim von Fiori die "ecclesia spiritualis", die "Geisteskirche", welche über die Fleischeskirche sich erhebt und sie ablöst.

Wenn wir in den Gottesdiensten des "Weltbundes der Religionen" uns nicht nur zu gemeinsamer Aussprache, sondern auch zu gemeinsamem Lauschen auf Gottes Wort, zu gemeinsamem lauten und schweigenden Beten und Betrachten zusammenfinden, so verwirklichen wir ein Stück dieser herrlichen, wunderbaren Geisteskirche, die niemanden ausschließt, die alle umfaßt, welche Gott suchen und ihm dienen wollen, alle, die Jesus in der Bergpredigt selig gepriesen hat.

Es fehlt im Bereich der christlichen, gerade der deutschen evangelischen Kirchen nicht an solchen, welchen diese Gemeinsamkeit der Anbetung von Christen und Nichtchristen ein Stein des Anstoßes ist, weil sie die Gottesoffenbarung auf die christliche Bibel einschränken und alle außerhalb der christlichen Gemeinschaft Stehenden als irrende und verlorene Menschen ansehen, die einfach zu bekehren sind im Sinne jenes Wortes eines fränkischen Heidenmissionars: "Incende, quod adorasti, adora, quod incendisti" ("Verbrenne, was du angebetet, und bete an, was du verbrannt hast"). Ihnen gegenüber müssen wir bekennen, daß auch wir Glieder der christlichen Gemeinde, Leser und Künder der christlichen Bibel sind, Jünger Jesu und Herolde des Gottesreiches, das er verkündet hat, aber daß wir deshalb keiner Ausschließlichkeit verfallen und ehrfürchtig, freudig und dankbar auch die außerchristlichen Bibeln der Menschheit als Gottes Wort und die großen Gotteskünder der nichtchristlichen Religionen als Boten Gottes anerkennen.

Wir stehen darin nicht allein, sondern sind umgeben von einer "Wolke von Zeugen" (Hebr. 12,1), angefangen von dem neutestamentlichen Seher, der Jesu Wort von der Anbetung im Geist und in der Wahrheit geschrieben hat, umgeben von vielen altkirchlichen, mittelalterlichen, reformatorischen und neuzeitlichen christlichen Gottesmännern, von Theologen, Propheten und Mystikern, Märtyrern und Heiligen, die alle begeisterte Prediger der universalen Gottesoffenbarung und damit Glieder einer größeren und weiteren Gottesgemeinde waren, als es die verschiedenen christlichen Kircheninstitutionen sind.

Zu der großen communio sanctorum (Gemeinschaft der Heiligen), mit der wir uns in diesem Gottesdienst vereinen dürfen, gehören nicht nur die Propheten Israels, die Apostel, die christlichen Märtyrer und Bekenner, die Kirchenlehrer, die Mystiker und Reformatoren, sondern auch alle großen außerchristlichen Künder des göttlichen Geheimnisses, die Sänger des Veda und die Seher der Upanishaden, Konfutse und Laotse, Gotama Buddha, Plato und Plotin, Hillel und Baal Schem, Rabi'a und Dschelad-eddin Rumi. Mit ihnen zusammen beten wir Gott an als die geistige Ursonne, deren Strahlen allen diesen Geistern geleuchtet und sie zu Zeugen der ewigen Wahrheit gemacht haben. Sie alle helfen uns, daß wir mit ihnen uns "als lebendige Steine zu einem geistlichen Tempel bauen" und "geistliche Opfer darbringen" (1. Petr. 2,5), als Priester des ewigen Mysteriums und als Diener jener Kirche, die so weit ist wie die ganze Menschheit, so weit wie der von Gott geschaffene und von erkennenden und liebenden Geistern erfüllte Kosmos. "Gott ist Geist, und die ihn anbeten, müssen ihn im Geist und in der Wahrheit anbeten."

Ulrich Mann

Das Christentum und die Religionen

Zu Nr. 13 der "Hanauer Sätze"

"Freies Christentum", Nr. 5, 1970

"13. *Wir erstreben ein neues Verhältnis auch zu den nichtchristlichen Religionen. Wenn diese vielfach als bloßer menschlicher Wahn oder Irrtum abgetan werden, so erscheint uns dies als eine Anmaßung, die dem Geist Jesu widerspricht. Wir wollen nicht der Unverbindlichkeit Vorschub leisten; aber wie wir Christen den Anderen Helfendes und Wegweisendes zu vermitteln haben, so können auch wir von ihnen lernen." (Hanau, November 1968)*

Im Mittelalter und in der beginnenden Neuzeit sah das Problem der außerchristlichen Religionen für die christliche Theologie noch sehr einfach aus. Man kannte im Grunde nur das Judentum und den Islam. Letzterer wurde verstanden im Sinne von Offenbarung 19,20. Mohammed galt als der endzeitliche falsche Prophet. Mit dem Judentum sich auseinanderzusetzen lohnte nicht der Mühe, hier wurde nur Verstockung und Verblendung gesehen.

Die Lage änderte sich freilich völlig, als seit der Zeit der großen Entdekkungen die Welt weiter geworden war. Die Religionen der Azteken und Inkas waren im ersten Ansturm schon entscheidend angeschlagen worden, mit ihnen sich theologisch auseinanderzusetzen lohnte nicht mehr. Die Primitiv-Religion der Urwaldindianer wurde mehr und mehr zurückgedrängt, sie galt als indiskutabler Fetisch-Dienst.

Anders war es jedoch mit den großen Religionen in Indien und China. Hier hat vor allem die katholische Mission des 16. und 17. Jahrhunderts neue Gesichtspunkte zutage gefördert. Es sei in diesem Zusammenhang an den Streit über die malabarischen und chinesischen Riten erinnert. Die katholischen Missionare hatten Achtung vor diesen Religionen und sie entwickelten eine Theologie, die sich in gewisser Hinsicht auf die von Eusebius von Caesarea vertretene Auffassung einer Praeparatio Evangelica, einer vorbereitenden Gottesoffenbarung unter den Heiden, stützte. Dabei scheuten sich diese Missionare nicht, religiöses Gut aus diesen Religionen daraufhin zu überprüfen, wieweit es sich mit dem dort entstehenden Missionschristentum vereinen lasse. Wenn auch schließlich diese Tendenzen von Rom abgelehnt wurden, so haben sie doch das Verdienst, der religiösen Toleranz im Christentum eine Bahn gebrochen zu haben.

Einen schweren Rückschlag brachte dagegen jedoch die von Pietismus und Methodismus getragene protestantische Mission des 18. Jahrhunderts: Hier wurde mit äußerster Rigorosität der Standpunkt vertreten, daß jede außerchristliche Religion Teufelsblendwerk sei, worauf die christliche

Botschaft in keiner Weise zu achten und Rücksicht zu nehmen habe. Bei aller Wandlung im einzelnen ist es doch im Bereich der protestantischen Mission weithin bis in die neuere Zeit dabei geblieben, daß man den Gegensatz von christlicher Wahrheit und heidnischem Irrtum als Grundlage der Missionstheologie ansah.

Im Bereich der protestantischen Theologie hatte sich freilich seit dem 18. Jahrhundert auch ein anderes Denken entwickelt. Wir erinnern in diesem Zusammenhang an Lessing, an Schleiermacher, an den theologischen Liberalismus der Jahrhundertwende und an die vor allem auf Ernst Troeltsch zurückgehende religionsgeschichtliche Schule bis hin zu Rudolf Otto. Gerade dieser tolerante Historismus und Liberalismus fiel jedoch unter das scharfe Verdikt der dialektischen Theologie. Karl Barth hatte zwar in seiner frühen Zeit (Römerbrieferklärung) durchaus noch die Möglichkeit offengelassen, daß der absolut souveräne Gott sich auch außerhalb des Christentums heilsam offenbaren könne, wo und wann er will. Seit den ausgehenden 20er Jahren jedoch hat Barth die Auffassung vertreten, daß Religion überhaupt zu verwerfen sei: Religion ist der abgefeimteste Versuch des Menschen, sich gegen die göttliche Offenbarung zu wehren, und zwar sowohl christliche Religiosität wie heidnische; gegen die Religion steht der Glaube als die "vera religio" (wahre Religion) - so dialektisch konnte er es sagen.

Mit dieser Auffassung wurde nun freilich die außerchristliche Religion theologisch grundsätzlich abgetan. Sie war Menschenwerk, sonst nichts.

Einen bedeutenden Schritt über diese Auffassung hinaus taten dann noch Dietrich Bonhoeffer und, sich ihm anschließend, Friedrich Gogarten: Die Religion ist überhaupt in unserer Zeit geistesgeschichtlich ans Ende gekommen, die Säkularität breitet sich aus, und das ist grundsätzlich gut und dem eigentlichen Sinn des Evangeliums entsprechend! Wir sind ans "Ende der Religion" geraten. Nichts anderes als das paulinisch-reformatorische Evangelium ist es gewesen, welches die Welt entgöttert hat und der modernen Technik und Naturwissenschaft Raum schaffte; der Christ hat die Säkularität daher grundsätzlich zu bejahen.

So bestechend diese theologische Auffassung von der Religion sich auch ausnehmen mag, so muß ich sie doch für grundsätzlich falsch halten.

In meinen Büchern "Das Christentum als absolute Religion" (1970) und "Theogonische Tage" (1970) habe ich versucht, diese Auffassung ausführlich zu widerlegen. Die Säkularität geht im wesentlichen auf das Wiederaufleben des spätantiken Denkens seit der Renaissance zurück und nicht auf das paulinische und reformatorische Evangelium. Des weiteren ist es keineswegs ausgemacht, ob die Religion wirklich "am Ende" ist; im Gegenteil, Ersatzreligionen schießen allenthalben ins Kraut, auch und gerade in Systemen, die grundsätzlich antireligiös eingestellt sind. Carl Gustav

Jung hat mehrfach dargetan, daß die alten religiösen Symbole unsterblich sind und lediglich ihren Ort verlagert haben; sie sind ins Unbewußte abgesunken, wo sie nun unkontrolliert und also verheerend zu wirken beginnen. Die große Neurose, die der Säkularität entspringt, scheint sich auch schon allenthalben kräftig bemerkbar zu machen. Ohne Religion kann der Mensch nicht sein, die Religion ist in Wahrheit unsterblich.

Damit stellt sich uns die Aufgabe, das Verhältnis des Christentums zu den anderen Religionen grundsätzlich neu zu durchdenken. Es ist gewiß nicht damit abgetan, daß die christliche Theologie einfach auf den Absolutheitsanspruch verzichtet und in einen allgemeinen Indifferentismus hineingleitet. Es ist aber ebensowenig damit getan, daß der christliche Absolutheitsanspruch in der bisher üblichen Weise weiter vertreten wird, als habe Gott heilsam nur zu den Christen gesprochen und sonst bestenfalls sein göttliches Gesetz offenbart. Neben den christlichen Absolutheitsanspruch muß, gleich stark vertreten, die Forderung nach uneingeschränkter Toleranz treten! Und zwar ist zu fordern nicht nur jene formale Toleranz, welche eben auf Gewaltmaßnahmen gegen andere religiöse Anschauung verzichtet; es muß eine echte, sogenannte materiale Toleranz im Christentum Platz greifen, d.h. eine Gesinnung, welche damit rechnet, daß Gott auch anderswo sich heilsam offenbart haben könne!

Die Folgerung muß sein, daß die christliche Theologie auch von den anderen großen Religionen wissenschaftliche theologische Arbeit erhofft, daß dort also Theologien entwickelt werden, mit denen die christliche Theologie ein wissenschaftliches Gespräch führen kann. Nur in einem solchen ökumenischen Gespräch der Zukunft kann die Lösung liegen. Die heutigen Hochreligionen werden dabei ebenso ihren Absolutheitsanspruch zu vertreten haben wie sie auch umgekehrt der Forderung der materialen Toleranz Rechnung tragen müssen. Bedeutet das aber nicht praktisch doch einen völligen Indifferentismus des Christentums?

Ich möchte in diesem Zusammenhang auf die Ringparabel Lessings verweisen. Jeder soll mit ganzer Hingabe die Kraft des eigenen Rings zu beweisen trachten, die Kraft, "vor Gott und Menschen angenehm zu machen". Von dieser Grundhaltung aus wäre dann das wissenschaftliche Gespräch zu führen, das zum Ziel haben müßte, die Religionen gegenseitig voneinander lernen zu lassen. Was kann das Christentum eigentlich dabei verlieren?

Um es ganz zugespitzt auszuführen: Die traditionelle Theologie hat für die außerchristliche Offenbarung bisher die Lehrstücke von der natürlichen Theologie und der allgemeinen Offenbarung zur Verfügung gehabt. Hierbei wurde meist die Auffassung vertreten, daß sich Gott in den außerchristlichen Religionen vorläufig offenbart habe, in der christlichen jedoch endgültig. Von Luthers Lehre her gesehen würde das heißen, daß

Gott sein Gesetz allen Menschen offenbart hat, im Sinn von Röm. 1,18 ff. und Röm. 2,1-16. Über diese Auffassung müssen wir heute noch den entscheidenden Schritt hinausgehen. Es ist theologisch ernsthaft damit zu rechnen, daß Gott auch außerhalb des Christentums sich heilsam offenbart hat! Die christliche Theologie muß dies einräumen; darüber hinaus braucht sie keinen Schritt zu gehen. Wie das "Evangelium" außerhalb des Christentums aussieht, dies zu sagen ist Aufgabe der außerchristlichen Theologien, die ja, sofern sie wissenschaftlich sein wollen, sofort auch ins interreligiöse Gespräch eintreten müssen. Auf dieses Gespräch wird es eigentlich ankommen. Die Voraussetzung ist aber, wie schon gesagt, daß das Christentum sich endlich zur materialen Toleranz durchringt. Religiöse Toleranz ist das Gebot unserer Zeit!

Ulrich Mann

Erneuerung des christlichen Selbstverständnisses aus dem Geist der Toleranz

"Freies Christentum" Nr. 2, 1974

Man unterscheidet heute - vor allem Gustav Mensching hat darüber gearbeitet - im allgemeinen formale und materiale Toleranz. Unter formaler Toleranz verstehen wir das, was seit dem 18. Jahrhundert und seit den großen Verfassungen in Amerika, dann in Frankreich selbstverständliches Gut der politischen Gemeinschaften geworden ist, nämlich die freie Religionsausübung. Es darf keiner wegen seiner Religionsausübung oder wegen seines Glaubens vom Staat irgendwie benachteiligt werden. Diese Toleranz mag noch nicht auf jedem Dorf oder in jedem Regierungsbezirk in der Bundesrepublik gleich stark entwickelt sein, im Prinzip jedoch haben wir sie. Darüber sollte kaum ein Streit mehr nötig sein. Dazu kann sich auch ein orthodoxer Christ heute von Herzen bekennen. Die demokratische Gemeinschaft, in der wir leben und leben müssen, läßt gar keine andere Lösung zu. Formale Toleranz also ist kein Problem.

Materiale Toleranz dagegen ist die ganz zentrale Frage an die Religionen. Könnt ihr euch gegenseitig tolerieren? Und nun nicht nur tolerieren in dem Sinn, wie es das alte lateinische Wort "tolerare" eigentlich meint: man leidet eben darunter, daß es viele Ungläubige gibt, aber man muß es hinnehmen, Gott geht unerforschliche Wege. Das gerade verstehen wir *nicht* unter materialer Toleranz. Materiale Toleranz ist vielmehr die Frage an die Theologie, die ich nachher noch einmal schärfer stellen möchte, ob sie zugeben kann, daß, um ein Cyprianwort zu benützen, salus auch extra ecclesiam sein kann, Heil also auch außerhalb der Kirche, ja möglicherweise auch außerhalb der christlichen Religion.

Die Antwort auf diese Frage sollte man sich nicht zu einfach machen. Ich darf hier einmal kurz auf das Problem des Judentums aufmerksam machen. Wir alle wissen, was aus der nun doch schon jahrtausendelang geübten Abwertung, und zwar religiösen, genauer: theologischen, Abwertung des Judentums schließlich herausgekommen ist: die Greuel der in den Konzentrationslagern durchgeführten Vernichtung jüdischen Lebens sind letztlich doch auch zu begreifen als säkularisierte Exzesse, die ihre sehr christlichen Ansätze haben. Wenn dies auch keine Rolle in den Jahren 1933-45 gespielt haben mag, dahinter steht doch die alte christliche, intolerante Auffassung: die Juden sind die Gottesmörder.

Wir haben hoffentlich aus der Geschichte gelernt. Was mit dem Judentum von unserer Seite her geschehen ist, zwingt uns zu neuen Überlegungen. Insbesondere wer, wie ich, öfters im Land Israel war und die dortige Religion an Ort und Stelle kennengelernt hat und sieht, daß das Judentum religiös unsere Mutter war und ist, der kann sich dem nicht mehr so ohne weiteres anschließen, was an manchen Stellen sogar der fromme Jude Paulus sagt, der wird auf neue Wege geführt werden müssen.

Die materiale Toleranz ist jedenfalls eine Forderung unserer Zeit. Ich möchte sie auch nicht ausgeweitet sehen zu einem kritiklosen Anerkennen, daß überall ja derselbe liebe Gott am Wirken ist. Wenn wir uns selbst kritisch genug eingestellt haben als Christen, auch als christliche Theologen, haben wir wohl auch das Recht, den Andersgläubigen darauf hinzuweisen, daß wir an dieser oder jener Stelle seiner Gläubigkeit doch Bedenken haben, so etwa dem Islam gegenüber der Lehre von Dschihat, vom heiligen Krieg, eine zentrale, auf Mohammed selbst zurückgehende Lehre, oder dem Hinduismus gegenüber der Frage, ob denn da nicht doch auch reichlich viel Abgötterei Platz gegriffen habe, die ja auch - zugegeben - in gewissen christlichen Wallfahrtsorten oder dergleichen nicht fehlt und auch in manchem protestantischen Selbstverständnis nicht ganz fehlen mag.

Immerhin, ich komme jetzt gerade von einer Indienreise zurück, ich habe das große Dewalifest in Puri gesehen und habe einen großen religiösen Hindu kennengelernt. Zwei Extreme, wie man sie sich extremer nicht wohl denken kann. Der große Religiöse ist Shri Gopi Krishna, Verfasser des wohl manchen bekannten Buchs "Kundalini", eines wichtigen Werks über die Meditation, der zu uns Worte gesprochen hat von einer so tief verständnisbereiten materialen Toleranz von seiten des Hinduismus gegenüber dem Christentum, daß wir nur beschämt sein konnten. Auf der anderen Seite dann das große Fest, das Jahresfest kann man sagen, sämtlicher Millionen Hindugötter, alle konzentriert um den großen Krishna herum, aber nun in einer Weise zelebriert, daß man sagen kann: dagegen ist Weihenstephan oder Lourdes etwas geradezu protestantisch Nüchternes.

Wenn ich also von materialer Toleranz spreche, so nicht in dem Sinn, daß wir einfach alles ungeprüft in einen großen Mischkessel hineinnehmen sollten, der die künftige Weltreligion ausmacht, sondern daß wir kritisch miteinander im Gespräch stehen und uns fragen, was wir voneinander lernen können, und was wir vielleicht auch von anderen nicht übernehmen können, ganz einfach deswegen, weil in unserer Kollektivseele zwei Jahrtausende einer bestimmten Prägung sich ausgewirkt haben; das können wir eben nicht nach Belieben in wenigen Jahren austauschen oder ungeschehen machen.

Wenn wir nun fragen, wie christliche materiale Toleranz beschaffen sein könnte, so werden wir zunächst einmal in der Geschichte des Christentums Umschau halten, vor allem der neueren Geschichte, und Ausschau halten nach den Richtungen, die auf materiale Toleranz geachtet haben. Wir können sie natürlich nicht finden bei den Orthodoxen, vor denen ich großen Respekt habe, aber deren Weg nun eben nicht mein religiöser und theologischer Weg sein kann. Wir werden sie zu suchen haben bei jenen, die man Angehörige der theologischen Geistesrichtung des Liberalismus nennt, des *theologischen* Liberalismus, wohlgemerkt! Es gibt verschiedene Möglichkeiten des theologischen Liberalismus, der etwa seit Lessing und Schleiermacher eine ganz bestimmte Richtung des Protestantismus, aber heute auch des Katholizismus bestimmt.

Man kann die Möglichkeiten des theologischen Liberalismus immer am besten dann aufzeigen, wenn man sein Verhältnis zum Dogma der Kirche analysiert. Ich sehe da vor allem drei Möglichkeiten, drei Richtungen: Einmal die Möglichkeit der Reduktion und Elimination. Der theologische Liberale, der dieser Tendenz folgt, neigt dazu, Dogmen als überholt zu erklären, abzuschaffen oder sie auf ein Mindestmaß zu reduzieren. Das ist eine unter Umständen sehr geistvolle und sehr niveauhafte Lösung, denken wir nur etwa an Adolf Harnack mit seiner klassischen Vereinfachung: Nicht der Sohn, sondern der Vater gehört ins Evangelium, das ist "das Wesen des Christentums" - so seine berühmte, um die Jahrhundertwende gehaltene Vorlesung. Hier wird reduziert und eliminiert. Schon bei Schleiermacher finden wir das im großen Stil praktiziert. Er hat mit behutsamer Hand Unnötiges ausgeschieden und das Wesentliche herausgearbeitet und in ein neues Licht gestellt. Das wird auch immer eine Forderung an die christliche Theologie bleiben: Überlegt Euch, was für einen Ballast Ihr hier mitschleppt. Ist die Engellehre des Bonaventura aus dem 13. Jahrhundert noch maßgebend? Oder die Lehre von Christi Höllenfahrt, um die sich Luthers Torgauer Predigt bemühte, ist sie immer noch zentral für uns oder nicht? Eine solche Frage wird nicht erlöschen in einem kritischen, theologischen Denken. Und sie hat ihr Recht.

Die zweite Möglichkeit, die mir die bedenklichste scheint, und der ich mich nicht anschließen kann, für ein liberales Christentum, für eine liberale Theologie, ist die der Subsumption. Zur Erklärung: man versteht das Christentum als zeitgebunden-mythologistische Einkleidung irgendwelcher Mächte des geistigen Miteinanderseins, unser Miteinandersein bestimmend, etwa als Ausdruck einer bestimmten Art von Kultur, oder gar, auch das hat es gegeben, das Christentum als Ausdruck künstlerischer Erneuerung etwa des antiken oder mittelalterlichen Geistes. Oder das Christentum als religiöse, zeitgemäße Selbsterfassung einer bestimmten Nation, was schon im späten Mittelalter anfängt, in dem Augenblick, wo sich die Nationalkirchen herausbilden, und noch im 19. Jahrhundert wurde geträumt von einer deutschen artgemäßen Kirche, von der eben nur gesagt werden konnte, daß sie unserem besonderen germanischen Wesen entsprechen sollte, und dergleichen.

Man kann sogar die Religion interpretieren als Ausdruck einer bestimmten, im Menschen grundsätzlich angelegten Naturfrömmigkeit oder - das ist heute sehr gängig in der jungen Theologenschaft - das Christentum als zeitgebundene religiöse Einkleidung der sich damals mit Macht ans Licht drängenden sozialen Gerechtigkeitsidee. Daher kommt dann die Theologie der Revolution und so weiter. Das ist auch eine Art von theologischem Liberalismus. Aber, wie gesagt, eine, der ich mit den größten Bedenken gegenüberstehe, obwohl das alles nicht völlig verkehrt sein muß. All das spielt ja mit herein. Die Religion ist ja als ganzheitliche Beziehung zum Ganzen ein Gewebe, das sich aus allen Fasern unseres Daseinsgefüges zusammensetzt. Aber die Religion als etwas Nichtreligiöses letztlich zu erklären, halte ich einfach für verfehlt.

Religion läßt sich letzten Endes nur aus Religion erklären, und ich sehe, das ist nun das Ergebnis jahrzehntelanger Beschäftigung mit diesem Phänomen, den Menschen als ein grundreligiöses Wesen an, der die Religion nicht los wird, auch und gerade dann nicht los wird, wenn er meint, sie los werden zu können durch irgendeinen Entschluß, sondern dann gnadenlos einer Quasi- oder Ersatz- oder Pseudoreligion verfällt, nur daß er es eben nicht merkt. Die ehrlichere Weise ist schon, Religion zu haben oder haben zu wollen, als sie nicht haben zu wollen und dennoch haben zu müssen.

Schließlich gibt es eine dritte Möglichkeit des theologischen Liberalismus, zu der ich mich eigentlich bekennen möchte: das ist die der behutsamen Interpretation, der kritischen Befragung der gesamten Herkunft. Man muß dabei bedenken, daß unsere religiöse Herkunft ja in allen ihren Einzelheiten in der Kollektivseele und darüber dann schließlich in der Einzelpsyche nachschwingt. In uns stecken noch die Denkweisen tief verborgen, die einmal zu Ketzerverbrennungen und Hexenprozessen geführt haben. Wir sollten uns doch nicht einbilden, wir hätten es so herrlich weit gebracht. Wir haben es mit unserem Ich, mit unserem Bewußtsein weit gebracht, gewiß, aber wir haben doch das Unbewußte nicht loswerden können, wir haben das, was wir nicht mehr wollen, irgendwohin verdrängen müssen. Die Psyche hat das schon vor Jahrhunderten getan, und wir erben eben dieses psychische Gut. Das ist unsere schicksalhafte Mitgift. Deshalb sind wir ständig dazu gerufen, von unserem heutigen Bewußtseinsstand her, uns auch mit den Denkweisen vergangener Epochen, die unsere eigenen sind, auseinanderzusetzen. Das meint Interpretation.

Das Dogma mag uns heute in vielem anstößig vorkommen. Wir haben es daraufhin zu befragen, was es denn gemeint haben könnte, und ob es etwas gemeint haben könnte, was vielleicht in Mißverstehen sich geäußert hat, ich denke jetzt wieder an Kreuzzüge, Ketzerverbrennungen, Hexenprozesse, aber was es vielleicht doch unbewußt im Ansatz gemeint haben könnte im Sinn des eigentlichen religiösen Ursprungs, im Sinn dessen, was Adolf von Harnack "Wesen des Christentums" genannt hat. Diese Interpretationsarbeit ist nötig, und zwar nun im Hinblick auf die heute geforderte Toleranz. "Wesen des Christentums" - das ist das entscheidende Stichwort für die Frage nach einer theologisch durchdachten materialen Toleranz, ohne die wir in der Christenheit nicht weiterkommen können. Eine echte Offenheit zu anderen Religionen hin setzt ein Verstehen des Wesens der eigenen Religiosität voraus; sonst ist die Offenheit nicht echt, sonst ist es kein Türen-Aufmachen, Den-Gast-Hereinbitten und Zu-ihm-Gehen, sondern ein belangloses Hin- und Herlaufen, das zu nichts führt.

Paul Schwarzenau

Bemerkungen zum Dialog der Religionen

"Freies Christentum" Nr. 6, 1979

Die Sprache der Religion ist die Sprache der Symbole, der Urbilder oder Archetypen. Jedem dieser Symbole eignet ein Moment des Unbedingten. Der Mensch kann von einem religiösen Symbol unbedingt ergriffen und erfüllt werden. In solchem Ergriffenwerden erlebt der Mensch das Unbedingte: Gott. Und zugleich ist jedes dieser Symbole relativ, ausgeformt von einer bestimmten geschichtlichen Stunde, von einer geschichtlichen Persönlichkeit oder Gruppe. Es wird erfahren zugleich als eine göttliche, d.h. das Strukturmoment des Unbedingten in sich enthaltende, und als eine psychologische Tatsache. "Diejenige psychologische Tatsache, welche die größte Macht in einem Menschen besitzt, wirkt als 'Gott'", sagt C.G. Jung.

Eine religiöse Auffassung der Menschheitsgeschichte wird davon ausgehen, daß Gott seit Anfang des Menschengeschlechts bei den Menschen war und sich ihnen unter sich wandelnder Symbolik, sich wandelnden

Mythen und Riten offenbart hat. Die Offenbarung Gottes beginnt nicht mit der Berufung Abrahams, mit den Anfängen der israelitischen Religion; sie beginnt im ursprünglichsten Sinne des Wortes mit Adam. Die Religion der Frühmenschheit war monotheistisch. Auf diesen Urmonotheismus bezieht sich die Bibel, auf ihn weisen die Erinnerungen anderer Religionen zurück.

Dieser Tatbestand zeigt auf einen gemeinsamen Ursprung aller Religionen. Forscher wie der Tiefenpsychologe C.G. Jung und der Religionswissenschaftler Mircea Eliade haben darüber hinaus von unterschiedlichen Voraussetzungen her einen gemeinsamen Basiszusammenhang aller Religionen in einem kollektiven Schatz von Archetypen (Urbildern) erschlossen, die in zahlreichen Varianten in den Religionen wiederkehren. Mircea Eliade entdeckte diese gemeinsamen Archetypen durch eine Analyse der Manifestationen des Heiligen in allen Religionen von den "primitiven" Stammesreligionen bis hin zu den Weltreligionen. C.G. Jung entdeckte sie durch eine Analyse der Manifestationen der seelischen Tiefe, des Unbewußten. Auch in diesem Sinne nehmen alle Menschen in allen Religionen und zugleich in der Tiefe ihrer Seele an einer "Urreligion" teil, einer Urreligion der gemeinsamen Symbole und Urbilder.

Davon ist beispielsweise auch das Christussymbol, das wir benutzen, um die Bedeutung Jesu von Nazareth auszusagen, keine Ausnahme. Christus kann mit Krishna, dem indischen menschgewordenen Gott, verglichen werden, weil beide auf einem gemeinsamen religiösen Archetyp - Gott als der Ewige Mensch - beruhen, der auch sonst in den Religionen wiederkehrt. Die Tiefenpsychologie Jungs spricht in diesem Zusammenhang vom Archetyp des Selbst. Wo wir diesem Archetyp begegnen, werden wir auf den Weg der Selbstfindung gestellt. Das kann man ebenso am Evangelium, insbesondere am Johannesevangelium, wie an der Bhagavadgita studieren.

Das Erkennen solcher Gemeinsamkeiten ist von großem Wert. Es bewahrt uns vor Absolutheits- und Exklusivitätsansprüchen. Fruchtbar für ein Gespräch der Religionen ist aber gerade auch das Erkennen der Besonderheiten der jeweiligen Religion. Meist hat man darin nur die Andersartigkeit und Unvereinbarkeit dieser Religion mit der eigenen sehen wollen. Aber "nur wer liebt, erkennt", sagt Augustin. In dem Maße, wie wir uns dem Anderen öffnen, werden wir unser Eigenes tiefer verstehen und unser Bewußtsein erweitern. In einem letzten und tiefsten Sinne könnten beispielsweise Reich Gottes und Nirwana, die Zentralidee des christlichen und die des buddhistischen Glaubens, ein und dasselbe sein. Eine solche Schau, die wir nur durch eine Öffnung für die Lehre Buddhas gewinnen können, würde nach beiden Seiten hin eine unendliche Vertiefung und Bereicherung des eigenen Glaubens bedeuten. Es beruht auf einem Vorurteil, daß ein solcher Weg von vornherein unmöglich sei. Es ist vielmehr ein Weg zur Tiefe des eigenen Glaubens hin.

Die Fülle der Religionen ist aus Trennungen hervorgewachsen. Dem Verlust ursprünglicher Einheit entspricht ein Gewinn an neuem Erfahren der Wirklichkeit, an Tiefe und Fülle der Welt. Die Menschheit trennte sich in die Vielheit der Völker und Kulturen. Diesem Auseinandergehen entspricht die Offenbarung ebenso vieler Religionen. Aus den Offenbarungen ihrer Götter wuchs die Geistigkeit der Völker, wuchsen ihre Kulturleistungen hervor. Diese stellen ihrerseits nicht nur eine Gabe an das eigene Volk, sondern an die Menschheit dar. Man denke in diesem Zusammenhang etwa nur an die Leistungen der Griechen, Römer, Inder, Chinesen, ohne die wir uns eine Gesamtkultur der Menschheit nicht vorstellen können.

Allen Völkern hat sich Gott unter vielen Namen im Aufleuchten der Göttergestalten und beherrschenden Symbole genannt. Dem Volk Israel "loste er sich", wie der Ausdruck der Bibel lautet, unter dem Namen Jahwe zu. Überall in der Menschheitsgeschichte ist Gott gegenwärtig geworden, und darum gibt es eine Geschichte der Menschheit. Die Gottesoffenbarung und die aus ihr strömende Religion sind das Schaffen Gottes in der Geschichte. Gott führte die Völker auseinander, damit sie die Welt und ihre Tiefe als den ungeheuren Reichtum erfahren und einbringen, der in der Gesamtheit der Religionen und Kulturen zum Ausdruck kommt. Die biblische Offenbarung ist nur ein Teil der Offenbarungen Gottes. Es kommt darauf an, die biblische Überlieferung aus den Fesseln der Bibel zu befreien und in die Gesamtüberlieferung der Menschheit als eine Geschichte der Gottesoffenbarungen einzubetten. Wir brauchen eine Überlieferungserweiterung.

Es geht heute um eine Wiedervereinigung des Getrennten, nicht im Sinne einer Superreligion, sondern im Sinne eines wechselseitigen Sich-Öffnens, Sich-Begegnens und -Durchdringens. Teilhard de Chardin deutet die menschheitliche Situation unserer Zeit, wenn er sagt: "Die endlich miteinander in Berührung gekommenen, gestern noch getrennten Bruchstücke der Menschheit beginnen vor unseren Augen, sich gegenseitig zu durchdringen, bis sie wirtschaftlich und psychisch untereinander reagieren." Teilhard nennt diesen Vorgang "Planetisation". Er will damit sagen, die Menschheit könne heute nicht mehr durch Trennungen wachsen, sondern nur noch durch ein solches wechselseitiges Sich-Berühren und Durchdringen. Alle trennenden Fluchtlinien der Menschheit, das ist Teilhards Meinung, biegen sich heute trotz aller Widerstände und gegenläufigen Ereignisse auf der nun endlich als Planet erfahrenen Erde wieder zur ganzen und einen Menschheit zurück. Beruhte aber die Trennung der Völker und Kulturen auf der Getrenntheit ihrer Religionen, so wird die werdende Einheit der Menschen darauf beruhen, daß sich die Religionen einander zuwenden, daß es zu einer wechselseitigen Teilhabe an den religiösen Überlieferungen kommen wird.

Es ist von schicksalhafter Bedeutung für die Gesamtmenschheit, daß die Christenheit das bleibende Recht der außerchristlichen Überlieferung erkennt und anerkennt und die wandelnde Erkenntniskraft der Liebe aufbringt, diese in ihr eigenes geistiges und religiöses Leben zu integrieren. Begegnung und Bekehrung (zum eigenen Glauben) schließen einander aus. An die Stelle der institutionalisierten Mission muß das institutionalisierte Gespräch treten. Ein auf Abgrenzung bedachtes Christentum führt überdies zu einer gefährlichen Schattenprojektion, die das eigene religiöse Leben blockiert. So ist es in der evangelischen Kirche weithin zu einer ungesunden Trennung von Offenbarung und Religion, von Glauben und Religiosität gekommen. Das Wort Religion wird unter Verbot gestellt und den außerchristlichen Religionen zugeschoben. Der Verkündigungsverlust in der Kirche hängt damit zweifelsohne zusammen.

Die folgenden Ausführungen sind bewußt unvollständig. Sie wollen nur anregen und andeuten, was wir von den außerchristlichen Religionen lernen können. Sie wollen weiter nichts als ein Hinweis sein, wie sie unseren eigenen Glauben ergänzen und vertiefen können. Dabei geht es nicht in erster Linie um ausgeformte Lernsysteme, sondern um ursprüngliche Intuitionen, um ursprüngliche Einblicke in die Tiefe der Wirklichkeit.

Im Zentrum der hinduistischen Überlieferung steht das Opfer. Die Welt existiert nur, weil Gott sich hingeopfert hat in die Fülle der Wirklichkeit, daß sie sei. Jeder Mensch verwirklicht sich, indem er an seinem Ort dieses Opfer nachvollzieht. Die urindische Schau der Wirklichkeit als Selbstopfer Gottes ist der gewaltigste Kommentar zu Jesu Wort: "Wer sein Leben behalten will, der wird es verlieren, und wer sein Leben hingibt, der wird es gewinnen." Gott selbst ist der ewige Mensch, der ewige Opfermensch (Purusha), durch den er sich zur Welt offenbart, eine Schau, die, von Indien über Persien kommend, im "Menschensohn" der Evangelien nachklingt.

Buddhismus heißt yana, Fährboot. Fährboote, schnell aus Schilf und Reisig geflochten, verbinden in einem brückenarmen Land getrennte Ufer. Der Buddhismus verbindet, was in zwei Ufer zerklüftet ist, er verbindet mit dem anderen Ufer. Er bringt in die Aufgeregtheit, in das ewige Um-sich-Kreisen unseres Lebens das Andenken und Erfahren des Ganz-Anderen, des Nirwana, hinein. Wir finden zu einer letzten Stille und Gelöstheit unseres Lebens, wo wir den kühlen, erquickenden Quelltrunk der Worte Buddhas in uns aufnehmen. Nirwana ist, um ein Wort des Paulus zu gebrauchen, "der Friede, welcher höher ist als alle Vernunft".

Den Auftrag, die Bahn (Tao) des Himmels auf Erden zu verwirklichen, ist die Botschaft der chinesischen Religion. Alle Gegensatzkräfte sind in Wahrheit Ergänzungskräfte. Alle Kräfte sind polar, männlich und weiblich. Die Wirklichkeit, das wirkliche Leben sind mann-weiblich. Es geht um den mann-weiblichen Menschen. Es geht um das große Gleichgewicht zwischen Mensch, Gesellschaft und Natur, das der Mensch in der Außenwelt wie in seinem Innern verwirklichen soll. Wer dieses stört, stört die Bahn des Himmels. Wie nötig ist uns heute angesichts der Umweltprobleme eine Gleichgewichtslehre, wie sie die Weisheit Chinas durch Konfuzius und Laotse verkündet.

Die Grundidee des Islam ist die wahre umma oder Menschengemeinschaft, die nicht mehr zerklüftet ist in Staat und Kirche, Stämme, Völker und Rassen. Mohammed nimmt unter einem neuen Stichwort die Reichgottespredigt der Bibel wieder auf als Protest gegen die Verkirchlichung der Botschaft Jesu. Die Botschaft des Koran kann uns aus den Verschalungen unserer Überlieferung befreien in deren ursprüngliche Intention, das Reich Gottes auf Erden.

Die jüdische Überlieferung und Geschichte wird uns immer wieder auf den Sinai verweisen als Symbol für die unbedingte Verkündigung der Gerechtigkeit Gottes, zu der alle Völker gerufen sind. Sie wird insbesondere die Christenheit davor bewahren, Gott und Christus in eine bloße Idee zu verflüchtigen.

Der Jesus des Matthäusevangeliums hatte einst die Jünger zu den Völkern gesandt, d.h. in den Bereich der "Heiden" (von griechisch ethne = Völker, Völkerreligionen). Heute entwickeln sich alle Religionen zur Weltreligion, oder sie werden untergehen. Selbst eine ausgesprochene Stammesreligion wie der Animismus wird sich zur Weltreligion entwickeln. Der Animismus ist ja der universale Grund und Ursprung aller Symbole, von denen die Religionen leben. Der Missionsbefehl kommt daher zum Ausklingen, denn die Jünger sind nur zu den "Heiden" gesandt. Die Bilanz der fast 2000 Jahre Christentum bestätigt das. Bleibende Missionserfolge hatte das Christentum immer nur im Bereich der Völkerreligionen, des Heidentums, gehabt, niemals aber im Bereich der Weltreligionen.

"Toleranz", sagt Goethe in "Maximen und Reflexionen", "sollte eigentlich nur eine vorübergehende Gesinnung sein: sie muß zur Anerkennung führen. Dulden heißt beleidigen." Die Zeit für eine gegenseitige materiale Anerkennung, wie Goethe sie fordert - Gustav Mensching spricht von "materialer Toleranz" -, ist heute gekommen. Sie führt zur Teilhabe an einer Multiformität der Überlieferung. Der Christ hört nicht auf, Christ zu sein, aber er ist nicht mehr der Nur-Christ, der sich gegen andere Überlieferungen abschirmt. Er nimmt in sein Leben ein Stück Hindutum, Buddhismus, Judentum, Moslemtum, ein Stück der Bahn des Himmels (China) hinein. Er erkennt Gott wieder in der anderen Glaubensgestalt. Weil er nicht nur *eine* Religion kennt und anerkennt, kennt er die eigene. Entsprechendes wird von den Angehörigen anderer Religionen zu sagen sein.

Peter Gerlitz

Dialog der Religionen

Entgegnung zu Paul Schwarzenaus Bemerkungen

"Freies Christentum" Nr. 6, 1979

"Der Dialog der Weltreligionen kann nur dann zu einer befreienden Wirkung für alle an ihm beteiligten Partner werden, wenn die geschlossenen Systeme und kulturkreisbedingten Verschalungen in Richtung auf die Ursprünge durchstoßen werden." Dieser Satz aus dem letzten Kapitel von Paul Schwarzenaus Buch "Der größere Gott" charakterisiert das Programm des Verfassers ebenso wie seine "Bemerkungen zum Dialog". Damit beschreitet Schwarzenau einen völlig neuen Weg, der bisher verschüttet oder bewußt verschwiegen worden war, weil alles Reden von einem "Urmonotheismus" in der Religionsgeschichte als der versteckte Versuch gewertet wurde, dem Christentum heimlich zu seinem Absolutheitsanspruch zurückzuverhelfen. Dieses religionsgeschichtliche Vorurteil durchbricht Schwarzenau, indem er - nicht als Religionsgeschichtler, sondern als religiöser Gesprächspartner - von einer "monotheistischen Religion der Frühmenschheit" spricht, die überdies einen gemeinsamen Ursprung aller Religionen durch die Sprache der Symbole verrät. Mit Pater Wilhelm Schmidt hat seine Urmonotheismus-These nur wenig gemeinsam. Paul Schwarzenau bedient sich vielmehr der Tiefenpsychologie Carl Gustav Jungs und findet mit ihrer Hilfe "einen gemeinsamen Basiszusammenhang aller Religionen in einem kollektiven Schatz von Archetypen erschlossen". Dadurch wird das Numen als solches zu einem letzten profunden Bezug, den der Mensch als seinen Gott erkennt.

Dieser Religions- bzw. Monotheismusbegriff ermöglicht ihm eine "planetarische Schau" der Welt der Religionen und gibt dem interreligiösen Gespräch neue Akzente. Da begegnen sich auf einmal Christus und der indische Gott Krishna, da kommt auf einmal das Reich Gottes dem buddhistischen Nirwana ganz nahe und wird gar eins mit ihm. Es war ein langer Weg, den die einzelnen Religionen gehen mußten, um endlich zu der Einsicht zu gelangen, daß Gott überall in der Menschheitsgeschichte gegenwärtig ist. Aber die Trennung in Völker und Religionen lag offenbar ebenso in Gottes Plan wie deren künftige Zusammenführung und Einheit. Geradezu aufklärerisch mutet Schwarzenaus Forderung an: "Es kommt darauf an, die biblische Überlieferung aus den Fesseln der Bibel zu befreien und in die Gesamtüberlieferung der Menschheit als eine Geschichte der Gottesoffenbarungen einzubetten". Welcher Christ, der den Dialog mit den Nichtchristen sucht, würde dem letzten Teil dieses Satzes nicht zustimmen! Aber - ist er nur möglich, wenn auch der erste Teil erfüllt wird? Mit anderen Worten, kann die biblische Überlieferung nur unter der Bedingung in die Menschheitsüberlieferung eingebettet werden, wenn sie sich - wie Schwarzenau schreibt - "aus den Fesseln der Bibel befreit"? Hier müssen wir unsere kritischen Bemerkungen ansetzen.

Paul Tillich hat einmal in seinem Aufsatz "Das Christentum und die Begegnung der Weltreligionen" drei Voraussetzungen für den Dialog der Religionen genannt. Erstens: "Beide Partner" dürfen "der Religion des anderen nicht ihren Wert absprechen", wobei gleichzeitig einer dem anderen seine "Offenbarungserfahrung" zugestehen muß. Zweitens: "Beide Partner" müssen "ihren religiösen Standpunkt mit Überzeugung vertreten können", so daß der Dialog zu einer "ernsthaften Gegenüberstellung der verschiedenen Standpunkte" wird. Und drittens: Es muß "eine gemeinsame Basis" geben, die "sowohl Einigkeit wie Widerspruch zuläßt".

Mir scheint, daß diese drei Voraussetzungen konstitutiv sind für künftige interreligiöse Dialoge. Auch und vor allem die zweite Voraussetzung, denn sie bewahrt uns davon, daß diese interreligiösen Dialoge zu einem bloßen Mutual Understanding werden und alle Unterschiede verwischen. Vielmehr ist gerade die religiöse Überzeugung, aus der heraus das Religionsgespräch geführt werden soll, ein Beweis für die Echtheit und die Glaubwürdigkeit eben dieses Gesprächs.

Schwarzenau übersieht diese wichtige Voraussetzung dort, wo er - ungeachtet der religions- und kulturhistorischen Unterschiede - die Einheit von Christus und Krishna, der achten Inkarnation Vishnus, postuliert und - ebenso unbeeindruckt von diesen Unterschieden - davon spricht, daß Reich Gottes und Nirwana "in einem letzten und tiefsten Sinne ... ein und dasselbe" sind. Nein, sie sind eben nicht dasselbe! Weil das biblische Menschenbild final, eschatologisch, auf ein letztes Ziel hin, ausgerichtet ist, während das buddhistische Menschenbild daseinsanalytisch bestimmt ist. Der Friede, den der Buddha lehrt, ist eben nicht "der Friede, welcher höher ist als alle Vernunft", sondern ist "das Sichloslösen von allen Daseinssubstraten, die Erlöschung", "das unvergleichliche Eiland, wo man nichts sein eigen nennt, an nichts hängt", - auch nicht mehr an Gott. Christliche und buddhistische Anthropologie bzw. Eschatologie sind schlechterdings inkommensurabel, d.h. sie gehen von verschiedenen Denkstrukturen aus, die geradezu heteronom verlaufen können, wenn wir nur an den Geschichtsbegriff oder an den Gottesbegriff denken, die beide im Buddhismus fehlen. Das ist keine Wertung, sondern eine Feststellung.

Von der Verschiedenartigkeit der Denkstrukturen muß man auch ausgehen, wenn man signifikante religiöse Phänomene miteinander vergleicht. Es ist gewiß richtig, wenn Paul Schwarzenau nach bestimmten alle Religionen verbindenden und also verbindlichen Symbolen fragt. Aber es ist nicht richtig, wenn er diese Symbole aus ihrem kulturellen und sozialen

Bezug löst und sie leichtfertig mit ähnlichen Symbolen aus anderen Kulturen gleichsetzt. Das hinduistische Opfer ist eben nicht das "Selbstopfer Gottes" und kann nicht als Synonym zum Opfertod Jesu verstanden werden, weil es auf dem do-ut-des-Prinzip beruht und zudem aus einer asketischen Tradition stammt. Und die islamische umma ist nicht die Menschengemeinschaft schlechthin, sondern die Gemeinschaft der Gläubigen, die der Gemeinschaft der Ungläubigen gegenübersteht. Die Lehre von der umma ist nicht ohne das islamische Prädestinationsdogma zu verstehen, nach dem Allah die einen erwählt hat und die anderen in die Irre gehen läßt (Sure 16,39.95).

Noch weniger bin ich einverstanden mit Schwarzenaus Deutung des Animismus als einer künftigen Weltreligion: der Missionsbefehl Jesu treffe auf den Animismus nicht zu, weil in ihm, dem Animismus, der Ursprung aller Symbole zu suchen sei. Was für eine Folgerung! Woher nimmt Schwarzenau das Recht dazu? Wir können doch nicht leugnen, daß der Missionsbefehl Jesu - wer immer ihn formuliert haben mag - auf einen Absolutheitsanspruch des Christentums abzielt. Weshalb sollte man sonst wohl getauft haben und noch taufen? Das Problem liberaler christlicher Theologie ist doch nicht, wie sich heute dieser Missionsbefehl deuten oder deuteln lasse, sondern daß man ihn als eine seinerzeit durchaus legitime Überzeugung der Urgemeinde versteht, neben der ebenso gut auch andere legitime Überzeugungen stehen konnten, wie z.B. die, daß im Hause Gottes "viele Wohnungen" sind (Joh. 14,2).

Natürlich ist die Frage legitim: Was ist allen Religionen gemeinsam und wo findet sich Gleiches oder Ähnliches? Paul Schwarzenau z.B. stellt als Zentrum der israelitisch-jüdischen Überlieferung "die Verkündigung der Gerechtigkeit Gottes" heraus. Und das mit Recht. Er könnte die Verkündigung der Gerechtigkeit Gottes nun auch in der Bergpredigt Jesu - dort sogar radikalisiert - und im Islam mit der koranischen Lehre von der sedaka nachweisen; ja, die Botschaft von Recht und Gerechtigkeit gehört sogar zu den unverzichtbaren Bestandteilen der modernen buddhistischen Philosophie.

Trotz dieser gemeinsamen Strukturen, welche die Religionen heute einander nahe bringen und ihr gemeinsames praktisches Handeln in der Welt ermöglichen, scheint es mir unwahrscheinlich zu sein, daß die Zukunft der Religionsgeschichte einer universalen "Menschheitsreligion" gehören soll. Vielmehr deuten alle Anzeichen in der Religionsgeschichte, der Religionsphilosophie und Dogmatik, der Ethik, der Religionsgeographie und vor allem der Religionsgespräche darauf hin, daß es zu einer "solidarischen Pluralität" kommen wird, und das bedeutet zugleich zu einer "interdependenten Pluralität", in der eine Religion die andere bedingt, fördert oder in Frage stellt. Insofern hat Paul Schwarzenau Recht, wenn er zum Schlusse seiner Überlegungen schreibt: "Der Christ ... ist nicht mehr der Nur-Christ. Er nimmt in sein Leben ein Stück Hindutum, Buddhismus, Judentum, Moslemtum ... hinein. Er erkennt Gott wieder in der anderen Glaubensgestalt."

Paul Schwarzenau

Grenzüberschreitungen

Eine Antwort an Peter Gerlitz

"Freies Christentum" Nr. 9, 1979

Peter Gerlitz' Entgegnung in "Freies Christentum" Nr. 6, 1979, auf meine im gleichen Heft erschienenen "Bemerkungen zum Dialog der Religionen" gibt mir Gelegenheit, meinen Standpunkt zu verdeutlichen. Gerlitz beruft sich auf die von Tillich in seinem Aufsatz "Das Christentum und die Begegnung der Weltreligionen" aufgestellten Voraussetzungen für den Dialog der Religionen. Tillich schreibt: "Die erste Voraussetzung ist, daß beide Partner der Religion des anderen nicht ihren Wert absprechen, sondern sie als Religion gelten lassen, die letztlich auf Offenbarungserfahrung beruht... Die zweite Voraussetzung ist, daß beide Partner ihren religiösen Standpunkt mit Überzeugung vertreten können, so daß das Gespräch eine ernsthafte Gegenüberstellung der verschiedenen Standpunkte ist. Die dritte Voraussetzung ist, daß es eine gemeinsame Basis gibt, die sowohl Einigkeit wie Widerspruch ermöglicht. Und schließlich ist es nötig, daß beide Partner der Kritik zugänglich sind, die gegen ihre eigene religiöse Stellung gerichtet ist" (Gesammelte Werke Bd. V, S. 81).

Ich bin mit Gerlitz darin einig, daß diese *vier* Voraussetzungen (Gerlitz läßt die vierte, außerordentlich wichtige, aus) konstitutiv für künftige interreligiöse Dialoge sind, nicht nur für das interreligiöse Gespräch mit Vertretern anderer Religionen, sondern gerade auch und in erster Linie für das interreligiöse Gespräch in der eigenen Brust. Gerade wegen des letzteren liegt mir an der dritten und insbesondere an der vierten Voraussetzung.

Gerlitz wirft mir nun vor, daß ich in entscheidenden Punkten die zweite Voraussetzung für einen Dialog übersehen habe, die darin besteht, den eigenen Standpunkt dem Partner gegenüber mit Überzeugung vertreten zu können, so daß der Dialog zu einer "ernsthaften Gegenüberstellung der verschiedenen Standpunkte" wird. Er gibt der Befürchtung Ausdruck, daß es bei meinem "Programm" zu einem bloßen Mutual Understanding und Verwischen aller Unterschiede kommen werde. Er glaubt, mir das an mehreren, für das Religionsgespräch wesentlichen Punkten nachweisen zu können.

Es würde den mir zur Verfügung stehenden Raum sprengen oder der Verständlichkeit Abbruch tun, wollte ich auf alle von Gerlitz angeschnittenen Bedenken eingehen. Nur in einem Hauptpunkt möchte ich mich verdeutlichen. In der Frage nämlich, was ich unter Identifizieren von Aussagen in verschiedenen Religionen verstehe. Der Vorwurf, daß ich die unterschiedlichen kulturbedingten Denkstrukturen nicht genügend beachte, berührt mich weniger, da ich die urbildlichen, also symbolischen Aussagen einer Religion ontisch den rationalen Strukturen vorordne und ihre kulturkreisbedingten Einfärbungen für sekundär halte.

Ich greife den Angriff von Gerlitz auf meine Aussage heraus, daß Reich Gottes und Nirwana "in einem letzten und tiefsten Sinne ... ein und dasselbe sind". Zur Zitierung müßte ich sagen, daß ich mich vorsichtiger ausgedrückt habe ("sein könnten", nicht "sind"). Ich habe von der Möglichkeit gesprochen, daß im Zuge der Begegnung sich eine Identität im letzten und tiefsten Sinne ergeben könnte. Gerlitz überliest zugleich, daß ich mich unmittelbar vorauf dahin ausgesprochen habe, daß für den Dialog "gerade das Erkennen der Besonderheit der jeweiligen Religion" fruchtbar ist. Das Erkennen einer Tiefenidentität setzt, das ist die Meinung, die Erkenntnis der Andersheit gerade voraus. Ich komme von der zweiten Tillichschen Voraussetzung her, wenn ich von der Möglichkeit einer sich öffnenden Tiefenidentität spreche, die das verwandelnde Wunder ist, auf das jedes wirkliche Gespräch heimlich angelegt ist.

Gerlitz hält eine solche Möglichkeit für ausgeschlossen. "Nein, sie sind eben nicht dasselbe!" schreibt Gerlitz. "Weil das biblische Menschenbild final, eschatologisch, auf ein letztes Ziel hin, ausgerichtet ist, während das buddhistische Menschenbild daseinsanalytisch bestimmt ist. Der Friede, den der Buddha lehrt, ist eben nicht 'der Friede, welcher höher ist als alle Vernunft', sondern ist 'das Sichloslösen von allen Daseinssubstraten, die Erlöschung', 'das unvergleichliche Eiland, wo man nichts sein eigen nennt, an nichts hängt', - auch nicht mehr an Gott." Gerlitz kommt dann zu dem Urteil: "Christliche und buddhistische Anthropologie bzw. Eschatologie sind schlechterdings inkommensurabel, d.h. sie gehen von verschiedenen Denkstrukturen aus, die geradezu heteronom verlaufen können, wenn wir nur an den Geschichtsbegriff oder an den Gottesbegriff denken, die beide im Buddhismus fehlen. Das ist keine Wertung, sondern eine Feststellung."

Tillich hingegen verneint in seinem Aufsatz ausdrücklich die allgemeine Frage, "ob die beiden maßgeblichen Symbole, das 'Reich Gottes' und das 'Nirwana' einander ausschließen." Er schreibt: "Nach unserer Ableitung aller religiösen Typen aus Elementen der Erfahrung des Heiligen ist das undenkbar. Und die Geschichte beider Symbole zeigt deutlich konvergierende Tendenzen" (84). Wie kann aber etwas konvergieren, was inkommensurabel ist?

Tillich führt als Beweis dafür an, daß "Paulus das Reich Gottes mit dem Zustand identifiziert, in dem Gott *in* allem ... sein wird", oder das Symbol "Reich Gottes" mit dem des "Ewigen Lebens" und überhaupt mit einem Zustand überzeitlicher Glückseligkeit vertauschen kann. Gustav Mensching übernimmt in seinem Buch "Buddha und Christus" (Stuttgart 1978) voll und ganz die Argumentation Tillichs (117f.).

Gerlitz möchte den Eindruck erwecken, als sei das Symbol "Nirwana" ausschließlich das Ergebnis einer daseinsanalytischen Betrachtungsweise. Er übersieht dabei, daß Nirwana vorrational als der Durchbruch einer Intuition, ja eines Numinosen verstanden werden muß, von dem dann in der "Ausdrucksform der 'negativen Theologie'" (Mensching, 103) gesprochen wird. Mensching betont, daß man das Ereignis der Erleuchtung unter dem Bodhi-Baum "nicht als bloße theoretische Einsicht, als rationale Lösung des allgemeinen Problems des Leidens ansehen" darf. "Was sich hier ... ereignete, war eine aus verborgenen Untergründen des Seelenlebens, aus dem Un- oder Unterbewußten hervorbrechende Wirklichkeit, die im Bewußtsein die Gewißheit weckt, daß die Existenz des erlebenden Menschen auf eine neue Basis gestellt worden ist" (61). In diesem Sinne ist Nirwana wirklich der "Friede, welcher höher ist als alle Vernunft". Ausdrücklich bezeichnet die Ariyapariyesana-Sutta die "Lehre" als "nicht im Bereich von Schlußfolgerungen liegend".

Es ist auch nicht zutreffend, daß nur das Christentum "final, eschatologisch, auf ein letztes Ziel hin, ausgerichtet ist". Mit Recht spricht Tillich von zwei *Telos*-Formeln. "Als das telos des Christentums kann man die Erfüllung aller Menschen und aller Dinge im Reich Gottes bezeichnen; als das telos des Buddhismus kann man die Einswerdung aller Dinge im Nirwana nennen" (82). Im Zusammenhang damit bezeichnet Tillich das "Reich Gottes" als ein "soziales, politisches und personalistisches Symbol", Nirwana hingegen als ein "ontologisches Symbol". Im Blick auf die von Tillich beobachtete Konvergenz der Symbole ist es nun interessant, daß die christliche Mystik ihren Höhepunkt bei Meister Eckhart erlangt, deren Telos geradezu durch die Formel ausgedrückt werden könnte, die Gerlitz für Buddhas Lehre anführt: selbst Gottes ledig werden, während sich der Buddhismus im Mahayana immer stärker personalisiert, so daß der Ur-Buddha geradezu die Stelle Gottes einnimmt, also den Archetyp Gottes als des "Ewigen Menschen".

Diese beiden Konsequenzen können nicht zufällig sein. Sie sprechen, ganz im Sinne des Tillichschen Aufsatzes, für eine Polarität von Christentum und Buddhismus. Polarität aber meint eine Zusammengehörigkeit in der Tiefe, meint Identität in einem letzten und tiefsten Sinn. Es steht mir hier der Raum nicht zur Verfügung, diesen Zusammenhang auch an anderen Symbolen nachzuweisen, die unüberbrückbare Unterschiede zwischen zwei Religionen zu setzen scheinen. Der Gedanke der polaren Zuordnung der partikularen Akzente der einzelnen Religionen zeigt, so möchte ich verallgemeinern, in die Richtung, in der das jeweils betonte Symbol der eigenen Religion im Sinne einer dynamischen Spannung durch das polare Symbol der anderen Religion ergänzt und vertieft werden muß. Diese Vorstellung bricht allerdings mit Absolutheitsansprüchen einer einzelnen Religion und setzt das Gespräch an die Stelle der Mission, worauf auch Tillich hindeutet. Der Gedanke der Polarität weist die partikulare Religion auf eine Teilhabe an der universalen Wahrheit, die nur durch Selbst-Transzendierungen, durch Grenzüberschreitungen gewonnen werden kann. Das nicht nur im Gespräch mit den Vertretern anderer Religionen, sondern zu allererst im verinnerlichten Dialog, den ich als die eigentliche Religion der Zukunft ansehe.

Udo Tworuschka

Allein Gott in der Höh sei Ehr *

Gedanken zum Dialog mit dem Islam

"Freies Christentum" Nr. 5, 1988

(* zum Andenken an meinen am 30.12.1996 verstorbenen Freund Abdoldjavad Falaturi)

Christliche Religion im Kontext der anderen Religionen. Dies ist *das* Thema an der Schwelle zum 21. Jahrhundert, mögen auch viele binnenorientierte Theologen weiterhin schmalspurig denken, so als gäbe es andere Religionen überhaupt nicht; und mögen die um die "rechte Lehre" bemühten Fundamentalisten gleich welcher religiösen Tradition ihre Schotten dicht machen. Die gegenwärtige und (mutmaßlich) zukünftige religiöse Weltlage wird sich um theologisch Kleinkariertes (wo immer es herkommt) nicht kümmern wollen. Sie wird sich enges Kirchturms- bzw. Minarett- usw. -Denken nicht zuletzt angesichts der weltweiten Zerstörung der Schöpfung, des bedrohten Friedens usw. - Problemen, die zu *gemeinsamem* Handeln zwingen - auch gar nicht leisten können.

Ich erinnere daran, daß nach den "Hanauer Sätzen" (1968) Gottes Reden "auch anders als durch die Bibel geschehen kann" und daß wir "ein neues Verhältnis auch zu den nichtchristlichen Religionen" anstreben. Keineswegs sind diese ja "bloßer menschlicher Wahn oder Irrtum". "Leitsätze" des Bundes für Freies Christentum von 1982 haben erneut die "Einheit der Religionen" und deren Offenbarungscharakter unterstrichen. Religionen, so heißt es, "sind deshalb auf Ergänzung angelegt. Freies Christentum sucht den Dialog mit Vertretern anderer Religionen, um von ihnen zu lernen, wo die eigene Religion solcher Ergänzung bedarf".

Freichristliche Dialogtradition

Mein Studium der Vergleichenden Religionswissenschaft bei Gustav Mensching und das der Evangelischen Theologie an der in den endsechziger und anfangsiebziger Jahren immer noch recht barthianisch geprägten Bonner Fakultät stand unter kräftigen Spannungen. "Begegnung mit dem Heiligen", "weltweite Offenbarung" (Hansjörg Jungheinrich), mit der Konsequenz einer nicht nur "formalen", sondern "inhaltlichen Toleranz": diese Grundhaltung, die Gustav Mensching, damals theologisch vollkommen unzeitgemäß, uns vordachte, ist die Grundlage auch meines Denkens, Fühlens und (hoffentlich) Handelns. Über die jeweils eigene Religion läßt sich nur im Kontext von Religionen reflektieren. "Keine Wahrheit kann für sich dastehen; keine Wahrheit kann völlig unveränderlich sein. Wahrheit braucht wesensgemäß andere Wahrheit" (Paul F. Knitter: Ein Gott - viele Religionen, München 1988, S. 175). Gott kann immer nur als der "größere Gott" (Paul Schwarzenau) gedacht werden.

In einer Reihe von Aufsätzen der letzten Jahre zur Thematik des interreligiösen Dialogs dokumentiert sich eine nicht unbeträchtliche Spannweite der theologischen Positionen innerhalb unseres Bundes. Sehen wir dennoch zu, daß die große gedankliche Kontinuität, für die etwa Namen wie Rudolf Otto, Friedrich Heiler, Gustav Mensching, Paul Tillich, Ulrich Mann stehen, entschlossen fortgeführt, d.h. weitergedacht wird und der Bund für Freies Christentum, vielleicht mehr noch als bisher, Vorreiter für die Öffnung des Christentums zu anderen Religionen wird. Die genannten Theologen und Religionswissenschaftler waren ja auch zu ihrer Zeit Vorreiter, wenn auch ihre Gedanken erst viel später, teilweise erst in unseren Tagen, wirksam wurden.

Wie wohl nie zuvor in seiner Geschichte ist das Christentum heute durch die Begegnung mit anderen Religionen herausgefordert. Willard G. Oxtoby, ordinierter Geistlicher der United Presbyterian Church in den USA und Religionswissenschaftler, plädiert auf engagierte Weise für ein "Offenes Christentum" (München 1986); Paul F. Knitter, katholischer Theologe aus den USA, empfiehlt in seinem schon angeführten Buch dem Christentum, den Absolutheitsanspruch aufzugeben und eine "globale Theologie" zu entwickeln; Hans Küng hat angekündigt, seine "Systematische Theologie im Kontext der Weltreligionen" zu erarbeiten.

In dieser Situation, die Knitter als "kopernikanische Wende" beschrieben hat, gilt es, wenn es uns wirklich ernst darum ist, "Flagge zu zeigen". Nicht nur gutgemeinte Lippenbekenntnisse zum "Dialog" sind jetzt gefragt oder vollmundige Behauptungen, daß freies Christentum besonderer, vielleicht sogar bester Ort für eine Begegnung mit anderen Religionen sei. Solch großen (aber durchaus richtigen!) Worten müssen Taten folgen.

Dialog mit den Religionen: Um ernsthaft und seriös zu bleiben, kann dies kein "Rundumschlag" sein, sondern hat davon auszugehen, daß es Nähen und Distanzen gibt, daß - konkret gesprochen - Judentum, Christentum und Islam eine (wenngleich spannungsvolle) Einheit bilden, deren viele sich erst bewußt werden müssen.

Um nicht zweifach mißverstanden zu werden: Wenn im folgenden nicht vom Judentum gesprochen wird, dann deshalb, weil hier die theologischen Probleme längst auf vergleichsweise breiter Basis von der "Normal"theologie bearbeitet werden. Und wenn die Religionen Asiens nicht angesprochen werden, dann darum, weil hier zum Teil völlig andere Fragen aufgeworfen werden müssen, die hier nicht abgehandelt werden können.

Der Islam als Testfall

Um den Islam also geht es. Nicht allein persönliches Engagement, sondern theologische, historische, aktuelle Anlässe und Konstellationen machen die Beziehungen zwischen dem Christentum und der dritten "Abrahamsreligion" klärungsbedürftig, gegen die nach wie vor manifeste bzw. latente Vorurteile bestehen.

Am Dialog mit dem Islam möchte ich an *einem* exemplarischen Punkt konkretisieren, wieso gerade der Bund für Freies Christentum ein Forum dafür sein kann, offen, frei und in gewissem Sinne "rücksichtslos" in dieses Gespräch einzutreten und sowohl zum Abbau gegenseitiger Feindbilder beizutragen als auch zur Erkenntnis der gemeinsamen religiösen Wurzel zu führen.

Hinweisen möchte ich zunächst auf das gemeinsam von Professor Dr. A. Falaturi und mir geleitete Kölner Forschungsprojekt zum Thema "Der Islam in den Schulbüchern der Bundesrepublik Deutschland". Es sollte unter anderem dazu beitragen, Klischees, Vorurteile, Falschaussagen usw. zu korrigieren, um die Konzeption besserer Schulbücher zu ermöglichen. An der theologischen Argumentationsstruktur insbesondere der evangelischen Schulbücher wurde mir bewußt, wie stark der Islam, selbst bei wohlmeinenden Autoren, aus einer bekenntnishaft vorgeprägten Sicht dargestellt wurde, wie stark diese theologische Brille daran hindert, Gemeinsamkeiten, ja besser: Verwandtschaften, wahrzunehmen.

Seit der Gründung des Bundes für Freies Christentum 1948 hat bekanntlich die Kritik an einem orthodoxen, d.h. buchstäblichen und damit grundfalschen Verständnis der Bekenntnisse eine große Rolle gespielt und muß sie auch weiter spielen. Bekenntnisse versteht man nur dann - religionswissenschaftlich gesehen - "richtig", wenn man sie nicht zu Aussagen rationaler Richtigkeit verkommen läßt, sondern sie als Erlebnisaussagen (so immer schon G. Mensching) bzw. als "Sprache des Herzens" der "Sprache des Kopfes" (Paul F. Knitter) gegenüberstellt. Da wir uns also nicht auf den *Wortlaut* überlieferter Bekenntnisse - seien sie altkirchlicher oder reformatorischer Natur - festlegen lassen, können wir offener, flexibler (aber deswegen beileibe nicht unverbindlicher) Dialog treiben. Christologie und Trinitätslehre - wahrhaft gewaltige Stolpersteine im christlich-islamischen Dialog und nur allzu oft Endpunkte: wir freien Christen sehen sie einerseits als kirchenhistorisches Faktum, betrachten sie aber eher als Chance, nach dem bekenntnishaft, d.h. symbolisch Gemeinten zu fragen und die Texte als Endprodukt einer durchaus dialogischen, vielgestaltigen und evolutionären Entwicklung zu betrachten (so auch Knitter). Die Beschäftigung mit der islamischen "Christologie", auf die in diesem Beitrag nicht eingegangen werden kann, weist übrigens auf in der abendländisch-westlichen Theologie verdrängte judenchristliche Elemente hin, die es neu zu entdecken gilt. Für den Islam ist die Zusammengehörigkeit der drei Abrahamsreligionen und ihres gemeinsamen Monotheismus eine Glaubenstatsache. Christen (und Juden) müssen die zwischen den Religionen nicht nur phänomenologisch, sondern auch historisch bestehende Zusammengehörigkeit erst zaghaft lernen.

Abbau von Vorurteilen

Der Islam ist für Christen nicht eine beliebige Weltreligion, so wie Buddhismus oder Hinduismus. Vielmehr bestehen zwischen den drei "Abrahamsreligionen" tiefe, wurzelhafte Verbindungen. Man kann die drei Traditionen "nicht auseinanderreißen", "ohne die Wurzel zu beschädigen" (Johan Bouman). Wie den Muslimen, so geht es (freien) Christen in erster Linie um "Gott", um dessen Einheit und Einzigkeit. Paul F. Knitter betrachtet die "theozentrische Christologie" übrigens als Indikator der "kopernikanischen Wende" in der Theologie. Freie Christen, dies sei nur am Rande bemerkt, können also das Recht für sich in Anspruch nehmen, zu den ersten "Trendsettern" dieser theologischen Umorientierung zu gehören.

Um Gott also geht es, so wie ihn Jesus, aber auch andere verkündigt haben. Für manch einen brechen an dieser Stelle ernsthafte Fragen auf: Daß Christen und Muslime an *einen* Gott glauben, ist nicht zu bestreiten, aber glauben sie an *Den Einen*, gar *Denselben*? Ist Mohammeds Allah auch der Abba Jesu? Ist Allah nicht ein Gott der Rache und eher dem alttestamentlichen Jahwe verwandt als dem Gott des Christentums, das Gustav Mensching als "Religion der Gotteskindschaft und der Liebe" typologisch einordnete?

Das Bild von Allah als dämonischer "Willkürwille", das in den Köpfen leider auch so mancher freien Christen herumspukt, ist meilenweit vom koranischen Verständnis Allahs entfernt. Vieljährige Zusammenarbeit mit Muslimen und eingehende Koranlektüre haben mir gezeigt, daß solche Bilder nur Farce und Karikatur sind. Wie wohl in keiner anderen Heiligen Schrift der Welt wird Allah, wörtlich "der Gott" (den übrigens auch arabische Christen so anreden), als "Ar-rahman ar-rahim" bezeichnet. Diese Formel preist den Schöpfergott als "barmherzigen Erbarmer". Mehr als siebenhundertmal kommen unterschiedliche Formen dieses Wortstammes im Koran vor. Nach Sure 6, Verse 12 und 54 hat sich Gott "zur Barmherzigkeit verpflichtet". Da Gottes grundlose "Rahma" (Barmherzigkeit) "alle Dinge" umfaßt, haben islamische Gelehrte in ihr das oberste göttliche Handlungsprinzip gesehen.

"Von der gleichen Wurzel *rhm*, von der *rahma* abgeleitet wird, ist *rahim*, d.h. der Mutterleib, abgeleitet." Nach A. Falaturi "hat das Gott-Mensch-Verhältnis ... im Islam mütterliche, also weibliche Züge und nicht wie im Christentum väterliche, also männliche Züge. Sein Verhältnis zu den Menschen ist somit nicht in seiner Allmacht, also seiner Stärke begründet, sondern mehr von der *rahma* (Barmherzigkeit) bestimmt, die als oberstes Handlungsprinzip sogar dieser seiner Allmacht eine bestimmte Richtung weist. Es ist gerade diese Barmherzigkeit, die von der Schöpfung her auf der Ebene des menschlichen Daseins von der Mutter und nur von ihr repräsentiert und jedem Kind mitgegeben wird".

Der islamische Gott, der die Welt erschaffen hat, sie erhält und ihrem Ziele zuführt, tritt an seine Geschöpfe als derjenige heran, der es gut mit ihnen meint. Grundlos verpflichtet er sich dazu, ihnen gegenüber barmherzig zu sein. Propheten und Gesandte, auch Jesus, haben von diesem einen Gott und dessen Fürsorge gekündet. Aber Gott hat sich auch in der Natur nicht unbezeugt gelassen, die "zeichenhaft" die glaubenden Menschen auf Gott hinweist.

Bei dem Juden Jesus und seinem Gott handelt es sich um denselben Gott wie in der Verkündigung Mohammeds. Die Unterschiede im Gottesbild (wie auch die zwischen dem Gottesbild Jesu und der alttestamentlich-jüdischen Tradition) sind eher ein Beweis für die Richtigkeit der Aussage, daß die Gottesbilder auf Ergänzung hin angelegt sind, daß es um den "größeren Gott" geht.

Theodor Jaeckel

Vom gemeinsamen Gott der Juden und Christen und wo wir voneinander lernen können

"Freies Christentum" Nr. 4, 1994

Jahrhundertelang haben wir auf die Juden herabgeschaut (Gesetzesreligion, Gottesmörder). Bildhauerisch hat diese Haltung in den Gestalten der siegreichen, strahlenden Kirche und der uneinsichtigen, unterlegenen Synagoge am Straßburger Münster ihren Ausdruck gefunden. Inzwischen sind uns erschreckt die Augen aufgegangen. Zu welchen unmenschlichen Taten haben wir uns nicht erst kürzlich beim millionenfachen Mord, sondern schon im Mittelalter durch brutale, abscheuliche Verfolgungen hinreißen lassen! Angesichts überzeugenden Menschentums, wie es uns in jüdischen Zeitgenossen begegnet, muß gefragt werden: Wer hat hier etwas vom andern zu lernen? Was berechtigt uns, allein in Jesus den Heiland der Welt zu sehen?

Wir treffen heute auf Juden, die im Alten Testament dem Gott begegnet sind, der den Menschen richtet und aufrichtet und ihn zur guten, liebenden Tat befreit. "Es ist dir gesagt, Mensch, was gut ist und was der Herr von dir fordert, nämlich Gottes Wort halten und Liebe üben und demütig sein vor deinem Gott" (Micha 6,8). "Wenn mir auch Leib und Seele verschmachtet, so bist du doch, Gott, allezeit meines Herzens Trost und mein Halt" (Psalm 73,26). Spricht da nicht der gleiche Gott, der sich durch Jesus - seine Worte, sein Kreuzesleiden und seine Erhöhung zu Ostern - an uns wendet? Wir freuen uns und sind dankbar dafür, daß unserer Generation nach der lähmenden Eises- und Todeskälte, die zwischen uns und den Juden noch vor einigen Jahrzehnten herrschte, nun solche wärmende Nähe im Glauben geschenkt wird.

Etwas weiteres ist möglich geworden. Man kann Fragen der eigenen Glaubens- und Lebensgestaltung mit einem Juden besprechen, dessen religiöse Wurzeln bewußt in die Zeit vor Jesus bis hin zu Abraham reichen. Bei solchem Gespräch gibt es erstaunlich bald Klarheit über Gottes Willen. Dogmatische Fragen verlieren ihr Gewicht. Gott wirkt als reinigende Kraft im Alltag. Religion wird konkret. Der Ruf zur Umkehr (Lutherbibel: "Buße") beglückt. Wir werden nicht verurteilt, sondern sind eingeladen. In solcher Gemeinschaft erleben wir ein Stück vom Reich Gottes, dessen Kommen wir im Vaterunser erbitten. Wer glaubende Juden kennt, hat die Gelegenheit, mit ihnen sich im Reich Gottes zu bewegen.

Sind darum die Juden eigentlich Christen oder wir Christen eigentlich Juden - oder sollten es versuchen zu werden? Wie sollen wir es miteinander halten? Beide bezeugen wir den Gott, der uns richtet und aufrichtet, in jeweils eigener, geschichtlich gewachsener Form. Judentum und Christentum sind ebenbürtige Kinder des einen göttlichen Vaters. Wer sich persönlich zu der anderen Seite hingezogen fühlt, möge sich ihr anschließen; er wird darob nicht scheel angesehen. Aber eine Judenmission mit einem Jahreshaushalt erübrigt sich. Hermann Levin Goldschmidt in Zürich spricht von heilsgeschichtlicher "Arbeitsteilung". Danach wartet der gemeinsame himmlische Vater darauf, daß Juden und Christen, jeder mit seiner Tradition und an seinem Platz, ihn bezeugen und sich dabei als Geschwister entdecken, die beide auf dem Weg zu Ihm sind.

Aber wie paßt dazu Jesu Wort: "Ich bin der Weg und die Wahrheit und das Leben, niemand kommt zum Vater außer durch mich" (Johannes 14,6)? Trennt dieser Anspruch nicht die Christen von den Angehörigen jeder anderen Konfession? Nein. Jesus spricht hier von der Sache, für die er steht. Er erläutert den rechten Weg zum Vater und damit zum wahren Leben. Es ist der Weg, den er selber geht; es ist der Weg zum Kreuz. Ohne gekreuzigt zu werden, kommt niemand - weder Jesus noch wir - ins wahre Leben.

Wer sich im Blick auf Jesus "durchkreuzen" läßt, hat in ihm seinen Heiland und Erlöser. Wer aber, ergriffen von der Botschaft des Alten Testamentes, das ihm auferlegte Kreuz bejaht, ist auch ohne Bezug auf die Person Jesu zum Vater gekommen. Sicherlich zur ungeteilten Freude Jesu. Denn ihm geht es, selbst wenn er auf sich hinweist, um eine bestimmte Sache. Es geht ihm um die Durchkreuzung unserer Ichbefangenheit als unsern Weg zum Leben. Alle Kreuzträger - egal in welchem konfessionellen Rahmen - kommen zum Vater und treten ins wahre Leben. Das verbindet sie.

Das deutliche Wissen um den gemeinsamen Gott, an den wir wie Jesus mit den Juden glauben, haben wir nicht immer gehabt. Heute ist es uns ermöglicht. Wir sind dankbar für diese entscheidende Gemeinsamkeit. Sie schafft Frieden und setzt Kräfte frei zum Glaubenszeugnis vor der noch nicht glaubenden Welt. Darum wagen wir auch, nach Unterschieden zu fragen, durch die wir möglicherweise etwas voneinander lernen können.

Wer als Christ glaubende Juden beobachtet, bemerkt, daß ihr Denken nicht so sehr um ein Erlösungsbewußtsein kreist, sondern sich mit der Verantwortung beschäftigt, die dem Menschen auferlegt ist, der sich zu einem gottgehorsamen Leben erwählt weiß (Amos 3,2). Neutestamentlich gesprochen handelt es sich um den Ruf Jesu zur konkreten Nachfolge des Kreuztragens. Könnte Gott uns heute die Juden zu eindringlichen Lehrmeistern dieses Rufes unseres Herrn bestellt haben?

Und eine Frage, über die wir als Schüler des Apostels Paulus mit den Juden sprechen sollten: Was bedeutet die Rede vom gottverheißenen und darum heiligen Land? Ist damit nur ein geographisch begrenztes Stück der Erde gemeint? Oder nicht vielmehr die Möglichkeit zu einem angstfreien, zuversichtlichen Leben? Vor 3000 Jahren war dazu Land unabdingbar. Gilt das noch heute im Industriezeitalter mit seinen ganz anderen Voraussetzungen für ein menschenwürdiges Dasein? Heute leben viele Juden, zufrieden mit ihren Lebensbedingungen, in anderen Ländern als Israel und sind überzeugt, dort ihrem jüdischen Glauben gemäß existieren zu können. Was ermöglicht ihnen diese Haltung?

Der jüdische Gottesglaube hat grundsätzlich bereits einige Jahrhunderte vor Christus in der Zeit der Verschleppung der jüdischen Elite von Jerusalem nach Babel seine nationalen Eierschalen abgeworfen. Im fremden Lande wurde den Verbannten klar: der Herrschaftsbereich unseres Gottes ist nicht auf Jerusalem begrenzt; die ganze Welt ist von ihm erschaffen; darum können wir ihm auch fern vom Heimatlande dienen. Er kann überall uneingeschränkt verehrt werden.

Welche Bedeutung haben dann der heutige Staat Israel oder die Mauerreste des Tempels in Jerusalem? Die sogenannte Klagemauer hat den Wert einer nationalen Gedenkstätte. Jüdische Herzen schlagen dort in Erinnerung an die wechselvolle Geschichte des Volkes höher. Das ist verständlich. Und daß es heute einen säkularen Staat gibt, der allen Juden, die es wollen, eine Zuflucht bietet, ist wegen des immer noch weitverbreiteten Antisemitismus zu begrüßen. Politische Einsicht gebietet, diesen Staat zu unterstützen. Aber etwas Heiliges, religiös Herausgehobenes, weil von Gott Versprochenes, und darum zu Beanspruchendes ist er nicht.

Heiliges Land ist seit dem babylonischen Exil auch für die Juden jeder Ort auf der Erde, wo Gottes Wille getan wird. Braucht jemand, der weiß, was Beten wesentlich ist - nämlich die Hinkehr zum richtenden und aufrichtenden Gott -, dazu Jerusalem oder die Steinblöcke der Klagemauer? Eine nüchterne Antwort auf diese Frage würde einige politische Schwierigkeiten in Palästina wegräumen und Arabern und Israelis ein friedliches Miteinander erleichtern.

Naturwissenschaft und Gottesglaube

Einführung

Freies Christentum legt größten Nachdruck darauf, daß Gottesglaube und strenge Wissenschaft, Religion und Denken, Glaube und Vernunft miteinander vereinbar sind *(Hans-Hinrich Jenssen 1962)*. Christlicher Glaube fängt nicht dort an, wo das Denken aufhört, sondern das Denken und Forschen findet im Glauben seine Vertiefung.

Die ganze erforschte und noch zu erforschende Welt ist im Licht des Glaubens als Schöpfung Gottes zu verstehen. Atheismus und "Agnostizismus" (also die Auffassung von der Unerkennbarkeit des Daseinsgrundes und des Daseinssinnes) berufen sich gerne auf die Wissenschaft. Für das freie Christentum ist die Wissenschaft aber genauso unverzichtbar. Die Wissenschaft muß allerdings frei sein und darf auch nicht von der Bibel oder von der kirchlichen Lehre her eingeschränkt werden *(Hans-Hinrich Jenssen 1995)*.

Das moderne Christentum hat sich nicht nur mit anderen Religionen und Weltanschauungen auseinanderzusetzen, sondern auch mit dem Atheismus (und, wovon in diesem Kapitel nicht ausdrücklich die Rede ist, mit der Gleichgültigkeit gegenüber allen religiösen Fragen). Positiv an einem ernsthaften Atheismus, der keine anderen Erkenntnismittel hat als das Christentum auch, ist "der Ernst der Profanität" und die Wahrhaftigkeit *(Georg Wünsch 1960)*. Abzulehnen ist der Gedanke, Atheisten seien von Gott zur Verdammnis vorherbestimmt. "Es sind doch viele Wege des erlösenden Erbarmens möglich" *(Georg Wünsch 1960)*.

Dem Atheismus ist aber entgegenzuhalten, daß der Mensch über sich hinausfragen, sich also "transzendieren" muß *(Georg Wünsch 1960)*. Die Naturwissenschaft kann wenigstens in Ansätzen das "Wie" der Welt erkennen, nicht aber das "Daß". Dieses bleibt rätselhaft und ist ein Hinweis auf den Schöpfer *(Helmut Hölder 1995)*. Doch führt das noch nicht notwendigerweise zu einem Gottesglauben im biblischen Sinn.

Zum Gottvertrauen finden Menschen, indem Gott sich ihnen offenbart, und zwar auch durch die "Selbstkundgabe Gottes durch die Werke seiner Schöpfung" *(Hans-Hinrich Jenssen 1995)*. Gott ist "der Ganz-Andere", aber er scheint durch das Irdische hindurch *(Ernst Walter Schmidt 1959)*. Sollte es auch auf anderen Planeten geistige Wesen geben, so wird sich Gott auch ihnen offenbaren *(Hansjörg Jungheinrich 1959)*.

Christen dürfen sich keiner echten Erkenntnis verschließen, denn "alle Wahrheit kommt letztlich von Gott". Der "Grundsatz der Anpassung des Glaubens an die besser erkannte Wahrheit" ist für das freie Christentum unerläßlich; aber dieses hat ihn auch nicht für sich gepachtet - dieser Grundsatz findet sich nämlich ansatzweise schon in der Alten Kirche *(Hans-Hinrich Jenssen 1995).*

Andreas Rössler

Ernst Walter Schmidt

Gott der Ganz-Andere

"Freies Christentum" Nr. 5, 1959

Für den gläubigen Menschen scheint durch alles Sichtbare die göttliche Wirklichkeit hindurch. Jesus sah in den Lilien auf dem Felde, in den Vögeln unter dem Himmel zugleich den göttlichen Schöpfer und Bildner. Was große Denker wie Plato oder Kant durch eine allen menschlichen Scharfsinn aufbietende Vertiefung des Denkens entdeckten, daß hinter unserer Tageswirklichkeit eine tiefere Wirklichkeit steht, daß die sichtbare Welt, wie Plato behauptet, nur eine unvollkommene Ausprägung eines Reiches wahrhaft realer Ideen, oder, wie Kant sagt, bloße Erscheinung einer an sich seienden Wirklichkeit ist - was die größten Philosophen der Menschheit in mühseliger Gedankenarbeit aufdeckten, das war für Jesus unmittelbare, selbstverständliche Lebenserfahrung. Er lebte mitten im Irdischen bereits in dieser ewigen Gotteswelt, über alle räumlichen und zeitlichen Schranken hinweg wußte er sich in der ewigen Gegenwart Gottes, seines himmlischen Vaters.

Christliche Religion ist Glaube an Gott als den Ganz-Anderen. Allerdings dürfen wir uns keine falschen Vorstellungen von diesem Ganz-Anderen machen. Manche rücken Gott in so weite Fernen, daß er die irdische Welt überhaupt nicht mehr erreichen kann; weil Gott der Ganz-Andere ist, behauptet man, ist er für den irdischen Geist überhaupt nicht faßbar: der menschliche Geist sei durch die Erbsünde total verdorben, zum Guten, zur Erkenntnis Gottes vollkommen unfähig. Nun kann ja auch eine solche Einstellung um die Tatsache nicht herumkommen, daß der Mensch ein gewisses Maß von Gotteserkenntnis haben muß, um Gott überhaupt verehren und anbeten zu können. Wenn wir überhaupt keine Gotteserkenntnis hätten, dann könnten wir uns ja nicht in unseren Kirchen zusammenfinden, um Gott anzubeten, ihm zu danken, ihn zu loben.

Gott bleibt der Ganz-Andere, und doch ist er uns nahe. Wir glauben an die Möglichkeit der Gottesgemeinschaft, glauben, daß das, was uns in unseren höchsten Augenblicken ergreift, was wir in erleuchteten Stunden vor uns sehen, Gott selbst ist, und wir geben Jakob Böhme recht, der einmal sagte: "Ich gebe dieses, ein irdisch Gleichnis: Siehe an ein glühendes Eisen, das ist in sich selbst finster und schwarz, und das Feuer durchdringt das Eisen, daß es alles leuchtet. Nun geschieht doch dem Eisen nichts, es bleibet Eisen, und die Qualität des Feuers behält ihr eigen Recht; sie nimmt nicht das Eisen in sich, sondern sie durchdringt das Eisen ... Also ist die Seele in das Feuer der Gottheit gesetzt: die Gottheit durchscheinet die Seele und wohnt in der Seele, aber die Seele begreifet nicht die Gottheit, aber die Gottheit begreifet die Seele und verwandelt sie doch nicht, sondern gibt ihr nur die göttliche Qualität der Majestät."

Die Vereinigung von Gottheit und Menschheit ist also nicht so zu denken, daß der Mensch in Gott aufgeht, sich sozusagen in Gott auflöst, wie das manche Mystiker lehren; nein, Gott bleibt Gott und Mensch bleibt Mensch. Wie das Feuer das Eisen durchglüht, so durchglüht, so erleuchtet Gott den Menschen, der bereit ist, sich an ihn hinzugeben. Welt bleibt Welt auch für den Gotterleuchteten, aber die Welt erstrahlt mit einem Male in einem wunderbar unirdischen Licht. Mitten im Irdischen haben wir doch das Unirdische, das Ganz-Andere.

Hansjörg Jungheinrich

Gedanken zum Beginn des planetarischen Zeitalters

"Freies Christentum" Nr. 12, 1959

Was sich in den letzten Monaten des Jahres 1957 und seitdem wiederholt ereignet hat - der Vorstoß des Menschen in den Weltraum - bedeutet einen geschichtlichen Wendepunkt, den wir Mitlebenden in seiner Tragweite noch kaum zu erfassen vermögen. Es ist vergleichbar dem, was einst, vor viereinhalb Jahrhunderten, sich anbahnte, als *Kolumbus* Amerika entdeckte. Doch die eisigen Unendlichkeiten des luftlosen Raumes, die Kraterwüste des Mondes und die ihrer Aufhellung harrende Oberfläche des Mars sind noch ein "ander Ding" als das, was man in der Zeit nach Kolumbus die "Neue Welt" nannte. Und schon träumt der Menschengeist von *noch weiteren* Zielen und von Raumschiffen, die dereinst mit Lichtgeschwindigkeit das Universum durcheilen sollen. *Noch* wirkt das wie Utopie - aber *wie lange noch*? Ist es vermessen, so in die Weite und Ferne zu streben? Ich sage: Nein. Im ersten Kapitel der Bibel steht das Wort: "Erfüllet die Erde und macht sie euch untertan!" In grauer Vorzeit dachte man sich die "Erde", eine flache, auf dem Weltmeer schwimmende Scheibe, recht klein. Später wurde sie zur Kugel, aber immer noch blieb sie der Mittelpunkt der Welt. In gewissem Sinne waren "Erde" und "Welt" dasselbe.

Seit man nun aber weiß, daß es noch *andere* Planeten, d.h. "Erden", gibt (nicht nur in unserem Sonnensystem, sondern auch in fernen Fixsternbereichen), hat sich der Begriff der Welt ins Grenzenlose geweitet. *Aber nichts hat sich für den Glauben an der Tatsache geändert, daß alles, was wir sehen und noch sehen werden, aus Gott stammt und in Gott seinen Lebensgrund und sein Ziel hat.* "In ihm leben, weben und sind wir" (Apg. 17,28).

"Von ihm und durch ihn und zu ihm sind alle Dinge, ihm sei Ehre in Ewigkeit!" (Römer 11,36). Das gilt im planetarischen Zeitalter genau so wie in allen Jahrtausenden vorher.

Nicht das planetarische Forschen des Menschen als solches ist also Sünde; es steht vielmehr unter dem ins "*Kosmische*" geweiteten Schöpferbefehl: "Erfüllet die *Welt* und machet sie euch untertan!" Freilich ist gemeint: "untertan" nicht im Sinne willkürlich ausbeuterischer Despotie, sondern gläubiger "Ehrfurcht vor dem Leben" (Albert Schweitzer).

Von besonderer Bedeutung ist in diesem Zusammenhang die (angesichts der sich auftuenden unendlichen Fülle der Welten mehr als selbstverständliche) Frage: Gibt es im All, auf *anderen* Sternen, nicht auch Wesen, die uns gleichen oder zum mindesten ähnlich sind, Wesen, nicht nur des Denkens, sondern auch des tieferen Suchens und Erlebens fähig, Wesen, mit denen der allmächtige und allgegenwärtige Gott *auch* eine "Geschichte" hat, Wesen, über denen *auch* (in irgendeiner Weise) das Licht der *Offenbarung* leuchtet?

Auch hier wird das Schriftwort seine Gültigkeit bewähren, daß Gott es "dem Aufrichtigen gelingen" läßt. Und so werden wir zu einem *weiteren* und *tieferen* Offenbarungsbegriff kommen können, der das tiefgläubige Ja zu dem, was Gott uns gegeben hat (in den Wundern unserer Erdenwelt und in dem sie weit überstrahlenden Wunder der Christusbotschaft und Christusgestalt), sehr wohl zu vereinigen vermag mit der Aufgeschlossenheit für *andere* Wege und Möglichkeiten Gottes in *anderen* Bereichen seiner so ungeheuerlich großen und wunderbaren Welt. Dr. Roßnagel, der Leiter der Sternwarte von Wildbad, der in einem Lichtbildervortrag auch auf dieses Thema der "fernen Welten" zu sprechen kam, zitierte im Zusammenhang damit das johanneische Jesuswort (Joh. 14,2): "In meines Vaters Hause sind *viele* Wohnungen". Es läßt sich nun freilich leicht nachweisen, daß dieses Wort ursprünglich *nicht* in *diesem* Sinne gemeint ist, gar nicht so gemeint sein *kann*, da zu jener Zeit, da es ausgesprochen wurde, ja noch das alte vorkopernikanische Weltbild galt. Aber das ist ja das Große und wahrhaft Göttliche an vielen Worten der Schrift, daß sie zu *wachsen* vermögen, weit über ihren ursprünglichen Wortlaut und Zusammenhang hinaus, und uns dann *ewige* Wahrheit und Wirklichkeit enthüllen.

Georg Wünsch

Die Konsequenzen für das Urteil über den Atheismus

in "Der moderne Atheismus im Urteil des christlichen Glaubens"

"Beihefte Freies Christentum" Nr. 43, 1960

Erinnern wir uns der Gründe für den Atheismus und seinen Sinn: die Illusionslosigkeit im Dienste der Wahrhaftigkeit, darum Wissenschaftlichkeit im Dienste der Erkenntnis des Wirklichen, also Realismus. Erinnern wir uns seiner Grenze, die er heute zumeist selbst erkennt, daß nämlich der Mensch nicht imstande ist, alle Wirklichkeit, sondern nur die ihm zugängliche zu erkennen, daß er bei der Beantwortung der Sinnfrage sich nur an das Erkannte, d.h. die ihm zugängliche Teilwirklichkeit halten kann, und daß er zugesteht, die vollständige Beantwortung der Sinnfrage erfordere eine Kunde von woanders her. Trotz diesem Agnostizismus ist der Atheismus nicht wesensmäßig schon Nihilismus, denn er hält sich an die ihm zugängliche Wirklichkeit als bestimmende Macht.

Erinnern wir uns weiter, daß christlicher Glaube sich auf dieses "Von-woanders-her" gründet und Kunde von ihm hat, aber nicht durch menschliche Bemühungen und nicht von der Weltwirklichkeit her, sondern durch eine Macht, die auf den Menschen und in ihm wirkt, sogar mit Zwang und so unwiderstehlich, daß sie bei Fluchtversuchen des Gläubigen ihn immer wieder in ihren Bereich zurückholt. *Wovon* die Kunde kündet, nennt die Christenheit "Gott"; als solche Wirklichkeit umfaßt sie die ganze von atheistischer Erkenntnis entdeckte Welt, von der sie weiß, daß alles, das Größte und Kleinste, in Gott seinen Ursprung und seinen Sinn, seine Grenze und seine Unendlichkeit hat.

Welches sind nun die *Folgerungen*, die aus dem Verhältnis von Atheismus und christlichem Glauben zueinander zu ziehen sind?

1. Da der christliche Glaube Gnade und kein Verdienst ist, besteht keine irgendwie berechtigte *Überheblichkeit* gegenüber dem, der dieses Geschenk nicht erhalten hat. Von der *Sittlichkeit* her sind keine Unterschiede des Urteils über Christen und Atheisten zu machen. Der Unterschied von gut und böse ist nicht dem Unterschied von gläubig und nichtgläubig gleichzusetzen.

2. Die Welt des Atheisten ist auch die Welt des Christen. Sie stehen *gemeinsam* in der Welt des Profanen mit *denselben* menschlichen Erkenntnismitteln in bezug auf die Welt. Die Folge ist die Möglichkeit und Notwendigkeit der *Zusammenarbeit* auf der menschlichen Basis, sei es, daß die Prinzipien des Erkennens schon von Natur dieselben sind - die Wissen-

schaft ist immer rein profan, zugespitzt gesagt: sie muß in ihren Methoden selbstverständlich atheistisch sein -, sei es, daß in bezug auf Urteile des Glaubens, also zwischen Christen und Atheisten, ein Zustand aufrichtiger Koexistenz hergestellt und gepflegt werden kann. Denn alle sind Menschen und leben in derselben Welt unter denselben Grenzbedingungen.

3. Das positive Verhältnis beider ist wechselseitig sogar von Wert. Der Christ kann in der Auseinandersetzung mit den Atheisten den Ernst der Profanität und Aufgeschlossenheit lernen für das, was für den Menschen wirklich sein kann; damit kann er auch die Grenze der profanen Wirklichkeitserkenntnis lernen. Denn die Christen stehen in der Gefahr, Glaubenswahrheiten und -erkenntnisse immer voreingenommen in die profanen Erkenntnisse hineinzumischen und so die wahre Wirklichkeit der Profanität zu verschleiern, ganz abgesehen davon, daß historisch nachweisbar die Christenheit sich vor der Wirklichkeit nicht nur in das Ghetto einer christlichen Weltansicht vorschnell eingeschlossen, sondern im Mangel an unmittelbarer Weltbetrachtung die Grenzen zwischen Offenbarung und Welt verwischt hat. Beispiel: die Lehre von der natürlichen Gottesoffenbarung und von der analogia entis, daß nämlich die himmlische Welt parallel oder analog der irdischen verlaufe. *Der Atheismus zwingt den Christen zu sauberem Denken, wo er wirklich Gott finden kann und wo nicht.* Umgekehrt wird der Atheist vom Christen darauf aufmerksam gemacht, daß die Welt mit seinem Denken nicht absolut und in ihrer Ganzheit erfaßt wird, *daß der Mensch der Natur seines Wesens nach über sich hinausfragen muß*, wenn er auch nicht in der Lage ist, eine Antwort darauf zu geben. Und wer weiß denn, ob nicht eines Tages die modernen Atheisten zum Glauben erweckt werden? Und das leere "Von-woanders-her" einen Inhalt bekommt? Die Bibel weiß von solchem Geschehen an mehreren Stellen.

4. In dieser Auseinandersetzung wird der Christ merken, daß, wenn er das Bekenntnis zu seiner Geisterfahrung dem Atheisten verständlich machen will, er sie gewiß keineswegs verkürzen darf, aber ihr *einen der geistigen geschichtlichen Situation entsprechenden Ausdruck* geben muß - einen Ausdruck, der nicht der profanen Welterkenntnis widerspricht und der von einem unvoreingenommenen, realistisch-wahrhaftigen Menschen nachvollzogen werden kann. Kürzlich sprach ich mit einem bekannten amerikanischen Professor der Theologie, der unseren dortigen Freunden des freien Christentums (Unitariern) angehört. Er erzählte mir, daß sie auch Atheisten in ihre Organisation aufnehmen, die nach der Wahrheit in Auseinandersetzung mit den Christen suchen, und daß diese Atheisten, sobald sie erfahren, wie die freien Christen ihren Christenglauben frei von Dogmatismen, von Mythologien, von unzeitgemäßen Weltvorstellungen zur Geltung bringen, erstaunt sagen: Das ist freilich etwas ande-

res, wir haben bis jetzt nicht gewußt, daß dies Geistchristentum (in unserem Sinne) das wahre Christentum ist.

5. Übrigens besteht zwischen einem Christen und einem Atheisten eine unaufhebliche Verbundenheit dadurch, daß sie beide Menschen sind und unter den Bedingungen des Menschseins leben, eben auch der Christ. Das bedeutet, daß er immer wieder an die Grenzen seiner Menschlichkeit erinnert wird und sich immer wieder fragen muß, ob er mit der Erfahrung des Heiligen Geistes nicht vielleicht doch einer Illusion verfallen sei. Gerade indem er die Gedanken des Atheisten nachvollzieht - er *muß* es tun, weil er als Mensch denselben Grenzen unterworfen ist - und indem er sich seiner bloßen Profanität bewußt wird, kommt über ihn der menschliche Zweifel an der Wirklichkeit dessen, was die Gewalt des Geistes Gottes in ihm wirkt. Das ist ein Anlaß, sich mit dem Atheisten solidarisch zu fühlen, als einer, der in derselben Not ist wie er. Dieser Zustand ist allen echten Christen bekannt unter dem Begriff der "Anfechtung". Christlicher Glaube ist nie ein ruhiger Besitz für alle Zeiten, wie etwa bürgerlicher Kapital- und Grundbesitz, er muß immer neu erfochten, erfragt werden, um frisch zu bleiben. Nichts ist unwirksamer als selbstsichere, unangefochtene Verkündiger. Niemand verhindert mehr als sie die Möglichkeit, Atheisten den Sinn für Offenbarung zu öffnen. Daß es Atheisten gibt, macht deutlich, was ein wahrhaftiger Christ ohnehin schon weiß, daß lebendiger Glaube, wie ich es in meinem "Wirklichkeitschristentum" ausdrücke, *nur immer "am Rande der Skepsis" möglich und dadurch gerade immer neu und lebendig* ist.

6. Endlich noch ein Wort zu dem schauderhaften Gedanken, der in der christlichen Theologie, aber auch im christlichen Volk umgeht: der Gottesleugner sei in Ewigkeit zu Höllenqualen verdammt. Und aus der richtig erkannten Tatsache, daß, wie im protestantischen Christentum, der Gläubige nichts zu seinem Heil tun kann, sondern auf Gottes Gnade angewiesen ist, wird dann geschlossen, daß Gott von Ewigkeit her die einen zum Heil, die anderen zum Unheil bestimmt habe. Diese, wie man es nennt, doppelte Prädestination (Vorherbestimmung) hat den theologischen Scharfsinn viel beschäftigt. Er beruft sich dabei auf die Sauberkeit der Logik: klar, wenn Gott dem einen seinen Geist schenkt und dem andern nicht, wenn er dem ersteren Erlösung im Himmelreich verheißt und dem andern nicht - dann muß es eine Verdammnis nicht durch menschliche Bosheit, sondern durch den Willen Gottes geben, der ja der Alleinwirksame ist. Aber - das muß erkannt werden, damit wir nicht selber der Anfechtung verfallen - diese Logik ist falsch; denn sie rechnet nur mit der Alternative: Erlösung oder Verdammnis. Wer sagt denn, daß die andere Möglichkeit nur die *Verdammnis* sein kann? Es sind doch *viele* Wege des erlösenden Erbarmens möglich. Und wer Gott durch Christus als den "Spiegel des väterlichen Herzens" kennt, für den ist es überhaupt kein

Problem, was Gott mit den Ungläubigen tut. Wenn er ihnen in ihrer Unfreiheit seinen Geist nicht schenkt, so wird er doch wissen, was er tut, und sie nicht von seiner Güte ausschließen. (Siehe hierzu Marie von Ebner-Eschenbach: Kurzgeschichte in "Gemeindekind", Winkler-Verlag, München, 1956, S. 943.)

Übrigens gibt es trotz der Trennung im Geist eine Gemeinsamkeit zwischen Christen und Atheisten, die ein fruchtbares Zusammenwirken ermöglicht hat und heute als selbstverständlich geübt wird: *in der Liebe*. Das ist ein Gebiet, auf dem christliche und profane Menschlichkeit im Wetteifer zusammengeführt werden; denn Menschlichkeit ist dem Christen ebenso Gebot wie dem Atheisten. Man braucht nicht erst Christ zu sein, um z.B. die Atombombe als Mittel der Politik abzulehen, nicht erst Christ zu sein, um Unterdrückung, Ausbeutung, Wohnungsnot usw. zu verurteilen und zu bekämpfen. Diese auf dem Gebiet des Ethos liegende Seite des Verhältnisses von Christen und Atheisten müßte in jeder christlichen Ethik behandelt werden. Hier nur soviel: Es ist abscheulich, wie manche Christen die weltliche Humanität vom hohen Roß der christlichen her verächtlich machen.

Es wäre ein unsinniges Mißverständnis, diesen Ausführungen unterschieben zu wollen, ich wollte dem Atheismus zur Geltung verhelfen. Nein - was ich will, ist: *sein profan-menschliches Recht zu verstehen*. Das fehlt heute in christlichen Kreisen, zumal da man die Frage des Atheismus mit anderen Gegensätzen verbindet, z.B. mit solchen soziologischer Natur: Klasse gegen Klasse, oder mit solchen imperialistischer Natur: Machtblock gegen Machtblock. *Das Wesentliche ist, daß heute wirklich wissenschaftlich-sachlich über die Gegensätze geredet wird. Und mit Mut*. Es ist doch Tatsache, daß heute mehr Mut dazu gehört, ein Bekenntnis zum Atheismus abzulegen als zum Christentum, wie es mehr Mut erfordert, freier Christ als gedankenloser kirchlicher Konformist zu sein. *Es handelt sich hier darum, durch den Mut zur Wahrheit einen Beitrag zur Befriedung der so hoffnungslos zerrissenen Welt zu leisten*. Und dazu ist ein orthodoxes und klerikales Christentum, zumal noch wenn es politisch gebunden ist, ohnmächtig. Imstande dazu ist nur ein freies Christentum, das heißt: ein im Sinne der Freiheit auf dem Hintergrund der Unfreiheit und damit von Gott her freies Christentum.

Hans-Hinrich Jenssen

Ist Agnostizismus ein Verbündeter des Gottesglaubens?

"Freies Christentum" Nr. 2, 1962

Als ich einmal einen Atheisten, der sehr entschieden für die völlige Unvereinbarkeit des Gottesglaubens mit einem naturwissenschaftlichen Denken eintrat, fragte, was er denn dazu sage, daß bedeutende Naturwissenschaftler sich ausdrücklich zum Gottesglauben bekennen, erwiderte er mir, das sei durchaus verständlich. Gerade die großen Naturwissenschaftler, die an der Front der Forschung ständen, hätten es ja in ihrem Leben mehr mit ungelösten als mit gelösten Problemen zu tun. Dabei gerieten sie leicht in die Gefahr, ihr Erlebnis historischer Erkenntnisschranken zu verabsolutieren und hinter der angeblich prinzipiellen Erkenntnisschranke Gott anzusiedeln. Ganz ähnlich äußert sich der Rostocker Philosophieprofessor Olof Klohr in dem Kapitel "Warum gibt es religiöse Naturwissenschaftler?" seines Buches "Naturwissenschaft, Religion und Kirche", Berlin 1958. Auch nach ihm ist "das Verhalten mancher Wissenschaftler zu den Schwierigkeiten in der Forschungstätigkeit" eine der Quellen des Gottesglaubens mancher Naturwissenschaftler. "Probleme, die scheinbar nicht zu lösen sind, werden als grundsätzlich nicht erforschbar betrachtet; hier sei die Grenze des Erkennens... Wir sehen also, daß selbst bei Wissenschaftlern das Nichtwissen eine Rolle bei der Entstehung religiöser Vorstellungen spielt" (a.a.O., S. 125).

Nun ist unsere evangelische Verkündigung nicht schuldlos am Zustandekommen solcher Auffassungen. Es ließen sich Dutzende von Predigten und Konfirmandenleitfäden zitieren, in denen gesagt wird, daß wir beispielsweise nie etwas über die Entstehung des Lebens wissen würden, weil sich Gott dieses Wissen vorbehalten habe. Nicht umsonst hat man Kant, der das Wissen begrenzte, um dem Glauben Raum zu schaffen, den Philosophen des Protestantismus genannt. Freudig griff man in der evangelischen Verkündigung das "ignoramus et ignorabimus" (wir wissen nicht und werden nicht wissen) von Emil Dubois-Reymond auf.

Aber angesichts der gewaltigen praktischen Erfolge von Naturwissenschaft und Technik verliert die Verschanzung unserer Verkündigung hinter der Festung des Agnostizismus erheblich an Überzeugungskraft. Gewiß ist durch die immense Erweiterung unserer Erkenntnis nichts über die Frage prinzipieller Schranken unserer Erkenntnis entschieden, aber das Bündnis der Verkündigung mit dem Agnostizismus ist allzu *defensiv*. Wir sollten zur *Offensive* übergehen und lernen, die naturwissenschaftliche Erkenntnis, dieses Ruhmesblatt menschlicher Geschichte, in unserer Verkündigung in ein Motiv für den Glauben umzuwandeln.

Die Naturwissenschaftler sind uns auf diesem Wege schon lange vorangegangen. Man ist erstaunt, welche wichtige und große Rolle die Möglichkeit der Naturerkenntnis in den philosophisch-theologischen Erwägungen solcher Männer wie Max Planck, Albert Einstein, James Jeans, Werner Heisenberg, Max Hartmann, Alwin Mittasch, Friedrich Dessauer u.a. spielt. Nicht das Erlebnis historischer oder absoluter Erkenntnisgrenzen, sondern gerade umgekehrt das Erlebnis der *Erkennbarkeit* der Welt, ihre Rationalität, wird von ihnen als Gottesbegegnung gedeutet.

Eine *zwingende* Antwort auf die Frage nach dem Grunde des Soseins der Welt, zu dem nicht zuletzt die Erkennbarkeit der Welt durch den Menschen hinzugehört, gibt es nicht. Aber es verdient unsere volle Beachtung, daß so vielen hervorragenden Naturwissenschaftlern aus Vergangenheit und Gegenwart die Antwort des christlichen Schöpfungsglaubens als die rationalere, wahrscheinlichere Antwort gegenüber der mystischen Antwort des Atheismus erscheint.

"Alles Streben nach wissenschaftlicher Erkenntnis beruht auf einer zwiefachen Voraussetzung, wir können auch sagen: auf einem zwiefachen Glauben, dem Glauben nämlich, daß es eine Wahrheit gibt, und daß wir diese Wahrheit erkennen können, wenn wir uns richtig verhalten. Dieser Glaube an die Wahrheit und an unsere Fähigkeit, sie zu gewinnen, wird aber, wenn er klar bewußt wird, zum Glauben an den wahrhaftigen Gott. Denn er kann, wenn er zu voller Klarheit kommt, nichts anderes sein als der Glaube an einen der ganzen Welt immanenten Geist, in welchem der Geist jedes einzelnen Individuums verwurzelt ist" (Gustav Mie, "Naturwissenschaft und Theologie", Leipzig 1932, S. 29/30). "Um überhaupt lebensfähig zu bleiben, muß" die Naturwissenschaft "notwendigerweise den Glauben an Gott, welchen die Theologie lehrt, übernehmen in der Form des Glaubens an eine objektive Wahrheit und an eine den Dingen innewohnende Vernunft, die sich zugleich in der Persönlichkeit des Forschers als die Fähigkeit zu forschen offenbart" (a.a.O., S. 37).

Es ist eine lohnende Aufgabe unserer Verkündigung, das Gottesgeschenk der Erkennbarkeit der Welt durch den Menschen unserer Frömmigkeit zu integrieren. 1911 schrieb Adolf Schlatter in seiner Dogmatik den Satz: "Mit der Gewißheit, daß wir uns in einer Welt bewegen, die denkbar ist, und in uns ein Denken haben, das zu den die Welt gestaltenden Gedanken in positiven Beziehungen steht, ist der Gottesgedanke da" ("Das christliche Dogma", S. 105). Er ist da nicht im Sinne eines logischen Beweises, sondern der unmittelbaren, persönlichen Betroffenheit. "Das Begegnungserlebnis der Offenbarung reißt Tiefen auf und macht Bekenner... Die Pforten der kosmischen Offenbarung sind weiter geöffnet als je" (Friedrich

Dessauer, "Die Religion im Lichte der heutigen Naturwissenschaft", Frankfurt 1956, S. 36). Wir ahnen und begreifen: "Der ewige Schöpfer suchte selbst ein Wesen, das ihn versteht und seine Werke erkennt, so wie es auch eines Menschen Freude ist, den anderen zu finden, der ihm Echo ist, Widerhall und Spiegel seines Wesens und seiner Gedanken" (Arthur Neuberg, "Entwicklung und Schöpfung", Berlin 1955, S. 61).

Helmut Hölder

Naturwissenschaft und Gottesglaube

Anmerkungen zu einem alten Thema

"Freies Christentum" Nr. 5, 1995

Ist Gott in der Natur erkennbar? - eine Frage, bei deren Beantwortung sich Ja und Nein die Waage zu halten scheinen. Und: Was heißt Natur? Der englische Chemiker Robert Boyle unterschied 1666 acht Hauptbedeutungen, Kant wenigstens zwei: nämlich Natur als Gesamtheit der Erscheinungen der Sinnenwelt und zweitens als das innere Prinzip eines Dings. Was heißt Erkennen? Ist das naturwissenschaftliche Erkennen gemeint, nach dem ich als Naturwissenschaftler - freilich bereits der älteren, auslaufenden Generation - offenbar gefragt bin, oder ist es ein Erkennen mit den Dichtern, wie etwa in R.M. Rilkes wunderbarem Herbstgedicht: "Herr, es ist Zeit. Der Sommer war sehr groß. Leg deinen Schatten auf die Sonnenuhren und auf den Fluren laß die Winde los!" Was heißt Gott? Der Allmächtige, der Schöpfer Himmels und der Erde, der nach dem Sechstagewerk ruhte, oder der seine Schöpfung durchwaltende, immer neu sie gestaltende und sie erhaltende und liebende Herr?

Der Riß zwischen Naturerkenntnis und Glauben

Zunächst zum naturwissenschaftlichen Erkennen Gottes: Es strauchelt seit Immanuel Kants "Kritik der reinen Vernunft" (1781) und seitdem der Franzose Laplace auf Napoleons Frage, warum er in seiner meisterhaft dargestellten Himmelsmechanik kein einziges Mal Gott genannt habe, die Antwort gab: "Sir, ich hatte diese Hypothese nicht nötig." Das mag nach Hybris klingen, entspricht aber der Einsicht, daß in der naturwissenschaftlichen Methodik für Gott kein Platz ist. Atheismus, auch wenn Laplace ihm anhing, braucht aus der erwähnten Antwort keineswegs unbedingt zu folgern. Sie besagt zunächst nur, daß wir Gott wissenschaftlich nicht in den Griff bekommen und ihn als den Unbegreiflichen nicht als faßlichen Faktor in das kausale - wenngleich heute quantenphysikalisch relativierte - natürliche Geschehen einsetzen können. Kant forderte dementsprechend, uns unserer Vernunft "so zu bedienen, als ob alles bloß Natur sei", während der Verweis auf Gott eine in der Naturforschung zu große und deshalb angemaßte Behauptung darstelle.

Der berühmte Schwede C. von Linné (Linnaeus) nahm dagegen 1750 ohne weitere Hinterfragung noch an, daß die Tier- und Pflanzenarten, aber auch jede Mineralart unmittelbar aus Gottes Hand geschaffen seien - eine Auffassung, die sich selbst noch in der zweiten Hälfte des 19. Jahrhunderts bei dem schweizerischen Zoologen und Paläontologen L. Agassiz findet. Ihre Überwindung erfolgte mit der Erkenntnis einer zusammenhängenden, die Arten verändernden Evolution der Organismen, die sich seit Charles Darwin durchzusetzen begann - unter vielen, bis heute nicht ganz gebannten Widerständen. Noch immer gibt es nicht nur die auf wörtlicher Hinnahme des Bibelworts bestehenden Kreationisten, die an der Erschaffung der Natur, der Geschöpfe und des Menschen im Sinne der Genesis-Erzählungen festhalten zu müssen meinen, sondern auch viele nichtwissenschaftlich denkende Menschen, die sich keine Rechenschaft darüber geben, daß die Naturwissenschaft heute so nicht mehr denken kann. Hat sich doch mit dem Fortschritt der Forschung immer wieder erwiesen, daß die vorschnelle Antwort "Gott" für die Wissenschaft ein Vakuum bedeutet, in das sie ihrem Wesen nach hineinstoßen und aus dem sie Gott als nur vorübergehenden Lückenbüßer verdrängen *muß*.

Anders steht es mit der Frage, ob es in und über allem Erforschten und Erforschlichen, die beide dem Fortschritt stets offenbleiben, ein grundsätzlich Unerforschliches gibt, das wir mit einem Wort Goethes nur ruhig verehren können, einen weisen Welturheber, an den auch Kant geglaubt hat.

Wir können weder Kant noch Laplace widersprechen, wenn sie Natur- und Gotteserkennen trennen, aber wollen das auch Rilke gegenüber nicht tun, dessen Zwiesprache mit der Natur über ihren Herrn als den allmächtigen Bewirker und Schöpfer Himmels und der Erde erfolgte, so wie wir von Gott als dem Schöpfer auch im Glaubensbekenntnis unserer Kirche im Unterschied zu manch anderen seiner Formulierungen doch wohl mit Überzeugung und ohne kritisches Sinnieren sprechen können. Und wieviele Kirchenlieder aus alter und neuer Zeit verkünden das gleiche!

So leben wir in einer geistig und geistlich gespaltenen Welt, deren Riß durch uns selber geht - sofern wir es nicht einfach so machen wie vielleicht schon die Mehrzahl unserer Zeitgenossen, daß wir die jeweils andere Seite negieren: im Glauben an die reine Wissenschaft, der nur das wissenschaftlich Erforschbare, alles andere aber als reine Illusion gilt, oder aber als Verächter aller wissenschaftlichen Erkenntnis.

Von unserem sogenannten Kirchenvolk haben sich die Wissenschaftsgläubigen schon weitgehend getrennt, auch wenn sie noch Kirchensteuer zahlen. Religion in überkommenem Sinne halten sie für überholt. Die Wissenschaftsverächter dagegen gehören häufig (noch) zur Kirche. Diejenigen aber, die den Riß in sich spüren und die wahrscheinlich in der Mehrzahl sind, haben Schwierigkeiten damit, daß sich die Kirchensprache bis heute auf diesen Riß nicht eingestellt hat.

Entfremdung und Vermittlungen zwischen Naturwissenschaft und Theologie

Wie kam es nach der Vorherrschaft der Physikotheologie im 16., 17. und auch noch im 18. Jahrhundert der Aufklärung in diesem Jahrhundert erneut zur Entfremdung zwischen Natur und Theologie, wie sie zuvor schon infolge des kopernikanischen Weltbildes und der von Kausalität bestimmten Newtonschen Himmelsmechanik gedroht hatte?

Sowohl die zunächst ja positive Sicht der Natur als eines Vorratslagers dem Menschen nützlicher Güter als auch die andere Sicht einer eher menschenfeindlichen Natur führten mit der Zeit zu dieser Entfremdung von ihr: zu dem vermeintlichen Recht rücksichtsloser Ausbeutung, zur Vernichtung aller dem Menschen nicht nützlichen Lebensformen, ohne daß die Theologie dagegen eingeschritten wäre. Soweit sie sich nicht bei dem Wort aus dem ersten Kapitel der Bibel beruhigte - "Macht euch die Erde untertan, und herrschet ..." -, zog sie sich vielmehr aus dieser als Material genutzten, als Bedrohung empfundenen und in ihre Kausalität eingeschlossenen Natur, mit der sie allenfalls als gefallener Schöpfung noch etwas anzufangen wußte, zurück auf die biblische Offenbarung und das allein aus ihr entspringende Heil.

So kam es zu dem noch in unserer Generation bekannten Slogan, daß sich Gott nicht in der Natur, sondern allein in den Kirchen finden lasse, eine mich als Vertreter eines Sowohl-als-auch nie überzeugende Formulierung der Barthianer unter meinen Theologie studierenden Studienfreunden. Freilich gab und gibt es solche Einseitigkeit umgekehrt auch auf naturwissenschaftlicher Seite, wogegen sich Albert Einstein mit dem bekannten Ausspruch wandte, daß wir über den Laboratorien unheilvollerweise die Oratorien vergäßen.

Außenseite und Innenseite: Das unauflösbare Geheimnis

Es wäre falsch, wissenschaftliche Ergebnisse aus unwissenschaftlichem Vorurteil abzulehnen. Vielleicht läßt sich einsehen, daß wissenschaftlicher Evolutionsbegriff und Schöpfungsbegriff verschiedenen Ebenen angehören oder, anders ausgedrückt, daß der wissenschaftlich erfaßbaren Außenseite der Natur eine nicht faßbare Innenseite enspricht (so der Hamburger Theologe U. Krolzik 1988).

Es gilt die Pole auszuhalten. Der dem freien Christentum verbundene Alttestamentler Fritz Maass sieht in der modernen Naturwissenschaft und der modernen Theologie die beiden wissenschaftlichen Großtaten unserer Zeit und bekennt sich zugleich zu dem Glauben, daß alles Geschehen von Gott bestimmt, der Mensch von Gott abhängig, ihm verantwortlich, vor ihm schuldig, aber auch in ihm geborgen sei. Conrad Ferdinand Meyer hat in den beiden mit "Ja" und "In Harmesnächten" überschriebenen Gedichten denselben Gedanken Ausdruck gegeben.

Es erhebt sich hier freilich die Frage, die umtreiben kann, ob solch ein religiöses Erfahren und Bekennen in der menschlichen Natur überhaupt liege (auch nach dieser - der Natur des Menschen - ist ja im Rahmen unseres Themas zu fragen), d.h. ob es eine grundsätzliche Anlage des Humanum auf *religio*, auf bewußte Rückbindung an den Schöpfer gebe oder ob unterschiedliche genetische Veranlagung den homo religiosus vom Nichtreligiösen trenne (von unterschiedlicher Erziehung einmal abgesehen, das Problem hat auch mit der rational unentscheidbaren Freiheit oder Unfreiheit des Willens zu tun). Wie unterschiedlich aber sind auch die Erfahrungen des der Religion Verbundenen oder in ihr Aufgewachsenen: des Arztes, der im Dennoch des Gottvertrauens die Madonna von Stalingrad schuf, und des Pfarrersohnes, der sich dort im Schützengraben in tiefste Gottverlassenheit gestoßen fühlte.

Von rationalem Erkennen Gottes in der Natur kann wohl keine Rede sein. Ihre Ordnung läßt sich zunehmend - und nach der modernen Chaostheorie auch aus dem Chaos heraus - als naturimmanente Selbstregulation, im organismischen Bereich als Selbstorganisation verstehen, in der jeder Zufall eine Weiche stellt und dadurch Richtung entstehen lassen kann.

Die häufig zu hörende Meinung, daß die moderne Naturwissenschaft "auf dem Wege zur Religion" sei (Bavink), überzeugt nicht voll. Wir kennen zwar große Namen wie Einstein, Max Planck, Heisenberg, deren Denken dem religiösen Bereich offen ist. Auch daß Materie, Energie, Geist in der modernen Physik ineinander übergehen, könnte in dieser Richtung weisen.

Der vielseitige Münsteraner Zoologe Bernhard Rensch (gestorben 1990; Bücher: "Biophilosophie" 1968, "Das universale Weltbild" 1977) zitiert aber Ernst Haeckels Wort: "Die Früchte vom Baum der Erkenntnis sind es immer wert, darüber das Paradies zu verlieren" (1860), und ergänzt das damit, daß unser auf moderner Naturforschung beruhendes Weltbild "einer Religion nicht mehr entspricht" - ohne daß wir Rensch, der sich zum Panenpsychismus, also der Weltbeseelung auch der Materie, bekennt, deshalb irreligiös nennen dürften. Ein Buch des amerikanischen Physikers und Nobelpreisträgers Murray Gell-Mann mit dem Titel "Das

Quark und der Jaguar" (Piper 1994) entwirft ein vom einfachsten subatomaren Teilchen (Quark) bis zur komplexesten Organisation (Jaguar) reichendes Weltbild, das wie Laplace der Hypothese Gott nicht bedarf. Dabei können wir auch Gell-Mann Staunen, Ehrfurcht, Ethik nicht absprechen.

Bei aller Einsicht in das "Wie" bleibt aber das "Daß" - daß es so etwas gibt, das Weltall, die Natur, die Evolution, den Menschen mit seinem Geistes- und Seelenleben - rätselhaft und in diesem Rätsel ein Hinweis auf Gott als Schöpfer. Der Tübinger Botaniker E. Bünning wies 1947 mit Bezug auf die "gespaltene Wahrheit" darauf hin, "wie sehr unsere naturwissenschaftliche Erkenntnis von der Struktur unserer Vernunft abhängt und wie falsch es daher ist, die Naturerkenntnis so zu überschätzen, daß man schon in ihr so etwas wie ein nur wenig verzerrtes und durch weitere Forschung allmählich entzerrbares Bild vom absoluten Wesen der Dinge sieht. Dieses Absolute muß völlig anders sein. Nicht die naturwissenschaftliche Erkenntnis führt, wie so oft behauptet wird, zur Religion, wohl aber die Analyse naturwissenschaftlichen Erkennens" (Studium generale, 1. Jg., H.1).

Das Ahnen, daß Zufall auch Zu-Fall sein kann; die Frage nach dem Sinn unseres Lebens; das Wissen um Schuld, laut Goethe die Königskrone der Menschheit; das Erfahren von Vergebung: das alles macht - unter Verzicht auf ein geschlossenes, aber um den Gewinn eines auch uns Menschen bergenden Weltbildes - das außer-, aber nicht widerwissenschaftliche lutherische Bekenntnis möglich: "Ich glaube, daß mich Gott geschaffen hat samt allen Kreaturen."

Es gibt einen Schöpfungsglauben, der sich nicht im Gegensatz zur Evolutionstheorie empfindet, aber zum Verstehen dessen verhilft, was die Wissenschaft nicht zu verstehen vermag. Er macht ehrfürchtig und schützt die Natur im Sinne einer auf die heutige Situation angewandten theologia naturalis vor der verständnislosen Zerstörung durch uns Menschen.

Hans-Hinrich Jenssen

Erfahrung als gemeinsamer Nenner von Naturwissenschaft und Glaube

Ergänzungen zum Aufsatz von Helmut Hölder

"Freies Christentum" Nr. 6, 1995

Die Überlegungen des Naturwissenschaftlers Helmut Hölder zum Thema "Naturwissenschaft und Gottesglaube" sind deshalb von so großer Bedeutung, weil der vermeintliche Widerspruch zwischen Naturwissenschaft und Gottesglaube für viele Menschen unserer Tage der Grund ihrer Distanzierung von Kirche und Christentum ist. Ich möchte diesem wichtigen Beitrag, dem ich weitgehend zustimme, wenn ich auch die Selbstkundgabe Gottes in den Werken seiner Schöpfung (gemäß Römer 1,18-20; Apostelgeschichte 14,15-17 und 17,22-31) stärker als Hölder betone, zwei Ergänzungen hinzufügen.

Schon in der Alten Kirche: Abkehr vom Fundamentalismus

Es darf nicht vergessen werden, daß nicht erst seit Kopernikus und Galilei, sondern bereits in der Alten Kirche die Erkenntnis gewonnen wurde, daß christlicher Glaube sich in der Frage des Weltbildes nicht auf den Buchstaben der Bibel versteifen darf. Seit dem Bekanntwerden des Werkes von Ptolemäus (grob gerechnet um 155 n.Chr.) war nämlich deutlich, daß seine Weltsicht im Widerspruch zu den in der Bibel vertretenen weltbildlichen Vorstellungen stand. Während einige Theologen, vor allem der syrischen Kirche, demgegenüber den Buchstaben der Bibel zu verteidigen versuchten, entschied sich die Mehrheit der Theologen zunehmend dafür, der Bibel in Fragen des Weltbildes keine absolute Autorität zuzusprechen.

Diese neuen Erkenntnissen gegenüber offene Haltung vertritt z.B. Basilius der Große (gestorben 379) in seinen Predigten über das sogenannte "Sechstagewerk" der Schöpfung. Vor allem aber hat sich der bedeutende Bischof Augustin (354-430) auch um diese Frage sehr verdient gemacht. Er war viel zu gebildet und auch viel zu fromm, um die allzu naiv anthropomorphe (Gott vermenschlichende) Schilderung der Schöpfung von Adam und Eva in 1. Mose 2 wörtlich zu nehmen. So schrieb er in seinem großen Kommentar zum 1. Mosebuch zum Beispiel überaus deutlich: "Daß Gott mit körperlichen Händen den Menschen aus dem Lehm der Erde gebildet haben soll, ist doch ein gar zu kindlicher Gedanke." "Wie Gott den Menschen nicht mit körperlichen Händen gebildet hat, so hat er ihn auch nicht mit seiner Kehle und den Lippen angehaucht." Für ihn konnte es keinen Widerspruch zwischen der der Vernunft und der Naturerkenntnis seiner Zeit zugänglichen Wahrheit und der Wahrheit der Offenbarung geben. Ein scheinbarer Widerspruch mußte deshalb entweder auf einer falschen Auslegung der Welterkenntnis oder der Bibel, die eben nicht wörtlich verstanden werden dürfe, beruhen. Alistair C. Crombie faßte die entsprechende Partie von Augustins Genesis-Kommentar in seinem Buch "Von Augustin bis Galilei - Die Emanzipation der Naturwissenschaft" (dtv 1977, S. 56/57) so zusammen:

"Wenn Christen naturwissenschaftliche Fragen diskutieren, die Gestalt und Bewegung der Himmel oder die Erde, die Elemente, die Natur der Tiere, Pflanzen, Mineralien, sollten sie ganz besonders darauf achten, daß sie nicht die Geltung der Grundlehren der Religion dadurch aufs Spiel setzten, daß sie sich bei absurden Behauptungen in Fragen, für deren Entscheidung allein die Naturwissenschaft zuständig sei, auf das angebliche Zeugnis christlicher Schriften beriefen... Er war streng bemüht, die Heilige Schrift durch Beobachtung und Vernunft vor möglichen falschen Auslegungen zu schützen und ohne Voreingenommenheit rein naturwissenschaftliche Fragen der naturwissenschaftlichen Untersuchung zu übergeben."

Und er zitiert Augustin: "Wenn wir beim Lesen in der Heiligen Schrift auf Punkte stoßen, die dunkel und unserem Verständnis fernliegend scheinen, die im Lichte des Glaubens, von dem wir ganz durchdrungen sind, auf verschiedene Weise gedeutet werden können, dann dürfen wir uns nicht so eigensinnig an eine bestimmte Auslegung klammern, daß, wenn vielleicht eines Tages die Wahrheit gründlicher erforscht ist, diese Auslegung mit Recht zu Fall kommt, und wir mit ihr."

Auf diese Ausführungen Augustins berief sich dann später Galilei in seinem Konflikt mit der katholischen Kirche, der er sich eng verbunden fühlte. Aber es war die Zeit des erbitterten Streites um Reformation und Gegenreformation. Die Evangelischen hatten den lebenden Papst als oberste Instanz verloren und machten daher, wie man treffend gesagt hat, die Bibel zu ihrem "papierenen Papst". Erst damals entstanden die strengen Dogmen von der angeblich fehlerfreien Eingebung (Inspiration) der Bibel. Und die katholische Kirche hatte aus Angst vor reformatorischer Bibelauslegung auf dem Konzil zu Trient (1545-1563) Laien, wie ja Galilei einer war, die Bibelauslegung verboten. So mußte es zu dem tragischen Konflikt kommen.

Aber es ist wichtig zu wissen, daß der Grundsatz der Anpassung des Glaubens an die besser erkannte Wahrheit bereits in der Alten Kirche prinzipiell vertreten wurde, nicht erst unter dem gewaltigen Anpassungsdruck neuzeitlicher Natur- und Geschichtswissenschaft. Denn diese letztgenannte Behauptung wurde z.B. in der ehemaligen DDR massiv und sehr polemisch gegen den christlichen Glauben geltend gemacht. Und es ist ja in der Tat ein gewaltiger Unterschied, ob sich christlicher Glaube nur auf Grund äußeren Druckes und widerwillig anpaßt oder aber auf Grund einer inneren Verpflichtung gegenüber der Wahrheit, weil eben alle Wahrheit letztlich von Gott kommt.

Schon Hiob hält seinen Freunden, die - ihrem Dogma von Gottes gerechter Belohnung und Bestrafung im irdischen Leben zuliebe - sich weigern, die Wirklichkeit menschlichen Lebens zu sehen und anzuerkennen, wie sie sich nun einmal der Erfahrung präsentiert, entgegen: "Wollt ihr Gott zur Ehre Verkehrtes reden und ihm zuliebe Trug vorbringen?" (Hiob 13,7 nach der Übersetzung von H. Menge). Das ganze Buch Hiob ist mit seiner polemischen Infragestellung eines dogmatisch und absolut verstandenen Tun-Ergehen-Zusammenhanges ein großartiges Zeugnis dafür, daß echte Frömmigkeit und rückhaltlose Wahrhaftigkeit und Liebe zur Wahrheit aufs engste zusammengehören. Ulrich Neuenschwander (1922-1977), dem das freie Christentum viel verdankt, formulierte, es gehe für den christlichen Glauben um "Anpassungen des theologischen Denkens nicht an die Zeit, sondern an die besser erkannte Wahrheit" (Zwischen Gott und dem Nichts, 1981, S. 43).

Naturforschung denkt die Gedanken Gottes nach

So gewiß Glaube und Naturwissenschaft in bestimmter Hinsicht durchaus auf verschiedenen Ebenen liegen und naturwissenschaftlichem Erkennen Grenzen gesetzt sind, so sehr ist andererseits zu bedenken, daß hier auch eine enge Wechselbeziehung existiert. Zunächst einmal war der jüdisch-christlich-islamische Schöpfungsglaube eine notwendige, wenn auch nicht hinreichende Bedingung für die Entwicklung moderner Naturwissenschaft und Technik. Es ist alles andere als ein Zufall, daß sie sich im christlich-abendländischen Kulturkreis und nicht in so uralten Kulturen wie der chinesischen oder indischen entwickelt haben. Aber dieser weithin bekannte Zusammenhang soll hier nicht weiter dargelegt werden.

Wichtiger ist, daß die Möglichkeit, genauer gesagt: die Voraussetzungen der Möglichkeit naturwissenschaftlicher Erkenntnis, von vielen Naturwissenschaftlern, Philosophen und Theologen als eine Bestätigung des jüdisch-christlichen Schöpfungsglaubens angesehen werden, als eine Form der Selbstkundgabe Gottes durch die Werke seiner Schöpfung. In einer Physik-Geschichte unserer Tage heißt es: "Was der Physiker an der Wirklichkeit erkennt, ist das Geistige an ihr, will sagen: das Mathematische. Was er erlebt, ist das Energetische an ihr, will sagen: das eigentlich Physische." "Gott denkt die Natur, und nur weil dies so ist, vermag der Mensch sie auch nach-zudenken. Gott ist also die Voraussetzung der Wissenschaft" (S.M. Markus: Der Gott der Physiker, 1986, S. 325 u. 275). Das heißt also: der menschliche Geist sucht in der wissenschaftlichen Erkenntnis die Begegnung mit dem in der Natur objektivierten Geist. Das ist von Kepler bis Einstein ein durchaus nicht gering zu veranschlagendes Motiv wissenschaftlicher Forschung.

Der seinerzeit sehr bekannte Biologe Max Hartmann (1876-1962), der sich - zusammen mit seiner Frau - zur Berliner Ortsgruppe des Deutschen Protestantenvereins, also einer Vorläuferorganisation des Freien Christentums, hielt, sagte in seinem Vortrag "Naturwissenschaft und Religion", den er am 3. März 1939 vor dem Deutschen Protestantenverein hielt und der 1940 dann veröffentlicht wurde: "Die Sinnhaftigkeit und Planmäßigkeit der Naturgesetze, die in ihrer Gesamtheit zum Ausdruck kommt, die darin sich offenbarende Zweckmäßigkeit, aber auch die Harmonie zwischen Denken und Sein und das Irrational-Metaphysische, das aller Erkenntnis zugrunde liegt, alles das muß" (1947: "kann") "auch dem kritischen Naturforscher als eine grandiose Offenbarung Gottes in der Natur erscheinen" (S. 15; vgl. auch Max Hartmann: Atomphysik, Biologie und Religion, 1947, S. 42).

Der ehemals Berliner, dann Freiburger Nervenarzt Arnim Müller, der zu den Berliner "Freunden evangelischer Freiheit" gehörte und dem ich persönlich wichtige Denkanstöße verdanke, schrieb in seinem Werk "Bios und Christentum - Wege zu einer 'natürlichen' Offenbarung" (Stuttgart 1958, S. 24 u. 88): "Als Motiv für unsere Arbeit soll Goethes Wort gelten: 'Wer die Natur als göttliches Organ leugnen will, der leugne nur gleich alle Offenbarung'". "Die Zukunft der Theologie nicht nur, der Kirche überhaupt, ist wesentlich dadurch mitbestimmt, ob es ihr gelingt, zu dem natürlichen Schöpfungsgrund in ein positives Verhältnis zu kommen".

Dieses Votum möchte ich mir voll und ganz zu eigen machen.

Die Autoren

Albrecht, Renate

1909-1982; Chemikerin, Dipl.-Ing., zuletzt in Düren; Schülerin von Paul Tillich seit seiner Dresdner Zeit, Übersetzerin und Interpretin von Tillich und Herausgeberin seiner "Gesammelten Werke"

Bülck, Dr. Walter

1891-1952; bis 1945 Pastor und gleichzeitig Professor für Praktische Theologie (Religionspädagogik) in Greifswald, danach in gleicher Doppelfunktion in Hamburg; Mitbegründer und 1948-1952 erster Präsident des Bundes für Freies Christentum; theologische Veröffentlichungen

Daur, Rudolf

1892-1976; Pfarrer in Reutlingen und Stuttgart; Präsident des Bundes für Freies Christentum 1960-1970, Ehrenpräsident seit 1972; Veröffentlichungen von Vorträgen und vor allem von Predigten

Daur, Theodor

1904-1978; württembergischer Pfarrer, zuletzt in Stuttgart-Hedelfingen; Vorsitzender der Freien Volkskirchlichen Vereinigung in Württemberg 1962-1978

Gerlitz, Dr.phil Dr.theol. Peter

geb. 1926; Pastor (1958-1992) und Religionswissenschaftler in Bremerhaven, 1984 Dozent, 1997 Professor für Vergleichende Religionswissenschaft an der Universität Bremen; religionswissenschaftlich-theologische Veröffentlichungen

Hasselbach, Dr. Ulrich von

geb. 1910; Pfarrer in Schlesien und in Bremen, 1956-1979 Religionslehrer (1971 Studiendirektor) in Unna, lebt dort im Ruhestand; 1976-1987 Schriftleiter der Zeitschrift "Freies Christentum"; theologische Veröffentlichungen

Haug, Dr. Hellmut

geb. 1931; Theologe, bis 1997 Lektor der Deutschen Bibelgesellschaft, lebt in Stuttgart; seit 1987 Schriftleiter der Zeitschrift "Freies Christentum"; theologische Veröffentlichungen

Haustein, Dr. Manfred

geb. 1929; Pfarrer in Sachsen, 1976 Dozent, 1980-1992 Professor für Praktische Theologie in Leipzig, lebt in Leipzig; theologische und literarische Veröffentlichungen

Heiler, Dr. Friedrich

1892-1967; 1918 Dozent für Allgemeine Religionsgeschichte in München, 1922 Professor an der Theologischen Fakultät in Marburg/Lahn, 1934 wegen Widerstands gegen den Arierparagraphen strafversetzt nach Greifswald, 1935 an die Philosophische Fakultät Marburg, 1947 Rückberufung zur Theologischen Fakultät, emeritiert 1955; Gastprofessuren in Rom und Chicago, Gastvorlesungen in der ganzen Welt, lebte zuletzt in München; bahnbrechende religionswissenschaftliche Veröffentlichungen

Hirzel-Brändli, Willy

geb. 1927; schweizerischer Pfarrer, zuletzt 1959-1992 in Herisau, Kanton Appenzell Außerrhoden, lebt im Ruhestand in Schwellbrunn, Kanton Appenzell Außerrhoden; 1973-1981 Präsident des Schweizerischen Vereins für Freies Christentum

Hölder, Dr. Helmut

geb. 1915; Professor für Paläontologie und Geologie 1945-1963 in Tübingen, 1963-1980 in Münster/Westfalen, lebt seitdem in Stuttgart; naturwissenschaftliche Veröffentlichungen

Hoffmann, Dr. Brigitte

geb. 1931; bis 1995 Oberstudienrätin (Philologie und Geschichte) an einem Stuttgarter Gymnasium, lebt in Stuttgart; Stellvertreterin des Gebietsleiters und Predigerin der Tempelgesellschaft in Deutschland

Hoffmann, Jon (Jonathan)

1893-1973; Jurist, zuletzt Verwaltungsgerichtspräsident in Stuttgart; 1935-1970 Gebietsleiter und Prediger der Tempelgesellschaft in Deutschland sowie Schriftleiter der "Warte des Tempels"

Horalek, Dr.-Ing. Kurt

1893-1982; lebte in Duisburg, von 1919-1958 Ingenieur an der Duisburger Kupferhütte, dort 1938-1946 Vorstandsmitglied

Jaeckel, Theodor

1908-1998; Pfarrer in Pommern, 1940-1960 Missionsdienst (Gemeinde, Lehramt, kirchliche Industriearbeit) in China und Japan, 1960-1973 Industriepfarrer in Frankfurt/Main; Beratertätigkeit für kirchliche Industriearbeit in Indien und England, Vortragsreisen nach Kanada, USA und England; im Ruhestand in Oberursel und in Bad Soden; theologische und sozial-ethische Veröffentlichungen

Jenssen, Dr. Hans-Hinrich

geb. 1927; Pfarrer in Pommern, 1960 Dozent, 1963-1993 Professor für Praktische Theologie an der Humboldt-Universität Berlin, lebt in Berlin; Veröffentlichungen zur Theologie, besonders zum Problem Glaube und Naturwissenschaft; seit 1995 Präsident des Bundes für Freies Christentum

Jungheinrich, Dr. Hansjörg

geb. 1907; bis 1973 Pfarrer in Frankfurt/Main, lebt dort im Ruhestand; Mitbegründer des Bundes für Freies Christentum; theologische Veröffentlichungen

Keil, Dr. Günther

geb. 1926; Pfarrer in Hessen, 1980-1997 Professor für Religionsphilosophie im Fachbereich Theologie der Universität Marburg, lebt in Kassel; theologische, religionsphilosophische und philosophische Veröffentlichungen

Lange, Peter

geb. 1932; Großhandelskaufmann in Stuttgart, seit 1983 Gebietsleiter und Prediger der Tempelgesellschaft in Deutschland sowie Schriftleiter der "Warte des Tempels"

Langel, Helmut

geb. 1947; Pfarrer an St. Remberti in Bremen, Sekten- und Weltanschauungsbeauftragter der Bremischen Evangelischen Kirche; Veröffentlichungen zu religiösen Sondergemeinschaften

Leese, Dr.phil. Lic.theol. Kurt

1887-1965; befreundet mit Paul Tillich, Pfarrer in Danzig, Mecklenburg und Hamburg, 1928 Dozent, 1936 Professor der Philosophie in Hamburg, 1940 amtsenthoben, 1945 wiederberufen; Veröffentlichungen zur Religionsphilosophie und Theologie

Maass, Dr. Fritz

geb. 1910; Pfarrer in Jerusalem und Schanghai, 1947 Dozent, 1958-1975 Professor für Altes Testament und Biblische Archäologie in Berlin, Kiel und Mainz, lebt seitdem in Denzlingen/Baden; theologische Veröffentlichungen

Mann, Dr. Ulrich

1915-1989; Professor für Systematische Theologie, Religionsphilosophie, Religionspsychologie und Religionsgeschichte in Saarbrücken (1963-1980), Veröffentlichungen auf allen diesen Gebieten; 1970-1986 Präsident des Bundes für Freies Christentum

Manz, Friedrich

1872-1957; Pfarrer in Frankfurt/Main; Mitbegründer des Bundes für Freies Christentum, 1949-1951 erster Schriftleiter der Zeitschrift "Freies Christentum"

Marhold, Dr. Hermann

1897-1988; Pfarrer in Frankfurt/Main; Mitbegründer und 1964-1975 Geschäftsführer des Bundes für Freies Christentum

Martin, Dr. Werner

geb. 1958; Religionslehrer in Oldenburg

Mensching, Dr.theol. Dr.sc.rel.h.c. Gustav

1900-1978; Professor für Vergleichende Religionswissenschaft in Riga (1927) und Bonn (1936-1969), lebte in Bad Godesberg; maßgebliche Veröffentlichungen auf seinem Fachgebiet

Meyer, Erich

1884-1955; Pfarrer in Frankfurt/Main; Gründer des Bundes für Freies Christentum und 1948-1955 dessen erster geschäftsführender Präsident

Müller, Adolf

1897-1991; Pfarrer in Göttingen bei Ulm, 1948-1961 Religionslehrer an einem Stuttgarter Gymnasium (1954 Oberstudienrat), lebte seitdem in Stuttgart

Neuenschwander, Dr. Ulrich

1922-1977; schweizerischer Pfarrer, 1962 Professor für Systematische Theologie und Religionsphilosophie in Bern; Veröffentlichungen zur Religionsphilosophie und zu einer erneuerten liberalen Theologie

Pribnow, Dr. Hans

1908-1990; Pfarrer in Pommern, nach dem Krieg bis 1974 in Hanau, lebte im Ruhestand in Griesheim bei Darmstadt; Mitbegründer des Bundes für Freies Christentum, 1951-1969 Schriftleiter der Zeitschrift "Freies Christentum"

Reuß, Jörg-Dieter

geb. 1947; württembergischer Pfarrer, seit 1976 theologischer Lehrer am Evangelisch-Theologischen Seminar der Württembergischen Landeskirche in Blaubeuren; 1995-1997 Geschäftsführer des Bundes für Freies Christentum

Richter, Dr. Julius

1873-1965; Schuldienst (Religion, Philosophie, deutsche Philologie; 1923 Oberstudienrat) an Gymnasien, vor allem in Frankfurt/Main, 1911 Zuerkennung des Professorentitels; daneben 1922-1926 religionswissenschaftlicher Lehrauftrag an der Philosophischen Fakultät der Universität Frankfurt; 1935 wegen politischer Unzuverlässigkeit frühpensioniert; religionspädagogische, theologische, philosophische und literaturwissenschaftliche Veröffentlichungen

Rössler, Dr. Andreas

geb. 1940; Pfarrer in Stuttgart, dort seit 1992 Chefredakteur des Evangelischen Gemeindeblatts für Württemberg; 1987-1990 Geschäftsführer des Bundes für Freies Christentum; theologische Veröffentlichungen

Schmidt, Ernst Walter

1894-1981; Pfarrer in Bremerhaven 1926-1964, dort auch im Ruhestand

Schmidt, Dr. Erik

1902-1986; Pfarrer 1931-1969 im Freistaat Danzig, in Ostpreußen und in Sachsen, zuletzt (und auch im Ruhestand) in Haldensleben bei Magdeburg

Schwarzenau, Dr. Paul

geb. 1923; Pfarrer in Hemer, Studentenpfarrer in Dortmund, 1971-1985 Professor für Evangelische Theologie und Didaktik mit Schwerpunkt Religionswissenschaft an der Universität Dortmund, lebt in Dortmund; theologisch-religionswissenschaftliche sowie literarische Veröffentlichungen

Schweitzer, Dr.phil. Dr.theol. Dr.med. Albert

1875-1965; elsässischer Theologe, Philosoph, Tropenarzt, Musikwissenschaftler, Organist; 1899 Hilfsprediger in Straßburg, dort 1902 zugleich Dozent für Neues Testament an der Universität, daneben ab 1905 Medizinstudium, 1913 Gründung des Tropenspitals Lambarene im heutigen Gabun, 1917 interniert und Rückkehr nach Straßburg, 1924 Neubeginn und lebenslanges Wirken in Lambarene, daneben Vortrags- und Konzertreisen in alle Welt, höchste Auszeichnungen (1952 Friedensnobelpreis); bahnbrechende theologische und musikwissenschaftliche Werke, Veröffentlichungen zu einer Ethik der "Ehrfurcht vor dem Leben" und für eine Ächtung der Massenvernichtungswaffen; dem deutschen Bund für Freies Christentum vielfältig verbunden, seit 1950 dessen Ehrenpräsident

Tillich, Dr. Paul

1886-1965; Theologe und Philosoph, 1919 Dozent in Berlin, ab 1924 Professuren für Theologie (Marburg), Religionswissenschaft (Dresden) und Philosophie (Frankfurt/Main), 1933 Entlassung, Emigration nach USA, dort Professuren in New York (Union Theological Seminary 1933-1955), Cambridge/Mass. (Harvard University 1955-1962) und Chicago (University of Chicago Divinity School 1962-1965); einer der führenden theologischen Köpfe des 20. Jahrhunderts, bahnbrechende Veröffentlichungen, "Gesammelte Werke" (deutsch; 14 Bände und 9 Ergänzungsbände), dazu 3 Bände "Systematische Theologie" und 3 Bände religiöse Reden

Tschirch, Dr.phil. Dr.theol.h.c. Fritz

1901-1975; zunächst Gymnasiallehrer (Philologie und Geschichte), 1948-1959 Professor für Deutsche Philologie in Greifswald, dann Jena, Flucht nach Westdeutschland aus politischen Gründen, 1959-1969 Professor an der Universität Köln; Veröffentlichungen zur deutschen Sprache und ihrem Bezug zu Bibel und Theologie; 1961-1975 germanistischer Fachberater für die Revision der Lutherbibel

Tworuschka, Dr. Udo

geb. 1949; ab 1978 Dozent, 1984 Professor für Evangelische Theologie und ihre Didaktik mit Schwerpunkt Religionswissenschaft an der Universität Köln, seit 1993 Professor für Religionswissenschaft an der Theologischen Fakultät der Friedrich-Schiller-Universität Jena; 1987-1994 Präsident des Bundes für Freies Christentum; theologische und religionswissenschaftliche Veröffentlichungen

Weitbrecht, Oskar

1885-1978; württembergischer Pfarrer in verschiedenen Gemeinden, ab 1952 im Ruhestand in Tübingen; 1952-1962 Vorsitzender der Freien Volkskirchlichen Vereinigung in Württemberg

Wünsch, Dr. Georg

1887-1964; ab 1922 Dozent, 1926-1955 Professor für Systematische Theologie und Sozialethik in Marburg/Lahn; 1953-1960 Präsident des Bundes für Freies Christentum; Veröffentlichungen zur Theologie mit Schwerpunkt Sozialethik, Wirtschaftsethik und politischer Ethik

Zoller, Wolfram

geb. 1930; Pfarrer in Murrhardt/Württ., 1969-1992 Religionslehrer (1974 Oberstudienrat) an einem Stuttgarter Gymnasium, lebt in Korntal bei Stuttgart

Dr. G. v. 7 – 23.4. geschlossen
4. – 13.4 Dr. Hunklinger
Bahnhofstr. 5
2823
18. – 27.4 Dr. Stengel
Tel. 3330

Formen der Mystik
Gottes Mystik
Christ. "
Natur "